権利論

レフト・リバタリアニズム宣言

ヒレル・スタイナー

浅野幸治［訳］

Hillel Steiner

AN ESSAY ON RIGHTS

新教出版社

Hillel Steiner
AN ESSAY ON RIGHTS

First published 1994
Blackwell Publishers

Japanese translation rights arranged with Hillel Steiner
through Mike Marx Agency

Translated by Kozi Asano

Shinkyo Shuppansha
Tokyo
2016

懐疑家であり夢想家でもある
ルース・L・スタイナーとハリー・スタイナーに
本書を献げる

目次

謝辞

広大な宇宙の歴史の中では、四半世紀は、一冊の書物を著すのに費やしたとしても、それほど長い時間ではないだろう。しかし、人からの借りを積み重ね続けるのには、あまりにも長い期間である。私の場合、多くの人にさまざまな借りがある。

本書の企画は、最初、マンチェスター大学研究助手奨学金を受けて始まり、次いでカナダ文化振興会博士奨学金の支援を受けた。その後、さらに研究と執筆のための時間が、英国学士院の研究奨学金と（米国）社会科学研究会議の個人研究費の支援によって得られた。寛大な支援を賜ったこれらすべての組織に感謝したい。

本書の執筆期間中、私の研究は、多くの人との会話や手紙のやりとりによって大いに助けられた——その人たちの助けに対してついに感謝の意を適切に表すことができるのは、喜びであり、さらに言えばこれで心の荷がおりた気もする。以下の名前の列挙の長さは、私の積み重なった借りがどれだけ多いかをかなりよく表しているが、それぞれの人に対してどれだけ大きな借りがあるかを示すものではまったくない。いずれにしろ、以下の人たちに感謝したい——W・アーサー、P・バーダン、B・バリー、D・ビーサム、S・ボールズ、D・ブレイブルック、R・ブレナー、A・カーリング、I・カーター、J・チャイルド、A・コディントン、Ｊ・カンリフ、Ｍ・カリー、Ｐ・デイ、Ｋ・ダウディング、Ａ・エドワーズ、Ｄ・エルソン、Ｊ・エルスター、Ｍ・エヴァンズ、Ｒ・Ｇ・フレイ、Ｎ・ジェラス、Ｓ・ゴールデンバーグ、Ｒ・グッディン、Ｂ・グッドウィン、Ｄ・ゴードン、Ｊ・グレイ、Ｔ・グレイ、Ｓ・ハンプシャー、Ｒ・Ｍ・ヘア、Ｊ・ハリス、Ｈ・Ｌ・Ａ・ハート、Ｍ・ホリス、Ｄ・ハウエル、Ａ・イングラム、Ｌ・ジャブレッキ、Ａ・ジャガー、Ｔ・ケニオン、Ｐ・レーニング、Ｈ・レッサー、Ｗ・ルーシー、Ｅ・マック、Ｊ・マッキー、Ｄ・マクリーン、Ｂ・マクレナン、Ｃ・Ｂ・マクファーソン、Ｄ・ミラー、Ｆ・ミラー、Ｃ・モーリス、Ｐ・モーリス、Ｒ・ノージック、Ｏ・オニール、Ｆ・オッペンハイム、Ｄ・パーフィット、Ｇ・パリー、Ｊ・ポール、Ｌ・ポロック、Ａ・プシェボルスキ、Ｄ・Ｄ・ラファエル、Ｊ・ラズ、Ａ・リーブ、Ｊ・ローマー、Ｄ＝Ｈ・ルーベン、Ａ・ライアン、Ａ・セン、Ｎ・シモンズ、Ｊ・スタイナー、Ｍ・スタイナー、Ｒ・サグデン、Ｍ・テイラー、Ｎ・タイドマン、Ｒ・ファン・デア・フェーン、Ｐ・ヴァン・パリース、Ｕ・ヴォーゲル、Ｊ・ウォルドロン、Ａ・ウィール、Ａ・ウィリアムズ、Ｒ・ウォクラー、Ｅ・ライト。

たえず私を励ましながら詳細な批判をしてくれた、三人の真の友人ジェリー・コーエンとレイモンド・プラントとイアン・スティードマンには、特別に感謝したい。

また、ブラックウェル出版のジョン・デーヴィー氏は、現代のヨブと言ってよいほどに忍耐強い人である。本書の近刊が予告されたのは十年以上前のことであり、それよりもさらに長い間、本書には「ブラックウェル、近刊予定」という説明が付けられてきた。私が繰り返し原稿の提出を延期したにもかかわらず、ジョンは優しく催促しながら絶えず私を支えてくれた——それは、著者が正当に期待できる以上のことであり、心から感謝したい。さらに、クレア・ブレイスウェイトとヘンリー・マースの技量と配慮が、原稿を活字化する際の悪夢を大いに和らげてくれた——二人にも感謝したい。

哲学を研究したことのある人なら、他の人の助言や励ましがあるにもかかわらず哲学することがいかに孤独な営みでありうるかを知っているだろう。それは、哲学者の配偶者もよく知っている。その点で、妻のキャロライン・スタイナーは、容易には述べられないほど多くの仕方で本書に貢献してくれた。ほんのいくつかの例を挙げれば、キャロラインは、本書の議論に一緒になって熱中してくれたり、鋭い批評をしてくれたり、どんな状況でも楽観的にものを見てくれたり、完全無欠の文章を書こうとしても無駄だということをそっと思いださせてくれたりした。また息子のジョシュア・スタイナーは、父親が研究にかかりきりになっているのをよく我慢してくれた――その気丈さも、正義が唯一の徳では全然ないという事実の（もし必要ならば）証拠となるだろう。

さらに私の両親には最大の恩義がある――これは、たんなる敬親の表明ではない。というのは、本書の執筆期間中における両親の揺るぎない応援の姿勢に加えて、さらに振り返れば、本書の中心的な考えのほとんどは、ずっと昔に両親と夕食の席で何度も、ときに激しく闘わせた議論に触発されたものだからである。また私の両親は、よく知られたいくつかのごまかしをかなりはっきりと嫌悪していた――それも、本書の中にかなり忠実に反映されている。だから、こうした理由、その他多くの理由から、本書を両親に献げることが、なによりも相応しい。

本書の間違いや不足に対しては私にのみ責任があることは、ほとんど言うまでもない。本書の執筆をこれほどまでに長引かせたのは、他ならぬ私なのである。

ヒレル・スタイナー

権利論——レフト・リバタリアニズム宣言

第一章　序論

二つの問いがある。第一に、正義とは何か。第二に、正義は何のためにあるのか。本書の主な主張の一つは、第一の問いに答えがある限り、第二の問いに答えはない、ということである。こう言うとおそらく読者は、正義の内在的・非派生的価値、すなわち正義がさまざまな価値の中で独立の価値だということを表すために少し気取った言い方をしていると感じられるだろう。しかし、たんにそれだけではない。

かつてフランシス・エッジワースは、「全世界がうめき声をあげ、仲裁の原理、争いの終結を憧れ求めている」と述べた。[1] たしかに、うめき声のない世界は、ささいな目標ではない。したがって、もしある原理がうめき声のない世界の実現を約束してくれるならば、そのような原理はそれだけで尊重に値する。にもかかわらず、人間性が――とりわけ私の近傍で――知られているようなものである限り、正義（あるいは他のなんらかの原理）がうめき声を確実に予防してくれると期待するのは楽天的すぎる。

1　Edgeworth, *Mathematical Psychics*, 51. ただしエッジワースは続けて、「正義の星は、より優れた光源である功利主義の光を照らし返すのでなければ、確かな導きとならない」と述べている（ibid., 52）。

実際に、正しく、うめき声のない世界、争いのない世界でも――どちらかと言えば、よりましな世界ではあろうと思うけれども――最善の世界ではない。最善でないのは、最善の世界ならば実現しているべき価値がまだ他にもあるからである。私たちの問題は、こうした他の価値が私たちのそれぞれにとって同じではないにもかかわらず、私たちがそれらの価値を追求する世界は同一の世界だということである。[2]

私たちがそれらの価値を追求するとき、お互いにぶつかりあう可能性があるし、現にそうした衝突が起こる。いやおうなしに、私たちはお互いに自由を制限しあうのである。そこで正義の主題は、そうした自由の制限をどのようにすべきかということである。正義は、そうした正義の枠組みの中で追求し達成できるさまざまな価値に関わるのではない。ある人が別の人の自由を制限することが道徳的に許されるかどうかは、それぞれの人が追求している価値の優劣を比較することでは決められない――まさにそういう場合に、正義の問題が起こってくるのだからである。

自由の制限をどのようにしたらよいかを描きだすこと、しかもそうした正義の枠組みによって推進される目的に言及せずに描きだすことは、明らかに難題である。だから現在、競合するさまざまな正義論が世にあふれているのも驚きではない――なかには、（前の段落で暗に示された、正義の）個人間の不偏性について私たちの理解を非常に深めてくれた正義論もある。けれども、そうした正義論がみな共通の課題に取り組んでいると、それどころか多くの基本的な前提を共有していると見なすことができるとしても、それらの正義論はそれぞれ違っている。[3] ある正義論によって正しいとされる社会が、他の正義論によっては不正な社会と非難されざる

2　価値がこのように個人間で多様だということは、非道徳的目的についてはたしかに当てはまるが、道徳的目的については当てはまるかもしれないし、当てはまらないかもしれない。

3　セン『不平等の再検討』の第一章では、この共通の課題を、個人間の平等を支持する議論を述べることだとしている

をえない。さらに悪いことに――明らかにある人たちはこう考えている――こうした正義論のどれでも、正義に関して私たちが大切に思う直観のすべてが無傷のまま残ることはありえない。そうすると、私たちはさまざまな正義論の中でどうやって選択すればよいのだろうか。

もっともな戦略は、素粒子の次元から始めることだと私には思われる――すべての大きなものは、小さなものからできているからである。正義の素粒子は、**権利**である。権利とは、正義の原理によって創造され区分されるものである。権利の形式的ないし特徴的な性質を検討することで、正義について学ぶことができる。権利のこうした性質は、正義の原理がどういう内容でありうるかを制約する――ちょうど建築規則が、それが適用される建設資材の性質によって制約されねばならないようにである。

そして、こうした素粒子つまり権利の二つ（またはそれ以上）がどのように同時にありうるかが分かれば、正義についてさらに知ることができる。すなわち、本書の議論の要は、いくつかの権利が提案されたとき、それらすべての権利が相互に整合的であること――**共存可能性**[4]――が、それらの権利が受けいれ可能であるための、少なくとも必要条件だということである。そして、いくつかの権利が受けいれ可能であることは、私見

――そしてさまざまな理論の違いは、平等の場面、すなわち何が平等であるべきかの選択にあるとしている。価値や能力が個人間でさまざまなので、ある場面での平等が別の場面での不平等を持続させたり生み出したりすることは、ほぼ間違いない。

4　「共存可能性」という考えは、ライプニッツに由来する。ライプニッツにとって、それぞれ独立には可能な、いくつかのもの（対象や出来事や概念）が一緒には可能でない、すなわち同一の可能世界に属すことができないことがある。Mates, *The Philosophy of Leibniz: Metaphysics and Language*, 43-4 では、次のように説明されている。「さて、それ自体では可能ないくつかのものが、共存可能ではないことがある。たとえば、罪のない世界はありえただろうし、罪が赦される世界もありえる（現にある）けれども、罪がないのに罪が赦されるような世界はありえない。同様に、貧困のな

では、それらの権利を生みだす正義の原理が説得的なものであるための必要条件である。反対に、もし正義の原理が生みだす権利が、特定の行為が許されるかどうかに関して相矛盾するような判断をもたらすならば、そうした正義の原理は実現不可能であるか、（同じことになるが）実現可能であるためには修正されねばならない。そうした正義の原理を特定の場合に適用しようとしたとき、「この問題の解決は、判事または立法者または神にまかせよう」と言わざるをえない場合があまりにも多い。ところが、判事も立法者も神もすでに十分忙しいように思われるのである。

この共存可能性の試験によって、私たちはかなり前進することができる――それは、多くの提案された正義論をしっかりと選り分けてくれるからである。権利の共存可能性に関係した性質ではなくて、形式的な性質に注目することで、さらにいくつかの正義論を退けることができる。もちろん、私たちの希望は、この針の穴を少なくとも一つの正義論が無傷のまま通過することである。しかし、私たちの直観のすべてが同じようにそうした検査に耐えると期待することは、楽観的に過ぎるだろう。

その理由は、よく知られているように、私たちの道徳的直観は単純な傾向があるからである。特に、最善の世界に何が欠けているかでは**なくて**、むしろどのようにして次善の世界をより悪い世界から区別するかが問題である場合、私たちの道徳的直観は問題にうまく応えない。次善の世界をより悪い世界から区別する、この微妙な境界線を明らかにすることこそが、正義論の課題である。

ここで、読者の心を懐柔するため、少し弁明を述べたい。本書の議論の一部を論文などで発表した私の経験

い世界はありえただろうけれども、そのような世界では、施しが行われること――それ自体では可能であり（望ましくもある）――はないだろう。」

からすると、抑圧や搾取、差別や貧困といった悪に深く心を動かされている多くの人は、きっと、こう思うだろう――すなわち、本書の議論のほとんどは過度に巧妙で、こうした実質的問題からあまりにもかけ離れた抽象的理論にかかずらわっているために、まったくくだらないものになっていると。そのような読者には、限定的なお詫びを申しあげる。お詫びを申しあげるのは、そうした問題が実際に喫緊のことだからである。そうした問題の議論には、道徳的に大きな問題が絡んでいる。そして、他人が苦悶しているときに悠然と遊んでいるのは、少なく見積もっても、不適切である。しかし、お詫びが**限定的**なのは、抽象的理論で武装することなしにこうした問題に効果的に取り組むことはできない、という不都合な事実があるからである。断片的な道徳的直観から全面的な制度的・政策的処方箋に駆け込むという危ういことは、概念分析という準備作業によってのみ避けることができる。そうした概念分析によって得られた区別を用いて初めて、現在提示されているさまざまな正義論の中から消費者として賢明な選択をすることができるのである。

というのは――ある人たちの意見とは反対に――言葉の意味を探求しても競合する理論を評価するのにほとんど役に立たない、したがってなんらかの実践的な結論に至るためには私たちの道徳的直観、さまざまな活動の適切さについてのさまざまな直観的信念に頼らなければならないというのは、まったく事実ではないからである。実際に、それと関連した次の主張には、ある種奇妙なものがある――その主張とは、道徳的概念の意味の分析は不可避的に、一定の道徳的立場の擁護になるというものである。たしかに、道徳的な態度は、分析されるべき概念の選択にしばしば影響する。[1] たとえば、正義という主題に関して過去五十年間に行われた多くの哲学研究は、明らかにホロコーストの経験に影響され、その意味を理解しようと努めてきた。しかし端的に言って、分析対象の選択を動機づける要因とその分析の内容との間には、なんら必然的な結びつきがない。人間嫌いが善意について哲学的に立派な分析を行うことは完全に可能であり、臆病者も勇気について哲学的に立派な分析を行うことが完全に可能である、等々。正義の場合も、この点でなんら違わないのである。

そこで次に、もう一つの、あまり限定的でないお詫びである。本書の説明はその大部分が、少し気取ったものから完全に講釈的なものまで、かなりぎこちない対話の形で述べられている。この対話が生気を欠いている点は、対話の内容で十二分に埋め合わせをしている。その理由は二つあって、一つは、私自身に劇作家としての能力がまったくないことであり、もう一つは、私が——道徳哲学や法哲学や経済学における——いくつかの専門的な点をできるだけざっくばらんに述べたいということである。正義論はこうした専門分野の関心と不可分でありながら、私見では、一般の読者にも理解できるように述べられるべきなのである。

しかし、分かりやすいという美点は、高くつく。本書の論述を分かりやすくしようとした代価は、こうした専門分野において常識となっている考えが私の陳腐な代弁者によってかなり念入りに解説されるということである。主な代弁者は、青山さん（女性）と赤松君（男性）の二人である。二人には他にも彩り豊かな仲間たちが加わり、またさまざまな特定の役割の者も必要に応じて登場する。

本書の議論は、以下のように進行する。どういう場合に二つの権利が共存不可能になるのかを理解しようとすれば、どういう場合に二つの行為が共存不可能になるのか、つまり共に起こることができないのかを理解する必要がある。次の、自由についての章で私は、不自由を行為の共存不可能性として説明する考え方を述べ、そして誰かに特定の行為をする自由があるとかないとか言えるための条件を示してみたい。第三章では、権利の意志ないし選択説を擁護・敷衍し、その線に沿って「権利」という概念の分析を述べる。それから、自由についての先の議論を用いて、いくつかの権利が提案されたとき、それらの権利すべてが共存可能でなければならないという要求を述べる。

次に、権利と自由はしばらく横に置いて、第四章では、整合的な道徳的思考の特徴を見てみる。ここでの狙いは、権利を組み入れることができるような道徳的規則にどのような構造的特質があるかを見いだすことである。そのために、道徳的葛藤状況を理解しそれに対処するいくつかのやり方を検討する。第五章では、経済的思考の公理的基礎を概観する。個人間の交換は権利を行使する主要なやり方であり、そのような活動がしばしば搾取的で、したがって正しい配分を歪めると見なされるので、次のことを考察するのが適切と思われる——すなわち、経済的思考そのものの本性が、第四章で吟味したような道徳的規則とは両立できない行為を前提にしているのかどうか。

これらの分析をすべて、第六章で、正義の議論に取り込む。正義を権利のための規則として捉えて、権利が典型的・非重複的にもちだされるような敵対的状況を描きだす。そのような対立を理に適った仕方で解決することは、個人的自由の領域を割り当てる規則によってのみ可能であることを示す。さらに、この規則の内容、およびその規則が道徳的規則の中で占める位置付けは、権利の共存可能性の要求によって厳しく制約されることを示す。この議論の結論は、正義は、基礎的権利と派生的権利を通して自由を平等に配分する、辞書的に第一の規則であるというものである。原初の権利についての第七章では、こうした基礎的権利の一般的な内容・要素を探求する。最後の章では、基礎的な権利を、世代的にさまざまであり、有限な自然環境の中で暮らす人びと、すなわち現実の人間に適用した場合にどうなるかを解釈する。

こうして姿を現すのは、正義についての歴史的権原理論であるが、それにはいくつかのかなり強い再配分的含意がある。もちろん私としては、この理論が読者の直観のかなりの部分を捉えることができればと願っている。しかし、私自身の経験では、もしこの理論が読者の直観のすべてを捉えるとすれば、警戒が必要である——どこかで大きな間違いを犯しているに違いない。

第二章　自由

一つめの会話

青山さん　だけど、赤松君も、あの人にそれをする自由があったことは否定してないでしょう。
赤松君　いや、僕はそれをはっきりと否定しているんです。
青山さん　何ですって。私も赤松君も、あの人が実際にそれをしたことは認めてるじゃないの。
赤松君　だからどうだと言うんですか。

二つめの会話

青山さん　見て、この新聞によると、私たちはもうこれからは例のことが禁止されるんですって。不自由になるわねえ。
赤松君　どうしてですか。理性や思慮のある、まっとうな人なら、どのみちそんなことはしませんよ。
青山さん　だからどうだと言うの。

三つめの会話

青山さん　見て、この新聞によると、私たちはもうこれからは例のことが禁止されるんですって。不自由になるわねえ。

赤松君　どうしてですか。当局には、僕らにそれを禁止する完全な権限がありますよ。

青山さん　だからどうだと言うの。

たしかに、すべての人が、ここでの青山さんと同じ言語的直観をもつわけではない。というのは、言語的直観とは所詮そうしたものだからである。哲学的論争の大部分は、とりわけ言語的直観との格闘に費やされる。そして、「自由な」という言葉やその同族語の用い方が多様な、しばしば相対立する直観に依拠していることを知るのに、政治哲学の分野で長年研究している必要はない――それどころか、それくらいのことは、日常会話の世界を長年経験していなくても分かる。

青山さんの直観は、実際にしたことをする自由があったということを大胆にも否定するような自由観にはなにか非常におかしな点がある、というものである。青山さんは、また、なにかをすることを禁止されても自由が減らないという考えも理解できないと感じている。[1] このように述べれば、おそらく私たちの全員が青山さんと同じ直観をもち、同じように感じるだろう。しかし残念なことに、私たちの全員に、そうする資格があるわけではない。

1　青山さんと同じように、ここで考察されている自由は規範的意味での自由ではないと仮定している。なにかをしない義務がない、したがってそれをすることが許される、という規範的意味での自由は、次の第三章の主題である。

ここで誤解を避けるために一言述べる。たしかに、どの言語的（ましてや道徳的）直観を保持すべきかを決めるのは哲学者の仕事ではないし、したがってどのような自由観を用いるべきかを決めるのも哲学者の仕事ではない。哲学者には、そのようなことをする権威がまったくない。むしろ哲学者の役割は、より謙虚なもの、どの直観とどの直観なら**整合的に**もつことができるかを指し示すというものである。直観には含意がある。一定の見方（たとえば自由観）には論理的帰結が伴う。だから哲学者の仕事は、「自由な」といった言葉のいくつかの用い方が不整合である場合に、それを知らせることである――言葉の用い方が不整合だというのは、それぞれの用い方の背景にある自由観から、特定の場合に相矛盾するような判断が導かれるという意味である。

言葉の用い方にそのような不整合があった場合、第一に控訴すべき法廷は、疑いもなく、日常言語である。私たちは、相対立する判断のうちのどれが、当該言語の通常の話し手が「自由な」という言葉を用いるときの用い方をより正確に反映しているか、と自問する必要がある。しかし問題は、「自由な」という言葉やその同族語の場合、この（日常言語という）法廷はそのような控訴に対してしばしば判決を拒否することである。日常の用法で自由がどのように扱われるかは一義的ではなくて、そのような不整合をかたくなに生み出し続ける。結果的に、訴訟当事者は、相互の争いを、直観との格闘という伝来の方法で解決するしかない。

では私たちは、どのように直観と格闘すればよいのか。日常の用法が一義的でないということは、非常にしばしば**私たち自身**が自分の最も頑固な敵対者だということである。すなわち、私たちの一人一人が「自由な」という言葉を――他人の用法と不整合な仕方で用いるだけではなくて――自分自身、不整合な仕方で用いるのである。困ったことに、こうしたいくつかの用い方は、どれほど相互に不整合であったとしても、おそらくそれぞれが、人が自由だと述べられるような状況について私たちが有する堅固な直観を反映している。

整合性を得るためには、私たちは、こうした用法のいくつかを追放し、それらが表す直観を黙らせる必要がある。これは決して簡単なことではない。それはつまり、「自由な」という言葉を私たち自身が用いたり他人の用い方を承認したりするときに、その用法および承認のいくつかをはっきりと反直観的と感じることになる、そういう居心地の悪い言語状況に直面することになるからである。したがって、直観の取捨選択をするに際して、私たちは慎重に、私たちの用法が反映し続ける直観がなくなった場合にくらべて、なくなってもそれほど違和感をもたらさないような直観だけを黙らせる必要がある。もちろん、私たちの用法は、ある直観の追放が整合性によって要求されないなら、そのような直観をすべて反映し続けることができる。というのは、整合性はたしかに、いくつかの用法が反直観的になるという代価を払うに値するけれども、私たちはそのために払い過ぎたくはないからである。

それでは、青山さんの直観の代価はどのようなものだろうか。先の会話において青山さんはどのような自由観に訴えているのか。その自由観の顕著な特徴は何であり、その自由観にはどのような含意があるのだろうか。そして、その自由観は、「自由な」や「不自由な」といった言葉のどの用法を否定するのだろうか。青山さんと同じように、私も、なにかを実際にしている人にそれをする自由があるという考えを捨て去るのは非常に困難だと感じる。人間には、実際にはしていないし、しようなどとは決して思わないような多くのことをする自由もある。一言で言うと、本章の以下の部分では、こうした考えを揺るぎなく肯定した場合にどうなるかを見ることにする。

大ざっぱに言うと、以下では、ある行為をすることが他人の行為によって不可能にされる場合にのみ、その人にはその行為をする自由がない、ということを述べる。私たちが通常、ある行為（ａ）が他の行為（ｂ）によって不可能にされると考えるのは、ｂの行為が現に起こっているか、またはａの行為が試みられたならばｂの行為が起こるような場合であって、かつｂの行為の発生がａの行為の発生を不可能にするような場合である。

二つの行為（ａとｂ）がそれぞれ別々の人（ＡとＢ）の行為である場合、ＡさんがａすることをＢさんが妨げる限り、ＢさんはＡさんを不自由にしている。[2]かくして、たとえば私が監獄にいるとしよう――私の監房の扉に看守が鍵をかけているか、たとえそうしていなくても、もし私が監房から出ようとすれば看守が鍵をかけるのであれば、私には通常、監房から出る自由がない。

伝統的に、自由の本性についての議論は、さまざまな積極的自由観や消極的自由観の相対的な優劣をめぐる論争という形をとってきた。こうした論争の重要な局面は、競合する自由観が二つの問いに答えようとする試みとして理解できる。第一の問いは、ある人（Ａ）が別の人（Ｂ）の行為を――不可能というのとは別の意味で――**望ましくない**ものとした場合、Ｂさんにはその行為をする自由がなくなるかどうか、である。第二の問いは、ある人（Ａ）が別の人（Ｂ）の行為を妨げた場合にＢさんにその行為をする自由がなくなるのは、妨げられた行為が望ましい場合、または妨げる行為が望ましくない場合に限られるのかどうかである。いずれの問いにおいても、「望ましい」という表現は、人が自由だとか不自由だとか述べられる際にさまざまな（競合する）自由観の持ち主が課してくる、さまざまな道徳的または動機上の条件を包みこむ広い意味で用いられている。いくらか驚きであるが、私見では、積極的自由論者がこれら二つの問いに標準的に与える肯定の答えが、

2　これには強制の場合も含まれる。ウリクト『規範と行動の倫理学』六六頁を参照。「ある人がある行為をする能力に干渉する別の人の能力に関して、二種類の行為がある。それらは、「妨害する」とか「妨げる」とか呼ばれる行為と、「強制する」とか「強いる」とか呼ばれる行為である。これら二種類の行為は、明らかに、相互に定義可能である。したがって、私たちはここでの議論を二種類の一方に限定することができる。また、ある人がｘするのを妨害するのは、その人がｘしないことを妨げるのと同じである。ある人にｘすることを強制するのは、その人にｘしないことを強いるのと同じである。」［ただし、訳文は稲田訳ではなく、原文から訳した。］

多くの消極的自由論者の説明によって拒否されるというよりもむしろ繰り返されている。

青山さんの直観が何を含意するかを探求するなかで、本書の説明は、こうした肯定の答えをはっきりと拒否する。だから、青山さんの自由観は、ある特殊な消極的自由観である——それはホッブズと結びつけられることが多いけれども、おそらくその消極的自由観をより整合的に用いたのはベンサムである。近年それは、他の消極的自由観から注意深く区別され、マイケル・テイラーが「純粋な消極的自由」と適切に名付けているし、チャールズ・テイラーも——あまり肯定的でない意味合いで——「粗雑な消極的自由」と名付けている。[3]

この純粋な消極的自由観が経験的ないし記述的なものであることは、論争の余地がない。すなわち、この自由観を用いて、ある人にある特定の行為をする自由があるとかないとか述べたとしても、その行為が重要であるとか許されるとか、それを妨げる行為が重要であるとか許されるとかについて何も前提していない。さらに言えば、その行為またはそれを妨げる行為が重要であるとか許されるとか信じている人がいるかどうか、ということについても何も前提していない。チャールズ・テイラーはこの自由観を、科学者や技術者が「ある物理的対象、たとえば梃子の自由」と言うときの自由観と同じだと主張する[4]——どれほど侮蔑口調であろうとも、この認定は間違いではない。

私たちの日常言語に、そのような純粋に記述的な自由観が含まれているということ——それには、ほとんど疑いの余地がない。そしてたとえその自由観が「自由」という言葉やその同族語の使用法に関して独占権を主

3 Michael Taylor, *Community, Anarchy and Liberty*, 142 および Charles Taylor, "What's Wrong with Negative Liberty" を参照。この自由観を分析しようとする初期の試みは、私の論文 "Individual Liberty" の中に見られる。Gorr, *Coercion, Freedom and Exploitation* の第二章には、優れた最近の説明があって、私もそのほとんどに賛同できる。

4 Taylor, "What's Wrong with Negative Liberty," 183.

張することはできないとしても、その自由観を単純に捨て去ることは忌避すべきである――特にそれは、私たちが、人が自由を望むか望まないかに関わりなく、自由をもつべきかもつべきでないかに関わりなく、人の自由について合理的かつ有意味な判断を表す言語能力をもち続けたいからである。すぐ後で見るように、他の自由観では、そのような判断が（言わば）抑圧され、無意味か理解不能になってしまう。

（イ）行為と望ましさ

自由の概念について、今日の哲学的議論は、しばしば、アイザィア・バーリン卿の就任講演「二つの自由概念」をその出発点とする。この重要な講演論文の改訂版の序論で、バーリンは、彼が初版の消極的自由の議論における重大な誤りと考えるものを訂正している。[5] 初版でバーリンは、自由とは、正しく理解すれば、自分の**したい**ことをするのを他人によって妨げられないことである、かくして人は自分のしたいことをするのを他人によって妨げられない限り自由であると主張していた。「もしわたくしが自分のしたいことを他人に妨げられれば、その程度にわたくしは自由でない。」[6] しかし、消極的自由観をこのように定式化すると、そこから、逆説的にも、私の欲求、すなわち他人が妨げている私の欲求を押し殺すことで私の不自由を減らすことができるという積極的自由の考えがでてくる――このことを改訂版の序論の中でバーリンは認める。また逆に、他人

5　バーリン『自由論』五六～五九頁。
6　バーリン『自由論』三〇四頁。

が私に向ける制限的行為がなんら増えなくても、ただ私の欲求が増えるだけで私の不自由が増えるということも言えてしまう。要するに、消極的自由観のこの定式化だと、究極的に自分を抑圧するのは自分自身だということにもなってしまう。

同じような趣旨で、J・P・デイは、他人によって妨げられる行為をしたいという気持ちを捨て去ったとしても、その行為をする自由が生まれるわけではない、と鋭い指摘をしている。[7] デイによれば、ある行為をしたいという気持ちを、人にその行為をする自由があるとかないとか言えるための必要条件にするのは、**自由であること**の条件を**自由と感じる**ことの条件[2]と混同しているのである。かくして、青山さんとデイと改訂版序論でのバーリンは、もし誰かが私がヘロインをこの国に輸入するのを不可能にするならば、そのとき私にはそうする自由がないという点で意見が一致している。そして私にそうする自由がないということは、私がそうしたいと思っているか、あるいはそうすることに無関心であるか、はたまたそうしたくないと思っているかとは関係がない。もし監獄に入れられていれば、私は、劇場に行きたいと思うかどうかに関わりなく、劇場に行く自由がないのである。

明らかに、行為を妨げられたときに私がどの程度欲求不満を感じるか、そのような妨害を私がどの程度自分の欲求充足に対する障害あるいは自分の利益に反することと感じるかは、私が実際に何をしたいと思うかに**現に**依存する。おそらく、私にとって現実的に重要な自由は、自分がしたいことをする自由だけかもしれない。しかし、だからといって、私にある行為をする自由があるとかないとか言えるのは自分がその行為をしたいと思う場合だけである、ということにはならない。「私は、劇場に行きたいとはまったく思わないけれども、劇

7 Day, "On Liberty and the Real Will," 191.

場に行く自由がある、すなわちそうすることを妨げられていない」という文は、何の困難もなしに理解できる。また「私は、劇場に行く自由がないし、そうしたいとも思わない」という文も、同じように理解可能である。「自由」という言葉の日常の用法は明らかにそのような文を難なく許容するので、自由の意味の分析から欲求を外すことはできないと主張する人たちの側に、そうした完全にありふれた反例文を説明する責任がある。[8]

人と行為とがさまざまな評価語によって結びあわされるときにも、ほとんど同じことが当てはまるように思われる。私たちは、ある人にある特定の行為をする自由があるかと問うとき、通常、なんらかの評価を問うているとは思っていない。むしろ私たちは事実を問題にしている。その人がその行為をすることに関して、もしなんらかの評価を問うとすれば、それは事実問題への肯定の答えを前提としている――「妨げられている」は「できない」を含意し、「すべきである」は「できる」を含意するからである。結局のところ、人はすべきでない行為を、もし妨げられているならば、一体いかにしてすることができるのだろうか。

陳腐だけれども、**そのような、すべきでない行為が現に起こる**ということは、いつでも正しい指摘である。そして青山さんの直観は、そのようなことをした人は、まさにその事実によって、そうする自由があったことが分かるというものである。だから青山さんは、「私たちの自由観は、私たちが何をするに値すると考えるかによって制限される」[9]という主張を断固として拒否する。評価に関わるそのような主張は、「自由である」ことを「自由と感じる」ことと混同する間違いとよく似た間違いを犯している。すなわち、ジョン・ロールズが注意した違い、自由と自由の価値との違いを無視しているのである。[10]

8　Flathman, *The Philosophy and Politics of Freedom*, 32 を参照。
9　Benn and Weinstein, "Being Free to Act and Being a Free Man," 195.
10　ロールズ『正義論』二七七頁。ただし、これは、自由と自由の価値に関するロールズの区別が私の区別と同じだといこうした考察から伺われるのは、「青山さんにはｂする自由がある」という趣旨の文は、「青山さんはｂしたがっている」とか「ｂしないことは青山さんの利益または義務に反する」という趣旨の文を含意も前提もしないということである。したがってまた、青山さんが現実には何を望んでいるのかとか、何をすることが青山さんの本当の利益になるのかに関するなんらかの文を含意することも前提することもない。ある人にある行為をする自由があるかどうかの判断は、その行為の望ましさに関するいかなる判断からも論理的に独立なのである。

妨害についてはどうだろうか。**妨害の**望ましさは、（妨害のおかげで）青山さんにｂする自由がないのかどうかについての私たちの判断に影響するだろうか。赤松君がａすることが、青山さんがｂすることを妨げる場合、「青山さんにはｂする自由がない」という私たちの判断は、ａが望ましくない行為だということにも依存するのだろうか。こうした問いに純粋な消極的自由観が与える答えは、断固たる「否」である――もしａという行為が青山さんがｂするのを妨げるならば、赤松君がａすることで青山さんはｂする自由がなくなるのである。しかしながら、多くの消極的自由論者が、消極的自由論者であるにもかかわらず、この点に関しては違った説明をするように見える。

たとえば、トーマス・スキャンロンとＧ・Ａ・コーエンが正しく見てとっているように、ロバート・ノージックによる配分的正義の説明の中には自由の「道徳的定義」が使われている。[11] この有名な説明は、「勤労収入への課税は、強制労働と変わりがない」と主張する。しかし、ノージックによると、そのような税の支払いが「強制された」ものになるのは、税務当局が強制力を用いて勤労者に納税させるからでは**ない**。言い換える

うことを必ずしも意味しない。

11 Scanlon, "Nozick on Rights, Liberty and Property," 13-14 および Cohen, *History, Labour and Freedom*, 252, 256, 295 を参照。

と——強制と妨害が相互に定義可能であることから考えられることとは裏腹に[12]——勤労者が税を支払わないことを税務当局が妨げるからではない。むしろそれは、そのような強制課税が、ノージックが勤労者の道徳的権利と見なすものを侵害するからである。したがって、勤労者に可能な行為がこのように妨げられた場合は、「選択範囲が制限されるけれども強制にはならないような場合とは違う」[13]のであり、区別する必要がある。「人がとりうる選択肢の幅が、他人の行為によって狭められる。その結果、その人の行為が非自発的になるか否かは、他人にそのように行為する権利があったかどうか、によるのである。[14]」この見方によれば、すべての妨害が、言い換えると人の選択肢の幅を狭めるすべての行為が、強制になるわけではない。私の行為が非自発的になる——私にはそうしない自由がないと言いうる——のは、私がそうしないことを妨げる他人の行為がその他人にとって許されない行為である場合に限られる。ノージックの説明では、そのような望ましくない妨害だけが、不自由を生みだすのである。

これとは少し違う、もう一つ別の意味でも、自由の判断は、妨害の望ましさに依存すると考えられている——それは、デイヴィッド・ミラーの議論から改変・借用した以下の事例で説明できる。不幸にも、私の部屋の扉が外側からしか開けられないとしよう[15]——その場合、私が部屋の中に閉じこめられる、以下のような状況が考えられる。

12　本章の注2を参照。
13　ノージック『アナーキー・国家・ユートピア』二八五頁。ただし訳文は、嶋津訳を参考にしたけれども、自由に変えてある。
14　ノージック『アナーキー・国家・ユートピア』四三〇頁。訳文に関しては、前注に同じ。
15　Miller, "Constraints on Freedom," 70-5.

一、私は自分の部屋で仕事をしている。私が中にいることを知っているYさんが、私を閉じこめようと思って扉を閉める。
二、Yさんは、廊下を歩いていて、中に誰もいないかを確認しないで、私の部屋の扉を閉める。
三、野獣の群れが廊下をうろついていて、建物の中にいる人が大変な危険に曝されているので、Yさんは私の部屋の扉を閉める。
四、Yさんは、部屋を点検する係で、私の部屋に来て、中を見る。私は机の後ろに隠れていて、Yさんは私に気づくことなく扉を閉める。

ミラーの主張は、私が自分の部屋から出られなくなるにあたってYさんは四つの場合すべてにおいて正確に同様な因果的役割を果たしているけれども、Yさんのせいで私が出られなくなったと言われうるのは初めの三つの場合だけだ、というものである。初めの三つの場合は、それぞれ「計画的な妨害」「不注意による妨害」「正当な妨害」と呼ぶことができる。ところでミラーは、「私たちがある人にはなにかをする自由がないと述べるとき、私たちはそこに障害があること、しかもその障害は正当化される必要があるということを含意している」と述べている[16]——この主張にしたがって、より正確に言えば、私たちはこれら三つの場合を（i）計画的で、正当でない場合、（ii）計画的でなく、正当でもない場合、（iii）計画的で、正当な場合というように整理することができる。これら三つの場合がすべて自由への制約になると言われるのは、Yさんにはこれらの妨害の「道徳的責任がある」からである。

しかしミラーによれば、Yさんは、第四の場合の妨害には道徳的責任が**ない**。この妨害は、（iv）計画的で

16 Miller, "Constraints on Freedom," 72.

なく、正当な場合と分類することができる。第二の場合も「計画的でない」という性質をもつし、第三の場合も「正当な」という性質をもつけれども、第二や第三の場合の妨害にはYさんは道徳的責任がある――にもかかわらず、「計画的でない」という性質と「正当な」という性質を併せもった第四の場合の妨害にはどうしてYさんの道徳的責任が否定されることになるのか、は明らかでない。いずれにせよ、ミラーの見解も、望ましくない妨害――ここでは計画的な妨害と正当でない妨害――だけが不自由を生みだすというものである。

望ましい妨害と望ましくない妨害を区別して、望ましくない妨害だけが自由を制限すると見なす、さらにもう一つの試みは、ジャン・ナーヴソンの最近の議論の中に見いだされる。

Aさんは、たとえば、酔っぱらっているかもしれないし、無分別にふるまっているかもしれないし、自分で自分に一番いいことだと述べていたこととは反対のことをしているかもしれない。自由権という考えからすれば……そのような場合、干渉は許されるのだろうか、それとも禁じられるのだろうか。……Aさんはxしたがっているように思われるけれども、そのxが、Aさんが心からしたいこと、自分に一番いいことだとはっきり主張していたことの反対である場合、もし私がAさんがxするのを妨げようとするならば、そのとき依然として私はAさんの自由を尊重しているのである。[17]

ここで、妨害は望ましく、したがってまたそれが不自由を生みださないのは、妨げられる行為が望ましくないからである。自由／不自由の本性をこのように理解すれば、自傷行為をする自由を上から制限してはならない

17　Narveson, *The Libertarian Idea*, 17.

というジョン・スチュアート・ミルの有名な禁止は、間違いというよりも、まったく理解不能になるだろう。そうすると、私たちが見てきた提案はすべて、自由について消極的と称する説明から出てきたものであるが、誰かが「自由でない」と言われうる妨害状況に、純粋な消極的自由観よりもはるかに大きな制限を課す。こうした「純粋でない消極的」自由観にとって、ある行為を妨げても、もし妨げられる行為が望ましくないか、妨げる行為が望ましいか、またはその両方であるならば、それは相手の人の不自由にならない。この点で、そのような「折衷ないしは中間の立場」すなわち純粋な消極的自由と典型的な積極的自由の間に位置する立場が維持可能でないというチャールズ・テイラーの説得的な議論は、一読の価値がある。[18] それはともかくとして、(妨害によって人が自由でなくなる状況に)こうした制限が考えられる背景には、どのような動機がありうるだろうか。

もちろん、一つの動機は、自由という言葉の私たちの日常的用法になんとなく促されてのことである。これは消極的自由観を揶揄する有名な文であるが、私たちは「お金持ちも貧乏人も同じように、ロンドンの橋の下で寝る自由がある」と――そうすることを妨げる人が誰もいないと仮定して――言うことに、どこか落ちつかなさを感じる。この文が理解可能であり、おそらくは真でもあることの肯定――これが、青山さんがその直観のために払わねばならない代価である。これは高すぎるだろうか。

ロンドンの橋の下で寝るのが望ましくないことを認め、貧乏人にもっとましな寝場所がないような社会を嘆くとしても、それでも私たちは、その状況と、橋の下で寝るのを警察が実際に妨げるような状況とを区別できたほうがよいと思うだろう。その区別とは、具体的にはたとえば、警察が妨げる場合にはロンドンの橋の下で

18　Taylor, "What's Wrong with Negative Liberty," 187ff.

寝る自由がないけれども、警察が妨げない場合にはそうする自由があると言えることだろう。逆にノージックの議論に応えて言えば、警察の妨害行為が許されるものであり、警察が公衆の権利を行使して公共財産から浮浪者を一掃しているという事実があったとしても、私たちは、浮浪者が自由でなくなることに変わりはないと思うだろう。

もし先のような揶揄（文）を言うことに落ちつかなさを感じることが、ある人たちが純粋な消極的自由観を修正したいと思う一つの動機だとすれば、それは、ミラーが書き記しているもう一つのより一般的な動機――すなわち「人間はお互いの活動を妨害すべきではないという想定」[19]――と密接に関連している。疑いもなく、私たちは、そのような想定を実際にしている――その想定が効力を失うのは、ミラーが述べるように、妨害する人に道徳的責任がないと考えられる場合に限られる。しかし、この道徳的想定とその例外規定を受けいれることは、妨害が然るべき条件を満たしている場合にはまったく自由を制限しないと主張することとは、まったく別のことである。

当たり前のことであるが、誰かに道徳的責任があると主張することは、（その人の行為の）正当化可能性の判断に依存するので、特定の道徳的価値を前提にしている。人や文化は、しばしば道徳的価値が異なっており、したがって、どのような妨害に対して道徳的責任が問われるかに関して意見が異なる。たとえば、ある道徳的観点からは、（ミラーの第四の場合の）部屋を点検する係のYさんは、扉を閉める前に部屋の中をちらっと見ただけでは、職務を果たしていないと考えられるかもしれない。その場合には、Yさんは、第二の場合と同じように、私を閉じこめた道徳的責任がある**だろう**し、私の自由を奪ったと見なされる**だろう**。

19　Miller, "Constraints on Freedom," 69.　Flathman, *The Philosophy and Politics of Freedom*, 149-50 も参照。

ミラーの道徳的想定を受けいれ、それにしたがって人が**自由か自由でないか**を判断する場合に私たちが払う代価は、私たちが自由の妨害者に対して、人に自由を返せと要求することが言語的に不可能になるということである。この要求ができなくなるのは、普通ならば、妨害者が彼らの道徳的価値に固執するからと思われるだろう——しかし、そうではない。むしろその理由は、他でもなく、妨害者がミラーの（純粋な消極的自由観への）修正提案を受けいれるから、そのために妨害者は彼らの妨害行為が実際に不自由を生みだしているという私たちの主張をまったく理解できないからである——ましてや、妨害行為を止めるべきだという私たちの主張は、（彼らにとって）もっと理解できない。そのような要求ができなくなるのは、たしかに、純粋な消極的自由観を修正する場合に払う代価として、高いと思われる。そして明らかに、日常言語を用いる多くの人は、まだそのような買い物（純粋な消極的自由観の修正）をしたいとは思っていない。

消極的自由論者が純粋な消極的自由観に抵抗したくなる第三の要因は、自由の量化をめぐる、明らかな困難から来ている。[20] 毎日の会話の中でも専門的な政治哲学の中でも、私たちはいつも、自由を測ることができるということを含意するような主張を行っている。私たちは普段から、ある人は別の人よりも自由だと判断するし、私たちは人々には平等な自由が認められるべきだと強く要求する。また私たちは、自由を最大化すべきだとか、最小の自由を最大化（maximin）〔3〕すべきだとか、最小の自由から順次に最大化（leximin）〔4〕すべきだとかいうことを示す理論を生みだしている。私たちがこうしたことを言うとき、何を意味しているのだろうか。何を意味することが**可能だろうか**。私たちに反対する人は、自由はリンゴと同じようなものではないと言うだろ

20 Arneson, "Freedom and Desire" および Gray, "On Negative and Positive Liberty," esp. 515 を参照。Taylor, "What's Wrong with Negative Liberty," 182-4 も参照。

う。だから、自由を数えるとか測るということは、最も明白な種類の計算ではない。この問題については、後に本章の中でより詳しく論じる予定である。今のところは、〈純粋な消極的自由観への〉先に述べた抵抗が部分的には、〈こうした計測上の困難は、行為の望ましさを計算の中に取りいれることによってのみ克服できる〉という確信から来ているということを述べておけば足りるだろう――望ましさの違いは、少なくとも原則的には、より測定しやすいと見込まれるからである。そして純粋な消極的自由観は、望ましさを考慮に入れないと公言するので、自由が多いとか少ないとか等しいと述べたときに用いられている自由観ではありえない――そのように、ある人たちは考える。

もう一つ、純粋な消極的自由観に対してしばしば向けられる最後の非難は、「行動主義的だ」というものである。たとえばジョン・グレイは、「この観点によれば、私たちは自由を、行動（behaviour）が妨げられないことという物理主義者の言葉によってしか記述できなくなる――すなわち、この観点は、自由の主題が行動というよりも行為（action）であるという決定的な真理を忘れている」という不満を述べている。[21]またリチャード・フラスマンは、一方でたしかに、純粋な消極的自由観が「不自由の典型的な場合」を選びだし、「欲求や（行動の）他の動機や理由についての理論という哲学的泥沼」を避け、「自由と感じることと自由であることとの明らかに重要な区別」を一貫して維持する点を適切に評価している――にもかかわらず、次のようにグレイの非難をくり返し、さらに強めている。

純粋な消極的自由観によれば、もし**運動**が妨げられないならば、人間は自由である。しかし、人間的自由

21　Gray, “On Negative and Positive Liberty,” 515.

の理論と実践の主題は、運動ではない——行為である。……純粋な消極的自由観は、人が動く**理由**、動こうとする**理由**を（自由論である限りにおいて）問題にしないという一般的な意味で、行動主義の理論である。自発的な運動ないしはその傾向性が見られたとき、自由かどうかの問いは、障害・障害物がその運動を妨げているかどうかという事実を観察するだけで答えられる。それに対して、通常の、つまり「純粋ではない」消極的自由の理論および積極的自由の理論は、「反行動主義的」である。[22]

この非難の根拠は何だろうか。フラスマン自身が、「もちろん、ほとんどの人間的行為は人間の身体の運動から成り立つ。これのゆえに、身体運動にとっての障害が、人間的自由にとっての典型的な障害になる」と認めている。[23] だから、これらの純粋でない消極的自由論者たちが発する、行動主義だという非難は、行為が行動の部分集合にすぎないという疑いもなく正しい主張に基づいているように**見える**。行為でもある行動と行為ではない行動との間にひかれる区別が普通どういうものかと言えば、行為でもあるような行動だけがある動機上の条件をみたすということである。たとえばグレイによれば、この条件とは人間が弱い意味で、つまりなんらかの「目標や目的を人に帰すことでその人の行動が理解可能になる」という意味で合理的だということである——「ここで必要な合理的選択という考え方は、最小限のつつましいものであり、人には行為のための**理由が**

22　Flathman, *The Philosophy and Politics of Freedom*, 31, 32. フラスマンは運動についてだけ述べているけれども、それは拡張する必要がある。純粋な消極的自由は、人が静止していることに対する障害や妨害にも関わるからである。たとえば誰かが私に歩くことを強制する場合、私には、じっとしている、純粋に消極的な自由がない。

23　Flathman, *The Philosophy and Politics of Freedom*, 31.

あるということを要請するだけである。」[24] かくして純粋な消極的自由論者は、リンゴだけについて話している時に果物一般について話をする人のような大間違いを犯しているとされる。

しかし、このように理解された非難は正当ではなく、この非難の現実の根拠は別のところにある。純粋な消極的自由論者は、行為と行動の区別が妥当であることを否定しているのではなくて、その区別が自由の判断という問題にとって関係があるということを否定しているだけである。もしグレイが述べるように、自由の判断が主題とすべきものが、人が**実際に**なんらかの理由でしたいと思っている行動だけに限定されるのであったならば、行為と行動の区別は、自由の判断にとって重要であった**だろう**。このような限定がバーリンの一九五八年講演の初版では暗黙の内に行われていて、それが、バーリンが後に理解したように、私たちの不自由が自分自身に起因するという逆説を生みだすのである。しかし、この問題点を離れても、まだ問題はある――すなわち、そのような限定には哲学的な根拠も日常の用法上の根拠もまったくない。私が監獄に入れられていたならば、私には劇場に行く消極的自由がないということを思いおこしてもらいたい――それは、私が実際になんらかの理由で劇場に行きたいと思うかどうかとは関係がない。

というのは、私たちの自由の判断は（バーリンが改訂版で理解したように）、人が実際にはしたいと思っていなくてもなんらかの理由でしたいと思うことがあり**うる**ような行動にも関わるからである。たしかに私は劇場に行きたいと思っていないけれども、なんらかの理由で劇場に行きたいと思うことがありうるのである。その場合でも、私にはそうする「自由がある」と、また妨げられる場合にはそうする「自由がない」と、なんの不都合もなく言うことができる。すなわち、私たちの自由の判断は、**想定可能な**行為に関わるのであって、そ

24　Gray, "On Negative and Positive Liberty," 520.　Flathman, *The Philosophy and Politics of Freedom* の第七章も参照。

の部分集合である、人が実際になんらかの理由でしたいと思っている行為だけに関わるのではない。[25] そして、どんな行動でも誰かがなんらかの理由でしたいと思うことが想定可能なので——つまり想定可能な行為なので——純粋な消極的自由観は、行動が妨げられることを不自由と見、行動が妨げられないことを自由と見るのである。すなわち、その行動が体現する行為をする自由がないとか、そうする自由があるという意味である。そうすると、この純粋な消極的自由観の「物理主義」は、行動と行為の混同に起因するのではない。むしろ、その「物理主義」は、他でもない、純粋な消極的自由観が、自由の判断を、人が実際になんらかの理由でしたいと思っている行為だけに限定しないで、人がなんらかの理由でしたいと思うことがありうるすべての行為に拡張すべきだと考えることに起因する。

実のところ、純粋な消極的自由観に対する行動主義だという非難の元にあるのは、人が実際になんらかの理由で行為したいと思っているかどうかを純粋な消極的自由観が区別しないことであって、行動と行為の混同ではない——このことは、自由の判断の対象となる行為は「人間の目的、実際に追求することが分かっている目的[26]」によって導かれた行為だけに限定される、というフラスマンの主張の中で鮮やかに示されている。この純粋でない消極的自由観によれば、自由の判断は、人々が実際に抱いている目的と結びついた行為だけを対象とする。それ以外の行為は問題とならず、したがって、たとえ妨げられたとしても不自由とはならない。

日常的用法の記述として、このような限定は明らかに誤りである。そうすると、純粋でない消極的自由観がそのような限定をするとき、その帰結はどのようなものだろうか。その帰結のいくつかは、本章初めの「会

---

25 Feinberg, *Social Philosophy*, 5-7 を参照。
26 Flathman, *The Philosophy and Politics of Freedom*, 202.

話」を含めて、すでに指し示しておいた。おそらく、かなり単純な例を用いて、そうした帰結をもっと鮮明に示すことができるだろう。

もう一度、私が、扉が外側からしか開かない、例の私の部屋の中にいるとしよう。私が腰を下ろして新聞を読もうとしたちょうどそのとき、Ｙさんが扉を閉めて、私を閉じこめるとしよう。そのとき、自由と不自由に関する限り、私はどのような状況におかれているだろうか。純粋な消極的自由観によれば、私は自分の部屋を出る自由がないけれどもそこに留まる自由はある、というだけのことである。私には自分の部屋に留まる自由があると言えるのは、私がなんらかの理由で自分の部屋に留まりたいと思うことが想定可能だからである——言い換えると、もし私が強制的に自分の部屋から追い出されるとしたならば、私は自分の部屋に留まるのを妨げられただろう、自分の部屋に留まる自由がなかっただろう。さらに、自分の部屋に閉じこめられていても、私には机でものを書くとか、新聞を読むとか、電話をかけるとか、さまざまな行為をする自由が明らかにあるので、私にはそうした行為をするための必要条件である行為（すなわち自分の部屋に留まること）をする自由が**ない**と主張することは奇妙であろう。[27]

この状況に関して純粋でない消極的自由観の帰結は、より問題がある。もし私が実際に自分の部屋を出たいと思っていないならば、おそらく、私が自分の部屋を出ることは（たとえそうすることができたとしても）、行為のために要求される動機上の条件を満たさないだろう。そうすると、私が自分の部屋を出ることは行為ではないのだから、自由の判断が問題とすべき対象ではない、したがってまた、純粋でない消極的自由観によれ

27　ある行為（a）の**前提条件となる**行為が妨げられている場合に、その行為（a）をする自由についての議論は、後の六九～七一頁を参照。

ば、私には自分の部屋を出る自由がないと言うことができない。他方で、私はある理由、すなわち新聞を読むという理由から自分の部屋に留まりたいと思っているので、私が自分の部屋に留まることは行為であり、しかも私はそうするのを妨げられていないので、私には自分の部屋に留まる自由があると（純粋な消極的自由観の場合と同じように）適切に言うことができる。

純粋でない消極的自由観の帰結が問題である理由は、次のようにして見ることができる。私は現に、ある理由から自分の部屋を出たいと思っているとしよう。たとえば、病気になった同僚の代わりに別の部屋で講義をすることになっているとしよう。したがって、私が自分の部屋で腰を下ろして新聞を読むとしたら、それは職務怠慢以外のなにものでもないとしよう――たとえこの怠慢行為が私の長期的な利益に（おそらく）悪影響を与えるとしても、私はなんとなく講義をする気にならないのである。そうすると、こうした状況では、私には自分の部屋を出る理由もあるし、そこに留まる理由もある。

自由の概念についての哲学的論争をすでによく知っている読者は、即座に、こうした理由の競合という状況が積極的自由の生まれ故郷であることを思いだされるだろう。特筆すべきことに、純粋でない消極的自由も、この同じ場所に住もうとしてきた。そうすると、純粋でない消極的自由と積極的自由との間に、説得的な区別があるだろうか。一方において、先にも言及したように、純粋でない消極的自由観の「折衷の」立場が維持可能でないというチャールズ・テイラーの主張がある。純粋でない消極的自由観にも積極的自由観にもさまざまな形態があることを考えれば、この主張はいささか性急であるかもしれない。[28] それでも、フラスマンも、自分自身の「純粋でない消極的自由観が消極的自由観と積極的自由観の概念的隔たりを相当に小さくする」とい

28　Flathman, *The Philosophy and Politics of Freedom*, 322 では、さまざまな形態がきれいに整理されている。

うことを認めている。[29] そうすると、理由の競合という状況の何が、純粋でない消極的自由観と積極的自由観とに共通の地盤を提供するのだろうか。二つの自由観はどこが似ているのだろうか。

純粋でない消極的自由観と積極的自由観とが基本的に似ているのは、いずれの自由観も、競合する理由の間にある――したがってまたそれらの理由と結びついた行動の間にある――望ましさの違いが（自由の判断にとって）重要であると考える点にある。私は自分の部屋に閉じこめられて、ここにいて、実際にそこに留まる理由（講義をする気にならない、新聞を読みたい）と部屋を出る理由（私には講義をする道徳的な義務がある、講義をしなかった場合に自分自身の利益に悪影響が出る）の両方がある。もしこれらの理由の重要度に――可算量として、または順位として――違いがあると言えるならば、そのことは、二つの行動（そこに留まることと部屋を出ること）の行為としての地位に影響するだろう。

積極的自由観に特徴的な見方は、私が自分の部屋に留まりたいと思うのは、自分の衝動に負けているということであり、もし私が自分のとるべき行為について完全に道徳的・理性的に考えたならば選んだであろうような行為ではない、というものである。もし私が完全に道徳的・理性的に考えたならば、私は部屋を出ていって講義をしたいと思うだろう。どのように考えたら道徳的・理性的に考えたことになるかの基準に関しては、積極的自由観の中でもさまざまである。また、道徳的・理性的に考えたときの私の行動が一通りではなくてこうであったりああであったりすることは、さまざまな心理学的・形而上学的理論によって説明される。しかし私たちがここで、こうした詳細にかかずらう必要はない。要するに、積極的自由観によれば、私が講義をすることと、したがってまた私が部屋を出ることは、自由の判断が問題とすべき対象であるけれども、私が部屋に留ま

29　Flathman, *The Philosophy and Politics of Freedom*, 2.

ることはそうではない。私の部屋の扉には鍵がかかっている――だから、私には部屋を出る積極的自由がない。しかし自分の部屋に留まることに関しては、私には（たとえ扉に鍵がかかっていなかったとしても）積極的自由があるとも言えないし、ないとも言えない――その理由は、私が自分の部屋に留まることは、そうしたいと思う理由が望ましいものではないため、行為にならないからである。

純粋でない消極的自由観も、ほぼ同様である――ただし、一般的に理由の望ましさに関する要求水準が積極的自由観の場合ほど高くはない。すでに見たように、純粋でない消極的自由観は、行為の理由が、広く誰かに想定可能な理由というのではなくて、誰かの実際の理由であることを要求する。しかし純粋でない消極的自由観のほうが、積極的自由観よりも、ある状況では理由の望ましさに違いがない可能性を認める傾向がある。私が部屋を出たいと思う理由は、私がそこに留まりたいと思う理由に比べてとりたててよいというほどのものではないかもしれない。そういう場合、そして私の部屋の扉に鍵がかかっている場合、私には（純粋な消極的自由観の場合と同じように）部屋を出る自由はなくて、そこに留まる自由はある。純粋でない消極的自由観の中には、さらに、行動の理由（の前提）が真実であることを要求するものもある。もし私が部屋を出たい理由が、ワーテルローでウェリントン公を相手に自分の部隊を指揮して戦いたいというものであれば、そのとき私が部屋を出ることは行為ではなく、したがって私の部屋の扉に鍵がかかっているとしても私が自由でなくなるわけではない。[30] 純粋でない消極的自由観の中には、さらにもう一歩積極的自由観の方に近づいて、行動のための理由が、他人が干渉する理由に比べて（なんらかの価値尺度に照らして）劣らないものであることを要求する

---

30 Gray, "On Negative and Positive Liberty," 520 を参照。そこでは、譫妄状態の人や妄想にとりつかれた人、恐怖症の人や催眠術にかかった人が、行動のための理由をもつ資格がないとされている。

ものもある。[31]

いくつかの行為を自由の判断の主題から外すことによって、純粋でない消極的自由を唱える人たちは、「自由についての判断は価値評価を含まざるをえない」[32]という見解に与することになる。この見解がそれにつきまとう有名な逆説――満足した奴隷が自由でないことを否定するとか、自分自身の欲求が自分を抑圧するという考えに同意するとか――によって決定的に損なわれるかどうかは、私たちの現在の関心ではない。先に述べたように、日常の用法は多様なので、競合する自由観のどれにでもなんらかの拠り所を提供することができる。ここまでの論述でやろうとしてきたことは、純粋な消極的自由観を他の自由観からはっきりと区別すること、それを整合的な自由観として擁護すること、純粋な消極的自由観が、人間の自由について私たちが語るときに用いる多くの典型的な区別や記述の中に組み込まれていることを証明すること、それだけである。

私たちは、純粋に記述的で、文化的に中立的で、没評価的な自由観を**たしかに**もっているし、頻繁に用いてもいる。私たちは**実際に**しばしば――譫妄(せんもう)状態の人の自由が制限されるべきか、誰かからその人が実際にはしたいと思っていないけれどもしたいと思うことが想定可能な行為をする自由を奪うべきか、より好ましい行為と衝突するときあまり好ましくない行為をする自由は否定されるべきか――こうした問題について判断したいと考え、現に判断していると他の人にも理解してもらいたいと思っている。もし仮にそのような問題についての私たちの判定がきまって肯定的であったとしても（現実にはそうではない）、それでも私たちはそのような答えが私たちの**判定**であると言いたいだろう。すなわち私たちは、こうした問題が、それらを理解不可能と見

31　Flathman, *The Philosophy and Politics of Freedom*, 204 を参照。

32　Gray, "On Negative and Positive Liberty," 515-16.　この種の価値評価の導入およびそれによって曖昧となる積極的自由との違いについては、Plant, *Modern Political Thought*, 222-33 の明快な議論を参照。

なしてゴミ箱に入れる自由観によって事前に審議事項でなくされてしまうことを望まない。青山さんの純粋な消極的自由観は、こうした問題をそのゴミ箱から救いだすのである。

(ロ) 誘惑と脅迫

自由についての私たちの了解の中にはどこか深いところに、こういう考えがある――すなわち、私たちがある行為をしたいと思っても、「それをしたら罰するぞ」と言って他人に脅かされる場合には、その行為をする自由がないというのである。正当にも、誰かの行為を妨げる(不可能にする)ことは、典型的な形の不自由であると一般に認められている。しかし、たいていの説明はそれに留まらず、なんの躊躇もなく、妨げられることおよび罰せられることについて――あたかも両者の間に不自由に関する限りなんの重要な区別もないかのように――一緒くたに語る。

この節では、青山さんの純粋な消極的自由観にとっては、そしておそらくは他の自由観にとっても、妨げられることと罰せられることの間には実際に区別があるということを示したい。その区別に注意を払わなかったり無関心であったりするから、私たちが自由について考えるさいに不正確な記述がたくさん生まれるのである。もっとはっきり言えば、たしかに罰せられることは実際に私たちの自由を小さくするけれども、ある行為が罰せられるとしても私たちにその行為をする自由がなくなるわけではないということを論じたい。

私が現在の勤務校とは違う、別の大学から「こっちに移ってこないか」と誘われたとしよう。さらに、その別の大学での職務や特権は現在の勤務校の場合とほぼ同様であり、ただ給与だけは今よりもかなり高い額が提示されているとしよう。最後に、私は今よりも高い給与を受けとることを特に嫌ってはいない、それどころか積極的に喜ぶものとしよう。そうした場合、なんらかの重要な意味において、この誘惑は私が現在の勤務校にとどまることを**不可能**にすると言えるだろうか。

あるいは、私は現在の勤務校以外の大学からはなんの誘いも受けていないとしよう。さらに、大学本部は私に、私が来学期の授業負担を相当に増やさなければ契約を打ちきると告げてきているとしよう。最後に、私は研究・執筆活動のほうがずっといいので、これ以上教育に時間をかけるのをひどく嫌っているとしよう。そうした場合、なんらかの重要な意味において、この脅迫は私が教育の負担増を断るのを**不可能**にすると言えるだろうか。

誘惑および脅迫とは、人が行為について思案するときその思案に他人が介入することである。誘惑したり脅迫したりする人は、相手の人に、ある特定の行為をもっとしたいとかあまりしたくないとか思わせることによって――すなわち、その行為の望ましさを変えることによって――相手の行為を自分に都合のよいものに変えることを狙っている。もし相手の欲求に関して介入する人の見込みが正しく、かつ介入（誘惑や脅迫）が適切に考案されるならば、介入する人は間違いなく相手の欲求を見込み通りに変えることができる[33]。しかし、誘惑という介入と脅迫という介入のこうした共通性にもかかわらず、ほとんどの消極的自由論者は、誘惑が相手の自由を小さくするとは考えないけれども、脅迫に関しては相手の自由を小さくすると考える。（積極的自由論者は、誘惑も脅迫も共に他律的な影響として相手の自由を小さくすると認める。）そこで、四つの問いが浮

33　もし相手の人の欲求に関する見込みが正しくなかったならば、たとえば、介入に応じないという選択肢（行為）に相手の人が固執するのを過小評価していたならば、または介入が適切に考案されていなかったならば、介入する人はその行為の望ましさを変えることに成功しようがない。Gorr, *Coercion, Freedom and Exploitation*, 69-70 を参照。

かび上がってくる。

（1）誘惑を脅迫から区別する根拠があるのか、もしあるとすれば、それは何か。

（2）もしそのような区別を立てることができるならば、それは、誘惑と脅迫が相手の行為の思案に影響する仕方に違いがあるということになるのか。

（3）もしそのような違いがあるならば、それは、脅迫は相手の自由を減らすけれども誘惑は相手の自由を減らさないと主張する理由になるのか。

（4）もしそのような違いがないならば、その場合でも私たちは、脅迫も誘惑も共に相手の自由を減らすと（積極的自由論者がするように）主張できるのか。

映画好きな人ならば、『ゴッド・ファーザー』という有名なハリウッド映画の中で、ドンがときおり、協力的でない商売相手に出くわしたとき、手下に、強情な奴に「奴が決して断れない申し出を」するように命じるのを覚えているだろう。この素晴らしく皮肉な言い回しが誰にでも理解されているということは、私たちが——得ることと失うことを区別できるので——だれでも誘惑を脅迫から完全に区別できる証拠と容易に見なされるかもしれない。しかし、もしこの種の区別が立てられるならば、それは単にこうした根拠（得ることと失うことを区別できること）に基づいてではありえない。というのは、そうした介入に応じたほうが応じない場合よりも得になるということが、誘惑にも脅迫にも共通に言えるからである。だから、もし誘惑と脅迫の間に区別を立てるとすれば、両者の違いは、（i）誘惑に応じた場合に得るものと脅迫に応じた場合に得るものの間の違い、したがってまた（ii）誘惑に応じなかった場合に失うものと脅迫に応じなかった場合に失うものの間の違いでなければならない。

そのような違いの存在は、脅迫や誘惑という外的介入がない**正常状態**という考え方を前提する——そのことを理解するために、この主題に関して専門文献が述べる説明をここで繰り返す必要はない。そのような前提の必要性は、誘惑的介入と脅迫的介入の間でごく普通に認められる区別、すなわち誘惑に応じれば福利が増加するのに対して脅迫に応じなければ福利が減少するという区別の仕方から明白である。ただし、この区別は、誘惑に応じなければ福利が相対的に減少し、脅迫に応じれば福利が相対的に増加するという事実を見えにくくする傾向がある。

したがって、誘惑と脅迫の間で区別を立てるには、誘惑に応じた場合の帰結および脅迫に応じなかった場合の帰結が、福利の単に相対的な増加および減少ではなくて絶対的な増加および減少であると考える必要がある。そのためには、基準線ないしは正常状態というものが必要であり、誘惑に応じた場合および脅迫に応じなかった場合の帰結は、正常状態からの逸脱と見る必要がある。専門文献の中では、この正常状態は、ものごとの正常で予想可能な成り行き、すなわち介入された人がもし介入がなかったならば経験したであろう事態（およびその場合の福利水準）として説明される。

正常状態がこのように理解されるならば、私たちは、さまざまな種類の介入がもたらすさまざまな選択肢・帰結を一定の仕方で簡単に配置することができる。「いつでも好きなときに、私の車を使ってください」という誘惑の場合、それに応じた場合の帰結は、正常状態よりもよいのに対して、応じなかった場合の帰結は正常状態と同水準である、正常状態と同じなのだからよりよくもより悪くもない。「金を出せ、さもなくば命はないぞ」という脅迫の場合、それに応じた場合の帰結（お金を失うこと）は正常状態よりも悪いが、応じなかった場合の帰結（命を失うこと）はさらにいっそう悪い。それに加えて私たちは、「脅迫的誘惑（throffer）[5]」と

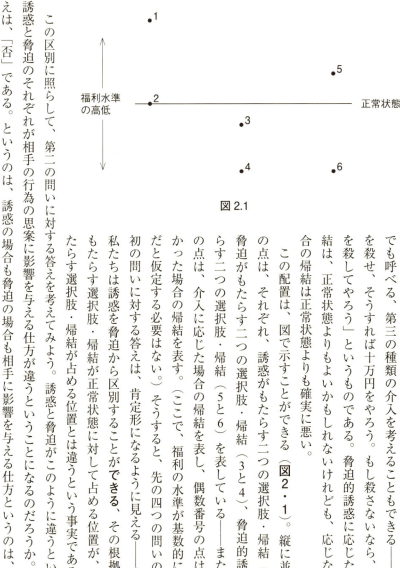

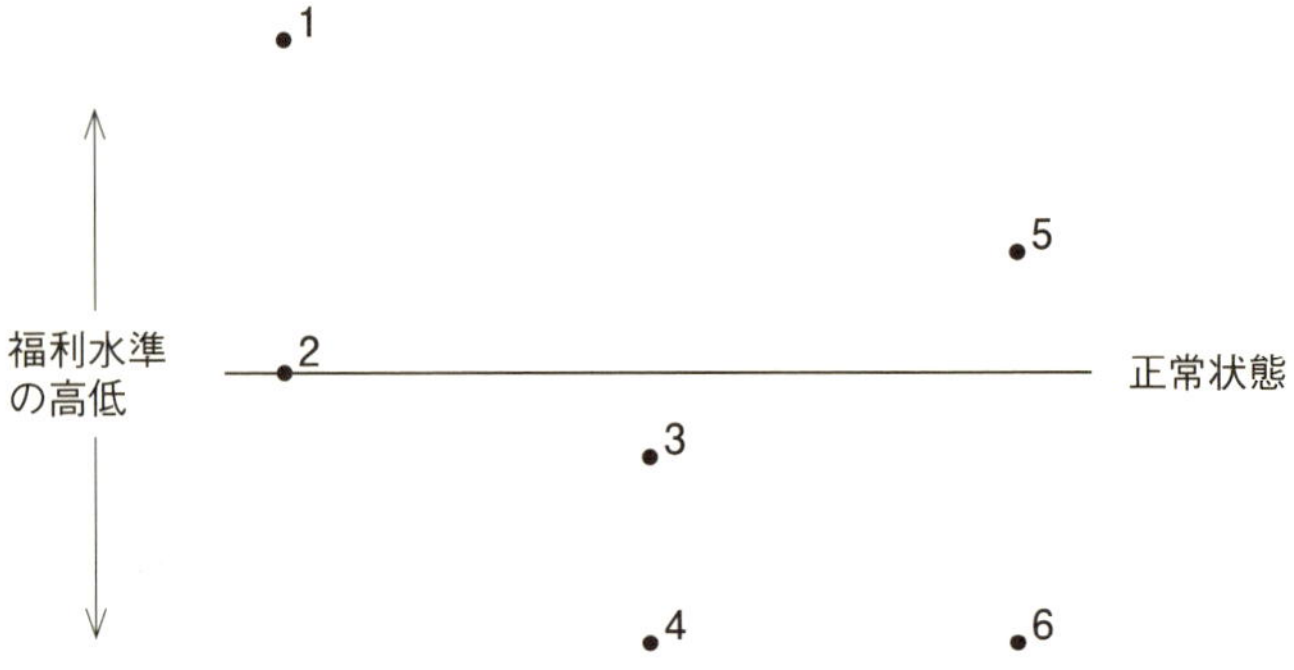

図 2.1

でも呼べる、第三の種類の介入を考えることもできる――「この男を殺せ、そうすれば十万円をやろう。もし殺さないなら、俺がお前を殺してやろう」というものである。脅迫的誘惑に応じた場合の帰結は、正常状態よりもよいかもしれないけれども、応じなかった場合の帰結は正常状態よりも確実に悪い。

この配置は、図で示すことができる（**図2・1**）。縦に並んだ二つの点は、それぞれ、誘惑がもたらす二つの選択肢・帰結（1と2）、脅迫がもたらす二つの選択肢・帰結（3と4）、脅迫的誘惑がもたらす二つの選択肢・帰結（5と6）を表している――また奇数番号の点は、介入に応じた場合の帰結を表し、偶数番号の点は、応じなかった場合の帰結を表す。（ここで、福利の水準が基数的に測定可能だと仮定する必要はない。）そうすると、先の四つの問いのうちの最初の問いに対する答えは、肯定形になるように見える――すなわち、私たちは誘惑を脅迫から区別することが**できる**、その根拠は誘惑がもたらす選択肢・帰結が正常状態に対して占める位置が、脅迫がもたらす選択肢・帰結が占める位置とは違うという事実である。

この区別に照らして、第二の問いに対する答えを考えてみよう。誘惑と脅迫がこのように違うということは、誘惑と脅迫のそれぞれが相手の行為の思案に影響を与える仕方が違うということになるのだろうか。簡潔な答えは、「否」である。というのは、誘惑の場合も脅迫の場合も相手に影響を与える仕方というのは、ある行為をするのとそれをしないのとで相対的にどちらが好ましいかを**逆転させる**ことにあるからである。ものごとが正常に予想通りに展開する場合——すなわち介入がない場合——には、青山さんがb（私の車を使うとか、お金を差しだすとか、この男を殺すとか）したい気持ちは、そうしたくない気持ちよりも小さいのに対して、介入がある場合には、青山さんがbしたい気持ちはそうしたくない気持ちよりも大きくなる。

青山さんの思案にとって重要なことは、自分が直面している選択肢が正常状態よりも上か、同じか、下かということではない。むしろそれは、誘惑と脅迫の両方に共通な事実、すなわち介入に応じたほうが応じない場合よりもよい結果になるという事実である。介入の手口——すなわち介入に応じるという反応を引きだす方法——は、介入に応じた場合の福利から介入に応じなかった場合の福利を減じたもの（差）が零ではなくて正の値になるようにすることである。これは、介入によってもたらされる二つの選択肢・帰結が正常状態との関係においてどのような位置にあるかとは関係がない——すなわち介入が誘惑であるか脅迫であるかとは関係がない。

たしかに、誘惑に応じるほうが脅迫に応じるよりもよいというのはそうだけれども、脅迫に応じた場合の福利と応じなかった場合の福利の差のほうが、誘惑に応じた場合の福利と応じなかった場合の福利の差よりも、常に大きいということはまったくない。つまり、私たちが普段の経験から知っているように、誘惑のほうが脅迫よりも常に抗しやすいとは限らない。どんな介入の場合であっても、相手の行為の思案に影響を与えるのは、応じた場合と応じなかった場合の福利の差である。[34]

34　一つのもっともらしい見方は、脅迫された人はそのことを**恨む**けれども誘惑された人はそういうことがないというものである。しかしこれはたしかにその通りだけれども、〈脅迫に応じることが恨めしいほどに嫌なことだから、そのぶん脅迫に応じた場合と応じなかった場合の福利の差が小さくなるので、誘惑された人が誘惑に応じたくなる気持ち

もしこの議論が正しいならば（そしてその場合にのみ）、相手が介入に応じたいと思う気持ちが相対的にどれだけ強いかを決める要因は、たしかに、応じた場合と応じなかった場合の福利の差がどれだけ大きいかであって、応じた場合の帰結や応じなかった場合の帰結が正常状態からどれだけ離れているかではない。このことは、以下の脅迫を比較することで確かめることができる。

（1）一万円をよこせ、さもなければ殺すぞ。
（2）十万円をよこせ、さもなければ殺すぞ。
（3）十万円をよこせ、さもなければお前もお前の兄弟も二人とも殺すぞ。
（4）一万円をよこせ、さもなければお前もお前の兄弟も二人とも殺すぞ。

お金と自分の命と兄弟の安全の間での相対的な望ましさに関して通常の仮定（すなわち、自分の命と兄弟の安全のほうがお金よりも望ましいという仮定）をすれば、青山さんが脅迫に応じたいと思う気持ちは（4）の場合に最大となり（2）の場合に最小となることは容易に見てとれる。これがどういうことかと言えば、脅迫の強さは脅迫に応じた場合の帰結が正常状態よりもどれだけ悪いかによって決まっていないということである——すなわち、（2）の脅迫は、（1）や（4）の脅迫よりも弱い。脅迫の強さは、応じなかった場合の帰結が正常状態よりもどれだけ悪いかによって決まるのでもない——すなわち、（3）の脅迫は（4）の脅迫よりも弱く、（2）の脅迫は（1）の脅迫よりも弱い。したがって、応じた場合の帰結や応じなかった場合の帰結と正常状態との福利の差は、脅迫の強さを測るにはまったく無関係である。重要なのはただ、応じた場合と応じな

のほうが脅迫された人が脅迫に応じたくなる気持ちよりも大きい〉ということにはならない。脅迫に応じることが嫌なことだとしても、脅迫に応じた場合と応じなかった場合の福利の差がなくなると想定することはできないし、言うまでもなく、誘惑に応じた場合と応じなかった場合の福利の差よりも小さくなると想定することもできない。

かった場合の福利の差がどれだけ大きいかということ、それだけである。

その点において、誘惑の強さが誘惑に応じた場合の帰結と正常状態との福利の差によって決まると考えることは、厳密に言って、間違っているわけではない（脅迫の場合にそのように考えることは、厳密に間違いである）。しかし、それは、誘惑の強さを決定する要因が脅迫の強さを決定する要因とは異なると考える理由にはならない。というのは、誘惑に応じなかった場合の帰結が正常状態と同水準であることは、たんに分析的な事実であり、定義によって真であるにすぎないからである。誘惑の強さは、いかなる種類の介入の強さとも同じく、純粋に、二つの選択肢・帰結の間の差によって決まるのである。このことがすべての介入について当てはまることは、さらに、以下の脅迫的誘惑を比較することで示される。

（1）bをしろ、そうすれば一万円やろう。もしそうしなければ、殺すぞ。
（2）bをしろ、そうすれば十万円やろう。もしそうしなければ、殺すぞ。
（3）bをしろ、そうすれば一万円やろう。もしそうしなければ、お前もお前の兄弟も二人とも殺すぞ。
（4）bをしろ、そうすれば十万円やろう。もしそうしなければ、お前もお前の兄弟も二人とも殺すぞ。

ここでも、お金と自分の命と兄弟の安全の間での相対的な望ましさに関して先と同じ仮定をすれば、明らかに、脅迫に応じたいと思う気持ちは（4）の場合に最大となり、（1）の場合に最小となる。この、脅迫に応じたいと思わせる影響力の序列は、（四つの脅迫的誘惑の間で）二つの選択肢・帰結の間の差が大きい順番と正確に対応する。脅迫に応じた場合と正常状態との間の差が大きい順番とは対応しないし、応じなかった場合と正常状態との間の差が大きい順番とも対応しない。

これに関連して、もう一つ述べておくべきことがある。これまで私は、誘惑や脅迫が相手の**欲求**に影響を与える仕方について、すなわち介入に応じるほうが応じないよりも相対的に**より望ましい**ということについて語ってきた。しかし、そのような介入が相手の**義務**に影響を与える仕方について、すなわち介入に応じることと応じないことの**道徳性**について同様の議論を述べることも可能である。だから、ものごとが正常に展開する場合、青山さんはbをしない義務はないかもしれないけれども、誘惑や脅迫がある場合には、bをしない義務があるかもしれない。記述的説明と規範的説明の間で唯一の違いは、規範的説明の場合、二つの選択肢の間の相対的な位置関係がかならずしも正の数値で表せるような差ではないということである。規範的説明の場合、介入された人は介入に応じるほうが応じないよりも得になるわけではない。そうではなくて、応じることは義務となり、応じないことは禁止されるのである。したがって規範的説明の場合、二つの選択肢の間の違いは、量的というよりも、いわば質的違いである。しかし、だからといって、介入が欲求に働きかけるにせよ義務に働きかけるにせよ、欲求と義務が同じ仕方で——すなわち応じた場合と応じなかった場合との間に違いが創りだされることで——影響を受けるという点に変わりはない。

そうすると手短に言って、介入の手口と介入の強さはともに、正常状態とは関係なしに決まる。ものごとの正常な成り行きがどのようなものであったかは、介入が相手に与える影響にとってなんの関係もない。ところが、私たちは正常状態との関係で誘惑と脅迫を定義し、これら二つを区別するので、先の第二の問いに対する答えとしては、誘惑と脅迫が相手の行為の思案に影響を与える仕方になんの違いもないと結論することができる。

そしてこれで私たちは、第三の問いに対する答えも得られる。誘惑と脅迫が相手の行為の思案に影響を与える仕方になんの違いもないので、その限り、脅迫は相手の自由を減らすけれども誘惑は相手の自由を減らさないと主張する理由もない。そこで次に第四の問いである。第四の問いは、誘惑と脅迫が相手の行為の思案に影響を与える仕方になんの違いもない場合、それでも、積極的自由論者がするように、脅迫も誘惑もともに自由を減らすと主張することが可能か、というものである。

私たちはすでに（イ）の節で、「青山さんはｂする自由がない」という文が「青山さんはｂしたがっている」とか「青山さんはｂしない義務がない」ということを含意もしなければ前提もしないということを見た。ものごとが正常に展開する場合、「青山さんはｂしたがっている」とか「青山さんはｂしない義務がない」ということは事実かもしれない――けれども、赤松君が青山さんを脅迫したり誘惑した場合、それが原因で「青山さんはｂしたくないと思っている」とか「青山さんはｂしない義務がある」ということが事実になるかもしれない。しかし、「青山さんはｂしたくないと思っている」としても、「青山さんはｂしない義務がある」としても、さらにこれら二つの文が他人の行為のゆえに真であるとしても、だからといって、「青山さんはｂをする自由がない」ということにはならない。「青山さんがｂする」という出来事が不可能になりはしないのである。もちろん、「青山さんはｂしたくないと思っている」ならば、「青山さんが喜び勇んでｂをする」可能性は排除されるし、「青山さんはｂしない義務がある」ならば、「青山さんが正当にｂをする」可能性が排除される。しかし、それは別問題である。

したがって、脅迫も誘惑も相手の自由を減らさない。自称色男が「あの女が投げかけた眼差しで、私は**動けなくなった**」と述べるとき――その眼差しが誘惑であるか脅迫であるかにかかわりなく――それが比喩的な表現であると誰もが分かっている。介入は妨害とは違うのである。

これと反対の主張は、「青山さんがｂしない」ように赤松君が介入した（ａ）ので、「青山さんがｂする」ことが不可能に**なった**というものであろう。この主張が真であるためには、介入に応じること（ｂしないこと）を応じないこと（ｂすること）よりも望ましい、または道徳的によいものにすることで、介入に応じないことが不可能になり、したがって介入に応じることが必然になるのでなければならない。これはつまり、二つの選択肢のなかで望ましい、または道徳的によいほうの行為だけが可能だということになる。しかし明らかに、このことは、どんな**道徳的によい**選択肢についても単純に間違いである——ある行為が道徳的な選択肢であるということは、それをしないことが可能だということだからである。

それにもかかわらず、二つの選択肢のなかで**望ましいほうの**行為だけが可能だということは言えるだろうか。もしそれが言えたならば、そのとき私たちは、赤松君にとって介入行為aのほうがaしないことよりも望ましいと言わねばならないだろう。それはつまり、この説明では、「赤松君がaしない」ことが不可能であり、したがって「赤松君がaする」ことが必然だということになる。しかし、よく注意してもらいたい。もしそうであったならば、「赤松君がaする」ことは、必然的な出来事として、それ自身がものごとの正常で予想可能な成り行きの一部でなければならない——すべての必然的な出来事が予想可能だというのは、分析的に真だからである。しかし、その場合、「赤松君がaする」ことは、介入と、すなわちものごとの正常で予想可能な成り行きに対する外的介入とは見なされえない。

だから、介入が妨害だという見方は自己矛盾的である——そういう見方をする人は、介入行為がものごとの正常で予想可能な成り行きの一部であることを同時に肯定し、かつ否定しなければならないからである。この矛盾が、積極的自由観を受けいれる多くの人たちの著作に含まれているように私には思われる。したがって、積極的自由観に反対する消極的自由論者の議論の中に同じ矛盾が見いだされるのは、それだけにいっそう驚きである。

今述べてきた一般的な議論に異を唱えて、J・P・デイは、脅迫は消極的自由を減らすけれども誘惑は消極的自由を減らさないという点について別の説明を与えている。[35] デイも、人にある行為をする自由がないと言えるのは、その人がその行為をすることを他人が不可能にする場合だけだ、ということには同意する。しかしデイは、脅迫が誘惑とは違って相手を不自由にするのは、相手が**複合的**（連結的）な行為をするのを脅迫が不可能にするからだ、と主張する。追いはぎが旅人に言う「金を出せ、さもなくば命はないぞ」という脅迫によって、旅人がお金を失わず**かつ**命も失わないという複合的な行為が不可能になるというわけである。[36]

しかし、私たちは、この不可能性なるものが追いはぎの脅迫の結果であるかどうかを注意深く考える必要があるだろう。もし「青山さんがお金を差しだす」ように赤松君が脅迫することで「青山さんがお金を失わないで命も失わない」という複合的な行為が不可能になるのであれば、赤松君が脅迫を**実行**した場合、どうなるのだろうか。デイの議論によれば、赤松君が脅迫を実行することで青山さんの不自由に――赤松君が脅迫することですでに成し遂げられた以上に――さらに何が付け加わるのか、容易には分からない。もし青山さんがお金を渡さないで赤松君が脅迫を実行した場合、それによって青山さんは、お金を失わないで命も失わないという複合的な行為をすることができないという不自由状態から解放されるのだろうか。

青山さんがお金を渡さないで、にもかかわらず脅迫が実行されないとしよう。それはつまり、青山さんがお金も命も失わないということである。デイは、ある人にその人が実際にした行為（単純な行為でも複合的な行為でも）をする自由がなかったと言うのが「非論理的」だということを認める。そこで、そのような批判を予想して、デイは、脅迫は一般的に実行されると主張する。しかし、この経験的な一般化がたとえ真であるとし

35　Day, "Threats, Offers, Law, Opinion and Liberty."

36　同様に、Spector, *Autonomy and Rights*, 18 も、脅迫が相手の自由を奪うのは相手の選択範囲を制限することによって、すなわちこの連結的な行為を選択肢から取りのぞくことによってだと主張する。

ても、そのように脅迫が実行される場合に実際に妨害をしているのが脅迫であって脅迫の実行ではないということ――いずれにせよ、これは明白に偽である――にはならない。誰かが脅迫や警告をしたとしても、さらに言えば第三者の悪意について友人が忠告したとしても、相手の行為は（単純なものも複合的なものも）決して不可能になりはしない。要するに、介入は妨害と同じではない――このように私たちは結論せざるをえない。[37]

ときに、**規則**は自由を制限すると言われることがある。かくして私は夕食に招待されたとき、「その夕刻には試験答案を採点する約束をしているので私には招待に応じる自由がない」と言って、招待を断ることがある。この辞退理由は、暗黙の内に、約束を破ることを禁じる道徳規則に訴えかけており、その道徳規則が私の自由を制限するものとされている。しかし、T・H・グリーン自身が述べたように、「自由」という言葉をこのように用いるのは、純粋に比喩的な用法である。[38]というのは、ここでは、私が招待を断ることが他人の行為の結果であるとか、招待に応じることが不可能であるとかということはなにも言われていないからである。たしかに、招待に応じることは許されることではない。そして私たちは、この意味で許されない行為を**道徳的に不可能な**行為だと言いたくなるかもしれない。しかし、道徳規則によって、たしかにある種の行為がこの意味で道徳的に不可能になるけれども、そうした行為が文字通り不可能になる、すなわち発生することが不可能になるわけではない。もしそうでなければ、間違った行為は起こりえなかっただろう。

したがって、道徳規則は自由を小さくしないということを少なくとも消極的自由論者は認めるのだけれども、**法的**規則は自由を小さくするということはごく普通に主張される。この主張の根拠は何だろうか。法的規則が

37　デイに対するより詳細な反論は、Gorr, *Coercion, Freedom and Exploitation*, 71-6 に見られる。
38　Green, *The Works of Thomas Hill Green*, vol.II, 309.　本章の注1も参照。

自由を小さくすると考えられるのは、道徳規則と違って法的規則は強制されるからである。（私たちは、強制可能でない法的規則は脇に除けておくことができる――そうした規則は、たとえば婚姻上の地位を定義する法的規則のように、行為を要求しないのであり、さまざまな強制可能な規則によって規制される特定の状態を定義または説明するにすぎないという意味で強制可能な規則の付属物にすぎないからである。）

強制されるということは、実際に、法的規則を道徳規則から区別する本質的特徴の一つである。「強制する」とは「暴力によって押しつける」ことを意味し、「押しつける」は哲学者が言うところの**達成語**（achievement word）[39〔6〕]なので、〈もし青山さんが実際に、bすることを禁じる強制的規則に従わされるならば、青山さんにはbする自由がない〉ということになると思われるだろう。すなわち、青山さんがbすることは、規則の強制権者によって不可能にされるのだろう。そこで、法的規則は常に強制されるとしよう。そうすると、私たちは、青山さんはbすることを禁じる法に従わされるので青山さんにはbをする自由がないと言うことができるだろうか。この問いに対して、消極的自由観を受けいれる多くの人が、はっきりと「そう言える」と答える。

しかし、その人たちは間違っている。というのは私たちは、特定の規則が強制されると言うとき、二つのまったく別々の事態のうちのいずれか、ないしは両方を意味しているからである。一つの意味は、規則に反する行為が関係当局によって実際に妨げられる、すなわちそのような行為が当局によって文字通り不可能にされるということである。もう一つの意味は、ひとたび規則に反する行為が実際に起こったならば、違反者がそれ以降することのできる行為の範囲にある種の制約が――要するに懲罰が――当局によって強制的に押しつけられ

39　ライル『心の概念』第五章および Hare, *Essays on the Moral Concepts*, 2-6 を参照。たとえば「説得する」は達成語であるが、「論じる」は達成語ではない。

るということである。

第一の意味の場合、法的規則は強制的な妨害規則であり、実際に青山さんには禁じられた行為bをする自由がないということになる。しかし第二の意味の場合、法的規則は強制的な懲罰規則であって、青山さんにはbをする自由がないということにはならない。たしかに、強制的な懲罰規則があれば、違反者の自由が減らされるということにはなる。だから、法的規則が自由を小さくするというごく普通の見方は、その点では正しい。刑務所に入れられたり、罰金を取られたり、昔の場合のように身体を毀損されたりすれば、**禁じられていない多くの行為を含めて**、本来なら自由にできたはずのさまざまな行為をすることが不可能になる。しかし、そのような規則があったとしても、人が禁止に反して行為する自由がなくなるわけではない。むしろ逆であって、そのような規則があるということは、禁止に反して行為する自由があるということを示している。禁止された行為に関して、懲罰法規は、介入であって妨害ではないのである。

もちろん実際には、法的に禁じられた行為の中である種のものは、両方の意味で強制される。たとえば、コカイン[7]を英国に輸入することは法的に禁じられている。この規則はしばしば次のような仕方で強制される——すなわち、私が通関手続港から入国するときに、もしコカインを持っているのが税関職員に見つかったなら、私はコカインを没収されてしまう。しかし、私がコカインを密輸するのを税関が防げなかった——私が税関を通るときにコカインが探知されなかったから、あるいは私がどこか別の場所から入国したから——場合、それで私は法的禁止の強制を逃れたとは言えない。結局のところ、その法的規則は、コカインのあらゆる輸入を禁じるのであって、たんに税関で探知されたコカインの輸入だけを禁じるのではない。だから、法は、コカインを密輸したことが後で発見された場合の懲罰も定めている。実際、ある行為aが法的に禁じられているので当局がaを妨害するにもかかわらず、aが現に行われた場合にそれが懲罰の対象ではないというようなことは、想像するのが困難である。

しかし、逆は真ではない。というのは、圧倒的多数の法的禁止は、懲罰の強制に限られるからである。疑いもなく、これは部分的には、コカインが密輸される場合と違って、法的に禁止された行為のほとんどは即座に認定するのが極めて難しいという事情による。だからといって、法的に禁止された行為のなかには、妨害的対策をとることができるものがないということにはならない。法的に禁止された行為を不可能にするための方策を考えることは十分にできる――たとえ、そのような対策が他の理由から決して受けいれられないとしても。たとえば、決して破れない覆いで、ある国の国土全体をすっぽり包んでしまって、特定の地点では、コカインを探知する電子装置によって扉の開閉を管理するけれども、それ以外の場所では入国を遮断するというようなことが考えられる。もう少し現実的な例だと、関係者以外の人が戦略物資の保管区域や検疫の区域に入るのを妨げるような方策を考えることができる。

にもかかわらず、またどういう理由からにせよ、多くの法的禁止は懲罰が強制されるだけである。そうすると、人には法的禁止の規則に反して行為する自由がないという主張は正しくない。したがって、bという行為を禁じる法的規則が常に強制されるとしても、その規則が強制される人にbする自由がないということにはならない。そしてもし人にbする自由が**実際に**ないとすれば、その不自由は、bを禁じる法的規則があるからではなくて、妨害行為のゆえにである。かくして、ホッブズは適切にも、法的規則を「一方の端が主権者の……唇に、他方の端が臣民の耳に結びつけ」られた「人工の鎖」だと述べている。[40] この「人工の鎖」がどれだけ自由の余地を残しているかは、耳をぴくぴくと動かせない人でも分かるだろう。

40　ホッブズ『リヴァイアサンI』二九四頁。

（八）妨害と所有

先の二つの節で、私は純粋な消極的自由観を述べて、それを擁護した――その自由観によれば、（i）ある人がある行為bをするのを別の人の行為が不可能にする場合かつその場合にのみ、その人はbをする自由がない、すなわちbをするのを妨げられる、また（ii）ある人がある行為bをしないように別の人が介入したとしても、その人はbをする自由がなくなるわけではない。介入は妨害ではない。このことは、介入が単独の脅迫（や誘惑）であるか規則に則った強制的懲罰（や報酬）の体系であるかとは関係がない。私たちは次に、何が妨害と**なるか**を考える必要がある。ある人の行為によって別の人の行為がどのようにして不可能になるのだろうか。

妨害とは、ある人の行為と別の人の行為の間の関係であって、一方が起これば、他方が起こることが排除される、言い換えると不可能になる。もし両方の行為が起こりうる――すなわち、**共存可能**である――ならば、その場合、二つの行為はどちらがどちらを妨害するということもない。だから私たちがまず第一に知るべきことは、ある人の行為と別の人の行為のいずれか一方は起こりうるけれども両方は起こりえない状況――すなわち、二つの行為が共存可能ではない状況――とはどういう状況か、ということである。

すべての行為は、出来事である。[8] 出来事のなかには、内在的に、すなわち論理的に起こりえないものがある。たとえば、惑星とその月の一つがお互いの周りの軌道を同時に回ることは、論理的に不可能である。同様に、私が（あるいは他の誰かが）四角い円を描くことは、起こりえないような出来事である。より正確に言えば、私が四角い円を描くことは、行為の種類ないし**一般的な行為**であり、それに対応する**具体的な行為**が起こりえないのである。私が四角い円を描くという具体的な行為が起こりえないのは、私が四角い円を描くのを誰かが妨げるからではない。その理由は、他でもない、四角い円を描くというのが一体どういうことなのか、私たちには理解できないということである——ちょうど、ハツカダイコンに前置詞を掛けるというのが一体どういうことなのか、私たちには理解できないのと同じように。（おそらく、これは数学にも、意味論にも、サラダにもならないだろう。）

他方、私がシェークスピア作『リチャード三世』の公演を見に行くという行為については、そのような問題がない。これがどういう種類の行為であるのか、私たちには理解できるし、それに対応する具体的な行為が起こるのを想像することもできる。そうすると、私が『リチャード三世』の公演を見に行くことができないという主張は、何を意味するのだろうか。

ここで、「行為」という言葉の日常的用法の悪名高い曖昧さが出てくる。右の主張は、「私が『リチャード三世』の公演を見に行くこと」という記述に当てはまる出来事が決して起こりえない、という意味なのだろうか。それとも、私が『リチャード三世』の特定の公演——たとえば今夜、マンチェスターで、私の息子が通う高校の講堂で行われる公演——を見に行くことが起こりえない、というだけの意味なのだろうか。第一の意味で「私が『リチャード三世』の公演を見に行くこと」ができないならば、第二の意味でも「私が『リチャード三世』の公演を見に行くこと」はできないけれども、その逆は、明らかに、真ではない。私がその特定の公演を見に行くことができない、私がその具体的な行為をすることが不可能だとしても、私が明日の夜に息子の高校の講堂で行われる『リチャード三世』を見に行くことや、今夜グローブ座で行われる『リチャード三世』を見に行くことや、来週のいつか映画館に『リチャード三世』を見に行くことが決して排除されるわけではない。

私が『リチャード三世』の公演を見に行くという一般的な行為が不可能であるためには、それに対応するこれらの（そして他にも多くの）具体的な行為のすべてが不可能でなければならない。実際、厳密に言えば、私たちが行為するとき、私たちは具体的な行為だけをしている。あるいは言い換えれば、私たちが一般的な行為をするのは、それに対応する具体的な行為をすることによってのみである。もちろん私たちは毎日の会話の中でそれほど厳密に語ろうなどとしないし、もし仮にそんなことをしたら、耐え難いほどに煩雑で衒学的だろう。それでも、もし私が今夜、講堂での公演を見に行くことができないことについて、あたかも私が『リチャード三世』の公演をまったく見に行くことができないかのように憤るとしたら、普通、私は大げさだと見なされるだろう。仕事がないと言う人の文句が特定の仕事に就けないというだけのことならば、そういう人は一般に相手にされないだろう。

だから、ある人がある行為をすることが不可能だという主張が真かどうかを調べるために必要な一つのことは、一般的な行為を具体的な行為から区別するための判断基準ないしは試験である。私たちは、不可能だと言われる行為が一つの特定の出来事であるのか、それとも複数の出来事であるのかが知りたい。そのような試験として考えられるのは、明らかに、不可能だと言われる行為の記述に当てはまる出来事が二つ以上あるかどうか、である。[10] もしそのような出来事が二つ以上あって、そのすべてが起こりえないならば、その場合、その行為が不可能だという主張は真である。この主張は、そのような出来事が一つだけしかなくて、それが起こりえない場合にも、真である。しかし、この主張は、そのような出来事が二つ以上あって、そのなかの少なくとも一つが起こりえるならば、間違いである。

ある行為の記述に当てはまる具体的な行為がすべて不可能であれば、その行為は不可能である。だから、ある行為が不可能だという主張を評価するためには、その行為の記述に当てはまる具体的な行為が起こりえないのはどういう条件のときか、ということも知る必要がある。たとえば、私がロンドンで一日を過ごしたために、今夜、息子の高校の講堂で行われる『リチャード三世』の公演に間に合うようマンチェスターに戻るにはもう遅すぎるとしよう。すでに見たように、私が今夜、息子の高校の講堂での『リチャード三世』の公演を見に行くことができないとしても、私が『リチャード三世』の公演を見に行くという行為が不可能になるわけでは決してない。

では、少なくとも私が今夜、マンチェスターで『リチャード三世』の公演を見に行くという行為は不可能になるだろうか。そうでもない。なぜなら、今夜、マンチェスターでは他にも『リチャード三世』のもっと遅い時間の公演があるからである——『リチャード三世』は劇場や映画館でもやっているし、ひょっとしたら自宅のテレビで『リチャード三世』の録画を見ることができるかもしれない。だから、たとえ不可能だと言われる行為を——私が今夜、マンチェスターで『リチャード三世』の公演を見に行くことというように——いくらか具体的にしたとしても、依然としてそれは一般的な行為であって、具体的な行為ではない。すなわち、依然として、この行為に対応する具体的な行為は二つ以上考えることができて——この（より詳しくなった）記述に当てはまる出来事は二つ以上あって——そのうちの少なくとも一つは、私が遅い時間にロンドンを発つにもかかわらず起こりうる。ある行為の記述に当てはまる具体的な行為が少なくとも一つ可能であれば、その行為（一般的な行為）は可能である。そのゆえに、ある行為が不可能だという主張が真であるためには、その行為の記述に当てはまる具体的な行為がすべて不可能でなければならない。あるいは、同じことになるけれども、当該の行為を十分に詳しく記述して、それに対応する具体的な行為を一つだけにし、そのうえでその具体的な行為が不可能かどうか確かめる必要がある。そうすると、行為をそのように十分に詳しく記述するとは、どういうことだろうか。

もう一度繰り返すが、すべての行為は出来事である。出来事として見た場合、行為とは、物理的対象が一定の連続的時間と一定の（場合によっては連続的な）場所を占めることである。こうした物理的対象には、行為する人の身体が含まれるだろうし、卓や椅子から電磁波や他の人の身体までありとあらゆるものがありうるだろう。たとえば、私がバス停に立ってバスを待つという行為は、私の身体がある場所に一定の時間あり続けることである。私がバスに乗るために走っていくという行為は、私の身体が一定の時間に一定の場所を移動していくことである。私が球を投げるという行為は、私の身体と球がある時、ある所にあって、球がその最初の時間的位置、空間的位置から次々と時間的位置、空間的位置を変えていくことである、等々。

こうした時間的位置と空間的位置と対象を、行為の**物理的構成要素**と呼ぶことにしよう。そうすると私は、行為を十分に詳しく記述して、それに対応する具体的な行為を一つだけにする唯一の方法は、行為の物理的構成要素のすべてを述べることである、と主張したい。正確に「いつ、どこで、どのものが」ということを言わなければ、「私が『リチャード三世』の公演を見に行く」という行為の記述は一般的な記述にとどまり、多数の出来事がその記述に当てはまるだろう。

もちろん、日常の会話では、行為をこのように正確に述べる必要はない――どの行為のことかは、しばしば文脈から明らかだからである。私がどの行為かについてより詳しく述べる必要性を感じるのは、私が『リチャード三世』を見に行くことができないことに関して説明が求められたり疑いがもたれたりした場合に限られ、その場合に私が述べる行為の詳細も、相手の人から要求される程度に限られる。[41]

41　ないしは、自分の主張が間違っていると――すなわち、行為の記述に当てはまる具体的な行為が結局のところ可能であると――私に気づかせるのに必要な程度に限られる。

そうすると、具体的な行為は、その行為の**指示対象的**記述[11]──すなわその行為の物理的構成要素を述べる記述──によって、完全に特定される。[42] 同じ指示対象的記述に当てはまる、すなわち同じ物理的構成要素をもつ（ある特定の種類の）具体的な行為は、一つでしかありえない。対照的に、行為の純粋に**概念的な**記述は、二つ以上の具体的な行為に当てはまる。行為のそのような記述は、当人（または他人）がその行為に見いだす目的や意味という観点で述べられる──私が『リチャード三世』を見に行くとか、私がバスに乗るために走っていくとか、私が球を投げる、等々。行為のこうした記述は、どれをとっても、それに多くの出来事が当てはまると言える。

ある行為が不可能であれば、それに対応する具体的な行為もすべて不可能である。それでは、具体的な行為はどうして不可能になるのだろうか。それは、一般的に言えば、行為する人がその具体的な行為の物理的構成要素の少なくとも一つから切り離されているからである。たとえば、私が遅い時間にロンドンを発てば、私は今夜、マンチェスターの高校の講堂に行くことができず、そこで『リチャード三世』の公演に登場するさまざまな人や物を見ることができない。あるいはまた、私の行く手に高い壁が立ちふさがっていて、私は今日の午

42　行為（すなわち、具体的な行為）の**完全な**指示対象的記述は、日常会話には、一般に姿を現さない──行為の詳細な説明は、通常、余計であり煩わしいからである。しかし、ある種の分野、特に運動競技や生産工程や、最近は医療分野でも、そうした記述が採用されて久しい──そうした分野では、行為を（しばしば録画の低速度再生やコンピュータ画像を利用して）微細に分析することで、成績の向上を計ることができる。マレ『運動』および Shaw, *The Purpose and Practice of Motion Study* の特に第四～七章を参照。近代の運動研究技術を開拓したのはフランク・ギルブレスとリリアン・ギルブレスであり、この夫妻のことは一九五〇年のハリウッド映画『一ダースなら安くなる』で見事に描かれている。運動研究の基礎にある生体力学的分析と計量法については、Fung, *Biomechanics* の第一章および Pennycuick, *Newton Rules Biology* を参照。

後二時にパラタイン通りの西ディズベリー停留所に行くことができず、バスに乗りおくれる。あるいはまた、右腕が麻痺していて、私は右腕を使うことができず、五回のある時点で白球を本塁に投げることができない。しかし、もしこのような「行けない」や「使えない」ということがなかったならば、これらの具体的な行為は起こりえただろう。

この分析によって、二つの行為が共存可能ではない、すなわち同時に起こりえないのはどういう条件のときかが、よりはっきりと見えてきた。まず第一の試みとして、私たちは、二つの行為の指示対象的記述で述べられる物理的構成要素のなかに共通の要素がある（しかしすべての要素が共通ではない）ならば二つの行為は共存可能ではない、と言うことができる。私が今夜、マンチェスターの高校の講堂での公演を見に行くという行為と私が今夜七時のロンドン発マンチェスター行きの電車に乗るという行為には、私自身と今夜七時三十分から九時四十五分までの全時間とが共通の物理的構成要素としてある。（すなわち、三時間の公演は七時三十分に始まり、電車は九時四十五分にマンチェスターに着くということである。）二つの行為には共通でない物理的構成要素もあるが、そのなかでも決定的に重要なのは、それぞれの空間的位置である。空間的位置が別々だから、二つの行為は共存不可能なのである。

私たちはみな、人が「俺は一人なんだから、同時に二箇所にいられるわけがない」と苛ついて言うのをよく知っている。これは不都合な真実である。これと逆の真実として、私は二つの時点で同じ場所にいることが**できる**——実際、私は二つ別々の時に二つ別々の所にいることが**できる**し、同時には一箇所にしかいることができない。もちろん、同じことは他の人についても言える。ただし、もう一つの真実は、二人の人が同時に（文字通り）同じ地点にいることはできないということである。こうしたことすべてから次のことが言える——すなわち、二つの行為が同時に起こるために、（i）同じ対象が同時に別々の場所にあること、または（ii）

別々の対象が同時に同じ場所にあることが必要ならば、そのとき二つの行為は共存可能ではない。二つの行為の指示対象的記述が**部分的に合致する**[43]——第一の場合には対象と時間が合致し、第二の場合には時間と空間が合致する——ために、二つの行為は共存可能ではない。（しかしながら、対象と空間が合致する場合には、これも部分的な合致であるけれども、二つの行為が共存不可能ということにはなら**ない**。）

多くの行為の場合に、もう一つの重要な特徴は、他の行為が予め起こることが必要だ（そのことがなければ不可能だ）ということである。私が自分の車を運転してエジンバラに行くためには、パンクしたタイヤを誰かが修理または交換することが必要である。タイヤの修理または交換という行為が起こらなければ、私が自分の車を運転するという行為も不可能である。そこで、タイヤの修理または交換という行為は私が自分の車を運転するという行為の**前提条件**だと言うことにしよう。この前提条件という関係は、明らかに、推移的である。パンクしたタイヤを修理または交換するためには、自動車を持ち上げてタイヤを浮かせることが必要である。そうすると、自動車を持ち上げてタイヤを浮かせるという行為が起こらなければ、私が自分の車を運転してエジンバラに行くという行為も不可能である。だから、自動車を持ち上げるという行為も、私が自分の車を運転するという行為の前提条件だと言うことができる。

これらの考察に基づいて、私たちは、行為が共存不可能になる条件を一般的に次のように言うことができる。

二つの行為aとbは、aの指示対象的記述と（ⅰ）bの指示対象的記述または（ⅱ）bの前提条件となる

43　「部分的な合致」ということで私が意味しているのは、集合論で**共通集合**（intersection）と呼ばれるもののことである。行為aの指示対象的記述で述べられる物理的構成要素と行為bの指示対象的記述で述べられる物理的構成要素とに同一の要素がある（ただし同一でない要素もそれぞれにある）、ということである。

行為ｃの指示対象的記述とが部分的に（時間と対象、または時間と空間の点で）合致するならば、共存不可能である。

そのような部分的合致がある場合、ａとｂは同時に起こることができない。それは、ａとｂまたはｃとが同時に同じ対象を別々の場所に、または別々の対象を同じ空間的位置に配置しようとするからである。こうした行為はその**指示対象が部分的に重なって**しまっていると言ってよいだろう。それぞれの物理的構成要素がお互いに侵入し合っているのである。

そうすると、ある人（私）がある行為をするのを、他の人（Ｙさん）はどのようにして妨げるのだろうか。もう一度、私が今夜、息子の高校の講堂で行われる『リチャード三世』の公演を見に行くという行為について考えてみよう。この出来事が起こりえないのは、私が遅い時間にロンドンを発つからである。この出来事は、もし私が七時のロンドン発マンチェスター行きの電車ではなくて四時の電車に乗っていたら（かつその場合にのみ）、起こりえただろう。私が今夜、息子の高校の講堂での公演を見に行くことが不可能になったのは、私が四時の電車に乗らなかったからである。そしてそれは、私が四時の電車に乗ることが不可能だったからである。

そうすると、Ｙさんはどこで絡んでくるのだろうか。実は、私が四時の電車に乗ることを不可能にしたのはＹさんである。Ｙさんは、私たちがいる部屋の扉に鍵を掛けて、私を四時過ぎまでロンドンに引き留めた。Ｙさんの行為は、私が四時前にその部屋を出るという行為と共存可能ではなく、したがってまた私が四時の電車に乗るという行為とも共存可能でなく、したがってまた私が今夜、息子の高校の講堂での公演を見に行くという行為とも共存可能ではない。すなわち、Ｙさんが私を引き留めたせいで私が公演を見に行く前提条件となるさまざまな行為が起こらなかったのだから、Yさんが私を引き留めるという行為は私が公演を見に行くという行為と共存不可能である。これら二つの行為の両方が起こることはありえない。そして一方が実際に起こったので、他方が起こることは不可能である。Yさんは、私が今夜の公演を見に行くのを妨げた――それで私には、今夜の公演を見に行く自由がなくなったのである。

ところで、この泣き言は、実は、それほど不幸なものではない。というのは、本当のことを言えば、私は実際にはその公演を見に行きたいという気持ちがなかったし、だから見に行くつもりもなかったからである。実際、私はYさんとの話し合いに非常に満足していて、その部屋に留まって話し合いを続けることが間違いなく私の意思であった。しかし、そうしたことは、直前の段落で述べた自由の判断とは一切なんの関係もない――前にも述べたように、もし刑務所に入れられていれば、私が劇場に行きたいと思おうと思うまいと、私には劇場に行く自由がないからである。その自由の判断は、たとえYさんが実際に鍵をかけて私を部屋に閉じこめたのでなくても、「もし私が四時前に部屋を出ようとすれば、Yさんは鍵をかけて私を閉じこめただろう」という条件文が真であるかぎり、なんの修正の必要もない。また、たとえYさんは私が公演を見られないようにしてやろうというつもりがなかったとしても、あるいはたとえYさんには私を引き留める完璧に正当な権限があったとしても、やはりその自由の判断は修正の必要がないだろう。これらすべての場合において、私が今夜の公演を見に行くことがYさんによって不可能にされた（または、されただろう）という事実があれば、それだけで、Yさんのせいで私にはその公演を見に行く自由がなくなったと主張できるのである。

そうすると、他人のせいで私がある行為の物理的構成要素の少なくとも一つを実際に使えない（または私が使おうとすれば、使えなくされる）ならば、私にはその行為をする自由がない。逆に、私がある行為の物理的構成要素のすべてを実際に使える（または使おうとすれば、使える）ならば、私にはその行為をする自由がある。私にある行為をする自由がないならば、その行為の物理的構成要素の少なくとも一つが他人によって私から実際に切り離されている(または私が使おうとすれば、切り離される)のである。それはつまり、その物理的構成要素の少なくとも一つをその他人が実際に**所有**している(またはそうしようと思えば、いつでも**所有**できる)ということである。だから、もし私にその行為をする自由があれば、私はその物理的構成要素のすべてを実際に所有している(または所有しようと思えば、所有できる)のである。一般に、所有とは、ある人とある物と他のすべての人との間の三項関係である。かくして、ある人にある特定の行為をする自由があるとかないとかという判断は、その人がその行為の物理的構成要素を(現実にか、潜在的に)所有しているかどうかについての肯定的または否定的な主張として解釈できる。**自由とは、物の所有である**[44]。

このように自由を所有と同一視すれば、自由の増加や減少や最大化について語る場合に決まって出会う(いくつかの)逆説や皮肉、より一般的に歴史上の偉大な解放運動の成果を評価する場合に出会う(いくつかの)逆説や皮肉に光を当て、そして究極的に解明することができる。これがどのようにしてかということは、次節で見ることにしよう。その前に、この自由と所有の同一視に向けられたマイケル・テイラーの的確な反論を考察することで、この同一視についてより詳しく説明したい——というのは、私がこの同一視を以前に述べた

---

44 ほとんどの辞書で、「所有」という言葉は、「支配」または「他人の排除」またはその両方の観念によって定義されている。しかし、明らかに、「支配」という言葉が用いられる場合、その「支配」は「他人の排除」と同じ意味で用いられている。すなわち、ある人がある物を(**所有**という意味で)**支配**するのは、物理法則の許す範囲内でその物に起こることを他人ではなくてその人自身が決める限りにおいてである。その人自身がその物を使うのに不器用だったとしても、たしかにそれも「支配できていない」と言いうるけれども、それは所有という意味での支配がないということとは違う——つまり、所有していないということにはならない。私はたしかに、自分が手で持っている三つの卵を所有している——ただし、私がその三つの卵でうまくオムレツを作れる可能性はゼロに等しいけれども。

とき、私はこの自由観の潜在的な側面を誤って見逃していたからである。[45]「aをする自由があれば、その行為の物理的構成要素のすべてが他人によって（同時に）占有または使用されていない」ということに同意しつつも、テイラーは、「スタイナーがそこから引きだす、自由とは当人が物理的対象を所有することだという主張は正しくない」と主張する。そう主張するテイラーの議論は、こうである。

> たしかに、一人の個人がある対象を所有している——排他的かつ物理的に支配している——ならば、そのとき他のすべての人はその対象を所有できない。しかしだからといって、ある対象を他の誰も所有していない**ならば**、その対象を自分が所有しているということにはならない。スタイナーの誤りは、いつでもすべての対象が**誰かに**所有されていると暗黙のうちに仮定したことである。ある個人は（スタイナー自身の説明によれば）、ある行為の物理的構成要素を他の誰もが所有していない限り、その行為に関して純粋な消極的自由がある——したがって、純粋な消極的自由というのは、**当人**がその行為の物理的構成要素を所有しなくてもよいのである。

テイラーのこの指摘は正しい。私がすべてのものはいつでも誰かが所有しているのでなければならないという趣旨のことを述べたのは、間違いであった。というのは、たしかに私たちが行為をすれば（その事実によって

45　私の以前の議論は、Steiner, "Individual Liberty" の中で述べられている。テイラーの反論は、*Community, Anarchy and Liberty*, 153-4 で述べられている。

私たちにはその行為をする自由があるし）私たちはその行為の物理的構成要素を所有しているけれども、私たちには、実際にはしない行為をする自由もあるからである。そうすると、私たちが実際にはしない行為の物理的構成要素は、他人が所有していないのはもちろん、私たち自身が所有していないということも十分にありうる。テイラーが強調するように、ものが誰にも所有されていないということがありうるのである。

だから、私が実際に所有しているものの集合と私が自由にできる行為の集合との間に正確な対応関係はない。実際、他人が所有しているものと私が自由にできない行為との間にも、正確な対応関係はない——それは、私が誰にも所有されていない物理的構成要素を必要とする行為をしようとした場合にのみ他人がそれらの物理的構成要素を所有してくる（しかも私は実際にはそうした行為をしようとしない）という可能性があるからである。したがって、私にはそうした行為をする自由もない——そうした行為の物理的構成要素は実際にはまだ誰にも所有されていないのだけれども。

しかし、テイラーが続けて次のように語るとき、正しい指摘が行きすぎて誤りになっている。

私はこの瞬間、そしてたいていの時にも、自分の部屋の窓から見える空き地でさまざまな行為をする自由がある——なぜなら、空き地の法的所有者も他の誰も、この瞬間に空き地を（土地も、地上の空間も、キャベツやとうもろこしなど地上や地中にあるものも）排他的かつ物理的に支配していないからである。もちろん、もし私がこの自由を行使したならば——もし私が自分で自由にできる行為のどれか一つを実際にしたならば——そのとき私はいくつかの物理的対象を所有するだろう、したがって**そのときには**他のすべての人の純粋に消極的な自由を制限するだろう。しかし私がそうするまでは、他のすべての人にも純粋に消極的な自由がある。

これは本当だろうか。テイラーだけではなく他の人にもさまざまな行為をする自由があると言えるだろうか。そのような一つの自由として、テイラーがある特定のキャベツをそれが生えている地点から二分後に空中十五メートルまで投げるという行為を考えてみよう。テイラーが述べるように、彼がこの行為を実際に行うまでは他のすべての人にもその同じ時に同じキャベツまたは同じ空間を必要とする行為をする自由があると言えるだろうか。

私の考えでは、言えない。テイラーは自由を所有から切り離すことを強く主張する――その主張は、人には**後の**行為をする自由が「この瞬間に」あると言えるし、普通そのように言うという認識に基づいている。もし私たちがテイラーはそのキャベツを二分後に投げるのを妨げられないだろうと信じているならば、私たちは、テイラーにはそのキャベツを二分後に投げる自由がないとは言わない。それのゆえに、私たちは、自分が行為の物理的構成要素を実際に所有していなくても、（テイラーが言うように）その行為をしようと思えば所有することができる場合には、そうした行為をする自由があると言える。しかし、もしテイラーにキャベツを二分後に投げる自由が実際にあるならば、彼の隣人Sさんにも同じ物理的構成要素（のどれか一つ）を必要とする行為をする自由があるとは言えない。もしSさんにそのような行為をする自由があるのであれば、Sさんがそのような行為をしようとした場合、Sさんが二分後にその行為の物理的構成要素を所有するだろう。しかし、もしそうであれば、そのときテイラーにキャベツを投げるという行為をする自由はありえない――もしテイラーにその行為をする自由があるならば、Sさんは二分後にその行為の物理的構成要素を所有していないだろうからである。結局、Sさんが行為の物理的構成要素を使おうとして成功するのであれば、私たちは先の判断――すなわち、テイラーにキャベツを投げる自由があるという判断――を間違いだと見なさざるをえないだろう。

現実の所有の場合と同じく潜在的な所有の場合にも、複数の人が同時にある対象を潜在的に所有していると は言えない。たしかにベッカーとマッケンローの二人とも一九九〇年のウィンブルドン・テニス選手権男子シングルスに参加して競技する自由があったけれども、二人に優勝する自由があったとは言えない。もちろん、多くの可能世界の中のどの可能世界が現実になるかを事前に言うことはしばしば困難である。[46] しかし、二人（またはそれ以上）の選手がともに優勝を妨げられないような可能世界は存在しない。

いずれにせよ、真理として残るのは、すべてのものが実際に所有されているわけではないということである。しかしまた、すべてのものがなんらかの想定可能な行為の物理的構成要素になるということも真である。したがって、いつでも、実際に所有されていないすべてのものは、潜在的に所有されている。というのは、どの想定可能な行為についてもテイラーはそれをする自由があるかないかのどちらか――テイラーがそれをしようとすれば妨げられないか妨げられるかのどちらかだろう――なので、その行為の実際に所有されていないすべての物理的構成要素はテイラーによって所有されるか他の人によって所有されるかのどちらかだろうからである。だから、テイラーが実際に**または**潜在的に所有しているものの集合とテイラーが自由にできる行為の集合との間には正確な対応関係が**ある**。また逆に、他人が実際にまたは潜在的に所有しているものとテイラーが自由にできない行為との間にも正確な対応関係が成り立つ。そこで、自由とは、物理的対象を実際にまたは潜在的に所有していることである。そして人は、ある対象を他の誰も実際にも潜在的にも所有していないならば、その対象を実際にまたは潜在的に所有している。すなわち、いつでも、すべてのものは誰かによって実際にまた

46　あるいは過去を振り返って、もし過去の現実の世界が起こらなかったならば、過去の多くの可能世界の中のどの可能世界が現実になっていただろうかを言うことも、しばしば困難である。

は潜在的に所有されているのである。

（二）自由と計算

青山さんが特別に好きなことがなにか一つあるとすれば、それは映画館の広間でブレイクダンスをすることである。青山さんは最近ある人に尋ねられて、「私が大好きなことは、土曜の夕方に映画館に出かけていって、ラジカセをガンガン鳴らしながら肩甲骨を使って床で踊り回ることです」と述べた。しかし不幸なことに、青山さんには、この才能を十分に伸ばすことができないという不満があった――必要な練習量を投入できなかったからである。明らかに、そのような活動を禁じる法律が厳格に施行されており、そのため青山さんがブレイクダンスを始めたとたんに警察がやってきて、青山さんはダンスを止めさせられた。「早く休暇になれば、外国に行って映画館で誰にも邪魔されずに踊りまくれるのに。」

しかしながら、もっと最近になって、ブレイクダンスを禁じる法律が撤廃された。そこで、土曜の夕方に早々とこの解禁を祝う祝賀会を行った後、青山さんとその仲間たちは、いっせいに近くの映画館に繰り出して、この新しい自由を行使しようとした。しかし、青山さんのダンスの調子が出始めるやいなや映画館の所有者が事務室から現れて、青山さんに「止めろ」と命じ、止めなければ警察を呼ぶと言って脅した。青山さんが、映画館の広間でブレイクダンスをすることはもはや法律違反ではないと言って抗議すると、映画館の所有者は、自分がブレイクダンスを許可することに同意しない限り、この映画館でブレイクダンスをすることは法律違反であるし、自分は現にそういうことに同意しないと言い返してきた――それには青山さんも反論できなかった。

青山さんは他の映画館にも行ってみたが、どこでも同じ仕打ちにあった。青山さんの仲間たちは共同で、映画館を買収したり、さらには土地と労働力と資材を購入して映画館を作ろうとしたが、その努力も無駄に終わった。この失望物語の最新の展開は、ある映画館の所有者が少し不憫に思ってくれて、青山さんに、毎月第一水曜の夕方に十五分間、ブレイクダンスをさせてくれるようになったことである。

何が人の自由の増加と見なされるのか、またその自由の増加がどれだけの増加になるのか、という問いには、概念的問題が含まれている。さらにいっそう不明瞭なのは、別々の人の自由の度合い——したがってまた別々の社会に住む人が享受している総自由の度合い——を比較する際の基準である。[47][12] ところで、そのような自由度の判断は私たちの歴史書や日々の政治論議の中ではありふれたことである——しかしそれだけにいっそう、そのような判断が暗黙の内に前提している尺度のとらえ難さが大変な謎になる。

実際、私にはこの欠落を補う能力がない。しかしながら、私にもできると思われることはあって、そのような自由度の判断の中には逆説的または不整合な尺度を前提するものがあることを示したい。そのために、まず説得的な尺度ならもっていると期待される多くの常識的な特徴を考察し、次いでさまざまな種類の「自由度の判断」がそうした特徴のあれかこれかを欠いていることを示す。この議論をなぜ述べるかと言えば、そこから、尺度がなくても、個人の総自由を増加または減少させたと一般に考えられている政策や大規模な歴史的変化を私たちがどう理解しているかに興味深い光を当ててくれるような結論が出てくるからである。そうした結論か

47　こうした問題のいくつかに答えようとする試み（あまり満足のいくものではないけれど）が、"How Free? Computing Personal Liberty"という拙論の中にある。この論文以降、私はこの主題についてイアン・カーターと多くの議論を交わしながら考え学んできた——自由の計測についてのカーターの研究は、近い将来、哲学的問題点の解明に大きく貢献すると期待される。

らさらに、正義の原理の内容に関して（第六章で）重要な帰結が出てくる。

私たちが自由の尺度に望むことを一つ言えば、人々（社会）が享受している個人的自由の総量はその人たちの一人一人が享受している個人的自由の量の合計になるということである。これは十分に自明であって、正当化を要しないだろう。しかし私たちは一人の人の自由度をどのように考えればよいのだろうか。この問いに対して、既に述べたように、私には十分な答えがない。しかし、この問いに対する十分な答えには、次のような、もう一つの常識的な考えが含まれるべきだろう――すなわち、人が自由にできることだけではなくて**自由にできない**ことも考慮に入れるべきである。たとえば、もし赤松君と青山さんが等しく自由であり、そこから二人とも自由を等しく増加させるけれども赤松君だけは不自由も一つ増えるならば、私たちの尺度は、そのとき赤松君は青山さんほど自由ではないと見なすべきである。

この基本的な要求を、科学技術の進歩した社会に住む人はその事実によって、原始的な社会に住む人よりも自由だという一般的な見解は侵害している。すなわち、科学技術の発達と生産の増大によって私たちの行為の範囲が広がったので、私たちは、そうした可能性のない人たちよりも自由だと考えられている。現代の刑務所にいる受刑者でも、進歩していない社会の中で最も自由な人よりもずっと多くの行為をすることができるとさえ言われる。

この見解が誤っているのは、自由度の判断が前提している尺度の中に不自由を取り込んでいないからだと見られる。ではなぜ不自由を取り込んでいないかと言えば、その原因は部分的には、先に議論した「行為」という言葉の――一般的な行為と具体的な行為という――多義性にある。古典期アテナイの人は、冷蔵庫に行って缶ビールを取ってくるという行為（一般的な行為）をすることができなかった。私たちは古典期アテナイの人よりも自由だろうか。そうかもしれない――しかし、今述べた理由で、より自由なのではない。というのは、既に見たように、私にこの一般的な行為をする自由があるかどうかは、私にそれに対応する少なくとも一つの具体的な行為をする自由があるかどうかに依存するからである。私にそのような少なくとも一つの具体的な行為をする自由があるとしよう。そうすると、私は古典期のアテナイ人よりも自由だということになるだろうか。ならない――その理由は、私が自由にできない多くの具体的な行為があるからである。たとえば、私の隣に住むへそ曲がりな人は、私と口をきいてもくれないし、また私が彼の冷蔵庫からビールを失敬するのを許してもくれない。科学技術のおかげで、私たちができる一般的な行為の範囲が広がったけれども、同時に、他人によって妨げられて私たちができない具体的な行為の数も増えた。古典期のアテナイ人は、隣に住む人がどれほどへそ曲がりであろうとも、その人の冷蔵庫からビールを取ってくるのを妨げられることは決してなかったのである。

自由とは社会的関係であって、科学技術的関係ではない。つまりそれは人と人との関係であって、人と自然との関係ではない。現代の離島に住むロビンソン・クルーソーは、現在の科学的・技術的な知識をかなりもっていたとしても、そのことによって、デフォーの描く十八世紀のロビンソン・クルーソーよりも自由になるわけではない――たとえ他の点ではさまざまな利点を享受しているとしても。たしかに物理学者や医者や技術者は、私たちがどのような一般的な行為をすることができるかに関して専門的な助言を与えてくれるけれども、私たちがどれだけ自由かを教えてくれるのはこうした専門家ではない。だから、自由の尺度がこうした考慮を取りいれるならば、科学技術の進歩していない社会の人のほうが科学技術の進歩した社会の人よりも自由である可能性をはなから排除することはできない。したがって、自由の尺度は、不自由も計算に入れる必要がある。

自由の尺度が満たすべき、もう一つの常識的な考えは、私が以前には自由にできなかった具体的な行為を自由にできるようになり、しかも他の点では変わらない場合にはつねに私の総自由が増加するということである。

そして逆のことが自由の減少についても言える。もし私がリンゴの入った樽にもう一つリンゴを入れて、しかもだれも樽から一つのリンゴも取り出さなかったとしたら、たとえどのように樽の中のリンゴの量を計る（重量で、あるいは容量で、あるいは数量で）としてもリンゴの総量は私が一個のリンゴを追加する前よりも増えているべきである――これは、リンゴの尺度に対するもっともな要求だと思われる。けれども、人の自由度をどのように判断したらよいかについての提案の中には、このかなり慎ましい要求さえ満たしていないものがある。なぜか。

ここでの問題は、私たちがどのように行為を数えるべきかということである。バーリンは、行為の計算に関して膨張主義的な方法を述べている。

わたくしの自由の程度は次のような諸点によって定められると考えられる。（a）どれほど多くの可能性が自分に開かれているか（この可能性を数える方法は印象主義的な方法以上のものではありえないが。行動の可能性は、あますことなく枚挙することのできるリンゴのような個々の実在ではない）、（b）これらの可能性のそれぞれを現実化することがどれほど容易であるか、困難であるか、（c）性格や環境を所与のものとするわたくしの人生設計において、これらの可能性が、相互に比較されたとき、どれほど重要な意義をもつか、（d）人間の意図的な行為によってこれらの可能性がどれほど閉じられたり、開かれたりするか、（e）行為者だけでなく、かれの生活している社会の一般感情が、そのさまざまな可能性にどのような価値をおくか。以上すべての諸点が「統合」されなければならぬ。したがって、その統合の過程から引き出されてくる結論は必然的に正確なもの、異論のないものではありえない。[48]

しかしこれは膨張しすぎである。（b）の量には、科学技術力と先に「他の行為の**前提条件となる**行為」と呼んだものとの両方が含まれる。科学技術力は、すぐ前で論じた理由によって、自由の測定と無関係である。また他の行為の前提条件となる行為は、もし二重に数える誤りを避けようとすれば、（a）の量に含まれるべきである。[49]また他人は意図せずに私たちの自由を小さくすることがあるので、（d）の量も無関係である。[50]そこで私が批判したい提案の中心にあるのは（c）と（e）の量であり、それらを合わせて「価値量」と名付けることにする。こうした量は、人の自由度を評価する際にはたして問題になるのだろうか。

明らかに、とっさの応答としては、私たちは、自分たちが自由にできたりできなかったりする行為の重要性は、たんに自分たちの自由にどれだけの価値があるかの評価だけではなくて自分たちがどれほど自由かの評価の中にも入ってこなければならないという見解に大きく傾く。ジョエル・ファインバーグは、次のように論じている。

二つまたはそれ以上の性質ないしは「側面」が正確に数学的に比較できる場合、そこにはつねになんらか

---

48 バーリン『自由論』三一八頁。〔訳は基本的に生松敬三訳であるが、（d）のところで　生松訳では deliberate が訳されていないので、「意図的な」を補っておいた。〕

49 ある行為をする費用ないしは困難さをその行為の前提条件となる行為の量に還元しようとする試みについては、Steiner, "How Free? Computing Personal Liberty," 76-9 を参照。

50 ミラーの事例に関して先に述べた議論を参照。

共通の量的要素がある。「すべてを考慮に入れた自由」の総量を見いだすことが困難であるのは、次の事実に起因している――すなわち、人が自由だと言われるさまざまな「分野」の間の関係は、物理的対象の高さと幅と奥行きの間の関係というよりも、むしろ自動車の燃費と外観と乗り心地の間の関係に似ている。……私たちがある人は全体として別の人よりも自由だと言うときにおそらく意味しているのは、より価値のある、ないしはより重要な側面においてその人の自由のほうが大きいということである――その際、どの側面にどれだけの「価値」があるかは、なんらか独立の基準によって決定されている。[51]

ある個人の自由の（たんに価値ではなくて）度合いを計る際に、自分の親指をくるくる回す行為と公正な選挙で投票する行為とが別々の重みを与えられるべきでは**ない**とまじめに主張することができるだろうか。

チャールズ・テイラーはこの主張の基礎にある「粗雑」で「非情な」（すなわち、純粋な）消極的自由観を攻撃するが、それは、その自由観が「重要性の観念を欠いてい」て「純粋に量的な判断しかしない」という理由からである。この自由観によれば、イギリスほど自由な社会ではないという非難に対して「（共産主義の）アルバニアを擁護するという、とんでもないこと」ができてしまうとされる――アルバニアで宗教的実践に厳しい制限がかけられる（そしてイギリスではそういう制限がない）ことに対しては、イギリスよりもアルバニアのほうが交通信号機が相当に少ないという議論を述べて対抗できるからである。[52] テイラーによれば、たしかに、私たちが自由にできる行為（また自由にできない行為）の価値ないし重要性は、自分たちがどれほど自

51　Feinberg, *Social Philosophy*, 18-19.
52　Taylor, "What's Wrong with Negative Liberty," 183.

由かの計算に入ってこなければならない。

これは本当だろうか。少なくともしばらくの間、私たちは、ロンドンで通勤にウンザリしている人が相対的な重要性についてのこの判断を受けいれる——それがとんでもないことであろうとなかろうと——気になるものかどうかという問題は横に置いておこう。たしかにテイラーは、純粋な消極的自由観が行為の重要性は問題にならないという見解をとっていると見なす点において正しい。既に見たように、純粋な消極的自由観によれば、行為の重要性や望ましさは、ある人にその行為をする自由があるか**どうか**とはなんの関係もない。だから、その人にその行為をする自由があるとして、その人に**どれだけの**自由があるかともなんの関係もない。というのは、私がその行為をするのを妨げられることは不自由の具体例であるけれども、その行為は重要でないので、その妨害は、私の不自由の度合いを見積もる際に数に入らないと言うことは馬鹿げているからである。既に述べたように、xの具体例は、xが何であろうと、必然的にxの（量の）計算の中に入ってくる。

明らかに、さまざまな行為の重要性には違いがある。そしてどのような根拠に基づいて、こうしたさまざまな重要性に数値を割り当てるにしても、そのような割り当てができることが、たしかに、自由にできる行為・できない行為がお互いに異なっている二人の人——たとえば、アルバニア人とイギリス人——が享受している自由の量を相対的に比較するための必要条件である。そうすると、純粋な消極的自由観の量的性格に対するテイラーの不満は、いくぶん言い過ぎである——自由を計る際に行為の重要性が問題になることを**認める**自由観でも、もしテイラーが述べるような比較判断ができるべきならば、明らかに、行為の重要性を量化せざるをえないからである。けれどもそれに加えて、もう一つ言えることは、価値による重み付けを行って人の自由を計算することには、論理的な困難や逆説的な帰結がともなうということである。

人の自由の測定に価値量を組み入れるべきだという提案は、普通、十分に詳しく述べられない。というのは、明らかに、私たちが自由にできたりできなかったりする行為にはその重要性の点でさまざまな違いがあるだけではなくて、そうしたさまざまな重要性には正のものもあれば負のものもあるからである。富の測定には負債も含まれ、幸福計算には苦痛も組み込まれる。そうすると、人の命を救うことが非常に重要な行為であるとすれば、人の命を奪うという行為は重要でないのではなくて（不器用な表現だけれども）**負の**重要性があると見なす必要がある。すなわち、価値を組み込もうという提案は、行為の重要性の価値を表すために、行為に正の数値だけではなくて負の数値も割り当てる必要がある。そうでなければ、一人の命を救うのに加えて、非常に多くの人の命を奪ったとしても、価値が減らないという馬鹿げたことになるだろう。

そこで次に、これが非常に奇妙な結果になることを見てみよう。青山さんにはプラス10という価値のａという行為とプラス８という価値のｂという行為をする自由があるけれども、マイナス９という価値のｃという行為をする自由がないとしよう。これらの数値をどのような仕方で組み合わせて、この三つの行為に関する青山さんの総自由度を出すにしても、青山さんがｃをすることに対する制限を取りのぞけば――したがって青山さんが自由にｃをできるようになれば――青山さんの総自由度は**小さく**なる。ｃをする自由を新たに手に入れることで、青山さんの自由の総計は**減少**するのである。

したがって、そのような矛盾を避けながら、価値量を人の自由の計算に組み入れるためには、行為の価値的評価から負の数値を取りのぞくことが必要である。しかし、それはどうやってできるのだろうか。「できない」というのが答えである――少なくとも、消極的自由観の枠組みの中では、できない。それをするためには、ある手を使うことが必要であり、実際それはたいていの**積極的**自由観の説明の中でごく普通に用いられる手である。すなわち、単純かつ大胆に、負の価値をもつすべての行為を、人が自由にできるとかできないとか言われる行為の集合から削除するのである。（しばしば、これらの落ちこぼれた行為は行為としての身分を完全に否定されたり、そういう行為をすることは自由ではなくて「放縦」だと言われる。）そうすると、青山さんにとって、負の価値をもつcという行為は、自由にできるともできないとも言えないような代物になる。青山さんがcするのを妨げられるという事実も、はたまたその制限が取りのぞかれるという事実も、青山さんの総自由にまったく影響しないのである。

この手があるから、よく知られているように、ある社会で負の価値をもつ行為が総じて妨げられる場合、その社会で平均的な人が享受する自由度についての積極的自由論者の評価は、消極的自由論者の評価と食い違ってくるのだし、その食い違いはこの手のあるなしによって説明される。そしてこの同じ理由で、テイラーが適切にも主張しているように、「より分別のある」すなわち純粋でない消極的自由観が積極的自由観との違いを維持するのは容易ではない。というのは、純粋でない消極的自由論者は、行為の「望ましさ」すなわち負の価値をもつのでないことが自由の判断の対象であるための条件であると主張する――しかしそうすると、望ましくない行為を妨げても、不自由の具体例にならないし、したがってそのような妨害を導入しても人の総自由は減少しないことになるからである。

価値量を人の自由の計算に組み入れると、人の総自由は自由が一つ増えるごとに増える（また自由が一つ減るごとに減る）という要求が破られるので、価値量は自由度の判断の中に整合的に入ることができない。私たちは、自分たちに自由があるかということとその自由にどれだけの価値があるかということを区別する必要があるし、現に区別している。私たちの自由を足し合わせるとしても、この区別は消去されない。しかし、価値を自由の計算に組み入れることは、この区別を消去してしまう。しかも、測定上の不整合という犠牲をともなう。一般的に言って消去されるのは哲学的に好ましくないものであり、整合性は哲学的に好ましいものなので、価値を自由の計算に組み入れることは、二重の意味で〔13〕賢明でないと思われる。[53]

そうすると、人の自由を足し合わせる際に私たちは単純に、その人が自由にできる（また自由にできない）すべての具体的な行為を――それぞれを一つの自由として――数え上げればよいということになるのだろうか。実を言えば、それが私のかつての見解であった。[54] しかし今では、私はこの見解に疑念をもっている。ここでの問題は何だろうか。それは部分的には、おそらく、価値を組み入れるという提案を突き動かしているのと同じ基本的関心から来ている――すなわちそれは、具体的な行為には非常にさまざまな種類のものがあるという感覚であり、それにはまた具体的な行為の中であるものは他のものよりも大きい、ないしは**多く**を含んでいるという漠然とした感じがともなっている。しかし、いったい**何が**多く含まれているのだろうか。自由の測定という目的のためには、「価値が多い」と答えることはできない――その理由はつい先ほど見たとおりである。それでは、ある人がどれほど自由かとか、もう少し普通に、ある人が別の人よりも自由かと問うとき、私たちが（非常におおざっぱに）念頭においている自由の尺度は、どのような単位を用いているのだろうか。

道端の売店でトウモロコシを売る場合、一日の売り上げは、売れたトウモロコシの総数か総重量かで表せるし、もちろん受け取ったお金の総額で表すこともできるだろう。高層建築のエレベーターは、最大積載量をキログラムで表示することもあるし、人数で表示することもある。トウモロコシと同じように、人間の重量もさまざまである。私たちは、エレベーターの最大積載量を決める人にとって重要なのが重量だということを知っ

53　念のために付け加えると、価値を組み入れるという提案における価値は、テイラーの説明の場合のように道徳的な価値や現実の利益でありうるし、Arneson, "Freedom and Desire" の懐疑的な議論の中で述べられるように欲求でもありうるし、Sen, "Welfare, Freedom and Social Choice: A Reply," 470 で述べられるように選好でもありうる。

54　Steiner, "How Free? Computing Personal Liberty," 82-3 を参照。

ている。では、自由を測定する人にとって重要なのは何だろうか。私たちに**いくつ**の自由があるかということを知りたいのだろうか、それとも**どれだけ**の自由があるかということを知りたいのだろうか。「どれほど自由か」という問いは、いくつの行為を自由にできるか（また自由にできないか）を尋ねているのだろうか、それともどれだけの行為を自由にできるかを尋ねているのだろうか。

「どれほど自由か」の問いに対して「いくつの行為を自由にできるか」を答えようとする場合、一つの懸念は、明らかに**二重計算**の可能性がある、ということである。これは、先にバーリンの（b）の量を退けたときにも触れた点である。というのは、たしかに、まっとうな尺度であれば、どのような種類の単位を用いるにせよ、具体例の総数を計算する際に同じ具体例をあたかも二つ別々の具体例であるかのように数えるべきでないというのは、やはり常識的な要求だからである。そうすると、妨げられる具体的な行為と妨げられない具体的な行為を単純に自由と不自由の単位として数えることが、どのようにして二重計算になりうるのだろうか。

それが二重計算になると考えられる一つの理由は、同一の行動＝出来事に当てはまる行為の記述が多数あるということである。私が今夜、息子の高校の講堂で行われる『リチャード三世』の公演を見に行くという行為は、私が劇を見に行くという行為でもあるだろうし、私が息子の出演する劇の公演を前回見に行くことができなかったことに対して埋め合わせをするという行為でもあるだろうし、雨宿りするという行為でもあるだろうし、なにかの家事を逃れるという行為でもあるだろうし、等々である。これらの概念的記述はすべて、当該の行為に実際に当てはまるだろうし、私たちが自由にできる（または自由にできない）行為には、理由があって実際にしたいと思っている行動だけではなくて、したいと思うことが想定可能なすべての行動も含まれる――そうすると、私が今夜、公演を見に行くのを妨げられないということは、私にはこれらすべての行為をする自由があるということになるだろう。私の総自由の計算には、これらの具体的な行為の一つ一つを数える必要がある。

これは、二重計算だろうか。私としては、もしそれが二重計算だとしても、自由の尺度を歪めるようなものではないと考えたい。私にこれらの具体的な行為の一つをする自由があれば、それらの具体的な行為すべてをする自由があるということになる——そうすると、もし私がそれらの具体的な行為の一つをするのを妨げられるとしたら、この妨害によって生みだされる不自由の総量は、単純に、その妨害がなかった場合に私の総自由を計算するのに用いたのと同じ数を（不自由の単位に）掛けた値になるだろう。すなわち、もし私が劇を見に行くことが実際には四つの具体的な行為でありうる——つまり、四つの自由の行使である——のだとしたら、私がそうするのをYさんが止めることは私にとって四つの不自由になる。私たちが自由と不自由を対称的に計算する限り、具体的な行為の概念的な記述が多数あることは、結果的に私たちの計算を歪める心配がない。自由の増加にも減少にも、依然として、然るべき数値が与えられるのである。

しかし、「どれほど自由か」の問いに対して「いくつの行為を自由にできるか」を答えようとするやり方にとって、たしかに行為の概念的記述の多数性そのものは、二重計算になっても重大な困難を引き起こさないけれども、方向性としてはより手強い難点を差し示している。そうした難点を一つだけ挙げると、「多数性」というのは過小表現ではないか。というのは、原則として、私が息子の高校の講堂での公演を見に行くという行為の概念的記述は、たんに四つではなくて、それどころか四十でも四百でもなくて、むしろ無限にあると思われるからである。私が公演を見に行きたいと思う理由は、いくらでも考えることができるだろう。その場合、例をできるだけ単純なまま変えないとして、具体的な行為を数えることから、どのようにして次の間違いなく正しい比較判断が出てくるのだろうか——すなわち、私の友人は、今夜も明日も公演を見に行く自由があるので、今夜しか見に行けない私より**もっと自由**である。[55] 私と私の友人のそれぞれに実質的に無限の具体的な行為をする自由があるのならば、私の友人のほうが私よりも自由だという正しい主張はどのように理解したらよいのだろうか。[56]

具体的な行為を数えるというやり方には、まだもう一つの無限問題があり、それは明らかに自由の尺度を**歪める**ような二重計算になる。この問題は、オノラ・オニールが述べた反論の中で指摘されている。

もし自由が行為をする自由であり、行為はさまざまな仕方で個別化されるのであれば、そのとき自由もさまざまな仕方で個別化されるだろう。もしそうであれば、部分的な自由をより細かく述べることによって、どんな自由も他のどんな自由にも劣らず多数であることを示すことが常に可能であろう。私たちは、やろうと思えば、どんな自由でも、それを必要なだけ多くの部分的自由に分割することができるし、それどこ

55　同じような次第で、Lukes and Galnoor, *No Laughing Matter: A Collection of Political Jokes*, 126 には、次のような（一九八九年以前の）会話が載っている。**オランダ人**　あなたたちの住宅問題は、私たちオランダ人も理解できますが、あなたたちの場合になによりも悲惨なのは、その問題について苦情を言う言論の自由がないことです。**チェコ人**　いや、私たちにも言論の自由はありますよ。**オランダ人**　何だって。**チェコ人**　私たちは、どんなことでも、なんでも好きなことを言う自由があります。唯一の違いは、言った**後で**自由がないことです。

56　いくつかの無限大は別の無限大よりも大きいというのは、数学的には真であるかもしれない。だから、この特定の例での私たちの比較判断は、私の無限大が私の友人の無限大の部分集合だという事実に基づいていると考えられるかもしれない——私も私の友人も今夜の公演を見に行く自由があるけれども、私の友人だけに明日の公演を見に行く自由があるからである。しかし部分集合という関係は、行為の概念的記述の多数性が実は無限性だという問題の一般的な解決にはならないし、今の場合にも解決にならないかもしれない。

ろか必要以上に多くの部分的自由に分割することもできるのである。[57]

ちょうどどんな行動＝出来事にも無限に多くの概念的記述ができるように、（私たちがゼノンの逆説でよく知っているように）どんな行為も無限に多くの部分行為に分割することができる。たとえば、私が今夜の劇を見に行くという行為は、私が第一幕第一場を見るという行為、私が第一幕第二場を見るという行為、等々に分割できるし、こうした部分行為のそれぞれがさらに無限に分割可能である。具体的な行為を数える人は、一つ一つの具体的な行為を一つの自由として数えるので、私が今夜の公演を見に行くという行為に加えてその行為の部分行為、さらにそれら部分行為の部分行為というふうにして無限に多くの部分行為を数えることになる。すなわち、二重計算を永遠に繰り返すことになる。そういうことができるか。私たちはそれを待つことができるか。

明らかに、できない。自由を測定するために、「いくつの行為を自由にできるか」を答えるやり方は、「どれだけの行為を自由にできるか」を答えるやり方に負けを認めるしかない。私たちは、部分行為が無限に多くあるだけでは、なしえないほどの行為量にはならない、ということが分かっている。アキレスは、亀のほうが前を行く地点が無限に多くあるにもかかわらず、亀との競争に**実際に**勝つのである。また、この場合に部分集合の関係が成り立つことから、私たちは、今夜の公演を見に行くという行為の中には、私が第一幕第一場を見るという行為と私が第一幕第二場を見るという行為等々の総和の中に含まれるのと同じ量の行為――この量がどれだけであろうと――が含まれるということも分かっている。

57　O'Neil, "The Most Extensive Liberty," 50.

それはどのようにして分かるのだろうか。ここで部分集合の関係が成り立つと言えるのはどうしてか。それは、他でもない、端的に言って、それぞれの部分行為の**指示対象的**要素は、私が今夜の公演を見に行くという行為の指示対象的要素の部分集合だからである。それぞれの部分行為のすべての物理的構成要素――物理的対象と時間・空間的位置――は、私が今夜の公演を見に行くという行為の物理的構成要素の中のいくつかと同一であり、この行為の物理的構成要素の集合は、すべての部分行為の物理的構成要素の集合と同一である。

こうしてまたしても、指示対象的記述が私たちに救いの手を差しのべてくれる。行為の物理的構成要素を特定することで、私たちは、オニールの個別化の反論と先に論じた概念的記述の多数性という二種類の無限性が引き起こす測定上の問題を克服することができる。すなわち、無限の分割可能性と多数化可能性は有限の変数に戻され、この変数の大きさによって、ある具体的な行為にどれだけの行為が「含まれている」か、したがってまたその行為をするのを妨げられない人がどれだけの自由を享受しているかを決めることができるのである。

それでは、私が今夜の公演を見に行くという行為の中には、正確に言って、どれだけの行為が含まれているのだろうか。この問いに対して、私は先に自分には十分に仕上げられた自由の尺度を創りだす能力がないと述べたが、同じことを繰り返さざるをえない。ここで主たる困難は共約化である。行為のさまざまな物理的構成要素の大きさをどのようにして測ればよいのだろうか。たしかに時間・空間的位置に関しては問題がない――単純に時間・空間座標上の差を測ればよい。しかし、さまざまな種類の物理的対象についてはどうか。そして、仮にそれが測れたとしても、これら二つの測定値（時間的・空間的大きさと物理的対象の大きさ）をどのようにして単一の尺度に統合すればよいのか。こうした重要な問いに対して、私には満足のいく答えがない。しかし、自由の有効な尺度を創りだす人は、満足のいく答えを見いだす必要があるだろう。[58]

それにもかかわらず、これまでの議論からいくつかの洞察を引き出すことができる。その中で最も主要なものは、いささか大げさに**自由保存の法則**（略して自由保存則）と呼ぶことができる。すでに見たように、ある行為をする自由があるとは、その行為の物理的構成要素を（現実にまたは潜在的に）所有しているということである。そしてすべてのものは、誰かが（現実にまたは潜在的に）所有している。だから、私に何をする自由があるかは、私が何を所有しているかによって決まり、私に何をする自由がないかは、他人が何を所有しているかによって決まる。つまり、私の総自由、言い換えると自由の度合いは、他人の総自由と逆の相関関係にある。もし私がなにかを失えば、誰か他の人がそれを手に入れるのであり、そのことによってその人は、私が失っただけの自由（それがどれだけであるにせよ）を手に入れるのである。

したがって、バーリンが「自由の絶対的な損失が生ずる」ような社会的状況がありうると主張するのは間違いであり、「「強者の自由は弱者の死」――あるひとの自由は他のひとの抑制にもとづかざるをえぬ」という主張のほうが正しい。[59] 私が少し自分の文章を引用させてもらうとすれば、自由保存則は、「人間の世界において、すなわち自ら行為し、したがって自由であるとか妨げられているとか言われうる人たちの中で、個人の自由が絶対的に失われる（とか増える）ということはありえない」という真実を捉えているのである。[60]

自由保存則のようなものは、他の人の著作の中にも見られる。ベンサムは、「個人が個人に行う強制の場合とは違って、自由の場合、誰かに与えようとしても、他の人から取り上げただけの自由しか与えることができ

58　そして、そうする際に、疑いもなく、先の注42で挙げたような文献を参照する必要があるだろう。
59　バーリン『自由論』三一〇頁、三〇八頁。Tawney, *Equality*, 238 も参照。
60　Steiner, "Individual Liberty," 49-50.

ない」と述べている。[61] また興味深いことにマルクスも、普通、消極的自由観を用いていると見なされる人ではないけれども、「検閲のおこなわれる国には、はたして出版の自由は存在しないのであろうか？……検閲のおこなわれる国では、なるほど国家は出版の自由をもたないが、しかし国家の一肢体である**政府**はそれをもっている。……検閲官は、日々に、直接にではないにしても、間接に、無条件的な出版の自由を行使してはいないだろうか？」と書いている。[62] さらにトマス・ポッゲによれば、ノージックの『アナーキー・国家・ユートピア』の中には、「自由の総量が一定だと考える」傾向が潜んでいる。[63]

では、自由保存の法則は何を教えてくれるのだろうか。非常に一般的に言って、自由保存の法則は、大規模な解放や個人的自由の増大を目指す企てが、なぜこれほどしばしば失敗に終わるのかを分からせてくれる。消極的自由論者は、通例、ある社会で行われている法的禁止の数をもって、その社会が許す個人的自由の（逆）指標とする。ここで「法的禁止」とは、強制力をもって禁止される活動（一般的な行為）のことである。そのような禁止が少なければ少ないほど、そこに住む人たちはより自由だと言える。[64]

しかし、この見方はまったくの間違いである。というのは、抑圧的な独裁者が、予め領土内のほとんどの物

---

61 Bentham, "Anarchical Fallacies," 495.
62 マルクス「出版の自由と州議会議事の公表とについての討論」五七頁。この箇所を私に教えてくれたのはジェリー・コーエンである——感謝したい。
63 Pogge, *Realizing Rawls*, 51.
64 先に私は妨害による強制と懲罰による強制を区別したけれども、その区別は、ここでは関係ないものとして、横に置いておく。ただし、消極的自由論者は、妨害による強制を念頭において話をする傾向があるので、私たちも、議論を簡単にするため、それに倣うことにしよう。懲罰による強制もたしかに自由を小さくするけれども、禁止された一般的な行為を少なくとも一回実行する自由は奪われない。

を自分自身で法的に所有しておいて、臣民の行動に適用される法的禁止は極めて少ししか公布しない——よって制定法全書は非の打ち所なく自由主義的である——ということはありうるからである。[65] たしかに、この法的禁止の少なさに照らしてみれば、その社会に住む臣民は自由であり、彼らの行為は極めて**多様**であろう。しかしそれは、そこの臣民がどれだけ自由であるかについてなにも示していない。同様の次第で、ホッブズ的な自然状態を消極的自由が最大の状態と見なすことは、よくある間違いである。それが間違いなのは、ホッブズ的な自然状態ではたしかに司法官吏は誰一人として人の自由を邪魔しにこないけれども、他人がそうするから[14]である。一般的な行為が可能であることは、どれほどの具体的な行為を実行できるかということをなんら示さないのである。

もちろん、この見方をする人は、法的禁止の中には、ある人が法的に所有しているものを他の人が使用するのを禁じる強制的規則も含まれると（普通は言わないけれども）言うことができるだろう。この返答の問題点は、そのような規則が撤廃されたり、ある人が所有しているものを他の人がなんらかの仕方で用いることを認める別の強制的規則によって修正されたりした場合に、どのような意味で自由が増加するのかがよく分からないということである。散歩する人に農地の通行権を認める規則は、散歩する人の自由を増加させる。しかし同時に農場主の自由を減らす——農場主が自分の土地でさまざまな行為をしようとしても、散歩する人がそれを通行権の行使によって妨害することが合法化されるからである。

同様に、奴隷制を廃止する法律は、解放される奴隷にも、また解放された奴隷とさまざまな関係に入ること

65　ソ連の共産党中央委員会が規制の撤廃と国営企業の民営化によって経済を自由化することに決めて、すべての私的所有権を中央委員の間で配分するという（当時としては）寓話については、Steiner, "Liberty and Equality," 556-7 を参照。

をもはや法的に妨げられない他の人にも多大な自由をもたらす。しかし、そのような施策は同時にある人たちの自由、すなわち奴隷所有者の自由を大幅に減らす。というのは、解放前には、奴隷所有者は奴隷にどんなことでもさせるのを法的に妨げられなかった。しかし解放後は、妨げられるからである。逆に、解放された奴隷は、しばしば自分たちの新しい自由が宣伝されていたほど広範なものではないと感じる――というのは彼らは、たしかに自分自身の身体を法的に所有できるようになるが、普通その他にはほとんどなにも与えられないからである。

私見では、この間違った見方の背景には二つのことがある。一つは、すでに見たように、一般的な行為と具体的な行為の混同であり、そこから、少なくとも一つの具体的な行為をするのを妨げられなければ一般的な行為をする自由があるのだということが十分に理解されなくなる。一般的な行為に対する法的制限を撤廃することは、具体的な行為に対する合法的な妨害を廃止することにはならない。それは、せいぜいのところ、先にブレイクダンスの例で見たように、そのような妨害を行う法的権限を司法官吏から他の人に再配分するだけなのである。

第二の元凶は、自由がより平等に配分されている社会のほうが個人的自由の総量が大きいと考えたくなることだと私には思われる――その考え方は、心がけとしては立派であるがやはり見当違いである。かくして、つい先ほど挙げた例を使えば、奴隷制がある社会よりも奴隷制がない社会のほうがより大きな自由があるというのは、普通にありふれた見方である。奴隷制の廃止をめざす人たちや政治運動は、一般に、自分たちは社会の中の個人的自由を増加させるために活動しているのだと主張していた。それにもかかわらず、奴隷所有者は、その主張に説得されなかっただけではなくて、たいていの場合、自分たちは自分たちの自由の劇的な縮小の危機に直面していると信じて疑わなかった。奴隷所有者は勘違いしているのだろうか。奴隷所有者が容易には説得されないのは、彼らが自由の概念および自由の量化の基本を理解しないからにすぎないのだろうか。一般に、なにか（x）がどれだけ広く配分されているかが、xの総量についてなにごとかを教えてくれると考える理由はない。実際に、自由の総量が一定だということを理解したならば、嫌になるほどよく知られた歴史的経験――万人を解放すると称する闘争が、結果的に自由の極度の集中をある人たちから別の人たちに移転するにすぎないこと――が、より明瞭に説明できる。[66] 自由保存則は、私たちに、個人的自由の総量は社会的な可変量ではないことを教えてくれるのである。

消極的自由というのは、総量が――最大化や最小化は言うまでもなく――そもそも増加したり減少したりと言うことに意味がなく、あれこれの程度に分散しているとか集中しているとか言えるだけである。したがって、万人が個人的自由の増大を追求することは、差し引きゼロの戦いである。この事実を不当にも無視することから、多くの人は、自由の配分についての規範的問いから注意を逸らされるのである。

66　ただし、ある特定の社会における個人的自由の総量は、そこに住む人たちと他の社会の人たちとの相互作用（すなわち妨害されたり、妨害が取り除かれたりすること）によって変わりうる。社会内の妨害と社会間の妨害との関わり合いの非常に大雑把な分析については、Steiner, "How Free? Computing Personal Liberty," 85-9 を参照。

第三章　権　利

権利について近年の議論はたいてい、ありとあらゆる種類の権利の要求が急増していることを述べて――それを嘆くことで――始められる。そうした権利要求は理解できる――権利は大体において極めて好ましいものだからである。ただし権利が好ましいのは、それ自体でというよりもむしろなにか好ましいものごと――自分自身にとって好ましいか他人のために好ましいものごと――を行ったり手に入れたりするのに役立つからである。このように権利の要求表は急成長しつつあるけれども、問題は、そうした要求表が、権利には費用も伴うという事実を十分考慮しないで作成されているということである。

権利の費用は、権利と同様に、ほとんど無限と言ってよいほど多様である。しかし、権利の費用が結局どういうことになるかと言えば、だれかの行為に対する制限である。いかなる権利にも、権利の保有者ないし主体とは別の人の行為に対する一定の制限がともなう。そして十分明らかなように、ある権利がそうした制限に値するかどうかに関して意見の深刻な不一致がありうる。

こうした状況の場合にも、哲学者の役割は限定的である。というのは、ある特定の権利がそれに必要な制限に値するかというような問いに対して、哲学的に正しいと言える答えは存在しないからである。哲学は、権利の急増に**そうした**仕方で対処するには役立たない。しかし、哲学に一つできることは、膨れ上がった要求表に挙げられた項目をとりあげて、それがそもそも権利と見なされる資格があるかどうかを評価することである。たしかに、ある要求項目が権利と見なされる資格が不十分であるとしても、その項目がなんら説得的な道徳的価値でも政治的価値でもないということにはならないだろう。そうではなくて、その項目が権利として資格不十分だというのは、ただ、その項目が要求表の中で権利とは別の欄に入れられるべきだということなのである。哲学が権利の資格審査をしても、要求表全体の大きさを減らすことはできないけれども、要求表の内容を整理することができ、その結果、私たちは、実際になにかを要求するとき、それをどこに要求したらよいかが分かるのである。

ところで、資格審査ということは、資格の基準がすでにあることを前提している。しかし、その前提は、少なくとも現時点では、いささか楽観的な見方である。「いささか」というのは、なにかが権利として通用するために備えているべき特徴のいくつかに関して、重要な合意点が**存在する**からである。にもかかわらず「楽観的」というのは、そうした特徴のすべてが今のところ一般的に合意されているわけではないからである。そうすると、要求表の中の項目が本当に権利であるかどうかが、資格審査をする人たち自身の間で論争になる可能性があり、実際にそれは可能性に留まらず、現実なのである。

こうした論争には、なにか重要性があるだろうか。私たちは、ある特定の道徳的ないし政治的な価値が本当に権利であるかそれとも権利以外の価値であるかという点にこだわる必要があるだろうか。たとえば私たちは、トマトを買いに市場に行ったとき、トマトが厳密に言えば果物であるにもかかわらず普通は野菜売り場に置いてあるとしても、そんなことは大して気にかけないだろう。ところが道徳的ないし政治的な価値の場合には、私たちは分類の適切さを気にかけるべきなのだろうか。

たいていの興味深い問題の場合と同様に、この問いに対する答えは、「はい、かつ、いいえ」というものである。もし私たちがさまざまな価値の一覧表を手に入れたいだけならば、分類の適切さを気にかける必要はない。しかしもし私たちが、価値の間で区別をして、ある価値を犠牲にして別の価値を推進せざるをえないような状況がしばしば生じると考え、**そして**価値の分類がそのような（通常は苦しい）選択にとって重要であると考えるならば、分類の適切さを気にかける必要がある。もし私が医者からもっと野菜を多く摂るように言われているならば、あるいはもし果物が病原性の細菌に感染している恐れがあるならば、トマトが本当に野菜かどうかも、私にとって重要でありうるだろう。同様に、権利と他の道徳的ないし政治的な価値との間で選択をせざるをえないような状況では、権利を他の価値よりも優先したり後回しにしたりする理由がありうるだろう。（こうした理由のいくつかは、第六章で検討する。）だから、道徳的ないし政治的な価値の分類が役に立つこともある。そして道徳的ないし政治的な価値を分類するためには、権利の資格基準が必要である。

さてそこで、権利は、法的ないし道徳的な議論において、以下のような特徴があると主張されたり、前提されたりしてきた。以下の特徴は、おおむね論争の余地が少ないものから順に挙げてある——実際、権利と見なされるものが有すべき十全な特徴について一般的な合意があるわけではない。

（1）権利は、規則という形をとる。（**道徳的**権利を表す規則は、通常、**正義**の規則と見なされる。）

（2）権利は、権利の保有者（権利の主体）と権利の相手方（権利の客体）という二者間の規範的関係を表す。

（3）そうした規範的関係は、権利の客体の行為（なにかをすることやしないこと）に対する制約があることまたはないことを主張する。

（4）そうした制約とは、具体的には、客体の義務（責務）または客体の無能力（主体と客体の間の規範的関係を変更する能力がないこと）である。

（5）権利は、行使できる。

（6）権利を行使できるとは、主体が客体の制約を消滅させたり、制約を順守させたり、どちらでもできることである。

（7）客体の制約に対するこの支配能力は、客体の行為が妨げられるべきかどうかを決定する能力である。

（8）権利は、純粋な消極的自由の個人間配分を規定する。

資格審査をするたいていの人、権利の本質のたいていの説明は、右の（1）から（4）までを受け入れる。しかし、（5）や（6）は一部の人しか受け入れないし、（7）や（8）を権利の特徴の中に入れる人はさらに少ない。私の考えでは、右の八つのすべてがあらゆる権利の特徴である——すなわち、（6）は（5）の適切な解釈であり、（7）と（8）は（6）から順次に演繹でき、（5）は独立に擁護できる。

実のところ一見した限りでは、（5）がそもそも擁護を必要とするということは、奇妙に思われるかもしれない。権利が行使できるようなものだという考えは、日常言語にも標準的な法的用語法にも深く浸透している。自分の知力や自分の筋力の次くらいに、権利は、私たちが最もよく行使するものである。

だから、このように議論の初期段階で次のことを述べておいたほうがよいだろう——すなわち、権利の特徴として（6）や（7）や（8）だけではなく（5）も否定する人は、**いかなる**権利も行使でき**ない**というようなまったくでたらめな見解を勇敢にも擁護しようとしているのではない。（5）を否定する人も、実際に権利の中には行使できるものもあるということは、容易に認めるだろう。しかし、そうした人の考えでは、行使できることというのは、このように権利の偶然的な特徴であって、必然的な特徴ではない、したがってまた権利の資格要件でもない。（5）を擁護する私の以下の議論では、少なくとも、行使できない権利として挙げられる主要な例には欠陥があり、したがって（5）を否定する根拠になっていないということを示したい。

権利がすべて行使できるかどうかに関して右のように相対立する二つの立場は、それぞれ、権利の**意思**ないし**選択説**および権利の**利益説**と結びついている。これら二つの説を私はこれ以降、たんに選択説および利益説と呼ぶことにしよう。[1] これら対立する二説の違いは、次のように説明できる。選択説によれば、ある人の行為に対して制約が課されたり外されたりということが別の人の選択によってのみ決まるならば、それが（別の人の）権利である。他方、利益説によれば、ある人の行為に対して制約が課されたり外されたりということは、（それが権利であるためには）一般的に別の人の重要な利益になるようなことでなければならない——言い換えると、別の人自身の選択は関係がない。

このように選択説と利益説の違いを述べれば、利益説でもいくつかの権利は行使できるということが分かるだろう。というのは、権利主体自身が権利の客体（相手）の行為に対する制約に関して選択できたほうが権利主体の重要な利益になるような状況はたくさんあるからである。しかし、そのような状況が存在せず、主体が客体（相手）の行為への制約に関して選択できない場合でも、利益説は、利益の主体に権利があると主張するけれども、選択説はそうしない。

ほとんど言うまでもないことだが、これら二説それぞれの唱道者が考えているように二説の間に実質的な違

1　近代の選択説の古典的表明は、ハートの一九七三年の論文「Bentham on Legal Rights」（『権利・功利・自由』第四章に所収）である——同氏の「自然権は存在するか」（『権利・功利・自由』第一章に所収）も参照。利益説を述べた最近の比較的影響力のある論考としては、ラズの “On the Nature of Rights” と *The Morality of Freedom* の第三部、MacCormick, “Rights in Legislation”, Lyons, “Rights, Claimants and Beneficiaries” などがある。この論争の近代初期における起源については、Tuck, *Natural Rights Theories* を参照。

いがあるためには、何が人の選択と見なされ、何が人の利益になるかの判断基準は相互に論理的に独立でなければならない。もし私の重要な利益になることを選ぶことだけが選択であると見なされるならば、あるいは逆に、もし私の重要な利益が定義上、私の選択が通ることにあると解されるならば、明らかに、これら相対立する二説の間の分析的・実践的違いはほとんど消えてなくなるだろう。しかし、人の選択がその人の重要な利益にならないような状況が現にたくさん見いだされるので、たしかに選択と利益は論理的に独立であり、したがって選択説と利益説の間には真正な違いがある。

しかしながら、何が権利と見なされるかに関する意見の不一致は、選択説と利益説の間の論争に限られるわけではない。というのは、選択説と利益説それぞれの内部にも、さまざまな違いがあるからである。したがって、以下の私の議論では、選択説を主張する人の中には選択説の分析的射程に関して制限を認める人もいるけれども、そうした制限は利益説の前提に依拠している限り受け入れられないということも示したい。そうした制限を取り払って、整合的な権利がどのように権利主体に支配力を割り当てるかをよく見れば、権利の働きが純粋な消極的自由の配分を規定することだということがよりよく理解できるだろう。

（イ）選択と利益

こうした権利問題を理解するための第一歩は、広く認められているように、ウェズリー・N・ホーフェルドが行った法的地位の分類である。[2] 法律家も一般人も法的規則になんらかの行為を制約する意味合いがありさえすれば「権利」という言葉を（不正確に）用いがちであることに不満を述べてから、ホーフェルドは、普通には区別なく「権利の保有者」とされる人が保有しているかもしれない（少なくとも）四つのそれぞれ非常に異なった法的地位を区別した――すなわち、請求権（claim）と自由（liberty）と権限（power）と免除（immunity）[15]である。こうした法的地位を保有する人（Aさん）は、当該の地位を構成する規則によって、その規則が支配する行為に関してAさんの地位に対応する法的地位を保有する別の人（Bさん）との二者間関係に入る。

ここでは、法的な地位および関係についてのホーフェルドの分類の中でも、ごく基本的なところを説明すれば足りるだろう。ホーフェルドの分類を分析する比較的最近の議論としては、カール・ウェルマンやL・W・サムナーの議論が特に啓発的で、真剣な考察に値する。[3]

ホーフェルドの分類がなぜ重要であり、なぜ法律家の専門的関心事に留まらないかと言えば、他人の行為に対して制約があることになるのは、四つの法的地位の中のいくつか（または、いくつかの組み合わせ）の場合にすぎないからである。そのような制約は、論争の余地なく、権利の特徴なので、四つの法的地位の中のどれでもよいというわけではなくて、特定の法的地位を（一つまたは複数）保有している場合にのみ、権利がある

2　Hohfeld, *Fundamental Legal Conceptions*.

3　Wellman, *A Theory of Rights* の第一～二章、および Sumner, *The Moral Foundation of Rights* の第二章を参照。いずれの著作でも、ホーフェルド流の分類枠組みに対して、批判的な修正が提案されている。サムナーは、分類枠組みについて、その「語用論的な」側面と「意味論的な」側面という有益な区別をしている。Kocourek, *Jural Relations* では、（ホーフェルドの分類枠組みよりも）かなり詳細な分類枠組みが述べられている。

ということになる。

最も一般的に権利の保有と同じだと考えられる法的地位は、ホーフェルドの分類で**請求権**と呼ばれるものである。もし赤松君が青山さんに対して千円の支払い請求権をもつならば、その請求権に対応して青山さんには、赤松君に千円を支払う**義務**がある。請求権は、ホーフェルドの考えでは、「最も厳密な意味での」権利である。しかし、それとほとんど同じくらい普通に、人には、行わない義務がないことを行う権利があるという主張もされて、誤解を生むことになる——たとえば「私には、左右チグハグの靴下をはく権利がある」というわけである。この場合に実際に主張されているのは、より正確には、**自由**と呼ばれる法的地位である。[4] 義務がないという、この法的地位を指し示すために、特権（privilege）や免許（licence）や許可（permission）など他の用語が用いられることもある。[5] もし赤松君が青山さんに対して千円の支払い請求権をもたないならば、青山さんには、赤松君に千円を支払わない自由があり、赤松君は、青山さんが赤松君に千円を支払うという行為に関して言わば——馴染みのない表現だけれども——**無請求権**（no-claim）の状態にある。

赤松君と青山さんの間のこうした対関係——すなわち請求権／義務の関係と無請求権／自由の関係——は、青山さんの側の特定の行為（赤松君に千円を支払うという行為）に関して成り立ち、その行為の実行ないしは

4　この**規範的**ないし**評価的**ないし**規則構成的**な意味での自由は、第二章の主題であった、妨害がないことという**記述的**ないし**経験的**な意味での自由と区別する必要がある——そこでこれ以降、二つの意味が混同される恐れがある場合には記述的な意味での自由は、「実際の自由」と表記することにする。Feinberg, *Social Philosophy*, 55 を参照。

5　さまざまな人が述べているように、これらの用語には、義務がないという、この法的地位を規定する規則の中に他にどのような内容が含まれるかに応じて、それぞれ若干異なった意味合いがありうる——たとえば、特権ないし免許というのは、通常、原則として義務があるのに、例外的に義務がない場合である。にもかかわらず、これらの用語はすべて、義務がないという法的地位を意味している。

不履行が許されるかどうかを決定する。もしこの行為に関して赤松君に請求権があり、青山さんに義務があるならば、青山さんが千円を支払わないことは許されない。逆に、もしこの行為に関して青山さんに自由があり、赤松君が無請求権の状態にあるならば、青山さんが千円を支払わないことは許される。

こうした関係を規定する規則は、こうした関係を変更する可能性に関しても一定の地位を生みだす。たとえば青山さんには、赤松君に千円を支払う義務がなく（言い換えれば、支払わない自由があり）、赤松君には、青山さんに対して同君への千円の支払いを求める請求権がないとしよう——それにもかかわらず、赤松君には、そのような支払い義務を青山さんに課す権能（authority）ないし別のよく用いられる表現では**権限**があるかもしれない。その場合、青山さんは、この義務に服す「**責任**（可能性）[16]」があると言われる。[6] 逆に、もし赤松君にこの権限がないならば、青山さんは、赤松君によってこの義務を課されることから**免除**されている——それに対応して赤松君は、青山さんにこの義務を課すという行為に関して**無権限**（disability）である。[7]

6　権限のもう一つの側面として、権限には自由が前提されている。たとえば赤松君に、青山さんに（対して同君への千円の支払い）義務を課す権限があると言われるのは、赤松君にそうする自由があり、青山さんに、（赤松君に対して）義務を課さないことを求める請求権がない場合に限られる。反対に、もし赤松君に、青山さんに義務を課す自由がなく、したがって（青山さんに対して）同君への千円の支払い義務を課さない義務があるならば、赤松君は、その支払い義務を青山さんに課す権限もない。したがって、権限とそれに対応する責任（可能性）とは、それぞれ自由とそれに対応する無請求権とを前提している。

7　直前の注の推論に倣って、私たちは次のように言うことができる。赤松君の無権限というのは、赤松君に権限がないということであり、そうすると、赤松君には（青山さんに義務を課す）自由がない、したがって（青山さんに義務を課さない）義務があるということになる——この義務に対応して、（赤松君の無権限に対応する免除権の保有者たる）青山さんには、赤松君に対して（青山さんに義務を課さないことを求める）請求権があるということになる。権一般に、赤松君と青山さんの間に成り立つ権限／責任や免除／無権限といった地位や関係は、「第二次的」ないし「手続き上」の地位や関係と見なされる。その理由は、それらの地位や関係が、「第一次的」な（請求権／義務や自由／無請求権という）関係を――実際には他の第二次的関係をも――変更する規範的な能力や無能力を意味するからである。第二次的な地位が特に重要になるのは、権利が常に行使できるかという困難な問題を考える際に、第二次的な地位が関わってくるからである。というのは、ある権利が行使できるかと問うことは、その権利の主体に、相手方にその権利に対応する（なにかをする）義務ないし（それをしない）無権限を順守させる権限とそうした義務ないし無権限を撤回してあげる権限の両方があるかどうかを問うことだからである。[8]

そうすると簡単に言って、（純粋な）選択説とは、もしなにかが請求権ないし免除権であって、しかもそれに対応する（相手の行為への）制約を撤回する権限と強制する権限の両方が伴っているならば、権利であるという説である。[9] 反対側から言えば、選択説は、もし誰かが義務や無権限の状態にあるならば、そうした法的

8　「無権限を順守する」というのは、控えめに言っても、ぎこちない表現であり、日常用語としても法律用語としてもかなり分かりにくい。無権限を順守させるというのは結局、無権限な相手方がもっていない権限を（不法にも）行使しようとするのを止めさせるということである。

9　すべての権利にそれに対応する制約があるのかどうかという論争については、不必要に多くのことが書かれてきた。すべての権利にそれに対応する制約があるわけではないという見解は、ホーフェルドが指摘した、「権利」という言葉の不正確な用法に依拠している。明らかに、無請求権も責任もそれ自体では、そうした状態にある当人の行為への制約ではない――つまり、当人のいかなる行為も、許されないという制約をうけない。だから、自由も権限もそれ自限／責任と免除／無権限が、自由／無請求権と請求権／義務に還元できるという点については、Ross, *Directives and Norms*, 118-20, および Lindahl, *Position and Change*, 212ff. を参照。

地位を撤回する権限と強制する権限の両方をもつ人は誰でも（そうした法的地位に対応する）権利を保有すると主張する。

こうしたホーフェルド流の用語法を手に入れた私たちは、今や、権利に関して相対立する二説の間の実質的係争点に取り組むことができる。まずここで注意すべきことは、私たちの義務が私たちに他人に与えるよう要求する利益のすべてに対して、他人が権利（請求権）をもっているわけではないという事実である。もしY氏が私の家の近所で道に迷っていたら、私にはY氏に道を教えてあげる義務があるということ、もしY氏が信頼できる友人であれば、Y氏に車を貸してあげる義務があるということ、一般的にY氏に対して失礼のないようにする義務があるということ、こうしたことはまったく確かである。しかし、Y氏の側に私がそうするよう求める権利があるわけではないということも、同じように確かである。だから、Y氏の**利益**のためになにかをする私の義務のほうが、私に対するY氏の権利よりも数が多い可能性がある。

しかし別の点では、私に対するY氏の権利のほうが、**Y氏**の利益のためになにかをする私の義務よりも数が多い可能性もある。というのは、Y氏に権利があり、私にはそれに対応する義務があっても、その義務の受益者は全然Y氏ではなくて別の人であるかもしれないからである。たとえば、私が花屋であるとしよう。Y氏が結婚式に送る花を私に注文したとき、私には結婚式に花を送り届ける義務があり、その義務に対応する権利を保有するのは、結婚式の新郎新婦ではなくてY氏である。もしY氏が注文を取り消すとしたら、どうなるだろうか。私には依然として、結婚式に花を送り届ける義務があると言えるだろうか。明らかに、そうではない。[10]

体では、権利ではない。他方、義務や無権限は**たしかに**（当人の行為への）制約**であり**、したがってそれらに対応する請求権や免除だけが権利と見なされる。

10　もちろん、Y氏が注文を取り消したにもかかわらず、私には花を届ける（別の）義務がありうるが、それはY氏の権しかし、私が車をY氏に貸すという義務を考えた場合、（Y氏の）法的地位はまったく違ってくる。というのは、たとえY氏が「いいです、なんとかなりますから」と言って、車をY氏に貸すことが私の義務ではないと述べたとしても、車をY氏に貸すという私の義務がなくなるわけではないからである。私がY氏のために何をすべきかという問題に関する限り、Y氏に私の車を借りる権利がないということは、まったく的外れな点である。プラトンその他ごく少数の論者だけが、権利ないし正義の要求が私たちの義務のすべてを支配している、私たちの義務はすべて誰かの権利に対応しているなどという間違った考え方をした。

そうすると、権利に**対応する**義務の重要な特徴、しかもそうした義務を誰かになにかをしてあげる他の義務から明確に区別する特徴は、こうである。すなわち、そうした義務のあるなしは、制御可能であり、私たちがそうした義務を順守しないことも、もし義務の（受益者と支配権者が別の場合）受益者ではなくて支配権者がそうしようと思えば、許される――そうした義務がなくなる、ないし撤回される。もしY氏の花の注文が依然有効であれば、それに対応して私には花を届ける義務がある。もしY氏が注文を取り消すならば、私にはもはや花を届ける義務はない――たとえ私が花を届けなければ新郎新婦の利益が大きく損なわれるとしても、私には義務がない。私が花を届けることに関して、新郎新婦は受益者であって権利の保有者ではないからである。

利に対応する義務ではないだろう。すなわち、私には、Y氏の注文とは独立に（したがって、Y氏の取り消しとも関わりなく）花を届ける義務がありうる――その理由は、ひょっとしたら、花を届けないと新郎新婦の利益を損なうことになるということかもしれないし、二人が私の友人だからということかもしれないし、二人が（他のなんらかの理由で）花を贈られるに値するからということかもしれない。しかし、私にこの義務がある理由が何であるにせよ、二人の側にそれに対応する権利はない。すなわち、（もし存在するならば）私の義務は、権利の尊重を命じる規則とは別の道徳規則によって生じるのである。

このように請求権／義務という関係の受益者が権利のない第三者でありうるという事実は、権利の利益説にとって相当な困難になる。（しかも、そのような場合は、すぐ後で見るように、花の配達の例のような、契約によって生まれる請求権／義務という関係に限定されない。）というのは、こうした場合、権利の保有者には、利益説が権利保有者に求めるような本質的特徴がないだけではなくて、選択説が権利保有者に求めるような本質的特徴があるからである。すなわち、権利を保有するのは、義務の支配権をもつ人であって、義務の受益者ではない。Y氏には、私が花を届ける義務を履行することを要求する権限もあれば、私の義務を解除する権限もあるので、そのゆえにY氏には私の義務に対応する権利がある。利益説に反して、ある義務に対応する権利をもつことと、その義務の受益者であることとは、かならずしも合致しないのである。

これに対して、利益説を唱える人は、どのような返答ができるだろうか。利益説を唱える人は――私は説得的だとは思わないけれども――花が新郎新婦に贈られるならY氏は満足し、その限りY氏の利益にもなるので、Y氏も花を届けるという私の義務の受益者だと主張するかもしれない。しかし、利益説が瑣末化するという、前にも述べた問題は別にしても、この主張は、Y氏と新郎新婦の両方が受益するとされるのに、どうして新郎新婦ではなくてY氏だけが権利の保有者になるのかを説明しない。もし私が花を配達してY氏と新郎新婦の両方が受益するのであれば、どうして私の配達義務は、Y氏がそうしようと思えば取り消すことができ、しかもY氏だけが取り消すことができ、Y氏と新郎新婦が共同で取り消すことができるのではなく、Y氏ではなく新郎新婦が取り消すことができるのでもないのかを説明できないのである。

もう少し有望な返答は、今の場合、おそらくY氏が満足を得るからというのではなくて、Y氏は自分の財産――今の場合、私と契約するのに必要なお金――の使い方に関して支配権があり、そのことがY氏の重要な利益になっているから、Y氏は権利保有者として受益していると主張することだろう。この返答の問題点は、ここで効いているのはY氏の利益ではなくてY氏の支配権だということである――すなわち、Y氏の利益への言及は、完全に不必要である。たしかに、Y氏の利益についてなにごとかを知れば、どうしてY氏が私に対する権利をある特定の仕方で行使するのかについてなにほどか理解させてくれるだろう。ひょっとしたら、Y氏が私に対する権利を保有することの正当性をいくらか説明するかもしれない。しかし、なぜY氏に権利が**ある**と言われるのか、その理由をほとんど理解させてくれない。すなわち、花の配達契約の場合におけるY氏の法的地位と私が自分の車を貸すべき友人としてのY氏の法的地位との概念的違いをなんら理解させてくれないのである。

利益説を唱える人がこの第三者受益者論の批判に応えようとする、もう一つの試みとして、ニール・マコーミックが考案した巧妙な例がある。マコーミックは、まず初めに利益説の難点を次のように認める。

もしAさんとBさんがCさんの利益になる条項を含んだ契約を結ぶならば、この契約の下でCさんの利益を計る義務がある。そうすると、もし利益説が正しいならば、Cさんにはこの契約の下で権利があるということになる――しかし法体系によっては（実際にはたいていの法体系において）契約の下で第三者に権利があるというようなことは、認められていない。したがって、利益説は正しくない。

そうすると、選択説が支持されそうである。しかし、マコーミックは次のように述べる。

この議論は必要以上に多くのことを証明していることに注意してもらいたい――というのは、ほんの少しの修正をすれば、この議論は、意思（選択）説にも当てはまるからである。もしAさんとBさんがCさんの利益になる条項を含んだ契約を結び、その条項はCさんが求めればBさんが実行し、Cさんが求めなければ実行されないとしたら、Cさんに権利はあるのだろうか。イギリス法の下では、Cさんの権利は存在しない——Bさんの義務は、その構成からして、履行がCさんの選択に任されているけれども。いずれの場合も要は、イギリス法の下では（いずれの場合もスコットランド法とは違って）AさんもBさんもCさんの同意なしに契約の条項を変更する権限を保持しているということである。[11]

もしこの例が有効ならば、その趣旨は明らかに、利益説を擁護するというよりも選択説を困らせることにある。では、この例は有効だろうか。

たしかに、有効ではない。この場合に権利をもつのは誰か、AさんかそれともCさんかということは、完全に、その契約条項が**撤回できる**かどうかにかかっている。しかし、権利をもつのがどちらにせよ、確かなことは、一方だけが権利をもつということである。もしイギリス法が主張するように契約条項が撤回できるならば、その場合、Cさんは受益者という地位にもかかわらず何の権利もない。CさんがBさんに義務の履行を求めたとしても求めなかったとしても、それを契約の当事者が覆すことができる限り、Cさんの選択は支配権にはならない。Bさんの義務に影響する契約の条件として、Cさんの選択は、本質的に効力発生事実の役割を果たすのであって、権限ではない。Cさんの選択は、天候の可能性に関する契約条件——「雨天ならば競技は中止し、雨天でなければ、私が別様に決定しない限り、競技を行う」——とほぼ同じ働きをするのである。他方、もし契約条項が撤回できないならば——スコットランド法の場合、ある一定の状況ではそうである——その場合、

11 MacCormick, "Rights in Legislation," 208-9.

Cさんは実際に権利をもつけれども、Aさんは権利をもたず、Aさんの選択はBさんの義務履行に関してCさんの選択を覆すことができない。[12] 契約条項を撤回不能にすればどういうことになるかと言えば、Bさんの義務に対する支配権がAさんからCさんに移転されるのである。要するに、条項が撤回できようとできなかろうと、権利の保有者は、Bさんの義務に対して支配権をもつ人である。その支配権をもつ人が受益者でもあるかどうかは、関係がない。

かくして、権利のない第三者受益者の事例によって受益説にもたらされた打撃を埋め合わすために、受益説にぜひとも必要なのは、逆の状況を示す有効な事例である。それは、すなわち（i）権利の保有者が他人の義務によって受益するけれどもその義務に対する支配権をもたないか、（ii）他人の義務に対する支配権をもつ人が権利をもたないような事例である。そして受益説は、刑法や憲法の多くの条項の中にまさにそのような場合があると主張する。実際に、こうした場合こそが、H・L・A・ハートを初め多くの指導的な選択説論者が認めるように、（前に述べた）権利の選択説の射程に関する制限を正当化するものである。では、この正当化の根拠は、どのくらい強力だろうか。

問題となる限界事例は、私の言葉で言えば**放棄できないもの**の場合である。放棄できないことが、民法や私法と区別される刑法や公法が課す義務の際立った特徴だと主張される。たとえば、刑法が私に対して暴行を受けない権利を与えていると解される限り、私に暴行を加えないという他人の義務は、私が放棄することができない。たとえ私が暴行されたいという意思を表明したとしても（拳闘の試合やラグビー競技のように一般に認

12　Walker, *The Law of Contracts and Related Obligations in Scotland* の第二章、"Rights of third parties under contracts," 449-82を参照。

められた例外を除いて）、私に暴行した人が義務違反の罪を免れることはできない。こうした場合、「同意は言い訳にならない。」したがって、こうした場合は、花を配達する義務の場合と対照的である――花の配達の場合、たとえ私が配達しなかったとしても、もしそのことに権利の保有者が同意するならば、その同意が、義務違反だという非難に対して十分な言い訳に**なる**。

そのような場合が選択説にとってどのような意味をもつかは、さまざまに解釈されている。一つの可能性としては、権利の利益説のほうがより一般的であり、したがって優れているということになるかもしれない。デイヴィッド・ミラーは次のように述べている。

> ひょっとしたら、人からその人の権利を行使するかどうかの選択権を剥奪する一つの理由は、その権利が当人にとって極めて重要だということかもしれない。この仮定は、刑法の状況に当てはまるだろう――刑法では、人に対してなされうる最も深刻な種類の危害が法的義務として禁止されていて、その義務に関して当人（受益者）には支配権がない。それに比べて、民法の領域では、人には普通、権利を主張するかどうかの選択権がある――はるかに深刻でない形の被害しか問題にならないからである。ハートは、権利の保有と自由な選択権の行使とが基本的に結びついていると考えようとする、そしてたしかに多くの場合にそうした結びつきがあるけれども、権利を人の基本的安全保障と結びつけることも同じく決定的に重要だと思われる。[13]

---

13 Miller, *Social Justice*, 63. Marshall, "Rights, Options and Entitlements," 234-9 および MacCormick, "Rights in Legislation," 197-8 も参照。

もう一つの可能性、どちらかと言えば選択説に好意的な論者によって提案され、多くの選択説論者も全面的または部分的に認める可能性は、刑法の義務は一方的な義務であり、したがっていかなる権利にも対応しないという見方である。リチャード・フラスマンは、次のように指摘する。

もしジョーンズが無謀な運転をすれば、たとえ社会の誰もジョーンズの違反によって危害を被らず、それを目撃さえしなかったとしても、ジョーンズは逮捕され罰を受ける。したがって、ハートの理論によれば、警察官や裁判官等には、市民の権利を市民のために行使する包括的権限があると言うか、あるいは「自己統治」の要素（支配権）は通常は権利の中に含まれるけれども、人が政治社会の一員としてもつ多くの権利の場合には必ずしも含まれないと言わねばならない。この中では、ジョーンズには（権利をもつ他の市民に対して義務があるというのとは区別して）法の下で義務があり、警察官や裁判官等にはジョーンズが違反した場合にジョーンズを逮捕し、罰する権限と義務があると言うほうが好ましいと思われる。[14]

したがって、刑法の義務は利益説の権利に対応するか、そうでなければまったくなんの権利にも対応しないと解さねばならないのだろうか。刑法の義務は、履行を求めたり撤回したりという制御が効かないのだろうか。私が自分の車を友人に貸す義務のようなものなのだろうか。たしかに言えることは、刑法の義務に対応する選

14　Flathman, *The Practice of Rights*, 237-8. ハート『権利・功利・自由』一二二～一二七頁および Kearns, "Rights, Benefits and Normative Systems," 478-9 も参照。

択説の権利がもしあるとすれば、それは普通の市民の中にはあり得ないということである。その点で、ミラーとフラスマンが、普通の市民には刑法の義務に対する（選択説の場合に）必要な支配権がないと述べるのは、まったく正しい。

しかし選択説を批判する人には悪いけれども、刑法の場合には選択説の権利がないというのは正しくない。刑法の場合にも選択説の権利があることを理解するために、第一に注意すべき重要な事実として、ミラーもフラスマンも引用文の中で、刑法の義務に対応する権利の保有者と想定される人（普通の市民）が**危害**を被りうるということに訴えかけている。ということは、ミラーとフラスマンの考えによれば、選択説に欠陥があるのは、選択説が、**普通の市民**は刑法の義務の受益者でありながら刑法の義務に対する支配権をもたないという事実を説明できないからである。

しかしこの批判は、利益説が正しいことを単純に前提しているのだから、循環論法であり、まったく無効である。この批判は、刑法では刑法が広範な保護を与える受益者（普通の市民）に選択説の権利がないということから、刑法には選択説の権利がまったくないと推論する――ところがその推論は必然的に、もし誰かが義務の受益者でなければ権利の保有者でもないという暗黙の仮定に依拠している。しかしすでに見たように、この仮定は正しくない。そのような推論は、普通の市民の法的地位は刑法義務の**第三者受益者**として容易に説明できるし、刑法義務に対応する選択説の権利は他でもない**公務員**にあるという事実を見過ごしているからである。[15]

15　もちろん、自殺未遂や自発的安楽死や成人間の同意に基づく同性愛行為を禁止するような刑法義務に受益者がいるのかというのは、論争的な問題である。

すでに述べたように、選択説論者の中にも、選択説の分析枠組みの適用を民法から刑法に広げることを躊躇する人たちがいる。躊躇の根拠については、少し後で検討することにしよう。その前に、刑法の専門家たちはそのような躊躇を感じないようだということを指摘しておきたい――というのは、彼らは民法と刑法の間に大きな概念的差異を認めないからである。刑法の古典的教科書の中で、C・S・ケニーは、次のように述べている。

実際のところ、犯罪（crime）と不法行為（tort）との間に根本的ないし内在的な違いはない。……国の発展の第一段階においては、警察機構はほとんどないか、まったく存在せず、犯罪の制裁は普通の市民の手に委ねられる。……したがって、犯罪は、時の政府の方針に起源がある。[16]

またG・W・ペイトンは、公法と私法を区別する主たる理由は「国家の特異な性格の重要性」を正当に承認するためであると述べた後、次のように書いている。

にもかかわらず、この区別は常に明確に意識されるとは限らなかった。国家そのものが発展するまで、公法は萌芽状態にすぎない。封建制の時代においても、大きな混乱がある――というのは、王の公的能力と私的能力の間に明確な境界線が引けないからである。裁判権や官職、王位でさえも財産と見なされる――

16　Turner, *Kenny's Outlines of Criminal Law*, I, 2, 4. Goebel, *Felony and Misdemeanor: A Study in the History of Criminal Law* の諸所および Ashworth, *Principles of Criminal Law*, 1-2 を参照。

実際、封建制の理念が実現されている限り、公法は、おおむね不動産法への「たんなる補遺」と見ることもできるだろう。[17]

また刑法犯罪の場合に、法的関係の基礎にある概念的構造も、時の経過とともに変わってはいない。P・J・フィッツジェラルドの報告によれば、依然として「イングランドでは、訴追はほとんどすべて理論的に私人訴追である。一般的に誰（私人）でも他人を訴追できるというだけでなく、たいていの場合、通常は警察官である訴追者も一個人としてもつ訴追権に基づいて訴追するのである。」[18] したがって明らかに、選択説の枠組みを刑法義務にまで広げて、民法では選択説の権利が普通の市民に与えられるのに対して、刑法では公務員に与えられると言うことになんの支障もないと思われる。

ではなぜ、このような拡張に選択説論者が——選択説に批判的な人は言うまでもない——躊躇するのだろうか。このように躊躇したくなる気持ちは、部分的には、先ほどのケニーやフィッツジェラルドからの引用の中でほのめかされた事情から来ており、それは刑法義務の**執行**に関わる。具体的には、民法の義務に関して権利の保有者に疑いの余地なく裁量権があるのに対して、刑法義務の執行について公務員には裁量権がないことと関係する。かくして、選択説のいくつかの側面を批判するフラスマンは、少し前に引用した文中で、公務員には刑法の違反者を逮捕し罰する権限だけではなくて、そうする**義務**もあると述べていた。

選択説論者であるトマス・カーンズも、選択説の枠組みがおそらく権利を公務員に付与するという「やっか

17 Paton, *A Text-book of Jurisprudence*, 328.
18 Fitzgerald, *Criminal Law and Punishment*, 2.

いな結果」になることを認めて、この明らかに不都合な含意を回避すべく、以下のように論じる。

たとえば、刑法の下では私にはものを奪われない権利があると思われるかもしれない。しかし、たとえば約束とは違って、私には、侵入者に対して私からものを奪わない義務を取り消すことができない（強盗罪は国家に対するものだと言われる）。……そうすると、強盗犯は私の権利ではなくて公務員の権利だけを侵害するように見えるかもしれない。……これに対して、二つの返答を述べるのが適切である。第一に、刑法の下で私に権利があるということは決して明白ではない。……第二に、刑法を執行する公務員は、私のために権利を獲得するのではない――その公務員には、刑法を執行する義務があり、したがって法的規則の下で、執行義務を取り消したりその他の仕方で変更したり、違反を許したりする自由がない。[19]

したがって、私たちが考えるべき問題は、この最後の議論が、刑法では公務員に権利があるという見解に反論できているかどうかである。

カーンズの文章はうまい具合に、選択説の権利の特に重要な側面、すなわち権利に対応する義務を解除できることと執行できることの結びつきを明らかにしている。これら二つの特徴、より一般的にはこれら二つの特徴が合わさって権利の保有者に与える、他人の義務に対する裁量権は、疑いの余地なく民法にあり、それをハートは、有名な箇所で次のように明快に述べている。

19　Kearns, "Rights, Benefits and Normative Systems," 478. Ross, *On Law and Justice*, 163-4 および *Directives and Norms*, 128 も参照。

義務が関わる行動の領域では、権利保有者は小規模な主権者であり、義務はこの主権者に対する義務である。支配権は、その程度が完全な場合には、三つの区別しうる要素を含んでいる。（ｉ）権利保有者は、義務を解除または消滅させる（waive or extinguish）こともできれば、存続させておくこともできる。（ii）義務違反あるいはそのおそれが生じた後で、権利保有者は、義務を「強制されない」（unenforced）ままにしておくこともできれば、損害賠償を請求し、場合によっては、義務違反の継続または更なる義務違反を禁ずる差止命令か強制命令を請求することによって、義務を「強制する」（enforce）こともできる。（iii）権利保有者は、義務違反が発生させた損害賠償義務を解除または消滅させることができる。[20]

これら三つの要素は、権利と結びついた**権限**であり、**自由**でもある。すなわち、（第三の要素も含めて）これらの要素はすべて、権利の保有者が（自分に対する）他人の義務に関して行うことが許される――言い換えると、行って「よい」――したがって行わない義務のない、二つの相対立する、別々の法的行為を述べている。一方の法的行為を行う、すなわちある権限を行使する義務があるということは、他方の法的行為を行う自由がないということであり、したがって、その権限がないということである。[21]だから、刑法では選択説の権利を公務員に与えていない（一般の人に与えるどころではない）という議論は、公務員には右の権限の中のすべてではなくて、いくつかだけがあるという主張に基づいているると見てよい。公

20　ハート『権利・功利・自由』一二四頁。〔森村訳をいくらか自由に変えさせていただいた。〕

21　権限には自由が含まれ、自由がなければ（義務があれば）権限もない（無権限である）という点に関しては、右の注6および7を参照。

務員には、こうした権限のいくつかを行使する義務はあるけれども、それらと反対の権限を行使する自由がなく、したがってそうした反対の権限がない。反対の権限がないので、公務員には裁量権がない——したがって選択説によれば、公務員は権利の保有者ではない。

この点をより明瞭にするべく、問題の六つの権限を書き出してみよう。

（1）義務の順守を解除する（すなわち、義務を消滅させる）権限
（2）義務を有効のままにしておく（すなわち、義務の順守を要求する）権限
（3）義務の強制を求める（すなわち、義務が破られたり破られそうな場合に、義務の保有者による損害賠償や義務の履行を求める）訴えを起こさず、よって義務違反を許す権限
（4）義務の強制を求めて訴えを起こす権限
（5）（判決や命令の）強制を撤回する権限
（6）（判決や命令の）強制を要求する権限[22]

これで私たちは、人からものを奪わないという刑法義務に対応する権利が公務員にないとカーンズが主張する理由を、より正確に述べることができる。カーンズによれば、たしかに公務員には第四の権限と第六の権限があるけれども、第五の権限がない、「したがって」また第一の権限と第三の権限もない。すなわち、公務員には、人からものを奪わない義務の順守を要求し、強盗犯に対して訴えを起こし、（判決や命令の）強制を要求する権限があり、したがってそうする自由があるけれども、同時にそうする義務もある。

22　私は、列挙が完全になるように、ハートが挙げた五つの権限にこの第六の権限を加えた。法的でない文脈や他の非制度的な文脈では、他人に裁判業務や強制業務を提供させる規則はないかもしれない。そうした場合、第三の権限と第四の権限はないだろうし、第六の権限はたんに自分で強制する権限にすぎないだろう。

公務員には、そうする義務があるので、そうしない自由はない。そうしない自由がないので、そうしない権限もない。もし公務員に（義務を）要求する権限と同時に解除する権限も**あった**ならば、疑いもなく、選択説の権利もあっただろう。そこで私たちは、公務員に（義務を）解除する権限がないと考える論拠をより詳しく吟味する必要がある。

　公務員には本当に（義務を）解除する権限がないのだろうか。明らかに、公務員の中には、解除する権限がない人たち**もいる**。しかし私としては、もし**いかなる**公務員にも解除する権限がなかったならば、司法取引、それから恩赦や特赦、執行猶予や仮釈放、刑事免責の付与のような標準的な刑法慣行が実際にあることを説明するのが非常に困難になるだろうと言いたい。たいていの近代法体系において、こうした慣行は、大多数の刑法事件を処理している。[23] こうした慣行の実質的内容が何かと言えば、なによりも、第四の権限や第六の権限を行使するという下級公務員の義務が上司によって解除されるということである。もちろん言うまでもなく、そうした義務を解除するとき、同時に上司の公務員は部下に対して、第四の権限や第六の権限を行使しない義務を課している、すなわち部下から第四の権限と第六の権限を剥奪しているのである。

部下が第四の権限と第六の権限を取り消されたことは、たしかに、刑法義務に対応する権利が**そうした**部下

23　Ashworth, *Principles of Criminal Law* の第一章および Waldron, *The Law* の第六章を参照。こうした慣行の実際は、トム・ウルフの小説『虚栄の篝火』で生き生きと描かれている。Zander, "How Bargains are Struck" および Wertheimer, "Freedom, Morality, Plea-Bargaining and the Supreme Court," 203-4 も参照。司法取引をしたり刑事免責を与えたりする公務員は、ある義務の違反を許して別の義務を確実に強制するとき——これら二つの義務の受益者は十分に、別々の人でありうる——明らかに、これら二つの義務に対応する権利がどちらも自分のものであって受益者の権利ではないという**想定の下**で行為している。

の公務員にはないと主張する十分な根拠になる。しかし、そのような権利が上司にもないと主張する十分な根拠にはならない――むしろ反対に、そのような権利が上司の公務員にあることを明らかにしているのである。

　上司の公務員と部下の関係は、本人と代理人の関係に似ている。[24] 刑法犯罪を普通に型通りに処理する場合、上司の公務員は、第四の権限と第六の権限を部下に譲渡する。そうすることで、部下に対して、犯罪者を起訴し罰するように命じる。しかし多くの場合にさまざまな理由で、上司の公務員は、第四の権限または第六の権限を取り消して、第三の権限または第五の権限の行使を命じる。すなわち、典型的な民法権利の保有者と同様に、そのような上司の公務員は、刑法義務の違反を許したり義務の強制を撤回したりできるのである。

　このことは、上司の公務員には実際に刑法義務に対応する選択説の権利があることを証明するのに十分ではないだろうか。ほとんど十分だけれども、少し足りない。というのは依然として、たとえ上司の公務員が第三の権限と第五の権限を保有しているとしても、まだ第一の権限を欠いているという反論がありうるからである。すなわち、上司の公務員には、刑法義務の違反を事後的に許す権限があるけれども、まだ刑法義務の順守を事前に免除する権限がない。上司の公務員が強盗犯に対する強制（手続き）を撤回できるとはいっても、人から物を奪わない義務を解除できるということにはならないのである。

　上司の公務員に第一の権限がないことを証明するには、どのような議論が必要だろうか。第一の権限を欠くために、上司の公務員は、第一の権限を行使する自由を欠いていなければならない、すなわち第一の権限を行使しない義務がなければならない。そのような義務は、ホーフェルドが言う無権限である。上司の公務員がこのように無権限であるためには、強盗を働かない義務を解除する権限を欠いていなければならない。

24　Hohfeld, *Fundamentanl Legal Conceptions*, 53 を参照。

ところで、明らかにいくつかの法体系では、上司の公務員にこの権限（強盗を働かない義務を解除する権限）がある。この権限があるので、上司の公務員には、人から物を奪わない義務のような一般的な刑法義務の順守を免除する自由がある——すなわち上司の公務員は、自分自身や他の人に特権や免除を与えることができる。もちろん、この権限は——もっともな理由から——稀にしか行使されない。しかし、それは要点ではない。そのような法体系では、上司の公務員は無権限ではなく、したがって第一の権限を保有していると結論せざるをえない。

しかしまた、別のいくつかの法体系では、たしかに上司の公務員にこの権限（強盗を働かない義務を解除する権限）がない。それは、**憲法の**規定によってそう定められているからである。そして実際、この種の考慮によって権利の選択説の射程が制限されるとハートその他の人たちは考える。[25]

本当に選択説の射程が制限されるのだろうか。無権限には、免除が対応する。いかなる公務員も刑法義務の順守を解除することができないと主張することは、公務員は無権限であり、その無権限に対応する免除（権）の保有者もその無権限を撤回できないと主張することである。免除（権）の保有者が相手方の無権限を撤回できない場合、そのような免除（権）を**撤回できない免除（権）**と呼ぶことにしよう。はたして、撤回できない免除（権）などというものが**ありうる**のだろうか。

一般市民と同様、下級公務員も通常、刑法義務の順守を解除することができない。かくして下級公務員の黄瀬君は、人から物を奪わない義務を解除することに関して無権限である。したがって、黄瀬君の上司である黒

25　ハート『権利・功利・自由』一三〇～一三五頁。たとえば、アメリカ合衆国憲法修正第十四条では、州議会がいかなる市民からも法の平等な保護を奪うことを禁じられている。

田さんには、黄瀬君によって（勝手に）義務を解除されないという免除（権）がある。では、黒田さんは、自分自身の免除（権）を撤回できるだろうか。黒田さんには自分自身の免除（権）を撤回する権限がないと主張すれば、どういうことになるだろうか。黒田さんの免除（権）が撤回できない免除（権）であるためには、黒田さんは無権限で――すなわち、黄瀬君の無権限を撤回することに関して無権限でなければならない。しかしもし黒田さんがそのように無権限であれば、その場合、さらに上の上司――緑岡氏と呼ぼう――に、黒田さんの無権限に対応する免除（権）がなければならない。[26]

こうした推論は、さらに上司を付け加えることで、どこまでも続けていけるだろう――緑岡氏の免除（権）も撤回できないと想定し、したがって緑岡氏の無権限に対応する免除（権）をさらに別の、もっと上の上司、今度は橙氏がもっていると考え、等々である。そうした付け加えは止めよう。というのも、ここで十分に確実な点は、この無限後退をどこで止めるにしても、それを止められるのは撤回できる免除（権）だけだということである。撤回できない免除（権）は（最後には）、撤回できる免除（権）に至るのである。だからたしかに、撤回できない免除（権）はありうる。しかし、撤回できる免除（権）を伴わない撤回できない免除（権）はありえない。そしてこの撤回できる免除（権）を現に撤回すれば、他の（それまで撤回できなかった）免除（権）も撤回できるようになるのである。

これが何を証明しているかと言えば、公務員の無権限が絶対的ではありえないということである。公務員が無権限なのは、上司がその無権限を撤回しない限りにすぎない。だから、たとえ憲法によって、公務員の無権

26　MacCormick, "Rights in Legislation," 195-6 を参照――そこで認められているように、撤回できない免除（権）ということは、免除（権）の保有者自身が無権限だということになる。

限を撤回する権限が上司の公務員にないとしても、この上司の公務員の無権限を取り消すことができる、撤回できる免除（権）をもった誰かさらに上の上司がいなければならない。したがって、この「さらに上の上司」が第一の権限を保有し、第一の権限を部下に付与したり付与しなかったりできるのである。もちろん、たいていの場合、この「上の上司」は、人から物を奪わない義務のような刑法義務の順守を解除する権限を部下に付与しないし、一般市民はその（第三者）受益者と見なしてよい。[27]

だから引き出すべき結論は、刑法や憲法には選択説の権利がないということでは**ない**。それどころか、選択説の権利は刑法や憲法の中にもしっかりとあって、具体的には官僚機構のかなり上層部にある。正確にどのくらい上の方にあるかは、法体系に憲法があるかどうか、憲法がある場合にはその個々の条項がどのような内容であるかによるだろう。したがって、一般的な論点――すなわち、選択説の権利があるかないかに関して、公務員の上司／部下の関係とたとえば私企業の上司／部下の関係との間になんら概念的な違いがないという論点――は依然有効である。疑いもなく、私企業の上司／部下の関係の場合、上司や部下に（民法の）権利を認めることになんの困難もない。したがって、公務員の上司や部下の場合にも、上司や部下に（刑法の）権利を認めることに関してなんの困難もないのである。[28]

ここまで長々と論じてきたけれども、権利の選択説と利益説に関して結局どういうことになるのか。選択説の枠組みだと、権利に対応する義務の第三者受益者を巻き込んだ法的関係をうまく説明できるのに対して、利益説の枠組みだとうまく説明できないというだけではない。選択説の枠組みだと、刑法や憲法が行為を制約す

27　このことは、すべての刑法義務に当てはまるとは限らないかもしれない。例外の可能性については、右の注15を参照。

28　この一般的な議論を先取りしているのが、Holland, *The Elements of Jurisprudence*, 125-7, Gray, *The Nature and Sources of the Law*, 19-20, 79-83, Williams, *Salmond on Jurisprudence*, 264-5 である。

る場合、すなわちしばしば分析的に理解できないと言われてきたような法的関係も完全に説明することができる。かくして選択説は、反対派による標準的な批判に耐えて、権利に関して利益説の説明よりもずっと一般的な説明をすることができるように思われる。だから、以下の節で選択説を支持するもう一つの重要な理由を述べるけれども、私としてはこれまでの議論で、選択説の中心的な主張——すなわち権利とは請求権または免除（権）であり、それらには対応する（行為への）制約を解除する権限と強制する権限が伴うということ——が十分に証明されたと考える。これ以降は主に、第一次的な権利すなわち請求権について論じる。

（ロ）自由と義務

選択説が正しいならば、その場合すべての権利は実際に行使することができる——すなわち、すべての権利には、他人の義務に対する支配権がある。次に問題にしたいのは、権利のこの特徴から、私が以前に述べた主張——すなわち権利は（支配権という形で）純粋な消極的自由の個人間配分を規定するという主張——がどのように支持されるのかということである。この結びつき（支配権と純粋な消極的自由の個人間配分との結びつき）は、即座に明らかというわけではない。というのも、たしかに人はなにかをする**自由**があると言われることがあるけれども、グランヴィル・ウィリアムズが適切に述べるように、「人は誰一人としてなにかをする権利をもった試しがない——人がもちうるのは、誰か他の人になにかをさせる（あるいはさせない）権利だけである。言い換えれば、厳密な意味での権利はすべて、他人の行為に関わる。[29]」もちろん、私の権利によって私（ないし私の代理人）がもつ自由とは、相手方にしかるべき義務行為を強制する自由である。もしY氏に、私に千円を支払う義務があるならば、そのとき私はY氏に支払いをさせる請求権を行使することができ、したがってまた私にはY氏の不払いを確実に妨げる権限があり、そのことをY氏に邪魔されない権限もある。すなわち、私の権利によって私は、Y氏の純粋な消極的自由を削減する純粋な消極的自由をもつのである。[30]

しかし、たしかに義務を強制する自由は権利によって与えられる自由の一種であるけれども、それが権利によって与えられる唯一の自由ではないし、おそらく最も重要な自由でもない。そしてそれが、ウィリアムズの右の言葉の要点である。というのは、すでに述べたように、私たちは、なにかあることを自分でする権利があるとよく言うからである。ウィリアムズの論点は、先に挙げたホーフェルドの論点と同様、こうした行為をする（たとえば、左右チグハグの靴下をはく）**権利**として普通に言われているものが、より正確には法的地位を区別して、こうした行為をする**自由**と表現されるべきだということである。

そして私たちの自由のすべてが、かならずしも実際の自由の配分を表すわけではない。というのは、たしかに私たちの自由は、私たちにそうした行為をしない義務がないことを表しているけれども、他人に私たちのそうした行為を妨げない義務があるということまでは意味しないからである。たとえ私たちに左右チグハグの靴

29　Williams, "The Concept of Legal Liberty," 139.

30　厳密には、私にY氏の不払いを妨げる純粋な消極的自由があるためには、私にY氏の不払いを妨げる権限（したがってまた自由）があるというだけではなくて、他人に私のその行為を邪魔しない義務があるということも必要である。この最後の要求が満たされるための条件が、私の言う「権利の共存可能性」という条件であり、本章で展開していく中心的な主題である。

下をはく自由があるとしても、他人には、私たちの行為を妨げるような、ある種の行為をする自由が十分にあるかもしれない（し、そうする義務まであるかもしれない）。たとえばY氏には、私の洗濯物を洗う義務があるかもしれないし、ただそうする自由だけがあるかもしれない。そして、私の左右チグハグになりうるような靴下はすべて、Y氏の洗濯機の中で水に浸かっていて取り出せないかもしれない。

実際、私たちの自由の行使は、私たち自身の義務によって制限されることもある。私には、『ブリタニカ百科事典』全巻を読む自由がある。すなわち私には、『ブリタニカ百科事典』の通読を特別に禁じるような、いかなる義務もない。しかし私には子育てやその他の義務が非常にたくさんあって、実質的に、『ブリタニカ百科事典』を通読するという自由は行使できないかもしれない――すなわち、権利の保有者たちが私に義務を強制した場合、私に、自分の自由を行使して『ブリタニカ百科事典』の全巻を通読する実際の自由はまったく不十分にしか残されないかもしれない。

したがってたしかに私の自由の行使は、それを妨げないという他人の義務によって保護されない――しかし同じく、たしかに他人の義務はときに、私の自由の行使を他人が妨げることを実質的に不可能にしうる。私には、自宅で一人でトランプ遊びをする自由がある。他人には、私のトランプ遊びを妨げない特別な義務はなく、したがって私には、他人に私のトランプ遊びを妨げさせない厳密な権利（請求権）がない。しかし他人には、私の身体や私の家や私のトランプに関してさまざまな無介入義務があるので（そして私にはそれに対応する権利があるので）、通常は、私が自宅でトランプ遊びをすることを他人が妨げることは許されないし、したがって私には自宅でトランプ遊びをする実際の自由がある。

さまざまな自由の妨害が許される場合に見いだされるこうした違いは、**裸の**自由と**服を着た**自由という比喩的で重要なベンサム流の区別をハートが洗練したときに、上手に捉えられている（ベンサム自身はこれらの自由を二種の権利と呼んでいた）。[31][17] 服を着た自由とは、他人の義務という「保護的周辺部」に守られた自由である——他人の義務は、自由の保有者がもつ（自由を行使する）権利に特に対応するわけではないけれども、その義務のゆえに他人は、自由の行使を実質的に妨げることができない。たとえばトランプ遊びは、服を着た自由である。他方、裸の自由には、そのような保護がない——ただし、まったくなんの保護もないことは稀である。たとえば私には、公衆電話から電話をかける裸の自由がある。この自由の周りにある周辺部はかなり侵入が容易で、私が電話をかけることもできれば、他人が——もちろん私を襲って硬貨を奪ったりなどするのではなくて——その電話を使うことで、私が電話をかけるのを妨げることもできる。

ところでまっとうな子守りなら誰でも知っているように、服を着せれば、赤ん坊を風邪からかなり守ることができるけれども、完全に守れるわけではない。明らかに、自由ということで行為の**種類**が考えられる場合、自由が裸であるとか服を着ているとかいっても、それは程度問題である。そのような自由の周辺部がどれだけ堅固かそれとも侵入しやすいかは、自由を妨げる行為が技術的にどれだけ可能か（Y氏は、公衆電話の番号に電話をかけることで、私が公衆電話から電話をかけるのを妨げるかもしれない）、妨害の禁止がどのくらい他人の義務の中に入っているか、本人自身がどのような強制可能な義務をもっているかに依存せざるをえない。

他方で、まもなく示すように、特定の行為（具体的な行為）をする自由は、裸であるか服を着ているか、どちらかとして比較的容易に分類できる。この点で、服を着た自由は人の権利に**内的**だ——権利に対応する（他人の）義務によって守られているので、権利の中に含まれている——けれども、裸の自由は各人の権利の**隙間**にあって、権利の間に残された行為空間の中で宙ぶらりんになっていると言うことができる。服を着た自由は、

31　ハート『権利・功利・自由』一一二～一一三頁。

誰か特定の人の土地に存在し、裸の自由は、誰のでもない土地に住んでいる。[32]

権利によって、自由の個人間配分が決まる。服を着た自由ならびに（義務を）解除する権限と強制する権限が権利の保有者に与えられ、ある種の妨害行為が禁じられ、別の種類の妨害行為は許容される。しかし、権利の組み合わせと思われるものがすべて可能なわけではない。その理由は、約束という慣行について考えれば、一番よく検討できるだろう。

約束からは、権利が生まれる。しかし、すぐに見るように、すべての約束から権利が生まれるわけではないし、すべての権利が約束から生まれるわけでもない。どうして約束を守るべきなのか。そもそも約束は守られるべきなのか。こうした問いについて、法哲学者や道徳哲学者は何世紀も考えてきた。そしてある意味で第二の問いに対する適切な答えに関しては大まかな合意――すなわち「時々は」という合意――があるけれども、第一の問いにはもっと多様な回答が与えられてきた。約束から義務が生まれる理由、約束が守られるべき理由として言われることは、さまざまである。たとえば、約束の順守を命じる基本的な道徳規則があるから。あるいは、「約束する」という言葉の意味の中に、約束を守る義務を引き受けるということが含まれているから。あるいは、約束を破った場合に（相手の）期待が裏切られて、結果的に便益よりも危害のほうが大きくなるから。あるいは、約束を破れば約束という制度を掘り崩すことになって結局は不利益であり、約束を破ろうとする人でもそういうことを整合的に欲することができないから。

幸い、私たちは、どちらの問いにもここで答えを出す必要がない。というのは、約束から権利が生まれる場合、それは実際に約束から義務が生まれるからだけれども、約束から権利が生まれる理由は、権利の本性から

32　一般的に、Williams, "The Concept of Legal Liberty" を参照。

分析的に出てくるのであって、倫理的ないしメタ倫理的主張に依るのではないからである。かくして、約束から権利が生まれる場合、その約束が守られるべきかどうかという問いへの答えは、権利が尊重されるべきかどうかという、より一般的な問いに対して与えられるのと同じ答えになる。そしてこのより一般的な問いは、正義についての章（第六章）で考察する予定である。

意志の行為が自らに義務を負わせうるというのは奇妙な考えであると、ヒューム以来ひんぱんに言われてきた。というのは、明らかに、たんなる決心や意図の宣言は約束ではないからである。

人は、なにかをしようと決心しながら、にもかかわらず心を変える完全な道徳的自由を持ち続けることができる。したがって、もし約束が意志の行為によってなされるのならば、その行為とは、自分に義務を負わせることを意図する行為に違いない。しかし、そのような行為が一体どういうものであるのかは、ほとんどの人にとって、神秘であろうし、ともかくそれでは、**どのようにして**意志が自分に義務を負わせることができるのかはまったく説明されない。というのも意志は、今日何を決めようと、明日それの反対を決めることができる（と思われる）からである。[33]

こうした意志の行為がどういうものであるのか、いかなる者が意志の行為をすることができるのか、なにをもって意志の行為が起こっている証拠と見なすべきなのかについては、非常にたくさん書かれてきた。しかし、ここでも幸運なことに、こうしたやっかいな問題の考察は、約束からは義務が生まれることで、それに**対応す**

33　Atiyah, *Promises, Morals and Law*, 17. ヒューム『人間本性論　第三巻』第二部第五節も参照。

る権利も生まれるということを確立するためには必要でない。というのは、権利を理解する、実質的にすべての枠組みで、そのような意志の行為がありうることと意志の行為によって義務が発生しうることが前提されているからである。だから、権利に対応するような義務に焦点を絞れば、私たちは、**なぜ**意志の行為から義務が生まれうるのかということを、**どのようにして**意志の行為から義務が生まれるかを示すことで、説明できる。

意志の行為によって、権利に対応する義務を**消滅**させることができる――これが分析的真理であることを考えれば、意志の行為から義務が生まれうることは、明らかである。というのは、すでに見たように、もしY氏に、花屋に対して花を結婚式に届けさせる権利があるならば、花屋には花を届ける義務があり、Y氏にはその義務を解除したり消滅させたり（あるいは義務の不履行を許したり）する権限と自由があるからである。すなわちY氏は、選択や意志の行為によって、花屋の配達義務が存在しないようにできるのである。

にもかかわらず、これでは、先の引用で提示された問題に完全には答えていない――繰り返すと、「意志は、今日何を決めようと、明日それの反対を決めることができる（と思われる）」のである。そこで明らかに説明を要するのは、なぜ意志はその決定を覆すことが**できない**――覆す自由がない――のか、ということである。どのようにして人は、前に決めたこととは反対の決定をする自由を失うのだろうか。もしY氏が今日、花屋の義務を一方的に消滅させるならば、なぜY氏は明日、一方的に花屋の義務を復活させられないのだろうか。

すでに述べたように、もし私たちにある行為をする権限があれば、その行為をする自由もある。義務の順守を要求したり、訴えを起こしたり、強制したりする権限があれば、私たちは当然、そうすることができる。ハートに倣った権限の分類を思い起こせば分かるように、ある種の権限を行使すれば、必然的に他の権限が行使できなくなる。もしY氏が花屋の義務を解除する権限や自由を行使すれば、そのことによってY氏は、花屋に義務の順守を要求する権限と自由を行使できなくなる。このように花屋の義務を消滅させるとき、Y氏は、花屋の義務に対応する自分の権利も消滅させる。花屋に義務の順守を要求するY氏の権限は、Y氏の権利に付属したものなので、Y氏の権利と共に消滅する。

もちろん当然ながら、もしY氏がその後、花屋の義務を解除する自分の決定を後悔したならば、Y氏は今なお花屋に対して、花を届けてくれるよう懇願したり、おだてたりすることはできる。しかし、花の配達を義務として要求することは、もはやできない。Y氏が花屋の義務を解除したとき、そのことによって、花を届けるべきかどうかを決める権限と自由が花屋に回復されたのである。花を**届ける**自由——この自由は、Y氏が花屋の義務を解除する前から、花屋にあった——に加えて、今や花屋には、花を届け**ない**自由もある。花を届けるということに関して、今や花屋にはハートが言うところの「両面的自由」がある。[34]この自由と権限（ないしは**二つの**自由と権限）があるので、今や花屋には、注文を受ける前にもっていた権利、すなわち花を自分の好きなように処分する権利がある——あるいはより正確には、Y氏には再び、花屋が自分の花を好きなように処分するのを妨げない義務があり、その義務に対応する権利が花屋にはある。

かくして、意志の行為である約束からどのようにして（相手の権利に対応する）義務が生まれるかを理解するのは、困難ではない。最初にY氏の注文を受けたとき、花屋はさまざまな自由と権限を行使し、そのことによって他の権限が行使できなくなって（消滅させられて）いた。花屋は、自分が花を自由に処分することを妨げないというY氏の義務を解除し、花を届けるべきかどうかを決める権限をY氏に与え、花を届けないという自分の自由を消滅させる、等々していたのである。

だから、なぜ意志は前に決めたこととは反対の決定をすることができないのかという問いは、義務が権利に

34　ハート『権利・功利・自由』一〇五頁。

対応する場合、次のようにして答えられる。花屋とY氏が契約に入る前に、もし花屋に、自分が花を届けるべきかどうかを**Y氏**が決めるべきだと決める権限（A）があったならば、そして契約する時にもし花屋がその権限（A）を行使したのならば、その場合（Y氏が花屋の義務を解除しない限り）**花屋**にはもはや、花を届けるべきかどうかを決める権限（B）はありえない。それにもかかわらず、もし花屋がそのような権限（B）が自分にあると主張するならば、花屋は自分が先の権限（A）を行使したことを否定しているに違いない。ところがそもそもの仮定からして、その否定は正しくない。

この点をもっと明瞭にして、以下の議論の展開を容易にするために、ここで次のような思考実験をしよう。人々は、それぞれ「義務票」と呼ばれる紙片に自分の名前と自分にできるすべての行為を書き記すように求められるとしよう。すべての行為は時間的に特定され、それぞれ別々の義務票に記入される。そしてすべての義務票は二枚つづりであり、一枚目には「しない自由」と書かれていて、二枚目はカーボン複写で、切り離すことができ、「する自由」と書いてある。

赤松君が青山さんに対する義務を引き受ける——たとえば約束をする——場合、赤松君は約束する行為を記した義務票の一枚目を青山さんに渡して、二枚目のカーボン複写を自分用にとっておく。もし青山さんが後でその義務票の一枚目を赤松君に返せば、赤松君はそこに記された行為をする自由もしない自由もあると言える——すなわち、その行為に関して（約束をする前と同じように）両面的自由があるだろう。しかし、もし義務票の一枚目が返されないならば、赤松君にはその行為をする自由がある、しかしその行為をする義務もある、すなわちその行為をしない自由がない。[35] というのは、ウィリアムズが述べるように、「『立ち去っていいです

35　青山さんが義務票の一枚目を赤松君に返すことは、義務票に記された行為時間よりも前であれば、義務を解除するこ

よ』と言うとしても、『居ていいですよ』ということにはならない[36]」からである。かくして、すべての人の場合に権利とは、要するに、他人の義務票の一枚目を持っているということだと思われる。そして（自分の義務票の一枚目を他人がもっている場合）義務とは、自分が自分自身の義務票のカーボン複写**だけ**をもっているということになるだろう。

この義務票という重宝な比喩には、いくつかの但し書きがある。第一に、行為には、～するという積極的行為だけでなくて、～しないという消極的行為もある。たとえば、行為Aをしないことが行為Bであるとしよう。明らかに、赤松君がAと記した自分の義務票の一枚目を青山さんに渡す場合、[18] 赤松君は、**Bしない**という義務票の1枚目[19]も青山さんに与えたと了解される。これからの説明を簡単にするために、人々は義務票の取り扱いに際して、そのような不履行や否定によって生まれる多くの派生行為を考慮に入れて、論理的に整合的な調整をするものと仮定しよう。

第二に、ある人が他人の義務票の一枚目をもっている場合、それらはすべて、約束その他の形の随意的譲渡によって獲得されると仮定すべきではない。というのも、私は後で、そういうこと——他人の義務票の一枚目はすべて約束その他の随意的譲渡によって獲得されるということ——は実際にありえないと論じるからである。

第三に、何をすれば義務票の一枚目を誰かに渡したり返したりすることになるのかに関して、私はこれまで何も述べていないし、これからも何も述べない。そのような意志の行為に必要な特徴を見いだすことは、私の能力を越えているし、私たちの今の関心でもない。

とになる。あるいは、その行為時間よりも後で、しかも赤松君が義務を順守していなかったならば、青山さんは（赤松君の）義務の不履行を許すことになる。

36 Williams, "The Concept of Legal Liberty," 133.

最後に、いかなる種類の存在が義務票を記入したり受け取ったりする資格があるのか、という問題についても私たちは考察していない。その問題については、第六章と第七章でもう少し述べる予定である。

これらのことに注意したうえで、私たちはおそらく、ある人がどういう義務票――自分自身の義務票と他人の義務票――をもっているかということが、その人の権利と（他人の権利に対応する）義務と両面的自由のすべてを正確に表すと思うだろう。しかし私の議論では、そうした想定が重大な誤りだということを主に述べていく。というのは、これまでに設定された条件だけでは、人の権利と義務と両面的自由のすべてを正確に表すことはできないからである。赤松君がＡと記した自分の義務票のカーボン複写だけをもっているとしても、赤松君がＡをするのを誰か他人が妨げることが許されないということにはならない。それどころか、そのような妨害が権利の行使たりえないということにさえならない。

どうしてか。たしかに、もし赤松君がＡと記した自分の義務票のカーボン複写だけをもっている――そして青山さんがその義務票の一枚目をもっている――ならば、その場合、赤松君にはＡをする自由と義務があり、青山さんには赤松君にＡをさせる権利がある。ところが**白川君**には、赤松君にＡをさせない権利および強制権限がありうる――そういうことは、いかにして可能か。この可能性は、赤松君が自分の義務票の取り扱いに際して論理的な不整合を犯したと想定することで説明することはできない――その想定は、すでに第一の但し書きで排除したからである。白川君は、Ａしないと記した赤松君の義務票の一枚目をもっていない。すなわち、赤松君に対する白川君の権利は、具体的に、赤松君がＡしないことに対する権利というわけではない。したがって赤松君にも、白川君に対してＡしない義務はない。

にもかかわらず、赤松君には白川君の権利に対応する**なんらか**の義務があり――白川君は赤松君の**なんらか**の義務票の一枚目をもっていて――その結果、白川君には、赤松君にある行為を要求し強制する権限がある。

ところが、その行為をすれば、赤松君は、青山さんの権利に対応する義務を順守できなくなるのである。逆に青山さんは、（赤松君に対する）自分の権利によって、赤松君が白川君に対する義務を順守するのを妨げる権限がある――赤松君が白川君に対する義務を順守するというのは赤松君がAをしないということであり、他方で青山さんは（Aと記した）赤松君の義務票の一枚目をもっているので、赤松君にAをさせる権限があるからである。そうすると、青山さんも白川君も赤松君の義務票の一枚目をもっているけれども、それらのうちの片方は義務票の価値がないと思われよう。有効な義務票ではないのである。

赤松君の問題――したがってまた青山さんか白川君かいずれかの問題でもある――は、赤松君が互いに**共存不可能な**二つの**義務**を負っていること、そのため青山さんと白川君に互いに**共存不可能な権利**があるということである。それは赤松君に落ち度があるというよりも、ひょっとしたら、義務票を作成した人に落ち度があるのかもしれない。というのは、その人は、義務票という制度を導入することで規範的判断をより正確かつ明確にしようと急ぐあまり、完全な義務票にとって必要な種類の情報を十分には特定しなかった――その結果、義務票に記される情報は、整合的な調整を行うのには不十分だからである。

これまでに説明した限りでの義務票という制度では、〈赤松君に義務がある場合には必ず、赤松君は（ⅰ）Aをする自由と（ⅱ）Aをしない自由のうちの少なくとも一つを行使できる〉ということが保証されるように思われる――すなわち、Aをすること[20]とAをしないこと[21]のうちの少なくとも一つをすることが許される（禁じられない）。けれども、青山さんの権利と白川君の権利を合わせてみた場合、そのようにはならない、したがって赤松君が義務に違反しないでできることはなにもない。赤松君がいずれの行為をするにしても、その行為は許され、かつ許されないことになるだろう。

もちろん、制度を考案した人がこの問題を特に気に留めないということはありうる。赤松君の問題に直面して、制度を考案した人は、義務票という制度では人が矛盾に陥る、よって義務票が価値をなくすことがありうるという事実を、自分の関心ではないと言って、単純に切り捨てるかもしれない。しかし、おそらく、そういう反応はしないだろう——そのような矛盾を避けることが、そもそも義務票という制度を作成する際の目的だったからである。

さらに、そういう反応は、青山さんの権利も白川君の権利も他のすべての人の権利も守る責任を任された**裁判官**によって承認されそうにない。というのは、他の多くの人と同様に裁判官は、ハートが適切に「悪しき夢」と名付けた事態を非常に嫌悪し、したがってそういう事態を招きたがらないからである。

悪しき夢とは、次のような意味です。訴訟の当事者は、自分たちの紛争のために新しい法を裁判官に作ってもらうのではなく、既存の法を紛争に適用してもらう権利を持っていると考えています。……ところが、裁判官は立法者と異なるというイメージは幻想であり、……（裁判官は）実は訴訟当事者に適用する法を作っているのであって、既存の法の公正で客観的な宣言者などではなく……（むしろ）ホームズが「主権者の持つ選択大権」と呼んだもの（を行使しているのである）。[37]

義務票という制度に体現された（と考えられる）既存の法は、自分が義務票のカーボン複写だけをもっている場合には、その行為をするべきだ——そして自分がその行為をしないのを他人は妨げることができる——とい

37　ハート『法学・哲学論集』一四四、一四五、一五一～一五二頁。ハートは、悪しき夢を法実証主義のいくつかの主張と結びつけている。

うことである。「もし〜をするべきならば、〜をすることができる」という真理を知っているので、裁判官は、もし青山さんの権利を守れば、白川君の権利を否定することになり（逆に白川君の権利を守れば、青山さんの権利を否定することになり）、したがって既存の法を変更し、結果的に義務の順守が義務でないという矛盾を肯定することになるということが分かる。そうすると、裁判官は、主権者の持つ選択大権を行使するという忌まわしい事態を避けるために、何をする必要があるだろうか。

もちろん答えは明らかであって、義務票という制度の改革を求める必要がある。しかし、どのような改革を要求するべきだろうか。いくつかの可能性が浮かび上がってくる。一つは単純に義務票をすべて廃棄し、あるいは同じことになるけれども、誰も他人の義務票の一枚目をもたないように要求して、ホッブズ的な自然状態を開始することである――そこでは、誰も義務や権利をもたず、すべての人に、いかなる行為についても両面的自由がある。たとえば白川君は、この自然状態のほうが、自分の（赤松君に対する）請求権ではなくて青山さんの権利が法的に守られる状態――すなわち白川君が赤松君の義務票の一枚目をもっていることを否定するのに等しい法的決定――よりも好ましいと考えるかもしれない。

そのような改革を拒否する理由は哲学的というよりも倫理的なものでしかありえないので[38]、それについてここではこれ以上考察しないことにする。裁判官は、この可能性よりは、まだしも、この可能性を避けるためのホッブズの提案のほうに興味があると言えば足りるだろう。ホッブズの提案は、各人が自分の義務票をすべて記入し、義務票の一枚目を**すべて**「リヴァイアサン」と呼ばれる同一の機関（理想的には一人の人間）に手

38　第五章で、説得的ではあるが決定的ではない理由が述べられる――二九〇〜二九一頁を参照。

渡すというものである。[39]

もちろん、リヴァイアサンは、寛大な政策をとって、義務票の一枚目をたくさん臣民に返してくれるかもしれない——すなわち、臣民に多数の両面的自由を与えてくれるかもしれない。しかし、リヴァイアサンは、自分がもしこの意味で過度に寛大であれば、徐々にホッブズ的な自然状態を再導入することになるということも分かっている。あるいは、そのような寛大な政策の結果、リヴァイアサンは、主権者の持つ選択大権を行使するというやっかいな仕事にほとんどの時間を費やすはめになるかもしれない——臣民は、リヴァイアサンから返してもらった義務票の一枚目をお互いの間で移転しあい、その結果、赤松君と白川君と青山さんのような苦境にしばしば陥るだろうからである。けれども、リヴァイアサンは、選択大権の行使を稀にであればやむを得ないこととしてやってもよいが、毎日それればかりするのは嫌だと感じる。

しかしながら最終的に裁判官が、寛大でないリヴァイアサンでも、求めるような解決にならないと考えるにいたるのは、寛大でないリヴァイアサンでも、共存可能でない義務や権利が生まれるのを排除できないということが分かったからである。というのは、リヴァイアサンが義務票の一枚目をほとんどあるいはまったく臣民

39　厳密に言えば、ホッブズの提案はもう少し複雑である。少なくとも「契約による主権者」の場合、各人が他のすべての人に、〈リヴァイアサンが要求する義務票の一枚目をリヴァイアサンに与えない〉という行為を表す、義務票の一枚目——これは白紙委任状と見なされることもある——を与えあう。（ホッブズの言う「征服による主権者」は、この義務票の一枚目を直接手に入れると言える。）かくして、ホッブズが述べるところによれば、人々が集団でリヴァイアサンに従わないことは、ほとんど必然的に許されえない。というのは、たとえ赤松君と白川君と青山さんが、リヴァイアサンに従うというお互いに対する義務をお互いに解除するとしても、実質的に同じ義務が他のすべての人に対して依然としてあり、他のすべての人には、リヴァイアサンと呼ばれる一人（または複数）の人、すなわち私人としてのその人（たち）が含まれるからである。

に返さないとしても、赤松君は現在の苦境と本質的に同じ苦境に陥りうるからである。義務票の仕組みが今のままである限り、赤松君が多くの相互に両立しない義務――それらがすべて、青山さんや白川君やその他の人たちというよりも、ただ一人の人（すなわちリヴァイアサン）に対する義務であるとしても――を抱え込むことが依然として可能であろう。そして疑いもなく、リヴァイアサンは、単純にそうした相容れない義務の中のいくつかを解除することで、そのような苦境に対処することができるけれども、そのような恣意的な決定をするのに朝から晩まで自分の全時間を費やすというようなことを望まないだろう――ましてや、結局返さねばならない義務票の一枚目を意味もなく持っているというようなことはもっと気が進まないだろう。もし求めるものが、そのように永遠に後から立法するような事態――義務を義務でないと宣言するという不面目な事態――を避けるための手段であれば、リヴァイアサンではまったく解決にならないのである。

明らかに、（義務の）共存不可能性という一般的問題は、義務票の再配分によっては解決できない。ホッブズ的な自然状態に戻ることで難問を解決するという方法は問題外として、裁判官は、難しいことだけれども、義務票そのものの仕組みを改善する必要がある。では正確に言って、現在の義務票のどこに問題があるのか。義務票の今の欠陥を正確に知るためには、私たちは少し前に戻って、青山さんや白川君に対する赤松君の義務がどのようなものであるのかを検討する必要がある。

場面は裁判官の部屋であり、登場人物は赤松君と白川君と青山さんと裁判官自身である。青山さんと白川君は、自分たちの（競合する）請求権の証拠として、それぞれ赤松君の義務票の一枚目を提出している。青山さんがもっている義務票の一枚目には、「しない自由　一九七五年二月二十六日午後四時に結婚式場Wに花を届ける」と書いてある。[22] そして白川君がもっている義務票の一枚目には、「しない自由　白川君の自動車を同君の求めに応じて同君に返す」と書いてある。[23] どちらの義務票の一枚目の場合にも赤松君の署名が本物であることを確認し、赤松君がそれらの義務票のカーボン複写をもっていることも確認し、どちらの義務票の一枚目も赤松君に返されていないことを確かめた後、さらに裁判官は、白川君の自動車を用いることが実際のところ赤松君にとって花を指定された時刻に届けるための唯一の手段であることも確認する。当然のごとく赤松君に対していらだった裁判官は、同君に、一体どうしてこれら二つの義務を**両方とも**引き受けることができたのかと尋ねる。

「それはですね」と赤松君は説明を始める。「一九七五年の二月十九日に、僕がそこにある義務票の一枚目（白川君から裁判官に提出された証拠物件）を白川君に渡すという条件で、白川君が僕に自動車を貸してくれることになりました。僕は自分がもっている義務票を調べて、白川君が要求する義務票の一枚目をまだもっていたので、それを白川君に渡して、しかるべく自動車を借りました。次の日、青山さんが僕のところにやってきて、僕に、その隣りにある義務票の一枚目（青山さんから裁判官に提出された証拠物件）をまだもっているかと聞きました。僕はそれをまだもっていて、青山さんに便宜を計ってあげたかったので、それを青山さんにあげました。そういう事の次第です。」

「そう、明らかにそうでしょう」と裁判官はいらいらした様子で言う。「しかし、それでは私の質問に対する答えになっていません。私が聞きたいのは、一体どうして**まともな人間**が――赤松君は自分のことをまともな人間だと思っているでしょう――そういう状況で青山さんに対する義務を引き受けることができたのか、ということです。一体どうして赤松君は、それらの責任を両方とも果たせると思ったのですか。」

「正直に言って、僕の想像力は豊かだった試しがありません」と赤松君は答えた。「ですが、自分の立場と義務はわきまえています。それに、自分の権利と自由も分かります。僕は自分がもっている義務票のおかげで、こうしたことすべてがよく分かります。おそらく、想像力に乏しい人でも、権利や両面的自由をもつことができるでしょう。僕が青山さんに渡した義務票の一枚目には、白川君の自動車のことがなにも書いてありませんでした。それはともかく、僕は、白川君が私に貸してくれた自動車をそれほど急に返してくれと言うとは、まったく思いもよりませんでした――そういうことはこれまで一度もなかったのですから。一体どうして僕が、白川君が二十五日の午後に自動車に乗って世界一周の船旅に出ようと考えるなどということを知りえたでしょうか。まともな人間なら、白川君の旅行計画をあらかじめ確認したでしょうか、そして、もしそうしたとしても、そんな計画を真に受けたでしょうか。」

赤松君は話を続けた。「同時の義務でも、常に共存不可能というわけではありません。たとえば昨晩、僕は夜遅くまでずっと近所のNさんの家で赤ちゃんの守りをしてあげることになっていて、**同時に**九時には仕事関係の電話をかけることになっていました。そして僕は実際に、これら二つの義務を両方とも果たしました。ただし、義務の共存不可能性に関しては、危ないところでした。なぜなら、たしかに同時に電話をかけることと赤ちゃんの守りをすることに関しては明らかになんの問題もありませんけれども、Nさんは日頃から妹さんに、妹さんの電話が故障したらいつでもNさんの家に来て電話を使ってもいいと言っていたからです。そして間の悪いことに昨夜八時四五分に、Nさんの家に妹さんが、急な要件で電話をかける必要があって、Nさんからもらった義務票の一枚目をひらひらと見せながらやってきました。幸い、妹さんがギリギリのところで電話を終えてくれたおかげで、僕もNさんも、義務が共存不可能になるという悲劇を免れることができました。」

このとき、白川君が口を挟んだ。「僕としては、赤松君が青山さんに対する義務を破ったことの責任（の一端）が僕の旅行計画にもあるというような考えには断固抗議せざるをえません。もし仮に僕が出発を延期して、赤松君に二十五日の午後にも自動車を貸してあげていたとしても、それでも赤松君は花を届けることができなかったでしょう。というのもその日の四時頃に、僕はたまたま結婚式場の近くを通りかかったのですが、そこでは最近の悪天候に抗議する人たちが延々とデモ行進をしていて、結婚式場にはまったく近づくことができませんでした――その人たちはその人たちで、おそらく自分たちの集会の自由と表現の自由を行使していたのでしょう。おそらく赤松君の義務の中には、その人たちに怪我をさせない義務もあるでしょうし、もし赤松君が花を指定時刻に届けようとして自動車でデモ隊に突っ込めば、きっとケガ人が出たでしょう。」

「どうやら」と裁判官はうんざりした様子で答える。「青山さんに対する赤松君の義務は――おそらくまともな人間であっても――果たすことができなかったようですね。すると、これ以上赤松君を非難してもあまり意味がないので、私としては、配達義務を順守しなかった赤松君に青山さんへの賠償義務を課するということで、この訴訟を終わらせたいと思います。」

それに対して赤松君は、ずっと明るい表情になって答えた。「一点だけ言わせてください。どうして僕が青山さんに賠償しなければならないのか、僕にはぜんぜん分かりません。そもそも、果たすことのできない義務は、まったく義務ではありません。もし～をするべきならば、～をすることができるのであり、もし～をすることができないならば、～をしなくてよいのです。そしてもし私に青山さんに対する義務がなかったのならば、僕が青山さんに対する義務を破るということもありえなかったでしょう。したがって僕には、青山さんに対する賠償の義務もないのです。」

困り果てた裁判官は、裁判を無期限の延期とし、自分の寝室に戻って、悪しき夢との対決を覚悟する。

（八）共存可能性と領域

私たちは、ここで直面している問題を単に知識の偶然的不完全性の問題として片付けたくなるかもしれない、そういう誘惑は非常に大きい――それでも抵抗しなければならない。一見したところでは、もし赤松君が白川君の旅行計画とデモ行進の予定を知っていたら、青山さんに対する義務を引き受けなかっただろうと思われるかもしれない。この思いに対しては、四つのことを言うことができる。第一に、白川君は、赤松君が青山さんに対する義務を引き受けた後になって初めて、旅行の計画を立てたのかもしれない。第二に、たとえ赤松君が青山さんに対する義務を引き受ける前に白川君が旅行の計画を立てたのであっても、まともな人間がそのような旅行計画が本当に実行されると考えるかどうかは、（赤松君が述べたように）分からない――自動車は特に航海用に出来ているわけではないし、そのことに白川君が赤松君に自動車を返してくれるよう求める前に気づくだろうと考えたとしても、それは十分に合理的だろう。第三に、第一の点と似ているけれども、デモ行進は、かなり自然発生的なものであって、それについて赤松君は青山さんと契約をした時には知り得なかったかもしれない。最後に、たとえこれらのことをしかるべき時に知ることができたとしても、もし青山さんがそれらのことを知っていれば、赤松君が知っていた場合と同様、あの果たすことのできない義務（花の配達義務）の発生を十分に避けることができただろう。ひねくれ者ならば、青山さんは、これらの出来事が起こることを実は知っていて、赤松君に花を届けてもらう契約を簡単な金儲け（賠償金獲得）の便利な方法と見てとったというような可能性まで考えるかもしれない。[40] たしかに、義務を果たすことができないということが予め分かり得るとしても、そして実際に分かるかどうかを単に情報の問題と見なすとしても、それだけでは義務の共存不可能性という問題を決して解決できるわけではない──なぜかと言えば、実際に（義務を果たすことができないということが）分からなかったことの責任が権利の保有者にあるのか義務の保有者にあるのかが決められないからである。

そのうえで、しかるべき情報があれば義務の共存不可能性は予防できるという考えにも、実は一抹の真理が含まれている。しかし、このしかるべき情報は、他人が何を意図するだろうかということに関わるものではない。むしろそれは、義務の共存可能性を確保するために義務票への記入が必要とされるような情報である。この情報がどのようなものかを見いだすためには、現下の義務の共存不可能性の内実をもう少し詳しく調べてみる必要がある。すでに述べたように、ある行為をする義務があれば、その行為をする自由がある（そしてその行為をしない自由はない）。私は、ある自由を行使する義務があるような場合、そのような自由を、ときに「**義務的自由**」と呼ぶことにする。

さて、すでに述べた重要なベンサム流の区別に戻って言えば、赤松君の困難の源は、花を届けるという赤松君の義務的自由が、**服を着た**自由というよりも**裸の**自由だという点にある。公衆電話を使う私の自由と同じく、花を届ける赤松君の自由は、非常に侵入が容易な周辺部に囲まれている──その周辺部は、今の場合、デモ行進をする人たちが自由を行使し、赤松君によって怪我をさせられない権利（とそれを強制する権限）を行使す

40　似たような話で、『ニューヨーカー』誌（一九八一年八月十七日号）の漫画では、債務者が借金返済の遅れについて、怒った銀行家に次のように説明している姿が描かれている──「正直に申しまして、お金を借りたとき私は、返済の期日が来るよりも前に、私たちはみんな死んじゃってるだろうと心から信じておりました。」

ることによって、また白川君が赤松君に自動車を返してもらう権利（とそれを強制する権限）を行使することによって、侵入される。

他の裸のものの場合と同じく、服を着ていない自由は、寒冷前線のしびれ効果に曝される――要するに、他人が権限や自由を行使すれば、妨害されることになる。ただし、すべての裸の自由が麻痺させられるということではない。一番手近な例は、デモ行進をする人たちの集会の自由と表現の自由である。これらの自由はおそらく、他人がデモ隊の自由の行使を制限するような別の行為をする――たとえば悪天候を支持するために、別の妨害的デモ行進をする――ことが許される以上、服を着た自由ではない。

にもかかわらず、自由が裸であることが義務の共存不可能性という問題にとって重要であることは、十分に明らかである。義務を履行するために裸の自由を行使しなければならないような場合、そういう義務は、裸の自由が麻痺させられて、果たすことができない可能性がある。ここで強調すべき重要な点は、そのような自由の麻痺が、完全に許された行為によってでも義務的な行為によってさえも起こりうるということである。すなわち、ここで私たちは、ある義務が破られたから別の義務を果たすことができないということについて語っているのでは**ない**――言い換えれば、他のどんな問題を引き起こすにせよ、義務の共存不可能性という問題は引き起こさないような義務の履行不可能性について語っているのではない。もし赤松君が花を届けられなかった唯一の理由が、黒木さんに頭を殴打されて、二月二十六日に意識不明であったということであれば、裁判官は、青山さんが起こしたどんな訴訟でもさっさと片付けていただろう――黒木さんに対して、青山さんへの損害賠償を命じればよいのである（もちろん、黒木さんには間違いなく赤松君の頭を殴打しない義務があると仮定して）。[41] 他方、誰のものでもない土地、「裸の自由」地を通ってしか果たすことのできない義務は、必然的に、他の義務と共存不可能になる可能性がある。

もちろん、他の義務と共存不可能になる可能性があるからといって、現に共存不可能になるとは限らない。たしかに麻痺させられうるけれども、裸の自由は、麻痺させられないかもしれない。そしてもしある義務が裸の自由の行使を必要とするならば、裸の自由が麻痺させられない限り、その義務は果たすことができるし、他の義務と共存可能である。義務の保有者は、幸運にも、裸の自由の行使を他人によって妨げられないかもしれない。すなわち、他人が好きな仕方で自分の義務を果たし、自分の権限や義務的でない自由を行使した結果として、たまたま義務の保有者が義務を果たすのを妨げられないということがある。

しかしだからといって、そういう結果になるように他人が行為すべきだということにはならない。また他人が自身の義務を果たそうとすれば、そのような行為をまったく選択できないということも十分に可能である。誰のものでもない土地は、親切な人にとってさえ、ないに等しいくらいに小さいかもしれない。赤松君の義務履行を妨げない所でデモ行進をする自由がデモ隊にあったかどうかは、分からない。けれども、デモ隊に別の所でデモ行進をする義務があったかどうかは、はっきりしている――そういう義務はなかった。実際のところ、もしかしたら、デモ隊は現にデモ行進を行った時に、現に行った所でデモ行進を行う義務があったかもしれないのである。

私たちの狙いを思いだしてもらいたい。私たちがここでしたいのは、悪しき夢に直面するのではないかということ

41　実際の手続きは、これよりも間接的になるだろう。赤松君は、花を配達しなかったことに対して、青山さんへの損害賠償を命じられるだろう。そして黒木さんが、赤松君に怪我をさせて損害（赤松君が青山さんに支払わねばならない損害賠償を含む）を負わせたことに対して、赤松君への損害賠償を命じられるだろう。

う裁判官の心配を取り除いてあげることである。私たちは、権利が共存可能であるための条件を知りたい。誰であれ、しかるべき自由をもった人が、他人の義務の履行を妨げないような仕方で自分の義務を果たし、自分の権限や義務的でない自由を行使するようにしてくれるだろうということは、たとえ真理の場合でも、権利についての真理ではない。それは、人の親切についての経験的な予測である——たしかに、もしその予測が説得的ならば、裁判官は少し心が慰められるだろう。

しかし、裁判官の心配を取り除くのには十分でない——義務のせいで人には親切にする自由がない、すなわち赤松君の義務履行を妨げないような行為の選択肢が（他人に）まったく許されない可能性があるということを裁判官はよく分かっているからである。電車の駅から飛び出してきたＹ氏は、郊外で人と会う時間に遅れないために、駅前にいるただ一台のタクシーを必要とするかもしれない——ところが私も、街中で人と会う時間に遅れないためには、そのタクシーが要る。こういう場合、時間を守るという私の義務とＹ氏の義務とは一緒に果たすことができないので、私が会う相手の人とＹ氏が会う相手の人がもつのは、共存不可能な権利である。

明らかに、人がもちうる自由、人が行いうる行為（行為の種類）に対して、どのような一般的制限を課しても、裸の自由の行使を必要とする義務が確実に共存可能になることはない。たとえば、裸の自由の行使を必要とする義務を生みださないという一般的な義務を人に課したとしても、解決ではありえない。たしかに、この提案には正当な点がある。しかし今のままでは、正しく述べられていない。というのは、第一に、すでに強調したように、私たちの義務のすべてを私たちが**生みだす**わけではない——いくつかの義務は、私たちの約束その他の意志行為とは独立に存在する。[42]裸の自由の行使を約束しないという一般的な義務では、生みだされた

42　ホッブズを別にして、ほとんどの人は、たとえば、他人に暴行を加えないという私たちの義務がそのような義務だと

のではない義務が確実に共存可能になることはない。第二に、この包括的な一般的義務の身分は、どのようなものだろうか。それは、権利に対応するのだろうか。もしそうならば、誰に対する義務と考えればよいのだろうか。さらに問題的なのは、裸でない自由の着ている服が、そもそも、義務で**できて**いるということである——すなわち、服を着た自由の周りにある周辺部が侵入できないのは、それが義務で構成されているからである。ではどうして、こうした周辺部の義務が確実に共存可能になるのか。要するに、この提案の背後にある考えを練り直すことが必要であり、まもなくそうする予定である。

　ここでの結論は、ただ、裸の自由はいつでも麻痺させられる可能性があり、この事実を変えるように権利を工夫する方法はないということの確認である。裸の自由の行使が義務である場合にはいつでも、裁判官は夜も眠れないことになる。したがって裁判官が求めるのは、権利が**絶対的に**共存可能になる条件である。裁判官は、権利に対応する義務の共存可能性が、義務の内容によって確保され、社会で人が親切であるかどうか（や、どのくらい親切であるか）という不安定要因に依存しないという保証が欲しいのである。これは要するに、私たちが探し求めているのは、自由がまともな格好をして、他人の自由によって麻痺させられることがないために必要とする服である。というのは、直前の段落での提案は正しく述べられていなかったけれども、その提案の下にある正しい考えは、服を着た自由の行使しか必要としない義務だけが、絶対的に共存可能な義務であり、したがってそれらには絶対的に共存可能な権利が対応するということである。

　服を着た自由の周りにあるのは、侵入できない周辺部である。この周辺部は、自由の保有者以外のすべての人が有する、さまざまな不干渉義務から成る。こうした義務は消極的な義務であることを思いだしてもらいた

言うだろう。

い——それらの義務は、たしかに自由の保有者がもつ特定の自由の行使を妨げないという特定の義務ではないけれども、にもかかわらず全体として、その特定の自由の行使を妨げるような行為を許さない。（他人はさまざまな義務によって、私が自宅で一人でトランプ遊びをするのを妨げることが許されないというのが、すでに挙げた例である。）

ところで、（ｉ）権利には義務が対応し、（ii）絶対的に共存可能な権利には絶対的に共存可能な義務が対応し、（iii）そのような義務の場合、義務の保有者は、服を着た自由だけを行使することが必要であり、（iv）服を着た自由の場合、他人には無介入義務があるので、**権利が絶対的に共存可能な場合、義務の保有者には、権利がある**——すなわち（義務の保有者の）服を着た自由を守る周辺部を構成する（他人の）無介入義務に対応する権利がある——ということになる。もし義務の保有者になんの権利もないとなれば、その人の自由はすべて裸の自由であり、その人の義務はお互いに共存不可能になったり、他人の義務と共存不可能になったりする可能性がある。赤松君には、デモ行進する人たちを横切って行く、服を着た自由がなかった——なぜなら、その人たちには、赤松君の通行を妨げることを禁じることになるような義務（赤松君の権利に対応する義務）がなかったからである。

これでようやく、かなり込み入った規範的構造の輪郭が見えてきた。絶対的に共存可能な義務の保有者は、他人に権利があるために、権利の保有者でもある。たとえば、Aをするという赤松君の義務が絶対的に履行可能であるためには、Aをするという赤松君の服を着た自由が赤松君に対する他人の義務によって守られることが、必要条件である。同じ理由で、赤松君の自由の周辺部にある他人の義務が絶対的に履行可能であるということは、そうした他人の義務が共存可能ということである。ということはさらに、そうした他人の義務を果たすために行使しなければならない義務的自由の周りにも保護的周辺部があるということになる……等々。服を着た自由はすべて、他人の服を着た自由という周辺部によって守られるから服を着ているのである。

もし白川君がBをして赤松君がAをするのを妨げられるようならば、その場合、Aをするという赤松君の服を着た義務的自由の周辺部には、Bをしないという白川君の義務がある。しかし、Aをするという赤松君の義務が他の義務と絶対的に共存可能であるためには、他人には、白川君の義務を妨げる行為Cをしないという義務がなければならない——Cは白川君がBをしないことを妨げ、そうすれば赤松君の周辺部が侵入され、赤松君が義務的なAをするのを妨げられることになるからである。もし誰かにCをする自由があったならば——あるいはさらに悪いことに、Cをする義務があったならば——赤松君の自由の周辺部と白川君の自由の周辺部はどちらも侵入することが許され、赤松君の義務と白川君の義務はどちらも妨害することが許されただろう。ある自由の周辺部が不可侵であり、絶対的に侵入できないのは、他にも絶対的に侵入できない周辺部がある場合に限られるのである。

周辺部が次々と他の周辺部を巻き込み、周辺部がこのようにぎっしり張り巡らされた複雑な構造は、一体どのようにしたら捉えられるだろうか。義務およびそれに対応する権利のどのような一般的性格が、そのような構造を作り上げるのだろうか。私は、各人の周辺部に囲まれた服を着た自由の全体を、各人の「**領域**」と呼ぶことにしよう。そうすると私たちが知りたいのは、そうした領域に含まれる自由の行使が確実に共存可能になるためには、そうした領域がどのようなものでなければならないかということである——そうした領域は、どのような種類の権利によって構成されなければならないのだろうか。赤松君の領域の中にはAをするという赤松君の服を着た自由があるので、赤松君の領域を構成する一つの要素は、白川君にBをさせないという赤松君の権利である。したがって、これがどのような種類の権利かを見いだすためには、AとBの関係を吟味する必要がある。

白川君がBをすれば、Aをするという赤松君の自由の周辺部が侵入される。赤松君がAをすることは、白川君がBをすることで不可能にされる、すなわち**妨げられる**。AとBの間のこの妨害関係については、第二章である程度詳しく論じた。そのときに見たように、ある人の行為と別の人の行為が互いに共存可能でない場合に、それら二つの行為の間に妨害関係が成り立つ。すなわち、それら二つの行為の**指示対象的**記述が部分的に合致するならば――二つの行為が同じ時に物理的構成要素（対象や空間的位置）のすべてではなくて少なくとも一つを共有するならば[43]――二つの行為が同時に起こることはできない。逆に、赤松君がAをするという行為の物理的構成要素と白川君がBをするという行為の物理的構成要素とに共通部分がないならば、白川君がBをすることが赤松君がAするのを妨げると言うことができない。しかし、仮定からして白川君がBをすることは赤松君がAするのを現に妨げるので、それら二つの行為は少なくとも一つの物理的構成要素が共通である。二つの行為は互いに、前に述べた言い方をすれば、「指示対象が部分的に重なって」しまっているのである。

したがって、赤松君にAをする服を着た自由があるためには、赤松君は白川君にBをさせない権利があり、それは必然的に、AとBに共通の物理的構成要素を白川君に同時に所有させない権利があるということになる。そしてAをするという赤松君の自由は服を着た自由なので、他のすべての人に対しても同様の権利があることになる。要するに赤松君は、Aをするという行為の物理的構成要素に対する権利をもつのである。

かくして、人の（服を着た自由の）領域を構成する権利は、容易に**所有権**として考えられる――すなわちそれは、物理的対象に対する（時間指定的な）権利である。人の領域は所有権によって構成され、人々の領域が互いに絶対的に共存可能な場合、すべての人の権利が、他のすべての人の権利と排他的になるように境界付け

43　今の場合、二つの行為は別々の人の行為なので、物理的構成要素の**すべて**を共有することはありえない。

られている。当面の間、これを私たちは、二人の人が同一の物理的対象に対する権利を同時にもつことはないという意味だと理解しておけばよいだろう。そしてそのような所有権によって構成された領域を、「**所有権に基づいた**領域」と呼ぶことにしよう。

　ようやく私たちは、現在の義務票の仕組みのどこがよくないかを正確に述べることができる。義務票の一枚目の配分から生まれる権利は、所有権ではなく、したがって所有権に基づいた領域にならない。現在の義務票から生まれる権利は、他人が**概念的に記述された**行為（行為の記述は部分的には指示対象的要素を含んでいるかもしれないけれども）を行うことに対する請求権である。そして第二章で見たように、二つの行為の概念的記述からは、二つの行為が同時に起こりうる出来事であるのかどうかについてなにも分からない。たとえば、私が明日の午後に映画を見ることとY氏が同じ時に建物を解体することが同時に行える行為であるのかないのかは、なによりも、Y氏の解体する建物が私の行く映画館であるのかどうかに依存する。もしY氏の解体する建物が私の行く映画館であり、私にもY氏にもそれぞれの行為をする義務があるならば、これら二つの義務は共存不可能であり、それらに対応する権利も共存不可能である。

　所有権に基づいた領域が絶対的に共存可能なのは、領域を構成する権利に対応する義務が指示対象的に特定された行為を命じるからである。他方、領域を構成する権利が概念的に記述された義務的行為――行為の概念的記述は複数ありうるので、指示対象的に特定された行為に完全に還元することができない――にしか対応しない場合、そのような領域は、「**目的に基づいた**領域」と呼んでよいだろう。そのような領域の権利に対応する義務的行為は、一般的な行為であって、具体的な行為ではない。したがって、目的に基づいた領域は、絶対的に共存可能でなければならないという要請を満たすことができないのである。

　このことが――私たちはここで少し立ち止まって、注意すべきである――権利の利益説のもう一つの重大な欠陥を明らかにし、説明してくれる。利益説の枠組みでは権利が共存不可能な事態を生みださざるをえないということは、利益説を唱える人たちによってもあまり争われていない。たとえばジェレミー・ウォルドロンは、「もし権利が利益説の線に沿って理解されるなら……その場合、権利の衝突は多かれ少なかれ不可避的なものと見なければならない」と認めている。[44] これは驚くに当たらない。思いだしてもらいたい――利益説によれば、人の幸福のなんらかの側面（なんらかの利益）がそれ自体で非常に重要であるために、他人に義務を課すことが正当とされるような場合、かつそのような場合に限って、人に権利があると言うことができる。[45] 選択説の義務が支配可能性だけで決まるのに対して、利益説の義務に特徴的な点として、利益説の義務はすべて同じ一般的な**内容**をもっている――すなわち、利益説の義務が命じるすべての行為には、人の重要な利益に仕えるという目的がある。そして明らかに、人の重要な利益に仕える行為が二つあった場合、二つの行為が同時に行えるはずだと考える理由はないし、むしろさまざまな理由から、二つの行為が同時には行えないことがしばしばあると考えられる。プライバシーも表現の自由も人の重要な利益であるけれども、よく知られているように、両方を常に同時に守れるとは限らない。たとえ希少な医療資源を利用することが複数の人にとって生命に関わる重要な利益であるとしても、残念ながら、その人たちのその利益を常に同時に実現できるとは限らない。ウォルドロンが示しているように、権利**内**の共存不可能性も権利**間**の共存不可能性も――義務の側から言えば、同じ種類の義務の間の衝突も別々の種類の義務の間の衝突も――利益説では避けることができない。

そこで、現在の義務票の仕組みの問題点に戻ると、問題は明らかに、義務票が生みだす領域が目的に基づい

---

44 Waldron, "Rights in Conflict," 503. ウォルドロンは、*The Right to Private Property*, 79-101 において利益説の擁護論を述べている。

45 Raz, *The Morality of Freedom*, 166 を参照。

た権利によって構成されていることである。行為を指示対象的に完全に特定しないせいで、義務票は、権利の保有者（その権利に対応する義務が周りの人にある）に侵入できない周辺部を与えられていない。いわば**行為空間**の切り分け、つまりすべての義務的自由が同時に行使でき、妨害が許されなくなるように、行為空間の特定部分の支配権を各人に割り当てることができていないのである。反対に、所有権に基づいた領域はそのような切り分け・割り当てを**行う**ので、そのような領域を構成する権利は（本章の最初に述べたように）純粋な消極的自由の個人間配分を規定するのである。

したがって、伝統的なロック的見解[24]――すなわちすべての権利は本質的に所有権だという見解――は、たんなる有産階級思想であるどころか、実際には、重要な概念的真理を表している。かくして、ハートの次の言葉は適切である――「権利は一般に、**所有**されたり誰かに**帰属**したりするものと考えられ、こうした表現は、道徳的規則がたんに行為を規定するだけではなくて、個人が個人として権限をもつ、ある種の道徳的所有権を形成するという考え方を反映している。[46]」したがって、改訂版の義務票には、それぞれの義務票が関与する行為の指示対象的に完全な記述が含まれるだろう。そして各人の領域は、他人の義務票の一枚目によって構成されるので、特定の指示対象的要素から成り、そうした指示対象的要素は他の誰の領域の指示対象的要素とも共通部分がないだろう。[47]花を届ける赤松君に対する他人の義務が妨害の許されない義務であるためには、赤松君は、なによりも、指定の時刻に白川君の自動車を使うという服を着た自由と結婚式が行われる建物まで行くという服を着た自由が必要であろう。そして赤松君が白川君やその他の人たちからもらった義務票の一枚目には、

46　ハート『権利・功利・自由』一九頁。〔ただし訳は小林訳ではなくて拙訳である。〕おそらくハートはそこで「所有権」を、私が述べているのよりも比喩的な意味で理解している。

47　そのような共通部分を確実になくすための重要な条件の一つが、次節の主題である。

それだけのことが書いてあるだろう。もちろん、赤松君が白川君から義務票の一枚目を受けとったことの背景には、白川君が他人たちから義務票の一枚目をもらっているという事実があり、この事実のゆえに、自動車を使うという白川君の自由が服を着た自由になる——白川君は自動車を赤松君に貸すとき、この服を着た自由の時間的一部を赤松君に与えるのである。

それでも、ロック的見解は、たしかに、特異なものに思われる。自動車に対する白川君の権利を**所有**権と呼ぶ場合、その意味はよく分かる。自動車に対する赤松君の時間的権利についても、ほとんど同じだろう。しかし、青山さんがもっているような権利を所有権と見なすのは、いささか強引——日常の用法から離れる、かなり偏った、不自然な見方——ではないだろうか。結局のところ、青山さんがもつ権利は、赤松君に花を届けさせる権利にすぎない。いかなる意味において青山さんに、白川君や赤松君が物理的対象に対してもつような種類の支配権を行使する権限があるのだろうか。

青山さんにも同種の支配権があることは、おそらく、青山さんが**茶谷さん**に対して、赤松君に花を配達してもらうことを約束できるということを考えれば、一番よく分かるだろう。すなわち、青山さんは、赤松君の配達義務を解除する権限や自由を行使しないという義務を引き受けることができる。そうすることで青山さんは、赤松君に配達を要求する——そしてもし必要なら、強制する——権限と自由を行使する義務を引き受けているのである。すでに見たように、義務が絶対的に履行可能である（妨害が許されない）ためには、その義務を果たすために行使される義務的自由が服を着た自由でなければならない。白川君が自動車を貸す義務によって、赤松君に（白川君の）服を着た自由（の時間的一部）が与えられる——それと同じように、青山さんに対する赤松君の義務によって、青山さんにも赤松君が花を届けるという行為の物理的構成要素に関して（赤松君の）服を着た自由（の時間的一部）が与えられるのである。

赤松君の権利と青山さんの権利の間の明白な違いとして、赤松君の服を着た自由の周辺部が白川君その他すべての人の無介入義務だけから成るのに対して、青山さんの服を着た自由の周辺部はそうした無介入義務と赤松君の積極的義務とから成る。しかしこれは、道徳的に重要な違いではない。というのは赤松君の積極的行為は、行為の例にもれず、指示対象的に特定できるからである。そして赤松君の積極的行為は、他のすべての積極的行為と同様、消極的行為として書き直せる——すなわちそれは、赤松君が花の配達を怠らないという行為である。こうして、青山さんの権利は、赤松君が花を届けるという行為の指示対象的要素に対する所有権として理解することができる。それは赤松君が青山さんに与えた権利であり、他人の無介入義務によって構成され、その他人の中では特に赤松君が重要である。

ほとんどの行為と同じく、赤松君が花を届けるという行為には、非常に多くの物理的要素が必要であり、なかでも最重要なのが赤松君の身体そのものである。疑いもなく、私たちは、AさんがBさんに対して義務を負う場合、BさんにはAさんの身体に対する所有権（たとえ一時的なものであろうと）があるなどということを認めたくないだろう。婚姻契約が「性器の相互的貸借」だというカントの見解は、多くの人にとって不快なものであろうし、近年では多くの法制度においてはっきりと間違いになりつつある。[48] にもかかわらず、茶谷さんに対する青山さんの義務、すなわち赤松君に花を配達してもらうという義務を妨げることが許されえないのは、青山さんにそうした物理的要素を支配する——もし必要なら赤松君に配達を強制する——服を着た自由がある場合に限られる。というのは、もし青山さんが花を配達させるために赤松君の身体を使う、この服を着た

48　Cohen, *Reason and Law*, 120 を参照。この見解は、カントの『人倫の形而上学』一〇九～一一一頁で示唆されている。この見解は、「夫婦の間で強姦はありえない」という考えを退ける法制度の下では、間違いである。

自由を**もたなかった**ならば――そしてもし赤松君を含む他の人たちに、その自由の行使を妨げない義務がなかったならば――なにかそのような妨害が許されただろう。そしてもしそういう妨害が起こったならば、それによって茶谷さんに対する青山さんの義務は履行不能になり、したがって義務でないということになるだろう（矛盾である）。もし～をすることができないならば、～をしなくてもよい。だから、共存可能な権利は**すべて**、所有権と見なすことができる。権利が共存可能な場合、他のすべての人には、権利の保有者が一定の物理的対象を一定期間ないしは無期限に使用するのを妨げない義務がある。[49]

この議論が説得的であるためには、日常的・法的な用法の二つの側面、この議論に反するように見える二つの側面を無視するわけにいかない。第一に、所有権は通常、物に対する権利、すなわち「対世的な」物権と理解されている。したがって、所有権に対応するのは、他のすべての人が権利の保有者に対して**直接的に**負う義務だけである。そして赤松君が花の配達のために自動車を使うのを白川君が妨げないという義務は、白川君が青山さんに対して直接的に負う義務ではなくて、むしろ赤松君に対して直接負っている義務である。実際、物権（rights *in rem*）と対人的権利（rights *in personam*）という伝統的な区別が疑義を呈される場合、それは一般に、私が考えるのとは逆方向に、物権を対人的権利に還元できるのではないかということであった。[50]

物権と対人的権利という伝統的な区別に疑義を呈する根拠と動機は、たしかに、十分に健全である。動機は、私の考えとも共通であって、明晰さと知的経済性に他ならない――すなわち、すべての権利について、そのさまざまな内容とは独立に、統一的な概念枠組みを確保したいということである。そして根拠は、すべての権利

49　他人の用役に対する権利がつまるところ他人の身体に対する所有権になるという考えは、Gibbard, "Natural Property Rights," 77 や Arneson, "Property Rights in Persons," 202 にも見られる。

50　ケルゼン『法と国家の一般理論』一四三～一四六頁および Hohfeld, *Fundamental Legal Conceptions*, 67-85 を参照。

には、誰かが他の誰かに対して負う義務が対応するという、議論の余地のない事実である。すなわち、権利に対応して、物が義務を負うということはあり得ないのである。したがって、物権と対人的権利の違いは、程度の差と見るのが一番よいのであって、物権の場合、それに対応する対人的義務が対人的権利の場合よりもずっと多くの人にあるにすぎないと主張されてきた。このように物権を対人的権利に還元する趣旨で、ホーフェルドは次のように述べている。

> 「対人的（*in personam*）」と「対物的（*in rem*）」という形で表される区別が相互に排他的と考えられていると仮定しよう。そうすると、もし対人的権利が人に対する権利に他ならないとすれば、対物的権利は人に対する権利ではなくて**物に対する**権利でなければならないと考えることも十分に説得的である。……（しかし）物に対する権利というような考えは、すでに示唆したように、粗雑でしかも誤っている。……［かくして］ホームズ裁判長がタイラー対登記裁判所事件の判決において述べるように、「すべての訴訟は、**すべての権利と同じく、現実には人に対する**ものである。訴訟であるのか物権であるのかは、**影響を受ける人の数**によって決まる。」……ここで強調されていること――すなわちすべての物権は人に対するものだということ――は、たんに趣味や好みの問題、表現や定義の仕方がいくつも可能であって、その中から一つを選ぶというような問題と見なされるべきではない。論理的整合性が、少なくともそのような見方（権利観）を要求するように思われる。[51]

51　Hohfeld, *Fundamental Legal Conceptions*, 75-6.

ホーフェルドは、伝統的な対人的／対物的という区別は、対人的権利を「対少数の」権利、対物的権利を「対多数の」権利と呼んだほうが、その趣旨をより明瞭に表すことができると述べている。「対少数」や「対多数」という表現は、対人的権利は一人の特定の人に対してだけ主張できるのに対して、対物的権利は常に、不特定多数の人々のそれぞれに対して（同じ）権利を主張でき、そうした多数の権利の集合であるという考えを表している。したがって、ホーフェルドなら、赤松君に花を配達させる青山さんの権利を対少数の権利、自動車に対する白川君の権利を対多数の権利と見るだろう――白川君の権利に対応して、同じ無介入義務が無数の人にあり、この人たちはみな自動車に対する白川君の所有権を尊重しなければならないからである。この説明によれば、対物的権利（所有権）とは多数の対人的権利の束にすぎず、したがって対物的権利は、意味を損なうことなく、対人的権利に概念的に還元できるのである。

この提案は、私が述べている説明とは対立しているように見えるけれども、実際にはそうではない。というのは、私は、花を配達してもらうという青山さんの権利に**対応して**、他のすべての人に義務が**ある**と主張しているのではないからである。青山さんの権利に対応して、義務を負うのは赤松君だけである。私が述べているのは、青山さんの権利がもし他の権利と共存可能である**ならば**、他のすべての人にも義務が**ある**ということである。他のすべての人にもある義務というのは、白川君の侵入できない周辺部そしてまた赤松君の侵入できない周辺部を構成する義務である――白川君には赤松君に対する義務を果たすための、服を着た自由があり、赤松君にも青山さんに対する義務を果たすための、服を着た自由があるからである。こうした周辺部を構成する義務に対応するのは、白川君の権利と赤松君の権利で**あり**、白川君や赤松君はそれぞれ自分の周辺部の時間的一部を――間接的または直接的に――青山さんに与えている。白川君は、赤松君に自動車を貸すことにしたときに、自分の周辺部の時間的一部を赤松君に与えた。そして赤松君は次いで、白川君がくれたもののさらに一部を、他のすべての人が赤松君に対してすでに負っているさまざまな無介入義務と併せて、青山さんに与えた。こうした周辺部を構成する義務があるために、花を届けるという赤松君の義務的自由が服を着た自由になり、赤松君がその自由を行使することは、他の誰が妨害することも許されないのである。

たしかに、もし自動車の借用期限が切れる前に白川君が自動車を取り戻したために赤松君が花を届けることができなかったならば、青山さんは白川君に対してなんの借り手権もないので、白川君に対して苦情を申し立てることができない。しかし、青山さんには赤松君に対する権利があり、白川君には赤松君に対して貸し手の義務がある。だから私の主張は、権利が共存可能なとき、青山さんに権利があるな**ら**ば、直接の対応関係ではないけれども、白川君に義務が**ある**というものである。この意味で、青山さんの対少数と見える権利は、対多数の権利（所有権）のようなものと十分に見なすことができる――青山さんに権利があれば、たんに赤松君に義務があるだけではなくて、白川君にも義務があり、白川君を通して他のすべての人にも義務があるからである。赤松君や白川君や他のすべての人にはさまざまな義務があって、花の配達を妨げる行為をすることが許されない。もし仮に花の配達を妨げるような行為が許された**ならば**、誰かの周辺部への侵入が許されるのであり、その人の義務的自由は裸であって服を着ているのではないということになるだろう。その場合、（一部の）権利が共存可能ではないのである。

すべての権利を所有権と解するロック的見解に抵抗する第二の、あまり形式的でない理由は、私たちの間で所有権の保有者にその権利の対象の処分に関して広範な裁量権を認める傾向が広く行き渡っていることである。非常に明らかに、花を配達してもらうという青山さんの権利の場合、青山さんにさしたる裁量権はない。この点は、欧州裁判所における、最近のある訴訟事件の報告によく現れている。原告であるリゼロッテ・ハウアー夫人は、自分の農地の一使用法を禁止する法律に反対して、欧州人権裁判所に訴えを起こした――訴えの理由は、この法的措置は欧州人権条約（人権および基本的自由保護のための条約）に記された財産権を侵害しているというものである。

裁判所にとって興味深い問題は、葡萄の木の新たな植栽に対する禁止が、土地の収用と分類されるべきか、たんなる財産権の制限として分類されるべきかということである。裁判所は、この問題に答えることが難しいとは考えなかった。禁止の影響を受ける個人は、財産を奪われるわけではなかった。財産は、依然として自由に自分で所有することも他人に譲渡することもできた。一時的にある特定の享受方法すなわち葡萄の植栽が排除されたという点において、権利の内容が削減されただけである。[52]

私たちはここで、裁判所の思考が健全かどうかを問うことには関心がない。というのは、人が物に対する「所有権」を収用されたとか、否定されたとか言いうるためにはどれだけの数の享受方法がどれだけの期間にわたって取り除かれる必要があるのかを問うても、あまり有益ではないからである。実際に所有権の本質がこうした線に沿っては見いだされえないことは、A・M・オノレが見事に証明してく

52 “Euro-debate over the citizen's rights to property,” *Financial Times*, 6 October 1980. 同様の問題が、米国法でも、財産の使用法に対する州の規制が憲法の第五修正——すなわち「何ぴとも、正当な補償なしに、私有財産を公共の用のために収用されることはない」——の下で「収用」と見なされるかどうかに関して起こる。ルーカス対南カロライナ州の訴訟事件の議論については、Pilon, “Property and Constitutional Principles” を参照。カイザー・エトナ対アメリカ合衆国の事件や、ロビンズ対プルーンヤード・ショッピングセンターの事件については、Becker and Kipnis (eds), *Property: Cases, Concepts, Critiques*, 48-65 を参照。より一般的には、エプステイン『公用収用の理論』を参照。

れている――オノレによれば、ある対象の所有権に関して少なくとも十一の一般的享受方法（標準的要素）がありうる。[53][25] たしかに、ある種の対象に関しては、これらの要素の間で重要性に大きな違いがある。またたしかに、こうした要素のすべてが当てはまるとは限らないような対象もあるし、すべての要素が個別化されるとは限らないような対象もある。[54]

所有権が広範かつ完全な処分選択権を認めるのだと私たちが考えがちなのは、「所有権」という言葉の日常的用法が実際に、オノレの言う「自由主義的な、完全な個人所有権概念」――すなわち、ある対象の所有権の標準的要素のすべてまたはほとんどを一人の人に帰属させるような所有権概念――を反映する傾向があるからである。私たちが白川君や赤松君、青山さんや茶谷さんやハウアー夫人についてすでに見てきたことからすれば、もし自由主義的な形の所有権が実践において一般に支配的であったならば、ほとんど疑いなく、裁判官の苦労は相当に軽くなっただろう――すなわち、もしある対象を占有するとか使用するとか管理するとか譲渡するとか破壊するとか収益を確保するとかいった所有権の要素がすべて、一人の人が保有する請求権や権限や服を着た自由であったならばの話である。不運にも、少なくとも裁判官にとっては、このことはしばしば成り立たない。そのことが成り立つべき概念的理由もない。（もしそういう概念的理由があったならば、多くの契約上の権利は考えられなかっただろう。）単一物の所有権を分割することや所有権の要素を別々の人に分散させ

53　Honoré, "Ownership," 123-4. おそらく、これら十一の要素のうち九つだけが「享受」方法と見なされるべきである――残りの二つ（有害な利用の防止および強制執行に対する責任財産になること）は、所有権者が自分の所有権を享受できない点だからである。

54　Becker, *Property Rights*, 18-22.

ることは、所有権についてごく普通に行われる。[55]

したがって、欧州裁判所の思考は、もしその趣旨が占有と譲渡という所有権の要素を奪われていないので、ハウアー夫人には依然として「自分の」土地に対する**なんらか**の所有権があるということであったのならば、正しい。[56] 同じ論理で、赤松君に花を配達してもらうという青山さんの権利は、その配達行為の物理的構成要素に対する所有権になる。青山さんと赤松君と白川君はそれぞれが同じ対象に対して時間的に分けられた所有権をもち、その意味で、それぞれの所有権に対応して（相手方に）一定の負担がある。すべての権利が共存可能であるためには、そうした権利が所有権――物理的物の処分に対する権原[26]であり、それに対応して他のすべての人に無介入義務がある――であることは必要だけれども、単一の対象を一人の人が（無制限）完全に所有するという自由主義的所有権である必要はない。指示対象的に別々であることが、権利が共存可能であるための必要十分条件である。そして権利が指示対象的に別々であるためには、権利が完全な自由主義的所有権であることを要しない。

にもかかわらず、私たちが何気なく所有権のことを完全な自由主義的所有権だと思っていることには、一つの洞察がある。というのは、すでに述べたように、あらゆる種類の対象に関して所有権の標準的要素のすべて

55　Lawson, *Introduction to the Law of Property* の第五章～第一〇章を参照。かくしてジョシュア・コーエンは、"Economic Basis of Deliberative Democracy," 49 において次のように述べている――「資本の所有権を構成する権利の束を誰が持つべきか」という問いは、「批判されるべきであって答えられるべき問いではない。社会哲学の議論では、非常に統一された所有権概念を前提として、権利の束を移転させるさまざまな方法に私たちの注意を限定するべきではない。むしろより適切なのは、所有権を『分解』して、所有権を構成する権利を配分するさまざまな方法を考察することである。」

56　他のなんらかの所有権は、公務員が保有していると言えるだろう。

を常に別々にする、ないしは切り分けられるとは限らないからである。所有権の標準的要素のうちのどれを別々にし、切り分けることができるかは、なによりも現在の技術的知識や他の非常に不確定な要因によって決まる。純粋に消費財と通常思われている物、たとえば各種の所得に、生産的な用途があることが分かって、その結果、新たに資本と見なされるようになることがある。同様に、ある物の使い方を管理することとその物を破壊することとは、常に容易に区別できるとは限らない。こうした理由から、ある物に対する所有権の標準的要素のすべてを（自由主義的な所有権概念に則って）一人の人が所有する場合には、権利が共存不可能になるという問題は起こらない。[57]

しかし、そうでない場合――すなわち同一の物に対する占有や譲渡、使用や管理、収益の享受や破壊といった所有権の要素を別々の人が別々に所有する場合――には、明らかな困難が起こりうる。というのは、その物に関して誰が何をすることができるかのあらゆる判決には、どうしても前提として、その物の**目的**についての概念的（たとえば機能的な）判断があるかもしれないからである。すなわち、原告と被告の間でまさに争点になっていることについて**事前の**判断があるかもしれない。[58] たとえば、愛書家は、古書に対して古紙回収業者とはまったく違った見方をするかもしれないし、土地開発業者は田舎を歩くのが好きな人と非常に仲が良いとは限らない。そこでば違ったように見られるし、人間の死体は臓器移植を待つ患者と故人の遺族とではしばしば違ったように見られるし、裁判で事前の判断を避けようとすれば、所有権の要素が指示対象的に分別できること、概念的な記述を免れる

57　ただし、権利の共存不可能性という問題は、非常に深刻な情緒的・道徳的な葛藤を経験している人には起こりうる。
58　エプステインは『公用収用』九一頁で、そのような決定は「無生物についての目的論的見方に基づいている」ように思われると述べている。より一般的に、私法裁判に侵入する近代公法に特徴的な道具主義的傾向については、Simmonds, "Epstein's Theory of Strict Tort Liability," 114-16 を参照。

ことが決定的に重要である。

この節を終えて、裁判官に右で述べた義務票制度の改善に取り組んでもらう前に、直前の論点から出てくるもう一つの含意を述べておくのがよいだろう。というのも、義務票の中に、(その義務票が関わる)行為の指示対象的に完全な記述を書き入れた場合、相変わらずその行為の**概念的**記述も書いてあるというのは、よくて余計であり、悪くすれば誤解の元になる。赤松君が花を結婚式に届けるという例は、おそらくこの評価軸では、余計だというのに近いだろう。赤松君が**指示対象的**に記述された行為を行うことが概念的に、花を結婚式に届けることとして記述されようと、花粉症の花嫁にアレルギー反応を起こさせて結婚式を混乱させるいたずらとして記述されようと、店員の口やかましいおしゃべりからなんとか逃げ出す試みとして記述されようと、その他何と記述されようと、とにかく赤松君は青山さんに対する義務を果たしているだろう。

しかし、付き添い看護師の黄瀬君が重病患者の緑岡氏の生活を快適なものにする義務を引き受ける場合について考えてみよう。明らかに、指示対象的にまったく別々でありながら、「黄瀬君が緑岡氏の生活を快適なものにする」という記述に等しく当てはまるような行為は、いくらでも多くある。そうした行為は、寝台に座らせてあげることから、公園に散歩に連れていってあげること、さらには長期の船旅に同行することまでさまざまでありうる。もちろん、黄瀬君の義務にこれらの行為のすべて、そしてさらに多くの行為が含まれるかもしれない。しかし、共存不可能になる恐れがあることも十分に明白である。もし黄瀬君が、普通の人がもっているような他のさまざまな義務を少しでももっているならば、そしてもし黄瀬君の気がそれた場合に緑岡氏が少しでも快適でなくなるならば、十中八九、またしても裁判官の出番になりそうに思われる。黄瀬君が緑岡氏に対して負っている義務の行為が指示対象的に記述されている(または記述されうる)場合にのみ、こうした可能性を取り除くことができるだろう。

だからといって、明らかな真実を否定しているわけではない――すなわち、義務行為の概念的な記述でも、しばしば、指示対象的記述の完全に十分な**代替**になる。しかし、概念的な記述が十分な代替になりうるのは、そうした行為をする義務の背景にある条件として、所有権がほどほどによく分割されているからに他ならないし、よく分割されている程度にしか、代替になりえない。たしかに、世界にそのような代替を容易にする言語的その他の規約がなかったならば、極めて厄介なことになると言わざるをえないだろう。だからここで義務票制度の比喩を使って主張したいことは、概念的な記述がそのような代替に**なっていなければならない**ということだけである――すなわち、訴訟になった場合、概念的な記述は、どれほど長ったらしくなっても、指示対象的な記述に置き換えることができなければならない[59]。

要するに私が言いたいのは、権利が共存可能な場合、すべての権利には**財源が付いている**ということにすぎ

59　かくして Fred Miller は、"The Natural Right to Private Property," 275 で、「重要な公共政策問題はすべて最終的には所有権の問題になる」と主張している。ノージック『アナーキー・国家・ユートピア』三九二〜三九三頁の次の箇所も参照――「すべての人が機会の平等、生命、等様々なものに対して一つの権利をもっているのだと言い且つこの権利を実行すること、に対する主要な異議は、これらの『権利』は物事、物資、活動からなる下部構造を要請するが、**他の**人々がそれらの上に権利と権原を有しているかも知れない、ということにある。それを実現するのに他の人々が権利と権原をもっている物を特定の形で使うことが必要になる、というような、何かに対する権利など、誰ももたないのである。**具体的なあれこれの物**（**その**鉛筆、**彼らの**身体、等）に対する他の人々の権利と権原が、そしてこれらの権利と権原とを彼らがどう行使することを選ぶかが、任意の特定人の外的環境と彼が手にしうる手段とを、確定するのである。……この具体的諸権利の下部構造と衝突するような権利は、存在しないのである。巧妙に範囲を区画されたものであっても、目的を達成するための権利でこの下部構造との抵触を回避できるものはないだろうから、そのような権利も、存在しない。あれこれの物に対する具体的な権利が、諸権利の空間を充たしており、一定の物質的条件の下にいるという一般的権利が占めるべき場所はないのである。」

ない（それ以下ではない）。そうした権利に対応する義務を果たすために必要な資財はすべて、互いに別々に特定できる。

というのは、もしそうでなければ、すなわちもし権利が共存可能でなければ、その場合、裁判官は実際上そのような別々の特定を後から与える必要があるだろう。ホームズの選択大権を行使して、たんに法を適用するというよりも法を作る必要があるだろう。ということは、裁判官はリヴァイアサンになるだろう。そうした悪夢のような状況では、義務票に記された権利や義務を否定される人が出てくるだろう。権利が権原をあたえず、義務が責務を課さないのである。というのは、他の多くのものと同様に、権利にも費用が要るからである。そして権利の費用とは、他の権利が不可能になることである。この事実を無視して権利が配分されるならば、結局、それらの権利は裁判官だけがもつことになる。

（二）権原と正当化

先に私は、絶対的に共存可能な権利からなる複雑な規範体系を、所有権に基づいた領域という考えによって表した。こうした領域が指示対象的に分別されていて、共存可能な規範体系を構成することが、義務的自由が決して指示対象的に重なり合わないようにするためには必要である。しかし、この点で、まだ論じていない重要な問題がある。各人の領域を構成する所有権の指示対象的な記述が他人の領域を構成する所有権の指示対象的な記述と実際に別々でありうると、どうして言えるのか。物理的対象Ｐが赤松君の所有権と青山さんの所有権の中に同時に現れないということは、どのような条件によって保証されるのか。[60] あるいはついでに言えば、Pが赤松君と青山さんと白川君と橙氏と……N氏の所有権の中に同時に現れないということは、どのような条件によって保証されるのか。どうして十万人ではなくて一人の人だけが、時間T_6においてPを処分する権原をもつのか。

これらの問いは、つまらないと思われるかもしれない。ある意味では、それらの問いへの答えは、これまでの論述のあちらこちらにすでに暗黙の内に含まれている。たとえばPが自動車であるとしよう。青山さんだけがT_6において自動車に対する所有権をもつ理由は、以下のようである。白川君は、T_3からT_nまでの間、自動車に対する所有権をもっていた。それから白川君は、赤松君に自動車を貸す義務を引き受けて、赤松君に一定期間、たとえばT_5からT_8までの間、自動車に対する所有権を与えた。そしてさらに赤松君は青山さんに対して、T_5からT_8までの間に花を配達するという義務を引き受けて、青山さんにT_6における自動車に対する所有権を与えた。

この理由は非常に単純明快である。白川君と赤松君が順々に、自動車に対する所有権の時間的一部を譲渡し、譲渡されなかった部分がそれぞれの下に残る。[61] もし時間T_6における自動車の所有権を**正当化**せよと求められ

60　物理的対象Pと言うとき、私は、すでに述べたように単一の物理的対象に対する権利が分割可能であり人々の間に分散させることができるというオノレの論点を看過したいわけではない。したがって、Pは厳密には、単一の物理的対象に関わる所有権の**要素**のことと理解されるべきである——もちろん、その要素が他の要素から指示対象的に分けられることは当然の前提である。ここでは叙述を簡単にするために、Pを単一の物理的対象としてあつかうことにする。

61　T_3からT_n（T_5からT_8）までの白川君の（赤松君の）所有権を、T_3の所有権、T_4の所有権、T_5の所有権等々の集合として述べることも十分にできる——その場合、集合の中からいくつかの所有権が譲渡されるわけである。

たならば、青山さんは、明らかに、赤松君の所有権と赤松君が青山さんに対して負う義務とを挙げさえすればよいだろう。もしかしてさらに追及されたならば、青山さんは、白川君の所有権と白川君が赤松君に対して負う義務も挙げればすむだろう。

いや、果たしてそうだろうか。さらに白川君の所有権を疑ってこられたら、どうなるだろうか。明らかに、**青山さんの所有権は、白川君の所有権と同じ程度にしか正当化できない**。そこで仮に青山さんが白川君の所有権の証拠として、白川君が時間T_2に自動車を黒田さんから購入したことを示す売渡し証書を提出できるとしよう。これでついに追及が終わるだろうか。

終わるかもしれない。追及が終わるかどうかは、部分的には、黒田さんの信用度によるだろう。ちなみに、十九世紀の終わりから二十世紀の初めにかけて、ニューヨーク市に到着した新移民たちは、しばしば運悪く、信用詐欺師にだまされたそうである――信用詐欺師は、ブルックリン橋が明らかに儲かる投資であると話をもちかけて、次々とブルックリン橋をできるだけ多くの新移民に「売った」のである。青山さんも、黒田さんが信用詐欺師でもその哀れな被害者でもないという、なんらかの保証を要求されるかもしれない。そこでたとえば、青山さんは、黒田さんが実際にその自動車を作った人だという証拠を提出できるとしよう。そうすると、必要な保証が与えられることになるだろうか。またもや、必ずしもそうではない。というのは青山さんは、まだ、黒田さんが自動車の製作に用いられたさまざまな部品を所有していたということを証明する必要があるからである。したがって、**青山さんの所有権は、黒田さんの所有権と同じ程度にしか正当化できない**。

以上の念入りな話から示唆されることは、共存可能な権利の体系には共時的な側面とともに通時的な側面もあるということである。権利の体系には、境界を定める空間的記述とともに同じく境界を定める時間的記述が必要である。権利の体系にこうした時間的記述があることは、すでに述べた、権利は行使可能であるという概念的事実の一つの当然の帰結である。共存可能な権利の体系は、共存可能な権利の体系から、権利の保有者の（支配権に関わる）選択を通して**得られる**。もし黒田さんだけではなくて桃井君もT_1における自動車の部品に対する所有権を主張したならば、T_6において青山さんに自動車の所有権があるということに桃井君が異議を唱えることは十分にありうるだろう。もしある所有権が正当化可能であり、それが別の所有権に由来するならば、この別の所有権も正当化できるはずである。

この由来という関係が、共存可能性の**歴史的**側面の基礎にある。しかし、ある所有権が別の所有権から得られるとき、その由来の仕方は、一見したところよりも複雑な場合がある。この複雑さを理解して、権利の共存可能性の説明を仕上げるためには、まず所有権についてもう少し正確に理解しておく必要がある。所有権とは、一定の人と一定の物理的対象の間に成り立つ（時間指定的な）二項関係である。すでに見たように、この関係によってその人には一定の権利があり、それに対応して、他のすべての人には当該の対象に手を出さない義務がある。この二項関係のうちでいずれかの項――人か対象――が変わる場合、所有権が**なくなる**と言うことにしよう。そして変更の結果として別の所有権が**生まれる**と言うことにしよう。

そうすると、所有権がなくなり生まれるのには二つの基本形がある――すなわち人の変更と対象の変更である。それらのなかでは、人の変更のほうが簡単で、それはつまり所有権者が所有権を別の人に、所有権のある全期間にわたってまたは一部期間に限って譲渡する場合である。たとえば今の場合、自動車に対する黒田さんの所有権はなくなり、白川君の所有権が生まれる。そして以前には黒田さんに対して自動車に手を出さない義務を負っていたすべての人が、その義務から解放され、その代わり（今度は白川君以外の、黒田さんを含む）すべての人が新たに白川君に対して自動車に手を出さない義務を負うことになる。

かくして、所有権もそれに対応する無介入義務も**来歴**があると言うことができる。所有権や義務は、それに

先立つ、なくなった所有権や義務を次々と遡ることによって、その由来をたどることができる。自動車が白川君のものになったとき、灰谷さんに自動車を使わない義務があるのは、（ⅰ）灰谷さんは以前には黒田さんに対して同じ無介入義務があった、そして（ⅱ）黒田さんはその義務をなくして、白川君に対する義務に置き換えたからである。

所有権がなくなったり生まれたりする二番目のより複雑な仕方は、所有権の対象が変わる場合である。たとえば、黒田さんが、自動車を白川君に売る代わりに、自動車を元に戻せないように解体することに決めたとしよう。自動車に対する黒田さんの所有権が、黒田さんが自動車を解体するのを許さないような他人の請求権によって制限されていないと仮定すれば――そのような制限の最も簡単な例は、誰かが将来の一定の時間に自動車を使うという服を着た自由をもっていることである――当然の帰結として、黒田さんには自動車を解体するという服を着た自由がある。[62] 明らかに、この解体作業中のどこかある時点で、自動車は自動車でなくなる、すなわち黒田さんの所有権証書で述べられた種類の物でなくなる。正確にそれがどの時点かは、多分に言語的規約の問題になる。

しかし、規約の問題で**ない**のは、黒田さんに（新たに）分解された部品に対する所有権があるということである。というのは、たとえば黒田さんがまず初めに自動車のドアの取っ手を取り外すとしよう。もし自動車に対する黒田さんの所有権が黒田さんに自動車の部品に対する所有権を与えないとしたならば、これら二つの分離された部分のどちら（ドアの取っ手か残りの部分か）に対する所有権がなくなるのだろうか。どちらに対し

62　このような制限がないとしても、もちろん、他人には、黒田さんに自動車を**自宅の**居間に乗り入れさせない権利や、不要な部品を**自宅の**庭に投げ捨てさせない権利などはある――各人の領域が指示対象的に別々であると、私たちは前提しているからである。

て他人は無介入義務がなくなるのだろうか。答えは明らかに「どちらでもない」というものである。黒田さんには自動車を解体するという服を着た自由があるので、黒田さんが取っ手を取り外したり溶かしたりすることも、車台を取り外したりすることも、すべて妨害することが許されない。したがって、黒田さんだけにこれらの部品をそれぞれの時点で処分する権原があり、すでに述べたように黒田さんの所有権を制限するような他人の請求権もないので、仮説からして、自動車の部品に対する黒田さんの所有権は、自動車をどこまで解体していってもなくならない。かくして灰谷さんが黒田さんに対して自動車の部品を使わない義務があるのは、（i）灰谷さんにはそれ以前に黒田さんに対して自動車そのものに手を出さない義務があった、そして（ii）黒田さんはその義務をなくして、部品に手を出さない義務に置き換えたからである。

同じ議論が、対象の変更によって所有権が反対方向に変わる場合にも同様に当てはまる。もし自動車を解体する代わりに黒田さんが自動車を青銅像に変えることに決めて、さらに青銅塗料や大理石の台座等に対しても同じく制限のない所有権をもっているならば、自動車に青銅塗料や大理石の台座等を付け加えることによって、黒田さんはこれらの物に対する所有権をなくして、一つの新しい対象に対する所有権を生みだすのである。

これと密接に関係した議論が、ロックの有名な「どんぐりやりんご」の例の中に見いだされる――ただしロックはこの例を、主として、無主の物に対する所有権の成立についてはるかに問題の多い主張を支持するために用いている。[27]

樫の木の下で拾ったどんぐりや、森のなかの樹木から寄せ集めたりんごを食べて生きている者は、たしかにそれらを自分のものとして占有したのである。その食物が彼のものであることをだれも否定しえない。それならば尋ねるが、それらがはじめて彼のものとなったのはいつだろうか。それらを消化したときか。

それとも食べたときか。あるいは煮たときか。それらを家へもち帰ったときか。それともそれらを拾ったときか。もし最初に寄せ集めたときにそれらが彼のものになったのでなければ、それ以外の何によっても彼のものになりえないことは明白である。[63]

注釈家たちは、いつでも、ここで述べられている二つの主張を慎重に区別するとは限らなかった。というのは、この議論の中には暗々裏に正しい論点が含まれていて、それは、所有者が所有する物理的対象を何か別の物に変えたとしても、その別の物に対する所有権が誰にあるかという点は変わらないということである。人が自分の（栄養摂取前の）身体に対する所有権をもっており、**もし**自分で寄せ集めたどんぐりやリンゴに対する所有権もあるならば、その場合、栄養摂取した身体に対する所有権もある――ちょうど黒田さんに、青銅像に対する所有権があるのと同じである。この議論で必ずしも正しくないのは、寄せ集めること、ないしは議論で挙げられた他の行為のどれかによって、寄せ集められた物に対する所有権が生まれるという、ロックの主たる主張である。というのは、この主張は、後で見るように、権利の基礎に関して非常に深刻な問題を引き起こすからである――それらの問題については、最後の二つの章でいくらか詳しく論じる。

しかしながら、私たちの現在の関心は、ただ、所有権や義務は、その直前の所有権や義務から、所有権を譲渡する権限を行使するか、所有権の対象を別の物に変えるという服を着た自由を行使することで得られるということを示すことである。ある所有権を正当化するためには、それに先立つ正当な所有権とこの所有権の一部である権限や自由の行使の両方を引き合いに出す必要がある。所有権に対応する無介入義務も、同じ仕方で正

63　ロック『統治論』二八節。

当化される。無介入義務も、それらに対応する所有権と同様に（そして所有権に対応して）、互いに整合的な因果上および所有権上の来歴がある。

こうした来歴——正当化の連鎖——の整合性が、共存可能な権利の歴史的側面であり、それによって共存可能な権利が指示対象的に別々であることが保証される。すなわち、一つの特定の対象に対して同時に一人の人にしか所有権がないということ、その所有権に対応して他のすべての人には共存可能な（無介入）義務があるということが、確実になる。すでに述べたように、共存可能な権利の体系は、空間的であるのみならず歴史的でもある。残念ながら私には、この（境界設定的）体系の多次元的複雑性を生き生きと表す適切な比喩が考えつかない。

本章を終える前に、権利の共存可能性の歴史的側面にはあと二つの含意があることに注意しておきたい。第一に、共存可能な権利に歴史があるという事実は、ノージックのいわゆる「結果状態」ないし「パタン付き」基準に基づいてのみ権利を構成しようとする原理の問題点を示している[64]。実際、そのような原理の問題点は、権利を真剣に受けとめていないところにあると言えるだろう。というのは、そのような原理によって構成されると考えられる権原は、それがどんな種類のものであれ、権利の一部である権限や自由がない以上、権利と理

64　ノージック『アナーキー・国家・ユートピア』第七章。結果状態基準は、特定の比例関係が人々の所有権の間に直接成り立つことを要求する。パタン付きの基準は、人々の所有権が特定の変項（必要性や生産性や階級など）の存在（量）に比例することを要求する。そうすると、財の配分が結果状態基準に適っているかどうかを知るためには、その配分状態の写真一枚だけが必要だと言えるだろう。他方、財の配分がパタン付きの基準に適っているかどうかを知るためには、二枚の写真——すなわち、その配分状態の写真としかるべき変項の分布を示す写真——が必要である。そして、財の配分がノージックの歴史的権原基準に適っているかどうかを知るためには、それらの財の過去の歴史を記録した映画が必要である。

解することができない——ところが、こうした権限や自由を行使することによって、右で述べたような歴史が生みだされるのである。

たとえば、赤松君と青山さんに平等なPを割り当てる原理があるとしよう。もしこれが結果状態ないしパタン付きの原理であるならば、赤松君の所有権も青山さんの所有権も相手より多くのPを譲渡したり（消費を含めて）別の物に変えたりしないという義務によって制限される——そのような行為は、この原理によって要請される均衡を破壊するからである。そうした義務は、誰に対する義務であろうか。赤松君と青山さんは、そうした義務をお互いに対して負うのだろうか。もしそうなら、青山さんには、赤松君の義務に対応する権利があると言わねばならない（そして赤松君についても同様である）。しかしもし実際に青山さんにこの権利があるならば、青山さんには、この権利に対応する赤松君の義務を解除する権限があるはずである。すなわち、青山さんが赤松君に、結果的にこの均衡状態から逸脱することになるような仕方でPを使う自由を与えることが可能でなければならない。しかし反対に、青山さんのこの権利を構成する原理は、配分的平等を定めているのだから、赤松君にそういう自由はありえず、したがって青山さんにも赤松君の義務を解除する権限はありえないということになる。そしてこれと同じ矛盾は、そのような義務に対応する権利が誰にある場合でも、同じように生じる。

第二の含意として、すべての良いものの例にもれず、正当化の連鎖的遡及も必ずどこかで終わらざるをえない。所有権や義務の正当化のためにそれらに先行する所有権や義務を遡及していけば必ず、**一番最初の**所有権や義務に至らざるをえない。これら一番最初の所有権や義務を**原初の**所有権や義務と呼ぶことにしよう。そうすると、現在の権利や義務が正当化できるかどうかは、明らかに、それらの大本にある原初の権利や義務が正当化できるかどうかに依存する。したがって同じく明らかに、原初の権利や義務の正当化には歴史的遡及がありえない——一番最初なのだから、原初の権利や義務は、それらに先行する権利など存在せず、したがって先行する権利の一部である権限や自由を行使することによっては得られない。けれども、権利や義務である以上、原初の権利や義務も、なんらかの規則ないし原理によって構成されている必要がある。この規則が**原初の権利や義務**を正当化するのであり、この規則の一般的内容がどのようなものであるかは、第六章正義において述べる予定である。

同様な思考過程を経て、多くの人たちが、原初の権利や義務は生の自然資源の所有権だけに関わると結論した。[65] どうしてかと言うと、現在の所有権およびそれに対応する無介入義務の対象であるすべての物は、自然資源であるか、そうでなければそこから得られた物理的な物だからである。

この見解の問題は、現在の所有権およびそれに対応する義務の担い手である**人**について、なんら類似の主張がなされえないということである。自動車に対する白川君の所有権を尊重するという赤松君の現在の義務は、それに先立って、自動車に対する黒田さんの所有権を尊重するという赤松君の義務があったし、この以前の義務によって正当化される——黒田さんが自動車を白川君に売ったからである。しかし、自動車が白川君に売られた後になってようやく橙氏が生まれたとしよう——その場合、橙氏には、黒田さんの所有権を尊重する義務がまったくなかったので、白川君の所有権を尊重する義務がどうして**橙氏**にもありうるのかが、明らかでない。したがって、白川君の所有権を尊重する橙氏の義務は、もし橙氏にそのような義務があるとすれば、先行する義務がないので、原初の義務でなければならない。そうすると、その義務に対応して、白川君には橙氏に対する権利があり、白川君のこの権利も原初の権利でなければならない。

65　人間の身体にも関わるけれども、それについては第七章および第八章を参照。

そうすると、先に述べた見解は深刻な困難に直面することに注意してもらいたい。というのは、橙氏にこの原初の義務があり白川君にこの原初の権利があるならば、その場合、原初の義務や権利は自然資源だけに関わるのではありえない。自動車は自然資源ではない。他方で、もし橙氏にこの原初の義務が**なく**白川君にもこの原初の権利がないならば、どういう意味において白川君に自動車の所有権があると言えるのかが明らかでない――いやしくも所有権が物に対する権利である以上、それに対応して、橙氏を含む他のすべての人に無介入義務があるはずだからである。

したがって、これまで述べてきた共存可能性の要求に従って権利や義務が配分されるのは、**完全に同時に存在している**人たちだけに限られる。共存可能性の要求を部分的にのみ同時に存在している人たちの権利や義務にまで広げようとすると、原初の権利についての多くのこれまでの説明に支障を来し、原初の権利から派生する権利にも重大な結果をもたらす。

「世代（間）の問題」が正義論にとって特別な困難であることは、今では広く知られている。最後の二つの章で、私は、（まだこれから述べるべき）正義の原理が共存可能性の要求と合わさってどのようにしてそうした困難に対処できるかを示すつもりである。しかし、その前に、一般的に正義の原理と他の道徳的規則との関係について見ておく必要がある。そしてそのためには、まず道徳的思考のいくつかの重要な側面に注意を向ける必要がある。

第四章　道徳的思考

あまりにも当然ながら、道徳的思考とは、道徳的行為についての思考である。そして道徳的行為とは、行為の目的がさまざまにありうる中で、私たちが、すべての人が追求し維持すべきだと考えるような目的、誰も妨げたり捨てたりすべきではないと考えるような目的である場合、そうした行為が道徳的行為である。[1] そのような一つの目的は、正義――すなわち道徳的権利を尊重すべしという要請――である。その要請が一体何であるかを見いだし、正義が私たちに何を要求するかを知るために、私たちはまず二種類の事柄を考慮する必要がある。

次の第五章では、道徳的目的を含めて私たちの目的を確保するための行為をどのようにして選ぶかという重要な側面に目を向ける予定である。すなわち**手段**についての私たちの思考の構造に注目するだろう。経済的思考は、いわば道徳的行為（および非道徳的行為）の供給側の側面に関わる。けれども当座の私たちの関心は、

1　私は「目的」という言葉を使っているけれども、義務論的道徳観対目的論的ないし帰結主義的道徳観という対立に関してここで目的論の立場をとりたてて支持しているわけではない。この問題は、後の（二）節で論じる。

需要側にある――すなわち私たちの道徳的判断の一般的特徴、なかでも特定の行為が正しいとか間違っているとか許されるとか許されないとかいう私たちの判断を支えている構造にある。この構造を露わにする一つの方法として、私たちは青山さんのさまざまな問題を検討する。

青山さんの主な問題は、青山さんの行うすべての道徳的判断が、そう判断する理由ならびにその判断の機縁となった状況と併せて、裁判官の上司――衒学的でかなりうるさい、**評価装置**と呼ばれる計算機――に報告されることである。[2] 評価装置が勝手に青山さんの道徳的思案の監査役になっているだけでもうんざりする事実だけれども、評価装置の特に嫌な点は、青山さんが不健全な判断以外の判断をしても評価装置はけっして反応しないことである。青山さんの判断が受け入れられる場合――しばしば苦悶や苦労の末の判断であるにもかかわらず――評価装置は、お高く無関心を装ってブーンとうなるだけで、うんともすんとも言わない。しかし、不健全な判断が機械に入力されると、とんでもない事態になる。鐘が鳴り、警報が響きわたり、大きな黄緑色のネオン管が「これは間違い」という極めて忌々しい表示を煌めかせる。さらに悪いことに、この大騒動は、青山さんが不健全な判断を改訂するか、そうでなければその判断と整合的でない登録済みの判断や理由をすべて改訂するまで、止まらないのである。

私たちの大多数と同じく、青山さんも、ほどほどに平穏な生活がいいと思っている。だから青山さんは、この計算機の桎梏から逃れられない以上、自分を苛む計算機をなんとか永遠に黙らせようと、はかない望みを抱いて、道徳哲学の勉強を始める。

2　評価装置と裁判官の間の関係、道徳的思考の一般構造と道徳的権利の思考の下部構造との関係が正確にどういうものであるかは、第六章で明らかにされるだろう。

（イ）規則と判断

道徳哲学を勉強していると遅かれ早かれ、青山さんは、現代の道徳哲学で最もよく知られた事例、すなわちサルトルの学生の話に出くわすだろう。[3] これは、道徳的**対立**ないし**葛藤**の事例である。サルトルのところに相談にやってきた学生は、イギリスに行って、フランスをナチスの支配から解放しようと闘う自由フランス軍に加わるか、それともフランスに留まって、重病の母親の面倒を見るかという選択に直面していた。明らかに、どちらの選択肢をとるにしても、それを支持する重大な道徳的理由がある。けれども、どちらか一方しかとることができない。

先に自由や権利の共存可能性を分析した場合と同じく、二つの行為が同時には行えないような状況を検討することは、今の場合も、道徳的思考の概念的特徴を掘り起こすのに非常に効果的な手段である。[4] では、そうした状況のどの側面が、ここで私たちにとって重要なのだろうか。サルトルの学生は（たんに）何をするかを決めようとしていたのではなくて、むしろ何をす**べき**かを決めようとしていた——この点に注意してもらいたい

3　サルトル『実存主義とは何か』、五二〜五三頁。

4　道徳哲学において葛藤を用いて広範な問題に照明を当てる例は多く見られる——たとえば、Castaneda, *The Structure of Morality*, 52, Chisholm, "Practical Reasoning and the Logic of Requirement," 1-2, Gowans (ed.), *Moral Dilemmas*, ヘア『道徳的に考えること』四〇頁、Sinnott-Armstrong, *Moral Dilemmas*, Stocker, *Plural and Conflicting Values*, Bernard Williams, *Problems of the Self*, 166, and *Moral Luck*, 72 を参照。

い。学生の判断は、「自分はAをすべきだ」という形の道徳的判断になるのであって、それは「自分はAをするだろう」という予告でも「自分はAをしよう」という決意の表明でもなかった。もちろん、青山さんは、学生の苦境を傍から見ているにすぎない。にもかかわらず、青山さん自身の道徳的信念も学生のそれとあまり違わないので、青山さんもこの選択状況を葛藤だと思うし、したがって青山さんの判断も道徳的な形の判断になるだろう。したがって、評価装置が受けとる報告が、青山さんの判断理由を挙げるとき、「べき」という言葉を含んだ文に訴えかける必要があるだろう。そうでなければ、とんでもない事態になるだろう――青山さんは「べき」をまったく含んでいない前提（理由）から「べき」という結論（判断）を不当に導きだしたことになるからである。

たとえば青山さんの判断が、学生がすべきことはイギリスに行って自由フランス軍に加わることであるというものだとしよう。この判断の理由の中には、ドイツの侵攻と占領やフランス政府の崩壊、フランスの主権回復をめざす自由フランス軍の闘いといった事実に関する多くの経験的情報が含まれるだろう。しかし、判断の理由の中には、普遍的な道徳的ないし規範的な主張、言い換えると規則への訴えかけもあるだろう――たとえば、外国による侵略行為を撃退すべきだという規則への訴えかけである。この道徳規則を**愛国**の規則と呼ぶことにしよう。どうして経験的主張は「情報」と表現されるのに、愛国の規則には「訴えかける」と言われるのだろうか。その理由は、愛国の規則がすでに評価装置の記憶庫に登録されているのに対して、世界の出来事に関わる事実は登録されていないからである。評価装置は、とりたてて熱心に新聞を読むわけではない。しかし、青山さんの道徳的信念に関しては事細かに記録している。そしてサルトルの学生が直面したような選択状況が青山さんにとっても道徳的葛藤になるからには、青山さんはすでに、なにか愛国の規則のようなことを信じているに違いない。もし青山さんに愛国に対する信念がなかったならば、青山さんがそのような選択状況で悩み苦しむことはほとんどありえなかっただろう。

経験的情報は、評価装置を黙らせておくのに十分だろうか。おそらくそうではないだろう。というのは、経験的情報の中には、学生の母親についての事実および母親にとって息子が常に側にいることが必要だという事実も含まれるだろうからである。そしてさらに言うと、学生がイギリスに行くべきだという青山さんの判断は、学生がフランスで母親の下に留まるべきではないということになる。この帰結に対しては、評価装置が突然けたたましい警告を発しそうである――この帰結は、やはり評価装置に登録してある、**家族愛**の規則と不整合だからであり、家族愛の規則が青山さん（ならびに学生）の葛藤を構成するもう一つの要素である。

本章では、これ以降、どうすれば青山さんの判断の報告が上記の点で十分なものになるのか、この問いに関してさまざまな見方を検討していこう。青山さんの道徳的判断を青山さん自身が認めた信念と整合的にするには、いったい何が必要だろうか。どうすれば、評価装置を黙らせておくことができるのだろうか。私たちは、青山さんのさまざまな信念の全体――青山さんが認める道徳規則の集まり――を青山さんの**道徳観**と呼ぶことにしよう。そうすると私たちが知りたいのは、青山さんが自分の道徳観と整合的に道徳的判断をすることができるためには、青山さんの道徳観はどのようにできている必要があるか、ということである。レオナルド・ネルソンは、次のように述べている。

私たちには、道徳規則が自分たちの役に立たないということが、かなりよく起こる。私たちは、自分たちの道徳規則の中には適用できる規則がないような状況に出くわしたり、適用できる規則があるけれども、むしろその規則を破ったほうが正当だと感じるような状況に出くわしたりする。第二の状況が起こるのは、たとえば、ある規則と別の規則が衝突するような場合である。……二つの規則のうちのどちらを優先すべきかの決定の根拠は、二つの規則のうちのいずれでもあり得ない。そのような衝突の場合、どちらか一方の道徳規則を放棄して、他方の道徳規則をとらなければならない——そのためには、どちらの規則を放棄し、どちらの規則を堅持すべきかを教えてくれる選択原理が必要である。[5]

先に述べたさまざまな見方が互いにどう違うかと言えば、そのような選択原理の説明が違うわけである。

しかしながら、一つの見方によれば、第一の（ないし基本的な）道徳規則の間で選択をするための規則や原理はまったく存在し**ない**。（少なくとも差し当たりは、愛国の規則と家族愛の規則を第一の道徳規則と見なすことにしよう。）この見方を「直観主義」と呼んで、ジョン・ロールズは、次のように述べる——「その結果、直観主義の諸理論は二つの特徴を帯びることになる。第一に、直観主義は〈第一原理群の複数性〉を本質としており、それらの第一原理は相互に対立し、特定の類型の事例に対して相矛盾する指令を下すことがある。第二に、そうした原理を比較考量するための明示的な方法も優先順位を定める規則（priority rules）も直観主義には含まれていない。」[6] ロールズその他の批判者に対して直観主義を擁護する中で、J・O・アームソンは、道徳的判断の構造に関する理論をおおまかに三種類に区別した——それは、有益な区別である。まず**一元的**な理論（たとえば功利主義）は、第一の原理ないし第一の規則は複数ありえず、一つだけであり、すべての道徳的判断はその唯一の原理から導きだすことができるという考えである。次に**序列的**な理論は、第一の規則が複

---

5 Nelson, *Critique of Practical Reason*, 116（これは、Chisolm, "Practical Reasoning and the Logic of Requirement," 1-2 で引用されている）。すぐ後で述べる理由から、ネルソンが挙げる第一番目の状況を理解することは、もしそれを第二番目の状況とは異なるものと受けとるべきならば、困難である。

6 ロールズ『正義論』四八頁。

数ありうることを認めて、それら第一の規則には優先順位の規則（この中には、決定手続きを定める規則も含まれうる）によって序列がつけられると主張する。最後に**直観主義**の理論も、ロールズの説明にあるように、複数の第一の規則を認めるけれども、第一の規則の間に序列があることを否定する。

一元論を擁護してジョン・スチュアート・ミルが述べた、以下の言葉は、よく知られている。

目的、又は欲求の対象の、絶対的ないし比較的な善または悪を決定する基準がなければならない。この基準がどんなものであっても、それは一つしかありえない。何となればもし行為のいくつかの究極的原理があるとすれば、同一の行為がこれらの原理の一によっては是認されるが、他によっては否認されることになり、この両者を審判する何らかもっと一般的な原理が必要となることになろう。[7]

他方、第一の道徳規則が複数あることを認めて、一元論を退けるアームソンは、序列的な理論を批判して、次のように論じる――「行為のための第一の道徳的理由が複数あることが認められるならば、多くの状況は非常に複雑なのだから、行為のための賛成理由や反対理由を考量してゆく、なんらかの決定手続きが……あると想定することは説得的ではないと私には思われる。」[8] 私たちは、アームソンの用語法を採用して、第一の規則が複数ある道徳観を、序列的か直観主義かにかかわりなく、**多元的**な道徳観と呼ぶことにしよう。

7　ミル『論理学体系（6）』二一〇頁。また『自伝』の一九四頁で、ミルは、直観主義の道徳理論を「根深い偏見を神聖化するために都合よくこしらえられた理論」だと述べて批判した。〔『自伝』からの引用は、村井訳を少し変えてある。〕

8　Urmson, "A Defence of Intuitionism," 119.

青山さんの道徳観は、少なくとも二つの第一の規則（愛国と家族愛）を含んでいるので、多元的な道徳観である。そのゆえに青山さんは、もしサルトルの学生の事例に関して青山さんの判断が規則に従ったものと、すなわち第一の規則に従ったものと解されえないならば、評価装置が突然けたたましく鳴りだすという重大な危機にある。青山さんが評価装置の警告を避けることができるということを示すために、私は二つのことを主張したい――（i）多元的な道徳観において優先順位の規則が説得的でない理由として、直観主義者がもちだしたいくつかの理由は、一元的な視点からのみ理解可能であり、（ii）一元的な理論や序列的な理論は整合的な道徳的判断を正しく説明しうるのに対して、直観主義はそれができない。

しかし今すぐに認めるべきこととして、おそらくこれはアームソンの念頭にあった意味ではないけれども、ある意味では、優先順位の規則についてのアームソンの懐疑は正しいと言わなければならない。というのは、明らかに、もし青山さんが愛国と家族愛という二つの第一の規則に順序を付ける優先順位の規則をすでにもっていたならば、青山さんは、その優先順位の規則を採用して以降、学生の選択について考えたとしても、厳密には葛藤状況にあるとは言えなかっただろう。正しい行為、何をすべきだったかの判断は、青山さんの道徳観によって一義的に決まっただろう。その意味で、「決定手続き」があったのである。あるいは、もし青山さんがその決定手続きに従わなかったならば、評価装置が警告音を発しただろう。

控え目に言っても、青山さんがそのような優先順位の規則をあらかじめ採用していると想定することは可能である。とにかく、青山さんは、家族愛や愛国という第一の規則を採用しているのだから、すでに、家族愛や愛国が要求される緊急事態の可能性について考えている。そのような予見があれば、あるいはほんの少しの理性的反省さえあれば、青山さんは、さらに、これら二種類の事態が同時に起こる可能性を見てとることも十分にできただろうし、そうすれば当然、優先順位の規則を採用するだろう。あるいはもう一つの可能性として、もし評価装置の姿勢が警告を発するだけではなくて、ほんの少しでもより建設的であったならば、評価装置は青山さんに、二種類の事態がそのように同時に発生する可能性が（青山さん自身の道徳観のような）多元的な道徳観には論理的につきまとうという助言をしていただろう。[9] もちろん、青山さんがこうした可能性を予想したとか、ましてや評価装置が青山さんにあらかじめその可能性について教えたという論理的必然性はない。

しかし、アームソンの主張は、青山さんに先見の明がないとか評価装置が親切でないとか、といった偶然的な出来事に依存していないし、それどころか依存しえない。優先順位の規則が決定手続きになるという考えが説得的でない理由として、アームソンが挙げるのは、状況の**複雑性**であって**新奇性**ではない。というのは、もし状況の新奇性が私たちの道徳的判断に際して大変顕著な側面と見られるべきであったならば、私たちの道徳的判断が、たとえ第一の規則であっても、そもそも規則によって導かれると（アームソンのように）想定することは説得的でないからである。

そうすると、なにゆえに状況は複雑になるのだろうか。アームソンの当を得た見解は、状況の複雑性は、そこに賛成理由と反対理由の**両方**があることによるというものである。では、状況に賛成理由と反対理由があることは、どのようにして分かるのか。賛成理由や反対理由をどのようにして見いだすのか。明らかに、状況の中の賛成理由とは、その状況のさまざまな経験的事情の中で、なんらかの受け入れられた第一の規則が、特定の種類の行為をする義務を生じさせるものとして挙げるような事情である。逆に、反対理由とは、その状況のさまざまな事情の中で、なんらかの受け入れられた第一の規則の規定と合わさって、その種の行為をすべきで

9　したがって、Gowans, *Moral Dilemmas*, 13 が、「複数の原理が決して衝突しない可能性がある」ので、原理がそのように複数あるとしても、原理が衝突し**うる**ということ「にはならない」と述べるのは間違いである。

はないという意味をもつような事情である。サルトルの学生がフランスを離れてイギリスに行くという行為の場合、賛成理由は、ドイツ軍によるフランス占領と自由フランス軍の闘いであり、反対理由は、母親にとって学生が側にいることが必要だということである。青山さんの道徳的信念に関する限りは、これらの事情が、学生が置かれた状況にある賛成理由と反対理由のすべてである。

いかなる状況にもさまざまな特徴があるが、道徳的判断にとって重要な——賛成理由や反対理由になる——特徴は、私たちの第一の道徳規則の中に姿を現すような（すべての）特徴だけである。他にどういう事実が重要でありうるだろうか。複雑な状況の特徴を調べてみるというのは、どの第一の規則がその状況に関係するかがすべて分かっていて、それから賛成理由や反対理由を探しにいくというのではない。状況に関係する第一の規則と賛成理由や反対理由とは、別々に与えられるのではない。第一の規則の中で指し示されるような事情の他に、状況に関して直観すべき——アリストテレス流に言えば「知覚」[10]すべき——別の重要な情報はないのである。したがって、直観主義者が「賛成理由と反対理由を衡量する」とか「事例をその真価によって判断する」と述べていることは、要するに、互いに衝突する第一の規則の間で序列を付ける優先順位の規則を見いだすことに他ならない。[11]

10　アリストテレス『ニコマコス倫理学』八八頁（1109b23）。Hare, “Relevance,” 75 も参照。

11　この結論は性急すぎると思われるかもしれない。というのは、よく次のように問われるからである——「サルトルの学生が自由フランス軍にほんの少ししか貢献できないのに対して、母親のためには相当なことができるとすれば、どうか」と。私は後で、**もし**誰かがそのような比率の考慮を道徳的に重要だと考えるならば、それはただその人の道徳観が一元的であるか第一の規則がもっと多いためであって、第一の規則がないとか適用できないという理由によるのでは**ない**と論じる。

しかし、「優先順位の規則を見いだす」という表現が実際に何を意味するのか、と問われるかもしれない。その表現の趣旨は、優先順位の規則が既に当該の道徳観の中に必然的にあるということだろうか。そうではない。多元的な道徳観の中に優先順位の規則があることを主張する議論は、道徳観の発生的事実、第一の規則が道徳観の中に採用された歴史的順序やその時々の心理的状態とはなんの関係もない。それよりもむしろ、その議論は、道徳観の論理的整合性や「べき」といった道徳的言葉の意味についての主張である。

「べき」という言葉が道徳的判断――ある特定の行為や政策の正しさに関する判断――を表す文の中で使われるとき、その判断には普遍化の意味合いがある。すなわち、その文は（一般的な）規則を表している。私が「Y氏はこの件に関して真実だと思うところを私に語るべきだ」と言ったとしよう――この発言は、もし私が、なんら特別な事情もないのに、同様な立場の人は誰でも正直であるべきだという普遍的な文に同意しないならば、道徳的判断だとは思われないだろう。もちろん、状況によっては、正直であるべきでないという判断を正しいとするような特別な事情がありうる。しかし、そうした事情がそうした判断を正しいとするためには、そうした事情自身になんらかの道徳規則が当てはまるのでなければならない。正直であることが正しいと信じながら、それにもかかわらず私たちは、ある不正直な行為を（その場合に）正しい行為として承認することができる――しかしそれは、より重要な、別の道徳的理由がある場合に限られるのである。そしてこうした別の道徳的理由がより重要だということは、明らかに、理由そのものの中に含まれていることではない。別の道徳的理由がより重要だということは、決してその道徳的理由から出てくるのではなくて、むしろ優先順位の規則から出てくることである。[12]

12　第六章（正義）では、この最後の主張に一つの限定を加える。

もし青山さんが、サルトルの学生はイギリスに行くべきだという道徳的判断をするならば、言うまでもなく、サルトルの学生はフランスに留まっているべきでないということになる。この判断を普遍化したものがそれ自身一つの規則であり、それは、「愛国の義務と家族愛の義務が同時に発生し、どちらを果たすこともできるけれども両方を果たすことはできないような状況では、愛国の義務を果たすべきである」という趣旨の規則である。それは、結果において、「家族愛の規則よりも愛国の規則を優先せよ」という優先順位の規則に等しい。右のような道徳的判断をするとき、青山さんは、この優先順位の規則を採用しているのであり、それを自分の道徳観の中に取り入れているのである。もし仮に青山さんがいつか同様な場合に別の判断をしたとすれば、評価装置は喧しい警告音を発するだろう——そしてその音は、青山さんが（i）この別の判断を改めるか、（ii）（優先順位の規則を変えて）道徳観を改訂しサルトルの学生の場合に関する判断を逆にするまで、止まないだろう。

これで、道徳的判断の直観主義的説明のどこが間違いかが、よく分かるだろう。直観主義の道徳観は、本質的に**不完全**であり、したがって不整合なのである。直観主義の道徳観には、状況C_1では行為A_1が義務だとする規則や状況C_2では行為A_2が義務だとする規則がある。しかし、同時にC_1でもC_2でもあるような状況で、A_1とA_2のどちらをすることもできるけれども、両方をすることはできない場合に、どうすべきかを指示する規則がない。したがって直観主義者は、そうした場合にどの行為が義務であり、どの行為が義務でないかに関して互いに矛盾した判断をすることになる。直観主義の道徳観が不完全であり、したがって判断に矛盾を生じてしまうのはなぜかと言えば、直観主義の道徳観にはその種の状況に**関わる**複数の規則がありながら、その種の状況を**統制する**規則がないからである。そしてもし直観主義者がいずれかの判断を優先したとしても、そこにその判断を優先する普遍的な規則がないのであれば、その判断は道徳的判断ではないということにならざるをえないのである。[13]

（ロ）優先順位と構造

「理論としてはそうでしょう」と直観主義者は答えるかもしれない。「たしかに、多元的な道徳観は優先順位の規則がないので、判断に矛盾を生じてしまうでしょう。しかし、だからといって、そのような道徳観が存在しないということにはなりません――サルトルの学生や青山さんの例が示すように、そのような道徳観は現に存在します。実際のところ、そもそも誰かが道徳的葛藤に陥っているということ――その問題で本章は始まりました――が理解できるためには、その人の道徳観が多元的で優先順位の規則がないということが前提になります。つまり、葛藤がありうるということが、優先順位の規則が必ずしも必要ではないということを示しているのです。」

葛藤が存在するという事実に訴えかけるこの議論は、強力だけれども、議論の矛先が間違った方を向いている。この議論は、道徳観に優先順位の構造がありうることについて疑念を述べているというよりも、むしろ第一の道徳規則の認識に関する事実を指摘していると理解したほうがよいだろう。アームソンが述べるように、倫理的直観主義は、歴史的にはむしろ、私たちの基本的な道徳的信念の**源泉**についての理論の代わり、あるい

13　この点は、センとウィリアムズによって認められているように思われる（*Utilitarianism and Beyond*, 17-18）――二人は、道徳観の合理性自体が完全性を要求することは否定しながらも、特定の道徳的判断の合理性が完全性を要求しうることは認めている。

は付加とも見られてきた――すなわち、基本的な道徳的信念は、推論によらない、ないし自明な形の真理だというのである。[14]そのような理論がどのつまり説得的かどうかは、私には評価できない。しかし、そのような理論の洞察――すなわち**根本的**な道徳的価値についての私たちの見方が、体系的な経験的知識に由来するのではなく、そうした知識によって反駁されるのでもないということ――は、葛藤が起こるために必要な条件を明かしてくれている。

ここには、幾何学との重要な類比がある。もし幾何学に**平行線**の公理がないならば、解決できない幾何学問題が起こりうる。そして多元的道徳観に優先順位の規則がないならば、道徳的葛藤が起こりうる。平行線公理が必ずしも必要でないことは、いくつかの重要な点で、優先順位の規則が必ずしも必要でないことと非常によく似ている。この類似性とそれが意味するところをより明確に示すために、まず、葛藤が起こり**えない**条件に目を向けてみたい。三つの問いを考えてみよう。

（1）いかなる葛藤も起こりえないようにできるか。

（2）葛藤は再発しうるか。

（3）いくつかの葛藤は起こりえないようにできるか。

もし第一の問いと第三の問いへの答えが肯定であり、第二の問いへの答えが否定であることを示すことができれば、おそらく、道徳的葛藤という現実が本当には何を意味するのかを示すことができるだろう。

いかなる葛藤も起こりえないようにできるだろうか。この問いに肯定的に答える理由は、単純明快であり、

14　Urmson, “A Defence of Intuitionism,” 111-12. ウィリアムズ『生き方について哲学は何が言えるか』一五五〜一五八頁も参照。

すでに示唆されている。もしある状況が誰かにとって葛藤を引き起こすならば、その人はそこで互いに衝突している第一の規則をすでに受け入れている。ところで、人がある状況の中で、**第一の**道徳的（規則に従った）判断を促す事情をどのように複雑な認識過程によって知るのであろうと――条件付けによってであろうと、教育によってであろうと、無媒介的な直観によってであろうと――一つのことは明らかである。すなわち、ある道徳的判断が**優先される**場合、その判断を引き出す事情を知るのは、単純な推論によってのみであり、広い（世界）経験も豊かな想像力も必要ではない。広い（世界）経験も豊かな想像力も有しない評価装置が、もし仮にこうした事態を青山さんに教えたとしても、「偉大な洞察者」とは見なされないだろう。そしてもし評価装置がそうするならば、あるいは青山さんが自分でその単純な推論をするならば、青山さんは一度も葛藤を経験しないですむからである。

葛藤は再発しうるだろうか。葛藤が再発しうると考えることは、困難である。サルトルの学生の事例について考えて、その学生は自由フランス軍に加わるべきだったと判断した以上、青山さんは、優先順位の規則――家族愛よりも愛国が優先する――を自らの道徳観の中に取り入れている。だから、もし仮に青山さんが、同様な状況に置かれた別の人に出会ったならば、青山さんが同じく愛国を優先した判断をすると私たちは予想するし、評価装置はそれを要求するだろう。これに対しては、しばしば、いかなる二つの状況もけっして正確に同様ではないと反論される。しかし、この反論は自己論駁的であり、そういう反論をする人は、論理的な矛盾を犯していると言える。というのは第一に、この反論が効くためには、たんに二つの状況が互いに似ていないというだけではなくて、互いの差異の中には少なくとも一つ道徳的に重要な差異があるということも必要である。ところが、少なくとも一つ道徳的に重要な差異があるということは、つまり、第二の状況で衝突している道徳的事情ないし第一の規則が第一の状況で衝突していた道徳的事情ないし第一の規則と同じではないという意味になる。そうすると、第二の葛藤が第一の葛藤と同じ、ないし再発だとは言えない。状況が重要な点で違うならば、違う葛藤になるのであって、先の葛藤の再発ではないのである。

いくつかの葛藤は起こりえないようにできるだろうか。もし特定の優先順位の規則が葛藤を生みだすような状況に常に当てはまるならば、葛藤は起こりえないと言えるだろう。そしてある状況に特定の優先順位の規則が常に当てはまるのは、その優先順位の規則の内容が一義的に推論可能な場合、すなわちその優先順位の規則がすでに道徳観に——その道徳観の持ち主がその優先順位の規則を承認したりそれを具体化して判断したりする場合は言うまでもなく、それまでまったく意識しなかったとしても——含まれている場合である。後で見るように、多元的な道徳観には、そのような**推論可能**な優先順位の規則が数多くありうる——そしてそれゆえに多元的な道徳観は幾何学に似ているのである。推論可能な優先順位の規則は、幾何学の定理に似ている。しかし、優先順位の規則がすべて推論可能なわけではない。青山さんの「家族愛よりも愛国が優先する」という規則は、これまでに提示されてきた限りでは、推論可能ではない。ではその規則は、どのような条件の下で、推論可能になるのだろうか。

たとえば、青山さんの道徳観に、三つ目の第一の規則として**約束の順守**があるとしよう。この第一の規則があることによって、青山さんの道徳観が整合的であるためには、少なくともあと二つの優先順位の規則が必要だということになる。（実際には、まもなく見るように、全部で九つの優先順位の規則が必要である。）これら二つの優先順位の規則は、それぞれ、愛国の規則と約束順守の規則が葛藤する状況および家族愛の規則と約束順守の規則が葛藤する状況に当てはまる。そこで、これらの優先順位の規則が、「約束の順守よりも愛国が優先する」ことおよび「家族愛よりも約束の順守が優先する」ことを命じるとしよう。そうすると、**推移性**という合理的選択の条件によれば、青山さんの道徳観には、「家族愛よりも愛国が優先する」という規則が含まれ

ていなければならない。すなわち、この最後の優先順位の規則は、先の二つの優先順位の規則から推論できる。

整合的な道徳観の場合には優先順位の規則の間で推移性が成り立つとしても、もちろん、推移性があらゆる形の合理的選択に反映されるということにはかならずしもならない。[15] それをアレックス・マイクロスは次のように説明している。

［反推移性］が重要であることは、軍艦の戦闘優位性を考えれば分かるだろう。一般的に駆逐艦は潜水艦よりも優位であり、潜水艦は戦艦よりも優位であり、戦艦は駆逐艦よりも優位である。だから、もし海戦でどちらが勝つかに賭けなければならないとしたら、潜水艦よりも駆逐艦に賭けて、戦艦よりも潜水艦に賭けて、駆逐艦よりも戦艦に賭けるのが賢明だろう。……［ほぼ同じように］味の点ではバナナよりも林檎のほうがよくて、サクランボよりもバナナのほうがよいけれども、価格の点では林檎よりもサクランボのほうがよいということもあるだろう。[16]

反推移性がこれらの優位関係の場合に完全にもっともなのは、どちらの例でも、三つの違った種類の軍艦や果物の間の相対的優位性を評価するための、より根本的な考慮事項が複数存在するからである。そうした考慮

15　推移性（A＞BかつB＞CならばA＞C）がどうして合理的選択の一応の条件と考えられるかといえば、一つには、反推移性（A＞BかつB＞CならばC＞A）からはAB＞BCかつBC＞ABという矛盾が生まれるからである。

16　Michalos, *Foundations of Decision-Making*, 29-30. だから、もし賭ける人に十分な知識があれば、直前の注にあるように、駆逐艦と潜水艦からなる艦隊と潜水艦と戦艦からなる艦隊とが戦う場合、どちらに賭けたらよいのか分からないだろう。

事項は、軍艦の場合には、戦闘優位性の（一つ一つ挙げられていないけれども）別々の側面であり、果物の場合には、味と経済性である。[17] そしてこうしたより根本的な考慮事項は、それら自身、順位付けができる。しかし、問題が第一の道徳規則の間の優先関係となると、そもそもの仮定からして、そうした優先関係を目的に照らして決めるための、より根本的な道徳的考慮事項がありえない――もし仮にそのような道徳的考慮事項があったならば、その事実のゆえに第一の規則は第一の規則でなかったことになるからである。

だから、もし「家族愛よりも愛国が優先する」という規則が推論可能であるならば、まず、青山さんの道徳観の中に第一の規則がもう一つ存在する。第二に、他の既定の優先順位の規則も存在している。これらの優先順位の規則は、右で述べた二つの優先順位の規則である必要はない。もし道徳観の中に第一の規則が三つあるならば、少なくとも**九**種類の対立状況が生まれうる――すなわち、第一の規則が二つだけの場合よりも複雑な、六種類の対立が生まれうる。このように対立がより複雑になるのは、対立しうる規則の数が増えるからであり、しかもそのような対立状況で選択できる、同時に行いえない行為選択肢の中には、別々の第一の規則に従った二つの行為（の組み合わせ）がありうるからである。

青山さんの三つの第一の規則を含んだ道徳観の場合に、可能な種類の対立状況をすべて並べたものが**表4・1**である。表記を簡略にするために次のような記号を用いる――P、PK、FDは、それぞれ愛国（Patriotism）と約束の順守（Promise-keeping）と家族愛（Familial Devotion）という第一の規則に従った行為を表し、＋は、別々の第一の規則に従った二つの行為の組み合わせを表し、orは、左右の行為が別々の選択肢、規則に従っ

17　反推移性が、より重要な次元が複数存在することの帰結だという古典的な説明は、May, "Transivity, Utility and Aggregation in Preference Theory" に見られる。Edwards, "The Theory of Decision Making," 44-7, von Wright, *The Logic of Prefer-ence*, 22-3, Pettit, "Decision Theory and Folk Psychology," 163 も参照。

表 4.1

複雑さの度合い	(a)	状況 1 P or PK	状況 2 PK or FD	状況 3 P or FD
	(b)	状況 4 P or (PK+FD)	状況 5 PK or (P+FD)	状況 6 FD or (P+PK)
	(c)	状況 7 (P+PK) or (P+FD)	状況 8 (P+PK) or (PK+FD)	状況 9 (P+FD) or (PK+FD)

た行為であるけれども両方同時に行うことはできない行為であることを表し、＞は、「より優先する」という関係を表す。

サルトルの学生が直面した葛藤は、状況3で表される。この種の対立の場合に青山さんの優先順位の規則は、もし右で述べた状況1用の優先順位の規則（P＞PK）と状況2用の優先順位の規則（PK＞FD）がすでに青山さんの道徳観の中にあるならば、推論可能である。あるいは、この優先順位の規則（P＞FD）は、状況4でPを優先する規則や、状況8でP＋PKを優先する規則からも同じく推論可能である。[18]

一般に、正確にどの優先順位の規則が推論可能であり、いくつの優先順位の規則が推論可能であるかは、どの優先順位の規則がすでに（推論できないものとして）道徳観の中にあるかによって決まる。かくしてたとえば、もし右で述べた状況1用の優先順位の規則と状況2用の優先順位の規則がすでにあるならば、状況4用の優先順位の規則を除いて、他の優先順位の規則はすべて推論可能である。そしてすでにある優先順位の規則が（b）や（c）という程度に複雑な状況用の規則に限られる場合でも、ほぼ同じことが言える。青山さんが最初に考えた、ないし出くわした対立がより単純な第一水

18　三項対立の状況（たとえば、「P or PK or FD」や「(P + PK) or (P + FD) or PK」など）は、ここで述べる二項対立の状況の組み合わせに還元できる。

準（a）のものであるとは限らないので、どの優先順位の規則が推論可能であるかは、論理だけでは言えない。しかし、論理だけでも言えるのは、いくつかの優先順位の規則が推論可能であり、したがって——たとえ青山さんが（まだ）そうした優先順位の規則を直接に承認したり、そうした規則を体現する優先順位の判断をしたことがなかったとしても——そうした優先順位の規則は青山さんの道徳観の中に含めることができるということである。[19][28]

推論可能な優先順位の規則は、青山さんが直接に承認した優先順位の規則や青山さんが行った判断のうちに具現された優先順位の規則（これらを「既知の優先順位の規則」と呼ぼう）に劣らず、青山さんの道徳観の中にある——少なくとも、もし青山さんが推論可能な優先順位の規則と不整合な判断を行えば、既知の優先順位の規則と不整合な判断を行った場合と同様に、評価装置から忌まわしい警告音が発せられるだろう。そして推論可能な優先順位の規則が当てはまる状況には、必然的に優先順位の規則が当てはまるので、そうした状況での葛藤は——これが第三の問いへの答えである——起こりえない。

私たちは本当に、多元的な道徳観の中で優先順位の規則がそのように高い確率で推論可能だと考えていいのだろうか。第三水準（c）の優先順位の規則が第一水準（a）の優先順位の規則から推論可能では**ない**、次のような理由を考えてみよう。下位二つの第一の規則（約束の順守と家族愛）の両方に従った特定の行為が、上位二つの第一の規則（愛国と約束の順守）の両方に従った行為よりも道徳的に優れているということがありうるだろう——なぜなら、約束の順守と家族愛の両方に従った行為には、それだけではなくて、愛国と約束の順

19　第一の規則の数が一つ増えるごとに、可能な対立の（種類）数も指数関数的に増える。道徳観に第一の規則が四つあれば、複雑さの度合いは六段階にもなり、五五種類の対立が可能である。四つの第一の規則の間の強い順位づけ（A＞B＞C＞D）から、あと四九必要な優先順位の規則のうち少なくとも三九の規則を推論することができる。

守の両方に従った行為にはないような、なにか重要な特徴がありうるからである。したがって、第一水準の順位付けがP＞PK＞FDであるとしても、第三水準の状況8における優先順位の規則が必ずしも（P＋PK）＞（PK＋FD）ということにはならない。このように考える動機は、経済学者が言う「補完財」の概念といくらか似ている――すなわちそれは、パンとバターのように、別々にあるときよりも一緒にあるときのほうが総価値が大きくなる物のことである。[20]

こうした考えは後で論じる非多元的道徳観とも重要な関連があるので、ここでこうした考えが多元的な道徳観について当てはまるかどうかを調べてみることは二重に有益である。そこでまず、サルトルの学生の苦境をさらに複雑にした事例がやはり青山さんに判断を求めるような場合を考えてみよう。母親への思いと自由フランス軍への思いが対立するのに加えて、学生は、抵抗活動をしている友人に対して、もし友人がフランスから逃れる必要が生じた場合には力を貸すと約束していたとしよう。そしてさらに、とうとう占領軍から逃走中の友人が傷つき疲れきった様子で姿を現して、力を貸してくれと言ったとしよう。そのときの状況と学生の力からして、友人の国外逃亡を手助けする方法は二つしかなかったとしよう――すなわち、（1）国境管理官に多額の賄賂を与えて、友人を隣国スイスに逃れさせるか、あるいはそうでなければ、（2）フランスを横切ることが相当により難しい旅になることを覚悟の上で友人に同行して英仏海峡の港まで行き、そこで漁船を雇ってイギリスに渡るかである。もし（1）の選択肢をとれば、学生はイギリスに行くことができなくなるし、他方もし（2）の選択肢をとれば、母親と一緒にいることができなくなるのである。

一見したところ、この問題は明らかに、約束の順守と家族愛か、それとも愛国と約束の順守か（右の状況

20　この反論を教示してくれたアマルティア・センに感謝する。

8）という選択であるように見える。そして右で述べた第一水準の優先順位の規則に従えば、私たちは、青山さんがその道徳観からして（2）の選択肢をとると考えたくなるだろう。けれども、私たちが今検討している考えによれば、（1）の選択肢をとるよう促す、十分重要なことがあって、青山さんの選択を逆転させるかもしれない。たとえば、事実として友人の健康状態が非常に悪いので、友人をはるばるイギリスにまで引き連れていくよりも近くの国境を越えさせるほうが、約束の守り方としてははるかに**思いやり**があると言えるだろう。これはたしかに、もっともな議論である。

にもかかわらず、私たちが知りたいのは、青山さんがその議論を決定的なものとして不整合なく受け入れられるかどうか、そしてもし受け入れられる場合にはどのように受け入れることができるかということである。明らかに、もし思いやりがその状況において道徳的判断を生みだす重要な特徴の一つと考えられるならば、青山さんはその議論を受け入れられる。しかし、私たちが青山さんの道徳観についてこれまでに知っていることからすれば、思いやりはそうした重要な特徴ではない。青山さんがもつ第一の規則の中には思いやり（Compassion）の規則（C）がない、したがって、もし青山さんが状況判断において（1）の選択肢のほうが思いやりがあるという点を——決定的と考えるどころか——少しでも考慮に入れるならば、評価装置から忌まわしい警告音が発せられるのを覚悟しなければならない。もちろん、青山さんは、そうすることを絶対的に禁止されているわけではない——もし青山さんが、思いやりの規則を第一の規則に加えて、優先順位の規則にしかるべき追加や変更を施すつもりであれば、話は別である。そしてこうした修正はさらに、青山さんの道徳的判断で思いやりを考慮に入れていなかった判断、それゆえに思いやりの規則が採用され、それにしかるべき順位付けが与えられて、優先順位の規則も改訂されたとき、改訂された優先順位の規則と不整合になるすべての道徳的判断に変更をもたらすだろう。

ところで、たしかに青山さんはこうした変更を行うことができる。実際に、そのような変更・再評価は、道徳的学習の過程においてしばしば重要な要素である――そして非常に多くの道徳的学習が、道徳的葛藤という学び舎において起こる。しかし、だからといって、第一の規則が三つしかない道徳観では第三水準（c）の優先順位の規則が第一水準（a）の優先順位の規則から推論可能であるという私たちの（構造上の）主張が影響を被るわけではまったくない。というのは、もし青山さんの道徳観に思いやりの規則が含まれるならば、青山さんの道徳観は第一の規則が三つではなくて四つの道徳観だからである。そしてすぐ右で述べた対立状況に当てはまるとされる優先順位の規則――（PK＋FD＋C）＞（P＋PK）――は、第一の規則が四つある道徳観の中では、第三水準ではなくて第五水準のところにある。こうして、第一の規則が四つある道徳観においても優先順位の規則は、高い確率で推論可能なのである。[21]

これで私たちは、幾何学の類比をよりよく理解できる。幾何学とは、個々の幾何問題を解くための前提となる命題の集合である。そうした命題の中の五つは、公準――第一の原理――であり、そこから他の命題、つまり定理が推論される。しかし、これらの（最初にユークリッドによって体系化された）公準の中の最初の四つは一般に必然的ないし自明な真理と見なされているけれども、十九世紀以来、ユークリッドの第五の公準――平行線の公準――は必然的ないし自明な真理ではあり得ないことが、明らかとなっている。ただし、非ユークリッド幾何学によって認められる他の平行線公準も、必然的ないし自明な真理ではない。かくして、平行線公準が異なれば、そこから生みだされる定理も異なり幾何学も異なるけれども、どの幾何学も命題の集合として

21　右の注19を参照。

内的に整合的である。[22]

私たちの第一の道徳規則が、幾何学における最初の四つの公準と同じように、自明である(いく人かの直観主義者の主張によれば、そうである)かどうかは、幸い、私たちのここでの関心ではない。いずれにせよ、いくつかの初歩的な道徳的判断は、簡単な幾何学問題への解答と同じように、こうした基本命題だけを使って得ることができるけれども、より複雑で通常の道徳問題や幾何学問題に対する答えは、そう簡単には得られない。こうした問題に対する答えは、優先順位の規則や、幾何学の場合であれば、平行線の公準とそこから派生する定理からしか得られない。かくして、多元的な道徳観における推論不可能な優先順位の規則は、認識論的に、幾何学における平行線の公準に似ている——すなわち、どちらも必要であるけれども、その内容は不確定である。推論可能でない優先順位の規則がひとたび確定すれば、そこから一定の優先順位の規則が推論可能である——それはちょうど、ある一定の平行線の公準から多くの幾何学定理の内容が推論できるのと同様である。だから、幾何学と多元的道徳観の類比は、どちらも三種類の命題を含んでいるという事実にある——すなわち(i)ユークリッドの最初の四つの公準や第一の道徳規則、(ii)平行線の公準や推論可能でない優先順位の規則、(iii)定理や(ii)から派生する推論可能な優先順位の規則である。[23] **完全性**すなわち(ii)と(iii)があることは、幾何学においても多元的道徳観においても、(i)の命題を使って述べられた多くの問題が、(ii)と(iii)の命題なくしては答えられない——葛藤になる——という意味で、合理的な要求なのである。

22 Reichenbach, *The Philosophy of Space and Time* の第一章およびバーカー『数学の哲学』の第三章を参照。

23 類比の限界は、(iii)において現れる——幾何学の定理が無限に多いのに対して、推論可能な優先順位の規則の数は第一の規則の数によって厳密に制約され、第一の規則が二つしかない道徳観の場合には零になるからである。

（八）質と量

たいへん頑張って、この多元的な道徳観を構築してきたので、次に、それを崩壊させるにはどうしたらよいかを見てみよう。この操作のために必要な一台の重機は、**道徳的判断機**と呼ばれるものである――それが具体的にどのようなものかは間もなく述べるとしよう。道徳的判断機を発明した人は、直観主義者と同様に、道徳的判断を必要とする多くの状況が複雑であることをよく認識していた。そして道徳的判断機を発明した人は、優先順位の規則の体系をそのような複雑さに対する一種の合理的対応として認めたけれども、にもかかわらず、優先順位の規則の体系に満足しなかった（ひょっとしたら直観主義者も同様かもしれない）――優先順位の規則の体系は、ある種の複雑さを別の種類の複雑さに置き換えるだけのように思われたからである。しかし、道徳的判断機を発明した人は、筋金入りの直観主義者ではまったくなかった。というのは、優先順位の規則に対するその人の反論のいくつかは直観主義者も共有するけれど、その人が反論から引き出した結論は、直観主義者の結論とは根本的に異なるからである。道徳の複雑さに対する適切な対応は、道徳的判断機を発明した人の主張によれば、優先順位の規則からなる多元的秩序でも、直観主義者のように諦めて絶えざる葛藤の発生を受け入れることでもなくて、**一元論**をとることなのである。道徳的判断機を発明した人は、この大胆な方向転換によってどのようにうまくいくと考えたのだろうか。そして、とにかくこの方向転換の動機は何だろうか。

（一元論への）第一歩は、十分に説得的である。サルトルの学生の例に戻って、今度は、学生が直面している選択が、愛国の行為か家族愛の行為かではなくて、ともに家族愛の行為でありながら互いに両立不可能な二つの行為の間での選択であったとしよう——たとえば、自分の病気の母親の面倒を見るか、それとも妹が官憲に捕まらないように自分が同行して妹を外国に逃がしてやるかである。明らかにこの葛藤は、同じ第一の規則が当てはまる二つの行為の対立なので、これまで検討してきたような優先順位の規則によって解決できるものではない。しかしだからといって、それで、優先順位の規則ないし多元的道徳観一般の限界があらわになったと考えるべきでもない。というのは、この種の「引き分け」は、同一の第一の規則に関して起こるので、いかなる種類の道徳観でも——一元的道徳観においても——避けられないからである。二つの義務が対立し、両者の間に道徳的に重要な違いがない場合、そうした対立は、規則に準拠して解決することができない。[24] そして少なくともこれまでのところ、私たちが検討してきた道徳的に重要な違いは、**質的**な違い、すなわち対立する行為の種類の違いだけであった。

しかし、学生が家族愛から妹にしてあげられることのほうが母親にしてあげられることより**もっと大きかった**としよう。今のところ、ここで「もっと大きい」というのが何を意味するのかという議論は後回しにしよう——この問題は、私たちがこれから調べてみる方法の核心に位置するからである。ただ暫定的に、私たちは、家族愛の行為とは何かということだけではなくて、どのような場合にある行為の家族愛のほうが別の行為の家族愛より**もっと大きい**のかということも分かっていると仮定しよう。そうすると、学生は妹のほうを優先すべきであった、家族愛は道徳的に善いことなので大きな家族愛のほうが小さな家族愛よりももっと善いと主張することは説得的と思われる。

24　多元的な道徳観に、ひょっとしたら一元的な道徳観にも、硬貨を投げるというような最終的な決定手続きを定める規則がありうるというのは事実だけれども、つまらないので放っておく。

さてそこで、道徳的判断機の登場である。見たところ、道徳的判断機は一種の競技機器、すなわち人の第一の規則が何であり、どれほど数多いかに関わりなく、その人が整合的な道徳的判断を下す能力を試すための機械である。だから道徳的判断機は、評価装置の大のお気に入りである――競技する人がよく過失を犯したり計算を間違ったりしてくれるので、評価装置は思う存分に、口やかましい警告を発することができるからである。道徳的判断機には、**状況提示部**と**制約表示部**という二つの基本装置がある。さまざまな間隔でとびとびに、状況提示部は、一つまたは複数の色球を上向きの受け皿に出してくる。こうした球はそれぞれ、第一の規則によって義務とされるような行為を表す。競技する人が受け皿から一つの球を取り上げたならば、それは、その人がその球の表す行為をするべきだと判断したという意味である。球には、それぞれ虹の七色、すなわち赤、橙、黄、緑、青、藍、紫の色が塗られている。それぞれの色は、別々の第一の道徳規則に対応する。そして第一水準の優先順位の規則によって表される、第一の規則の単純な順位づけは、虹色の系列に再現されている――すなわち、赤球が最高位の第一の規則に対応し、橙が第二位の第一の規則に対応し、という具合である。かくしてたとえば青山さんの道徳観の場合、赤球は愛国の行為を表し、橙の球は約束を順守する行為を表し、黄球は家族愛の行為を表す。[25]

道徳的判断機のもう一つの装置、制約表示部は、単純かつ（通常は）ケチである。制約表示部は、二つの部品から成る――すなわち、状況提示部から球が受け皿に出てきたときに数字を点灯させる画面と、競技する人が画面上の数字よりも多くの球を取り上げるのを妨げる回転棒である。より上級の競技の場合――今のところ

25　競技する人の道徳観に含まれた第一の規則が七よりも多い場合は、虹の七色の中間色を塗った球を使って対処する。青山さんのように、道徳観に含まれた第一の規則が七よりも少ない場合は、虹色の系列の中で（不要な）下位の色球は無視することができる。

考える必要はないけれども——制約表示部は、競技する人が取り上げてよい球の組み合わせにも制限を加える。取り上げてよい球の数が出てきた球の数と同じということは滅多にない、と言っておけば十分だろう。だから競技する人は、通常、難しい選択をしなければならない。

とはいえ、初心者は易しいところから競技を始める。一回目、状況提示部は、球を一つだけ出してくる。そして制約表示部は、例外的に気前よく、10という数字を点灯させる。二回目もいっこうにやっかいではなくて、赤球と黄球が出てきて、一つだけを取り上げるというものであった。青山さんは、三回目の、赤球と橙の球と黄球の中からどれか二つを選ぶという競技でも、さして大変ではなかった。

しかし、蜜月が永遠に続くわけはなく、道徳的判断機はほどなく本腰を入れてくる。すなわち、道徳的判断機を発明した人が意図した作業、一元論の魅力の宣伝に取りかかる。この方向での最初の動きは、青山さんに、私たちが先にサルトルの学生のために考えた新しい葛藤を与えること、すなわち母親の世話をするか、それとも妹の逃亡を手助けするかの選択を迫ることである。二つの球が状況提示部から飛び出し、制約表示部では1という数字が点灯する。蜜月期の簡単な選択状況とどこが違うかと言えば、今回は、二つの球が両方とも同じ色（黄）だけれども一方が大きく他方が小さい。前には、出てきた球がすべて同じ大きさだった。あるいは少なくとも青山さんにはそう思われた——実際のところ青山さんは、色の違いだけが問題であり、どの球を取り上げるかの判断にとって必要と思われたので、大きさにはあまり注意していなかったのである。

この状況に青山さんは、当惑する。選択に困った青山さんは、二つの球をよく見て、色合いに少しでも違いがないか、見つけようとする。しかし、なんの違いも見いだせないので、青山さんは、先に述べた、もっともな考え方に従って、慎重に——その間中ずっと、おそるおそる肩越しに評価装置に目を遣りながら——大きいほうの球を取り上げる。

評価装置は、沈黙したままである。それに安堵し、うまく行ったことで勇気を得た青山さんは、自信をもって次の六回の競技を楽々とこなした——それらは、大きい赤球と小さい赤球と大きい橙の球の中から一つを選ぶとか、大きい橙の球二つと小さい橙の球と大きい黄球二つの中から二つを選ぶとか、小さい赤球と小さい橙の球と大きい黄球と小さい黄球三つの中から三つを選ぶといったようなもので、概念的に新しい問題点はなにもなく、同じ課題の単なる変形と思われた。十一回目になって初めて、青山さんの幸運な勝勢が突然止まった。というのは、一つの球だけを取り上げることができるという制約の下で、状況提示部から小さい赤球と大きい橙の球が出てきたからである。青山さんは、完全に狼狽した。少しの愛国が大きな約束の順守よりも道徳的によいというのは、本当だろうか。最初の自然な反応として、青山さんは、難しい選択を回避するために標準的な再解釈という戦法をとる。すなわち、まず、なんとか小さい赤球がなくならないかと、目を細くして受け皿を見てみる。次いで、大きい橙の球が小さい赤球を大きくしたものにすぎない[26]という理屈を求めて、物理学の教科書をくまなく探す。そして最後に、どうしようもなくなった青山さんは、英雄的な試みとして、両方の球を受け皿から取り上げようとする。しかし、それは無理である。どうしたらよいのだろうか。

この問題にすぐに答えるよりも、しばらくそれは保留にして、それと関連がありうる他の問題をいくつか見てみよう。一つは、青山さんのこれまでの判断は、一体どのような優先順位の規則を表していたのだろうか、というものである。四回目に小さい黄球よりも大きい黄球を選んだとき、青山さんは、「大きいほうがよい」という規則を承認していたのではないだろうか。そして同じ規則が、それ以降に青山さんが行った多くの判断でも暗黙のうちに働いていたのではないだろうか。そうすると、今もし青山さんが大きい橙の球よりも小さい

26　ここからさらに、大きい藍の球はもっと小さい赤球をもっと大きくしたものだということになるだろうか。

赤球を選ぶならば、評価装置が騒ぎだすのではないだろうか。

たしかに青山さんは、**なにか**「大きいほうがよい」というような規則に従った――実際に、仮にもし青山さんが大きい黄球よりも小さい黄球を選んだり、さらに言えば何色であれ大きい球よりも小さい球を選んだりすれば、確実に評価装置はやかましく騒ぎ立てるだろう。しかし少なくともこれまでのところ、青山さんの判断はどれも、**無条件に**「大きいほうがよい」という規則を表しているとは言えない。ただし、そのような規則と不整合でもない。青山さんがこれまでになにかを別のなにかよりも優先する判断をしたとき、たしかに価値ある目的を諦めるときの例にもれず後悔の念があったけれども、にもかかわらず一つの苦悩だけは免れていた――すなわち、青山さんの判断は、無条件的な「大きいほうがよい」という規則とも、虹の七色によって表される質的な優先順位の規則とも同じように両立可能であった。ところが今、青山さんは分かれ道に差しかかり、これら二つのうちどちらか一方を選択しなければならないように思われるのである。

このとき、道徳的判断機を操作する人（**操作主任**と呼ぶことにしよう）が、まったく無私的というわけでもない助言を申し出てくれる。「まったく無私的というわけでもない」のは、操作主任は、道徳的判断機を発明した人の生涯の弟子であり、一元論の信奉者だからである。「私は」と操作主任は青山さんに言う。「青山さんの苦境がよく理解できます。青山さんの考えでは、愛国も約束の順守も道徳的に重要であり、しかも愛国のほうが約束の順守よりもっと重要です。青山さんは次のことにも同意されます――つまり、大きい愛国の行為のほうが小さい愛国の行為よりも重要であり、同じことが約束の順守にも家族愛にも当てはまるということです。同時に青山さんは明らかに、**狂信的**な愛国主義者になることに躊躇いがあります。青山さんの理に適った考え方も道徳的な躊躇いも立派だと思います。それでは、次のようにしたらどうでしょうか。質的な優先順位の規則――赤>橙>黄――はそのまま維持しながらも、それを少し、「大きいほうがよい」という規則を使って改良するのです。言い換えると、第一の規則を三つから六つに倍増して、それらの順位付けを、（道徳的判断機にとって）大きい赤＞大きい橙＞大きい黄＞小さい赤＞小さい橙＞小さい黄という順序になるようにするのです。私は、青山さんが道徳的判断機の競技を始める以前にどのような道徳的判断をされたのか存じませんけれども、もし幸運に恵まれていれば、青山さんがされた道徳的判断は、なんとかこの順序と整合的だったでしょう。その場合、評価装置は、青山さんに判断の修正を強要しないでしょう。たとえいくつかの判断を修正しなければならないとしても、それは極端に難しくはないでしょう。とにかく、この改良によって青山さんは、今回の難局を無事に脱することができるでしょう。」

青山さんは暫定的にこの提案を取り入れる。すると操作主任は次に、青山さんに何回か、さまざまな色の大きい球と小さい球の間での簡単な選択をさせてくれた——それで青山さんは、この新しい、大小を考慮に入れた道徳観（第一の規則と優先順位の規則）にかなり慣れてきた。けれども、青山さんの自信が回復するや、操作主任が次に出してきた二回の選択状況は、けっして思いがけないものではなかった。まず次の回では、一つの球を取り上げることができるという制約の下で、小さい球一つと大きい球二つで合計三つ、すべて赤色の球が出てきた。新しい点は、大きい二つの球のなかの一方が他方よりも**さらに大きい**、ということである。

球の大きさが二種類よりも多いということを知った青山さんは、その事実を飲み込みながら、なんとなく不吉な予感に襲われた。「**あと何種類の大きさがあるのだろうか**」と青山さんは不安に思った——大小を考慮に入れた第一の規則がさらに増加し、優先順位の規則が指数的に増加することを考えたからである。しかし、こうした心配はしばらく脇に置いて、青山さんは現下の選択状況に向かい、最も大きい赤球を取り上げる——それは、もし大きいほうが小さいよりもよいならば、大きいよりももっと大きいほうがもっとよいし、なおのこと最も大きいのが最もよいという、極めて真っ当な理由からである。（評価装置は、何も言わない。）

最後の一撃が間もなく訪れる。というのは、次の回のときに、青山さんが最も恐れていたことが起こったからである――すなわち、一つの球を取り上げるという制約の下で、大きい赤球ともっと大きい橙の球とさらにもっと大きい黄球が出てきたのである。腹を立て、イライラした青山さんは操作主任にかみついて、「これは**あなたの**せいですよ」と抗議した。「**あなた**が、あの忌々しい機械で私を惑わせたのです。この競技が始まる前、整合的な道徳的判断をすることは大変でしたが、少なくとも可能でしたし、少しずつ容易になっていました。それが今、あなたは、いつでもさまざまに違った大きさの球を出してきて、私の優先順位の規則を無茶苦茶に複雑にし、おかげで私のほうは葛藤に次ぐ葛藤です。人生は、今（大小を区別する競技の下で期待できる）よりも遥かに簡単でした、だから私は、大きいほうがよいという規則とそのすべての含意をいったん採用しましたが、それを取り消します。」

操作主任は、そのような怒りの爆発に対処するのによく慣れているので、とてもやさしく慰めるような独自の口調で、次のように答えた。「仰ることは、本当に、よく分かります。ですが、青山さん、性急なことはけっしてしてはいけません。第一に、青山さん自身が自発的に、私が助言するよりも前に、小さい黄球よりも大きい黄球を選びました。第二に、球の大きさがいつでも違うとのことですが、人生とはそうしたものであって、けっして私の気まぐれや道徳的判断機のせいではありません。道徳的によい行為がすべて、（一種類は言うまでもなく）二種類の標準的な大きさでしか現れないとは、とうてい考えられないでしょう。第三に、これが朗報です――青山さんは、大小を区別する競技のほうが先の純粋に質的な競技よりも複雑だと言われますが、それは正しくありません。最後の回の時に、青山さんは明らかに、最も大きいのが最もよいという規則が、大きいほうがよいという規則の自然な延長だということを見てとりました。その洞察に達した青山さんは、道徳的知恵を極めたことになります。青山さんの行く手には、もはやいかなる葛藤もありません。これからはただ、表示された制約の下で取り上げることができる最大の球、球の最大の組み合わせを選びさえすればよいのです。今回の場合、それは黄球でしょう。もちろん、ときには同点という状況に出くわすでしょう――しかし、それはどういう種類の競技でも起こりうることなので心配には及びません。そのような場合には、硬貨を投げて表か裏かで決着をつけることだってできます。」

青山さんは、これを聞いて、少しずつ落ち着きを取り戻すけれども、依然として操作主任の心遣いに対しては懐疑的である。「操作主任のご提案を私が理解するところでは」と慎重に青山さんが口を開いた。「球の色は――色がいかなる**種類**の行為を表すかということも、色の間の順位付けも――もはやまったく問題ではないのです。つまり、問題になるのは大きさだけなのですから、球に色がないようなものです。」

「まさにその通り」と操作主任は喜びに目を輝かせて言った――自分が転向させようとしている青山さんが急速に進歩したからである。「では次に、こうしよう」と言って、操作主任は、道徳的判断機の〈最も大きいのが最もよい〉というボタンを押して、状況提示部を作動させる。球が飛び出す音がして、取り上げることができる球の数が、制約表示部の画面に表示される――**しかし、球が見当たらない**。「ちょっとした不具合です」と操作主任は弁解した。そして「すぐに戻ります」と言って、機械を調整しに行った。戻ってくると、操作主任は、機械をもう一回作動させた――しかし、またもや球が出てこない。

議論の形勢が自分に有利になるのを感じた青山さんは、大胆になった。「状況提示部の受け皿に、球があるわけないでしょう」と青山さんは、あざ笑って言った。「色のない球は存在できません、ないしは、もし存在できるとしても、けっして目に見えません。標準的な大きさ（の数）は一つでも二つ以上でもかまいませんが、特定の種類の行為でないような行為がどうしてありうるでしょうか。この馬鹿げた仮定に、功利主義の議論は、あきれるほど長い間、悩まされてきました。しかし、ベンサムでさえ、一元的な単位を打ち立てて、〈強さ、持続性、確実性、遠近性、多産性、純粋性、範囲からなる複合的大きさの点で）最も大きい行為をせよと私たちに命じた時、どんな種類の行為でもいいと言っていたのではなくて、彼の場合には、幸福を生みだすように見える行為だけを問題にしていたのです。[27] 操作主任は、私と同じくらいひっかかりやすいようです——判断に際して球の大きさだけが問題ならば、その場合、球に色がなくてもよいという私の詭弁に簡単にひっかかるのですから。その場合に言えるのは、球の間に色の**違い**がない、すなわちすべてが同じ色だということだけです。もし色のない球の中から選ばなければならないのであれば、人がどんな種類の行為を選んでいてどんな種類の行為を退けているのかは、（神さま以外の）誰にも分からないでしょう。少なくともなんらかの道徳的価値がある行為を、そうでない行為から区別する方法もありえないでしょう。」

「分かりました」と操作主任は、いらだって言い返した——青山さんを転向させる企てが失敗しかけているからである。「球をすべて同じ色にしましょう。お安い御用です。」機械を再調整して、道徳的判断機をもう一回作動させると、すべての球が同じ色で出てきた——**藍色**である。

「これはまた、**藍色**とは何ですか」と青山さんは、うれしそうに笑って言った。

「どうして、そんなことを聞くのですか。どういう違いがありますか」と操作主任は反論した。「青山さんのお望みのようになったでしょう——球はすべて同じ色です。さっさと、最も大きい球を選んでください。」

「ええ、ですが、今の場合に私がそもそも選ばなければならないということ、ましてや規則に準拠する仕方で選ばなければならないということが、どうして分かるのでしょうか。藍色の球が**道徳的**な選択肢を表していると、どうして分かるのでしょうか。ひょっとしたら、それらの球は、別々の運動や音楽鑑賞にすぎないかも

27　ベンサム『道徳および立法の諸原理序説』一一三〜一一五頁。

しれません。健康や文化に道徳的価値があるという人もいるかもしれませんけれども、私はそうではありません。私にとって、運動や音楽鑑賞は、アイスクリームの味と同じで、趣味の問題にすぎないので、私のそれらの選択は、普遍化された（すなわち、規則を含んだ）判断ではありません。ですから、もう一度うかがいます――藍色の球は、どういう種類の行為なのでしょうか。」

「いいですか」と操作主任は言った。「もし青山さんが気に入らないということであれば、すべての球を赤に変えましょうか。」

「そんなに簡単に行けば、苦労しません」青山さんはため息をついて言った。「実際、私は、すでにそういうことを自分で試みてみました――それは、第十一回目のとき、大きい橙の球と小さい赤球の中から一つを選ばねばならなかったときです。約束の順守をなんとか愛国的な行為として解釈できないものかと思い、実際にそうあってほしいと願いました。しかし、たしかに、約束を順守する**いくつか**の行為は疑いなく愛国的でもありますが、つねにそうだとは考えられませんでした。たとえば、先に検討した、サルトルの学生の「スイスに逃れるという選択肢」がそういう場合でしょう。クワインが次のように述べるのは、確かに正しいと言えます。

倫理学の公理は、いくつかの価値を他の価値に因果的に還元することで――すなわち価値のある行為のいくつかが、どのみちより上位の目的のための手段としてすでに価値があるということを示すことで――最少化できる。……因果的還元は、このように仮定を集約するだけでなく、対立を解決するのにも役立つのである。[28]

28　Quine, *Theories and Things*, 64.

しかしクワインがすぐに、因果的還元が対立の解決に役立つのは、「道徳的価値を他の道徳的価値に因果的に還元できる限りに」すぎず、「還元されない究極目的がいくつか残らざるをえない」と警告するのも、同じように正しいでしょう。もちろん、もし「いくつか」ということでクワインが二つ以上ということを意味しているならば、クワインの警告はいささか言い過ぎであるかもしれません——つまり私は、一元論が不可能だ、究極目的ないし第一の規則が複数存在し**なければならない**と主張したいのではありません。しかし、操作主任はこれまでのところ、まったく逆の見方（一元論）に賛同する理由を述べられていません。それに未だ、藍色の行為が何であるかも述べられていません。」

「なるほど」と操作主任は無愛想に答えた。「藍色の行為が何であるかは、青山さんが自由に想定してもらってかまいません。藍色の行為を、多くの人は、幸福を生みだす行為と解釈するようです。他に、欲求や選好を充足する行為だと考える人もいれば、後悔を最小にする行為だと考える人もいます。さらに、形而上学的な傾向の人は、自己を発展させる行為だとか有機的統一をもたらす行為だと考えがちです。私にとっては、まったくどうでもいいことです。私はただ、青山さんの道徳的判断を健全な合理的基礎に基づかせることで、青山さんが狂信的な愛国主義者にならないですむようにしてあげたいのです。それが、とんだ返礼を受けたものです。」

「もっともなご意向だと思います」と青山さんは譲歩して言った。「私は、狂信的な愛国主義がそれほど好きではありません。しかし同時に、（そうすると）**なんらか**の種類の狂信主義がほとんど避けられないように思えてきます。そして私によく分からないのは、その狂信主義がどうして、操作主任が私に押しつけようとされている、かなりすっきりした形のものでなければならないのか、ということです——ましてや、その狂信主義がどうして幸福増進や選好充足や、操作主任の言われた他のことの狂信的追求であるべきなのか、ということはもっと分かりません。もし私がそれらのうちのどれかに内在的な道徳的価値があると思っていれば、私はもちろんそれを自分の第一の規則にするでしょう。それに、他の第一の規則よりも相対的に高い優先順位を与えることだって、あるかもしれません。しかし、仮にそうしたとしても、それ**だけ**が道徳的に価値があって、他の第一の規則とされているものはすべてそれのための手段としてそれの下位規則にすぎないと考えるのとはまったく違います。まだ一元論とはまったく違います。要するに、私たちは、純粋な直観主義では話が始まらない（ないしより正確には、話が終わらない）という点では同じ考えですけれども、私は、自分の道徳的幾何学が操作主任の道徳的算術によって完全に置き換えられるとは思えないのです。」

「しかし、それこそが大事な点です」と操作主任は声を上げて言った。「実際、私でもそれほど上手には表現できなかったでしょう。幾何学をするためには、算術をする必要がありますけれども、その逆は言えません。もし道徳的問題を算術だけで解決できるなら、幾何学も導入して問題をより複雑にする必要はないでしょう。」

「幾何学は」と青山さんは反論した。「操作主任の算術が入ってくるのとまったく同じ（認識論的）扉から入ってきます。数を組織化するためには、**なにか**を——幸福増進でも他の何でもいいです——入れる必要があります。結局のところ、数はあらゆる行為を見境なく処理するわけではないのです。ですから、操作主任と私の間の基本的な違いとしては、操作主任は第一の規則が一つ入っただけで扉を閉めようとされるのに対して、私はその点でもう少し寛大だということです。たしかに、私の関係者たちは、操作主任には、かなりいろんな色の人たちが混ざっていると思われるに違いありません。そしてまた、事態が手に負えなくならないように、私の客の中には警察官（優先順位の規則）も入れておく必要があると言えます。しかし、安心してください——私たちは、操作主任と同じように秩序正しく、複雑な状況が生じたときにも（操作主任と）同じように整合的に対応できるのです。」

「参った、青山さんの多元論はすごいわ」と操作主任は称賛して言った。「これほど手ごわい相手に出会うのは近頃では非常に珍しい経験なので、私も思わず青山さんに賛同してしまいそうです。しかし、完全にそうというわけでもありません。そうすると、いよいよ私の決定的な議論を出さなければならないようです――その前に、もしよければ、少し警告となる話を述べましょう。先週、私たちのところに別のもう一人の多元論者がやって来て、道徳的判断機で競技をしました。ただ、この可哀そうな人――**可哀そう君**と呼びましょう――は、やって来たとき、少なくとも**三十**もの完全、独立な第一の規則と思われるものに恐れをなしていました。（可哀そう君が携帯していた優先順位の規則本がどれほど大きかったか、想像してみてください。）私は、それら第一の規則をいちいち挙げませんけれども、そこには、青山さんの三つの第一の規則と、それから善意や正直、仁慈や貞潔、勇気や思慮、節制や謙遜、礼節や創造性、正義や親切などといった伝統的な徳目が含まれていました。正直に言って、私は、可哀そう君の需要に応えられるだけ多くの色を見つけられるか、かなり心配になって、なんとか第一の規則の数を減らせないかと聞いてみました。しかし、そうすることを可哀そう君は、青山さんも先ほど述べたのと同じ根拠で、頑なに拒みました――すなわち、ある種類の行為がときに別の種類の行為でもありうるけれども、常にそうだと決めてかかることはできないというのです。それはともかく、私たちはなんとか、可哀そう君の第一の規則をすべて別々の色で表すことができて、可哀そう君を試しにかかりました。」

「まず可哀そう君に試したのは、最初の、大きいほうがよいという競技です。憶えているでしょう――二つの黄球、小さい黄球と大きい黄球を使った競技です。（ちなみに、黄色は、可哀そう君にとっても家族愛でした。）とにかく、可哀そう君は、その競技にとほうもない時間をかけていたので、私は手を貸してあげたほうがよかろうと思いました――そのときには、可哀そう君をそれほど早く仕留められるとは思いもよりませんでした。可哀そう君は、球に大きさの違いがあるということが道徳的に何を意味するのか分かりかねている――すなわち、大きい家族愛の行為と小さい家族愛の行為がいったい何を意味するのか、よく分からないようでした。ですから私は、青山さんがサルトルの学生に関して最後に考案した例を借りました――つまり、病気の母親の面倒をみるか、それとも妹が官憲から逃れるのを助けるかという選択です。そして可哀そう君に、たしかに母親が学生の助けを必要としていることはほとんど疑いえないけれども、妹のほうは投獄され拷問にかけられ、ひょっとしたら処刑される危険性もあるので、明らかに、妹を救うことのほうがより大きな家族愛の行為だと私は述べました。」

「その説明に可哀そう君は実に神妙に耳を傾けていました――すごく真面目な青年なのです――そして、おおいに考えた末に、大きい黄球に手を延ばしました。そのとき、私も行動に出ました。可哀そう君の手を捕まえて、私は、どうして硬貨をはじくこともしないで、小さい球よりも大きい球を選ぶのか、と聞いたのです。『明らかに、大きい家族愛の行為のほうが、小さい家族愛の行為よりもよいからです』と可哀そう君は、いらついて答えました。『しかし、どうして』と私は尋ねました。『君は、妹を助けるほうがより大きい家族愛の行為だと思うのですか』『その理由は、まさに操作主任が述べられた通りです』と可哀そう君は答えた。『つまり、妹の必要性、起こるかもしれない不幸――それを他に何と呼んでもかまいません――が、母親の場合よりも大きいからです』『言い換えると』と私は言った。『君の考えでは、より大きい家族愛の行為がより大きく、したがってよりよいのは、それがより大きい**善意**の行為だからです』」

「青山さんも察しがつくように、私がこう言うと、可哀そう君は不意打ちをくらって、あっけにとられました。そして私はすみやかに、善意についての考慮が、可哀そう君の他の第一の規則のほとんどに関しても、大きいや小さいといった判断の大部分を背後で支えているということを示してあげました。より大きい（または、より小さい）冷酷や約束不履行、不正や不正直、無作法などの行為はすべて、それによって生じると考えられる苦痛や不幸が大きいか小さいかに応じて、より大きかったり小さかったりすることが分かりました。残念ながら、時間になったので、私は、この還元作業を可哀そう君の第一の規則すべてに行うことはできませんでした。しかし、安心してください、可哀そう君の第一の規則は、やって来たときよりも出て行ったときのほうが少なくなっていました。そして私は、来週、可哀そう君がやって来たときに、作業を完成させたいと思っています。」

「要するに、青山さんが一元論を第一の規則一つだけを例外として他のすべてに対して恣意的に扉を閉ざす狭量な思考法であるかのように言うのは、非常に不公正だと思います。一般的に言えることは、たしかにこうです――一元的還元は、単一の価値を複数の価値に外から無理に押し付けるのではなくて、複数の価値のそれぞれの中にある特徴――この特徴のおかげで私たちは、それぞれの価値がさまざまな程度に重要であることが分かります――が単一の価値を指し示しているということを示すのです。ですから最後に、もう一度言わせてもらうと、青山さんも、硬貨を投げることなどしないで、大きい黄球を選んだということです。」

「どうやら今度は、私のほうが、思わず賛同してしまいそうですが、完全にそうというわけでもありません」と青山さんは、長く考え込んだ末に、口を開いて答えた。「もちろん私も、第一の規則ないし価値を背負い込みすぎることがありうるのは分かります――つまり、ある種の行為が内在的に価値があると想定していながら、結局は、そうした行為に価値があるのは、それらが他の価値ある（種類の）行為を具現しているからにすぎないと悟ることがありえます。しかし、操作主任は、私自身が黄球を選択した場合にも可哀そう君が黄球を選択した場合にも実際に（それぞれ理由は違っていても）そうであったということを示されていないと思います。」

「可哀そう君の場合、操作主任が述べられた還元によれば、より大きい善意の行為はより大きい家族愛の行為でもあるというだけではなくて、行為に善意がなければ家族愛もないということになります。これは、明らかに間違っています。たとえば、可哀そう君が、親戚の墓に毎年花を供えることを義務と考えているとしましょう。そして誰一人そのことを気にかけるどころか、知りさえしないとしましょう。そのような行為は、けっして善意の行為とは言えませんけれども、家族愛の行為にほとんど間違いないと私には思われます。そしてそのような行為を、可哀そう君も家族愛の行為として正当化するでしょう。ですから、二つの重要な点において、操作主任が、二つの黄球のどちらを可哀そう君が選択するかを母親か妹かという選択事例になぞらえるのは、適切ではありません。第一に、母親の面倒をみる行為と妹を助ける行為は、どちらも可哀そう君にとっては、**道徳的に複合的**な行為です――すなわち、それらの行為はどちらも、可哀そう君の、一つだけではなくて二つの第一の規則（家族愛と善意）を具現しています。したがって、可哀そう君の事例は、道徳的判断機の競技水準をより上級に変えて再現する必要があります――すなわち状況提示部は、二つの黄球だけではなくて、善意を表す色、たとえば藍色の球も二つ出してくる必要があるでしょうし、制約機構は、黄球と藍色の球のしかるべき組み合わせだけを取り上げられるようにしなければなりません。」

「しかし、それでは確実に二重計算になるでしょう」と操作主任は、口をはさんで言った。「青山さんも、妹を助けるほうがより大きな善意の行為であること、したがってそれを表す球は青山さんが言う二つの藍色の球のうちの大きいほうであることは、否定しないでしょう。そしてこの大きい藍色の球は大きい黄球と組み合わさっていて、大きい黄球が（もう一つの黄球よりも）大きいのはより大きな善意の家族愛の行為を表すからなので、善意を表す藍色の球を付け足すことは余計です――選択に変わりはないからです。」

「それは、操作主任さん、典型的な一元論の論点先取ですよ」と青山さんは答えた。「多元論者にとっては、ある行為が第一の規則一つだけを具現する道徳的に単純な行為であるのか、それとも道徳的に複合的な行為であるのかには、決定的な違いがあります。道徳的に複合的な行為は、他の行為とのどんな対立状況においても、複雑さの水準が単純な行為よりも高くなります。そしてここから、可哀そう君に対する操作主任の言葉が不適切だった、第二の点になります。操作主任は、妹を助ける行為が母の面倒をみる行為よりも善意が大きい（より大きい藍色の球である）から、それを表す球はより大きい黄球であると単純に考えておられます。そこで私としては、妹を助ける行為は善意が大きいので、善意が小さかった場合よりも、大きい家族愛の行為であるということは、容易に認めます――すなわち、善意は家族愛の自然な一側面です。しかし、墓に花を供える例は、善意だけが家族愛の自然的側面ではないことを示しています。そして、母の面倒をみる行為が家族愛の他の自然的側面において妹を助ける行為を凌駕するということは、間違いなく可能です。その場合、たとえ妹を助ける行為の藍色の球が母の面倒をみる行為の藍色の球よりも大きいとしても、母の面倒をみる行為を表す黄球は妹を助ける行為を表す黄球と少なくとも同じ程度に大きいかもしれません。ですからたとえば、ベンサムの幸福は、依然として多面的なものです。ベンサムは、最大の幸福が見込まれる行為は最長の幸福が見込まれる行為だと述べているのではありません。」

「もちろん、ある種の行為に多くの可変的側面があるからといって、特定の行為にこうした側面がどのくらいあるか、ましてやこうした側面をいかにして単一量に集計するかということが確定可能な事実問題ではない、ということにはなりません。ある行為にどれくらいの家族愛があるか、あるいは少なくともある行為に別の行為よりも大きい家族愛があるかどうか、ということ自体は、非常に複雑ではあっても非道徳的な問題です――このことは、認めましょう。しかし、操作主任が言われるような一元論的還元を正当化するには、これよりもずっと多くのことを主張する必要があります。すべての価値ある行為がそこに含まれているものによって共約できることを証明するには、すべての価値ある（種類の）行為に同じ自然的側面だけがあって、こうした側面が同じ方法で自然に集計されるということを示さねばなりません。しかし、墓に花を供える例は、これが必ずしもそうではないことを示しています。」

「たしかに、善意は、思慮のような標準的な第一の規則が命じる、非常に多くの種類の行為に姿を現す重要な側面です。またたしかに、善意と思慮は、幸福の追求として共約できます。しかしたとえば、ある不正直な行為が別の不正直な行為よりももっと不正直なのはどうしてなのか、考えてみてください。一つの要因は、疑いもなく、他人やひょっとしたら本人も含めて人の幸福に対する影響の違いです――『真っ白な嘘』とは、他人に危害がないと考えられる、小さな不正直のことです。けれども、もう一つの要因は、嘘の内容が本人が信じていることからどれだけ離れているかの違いです。報道記者が、千人の村民が虐殺されたことを知りながら嘘をつくとしましょう――そのとき、数十人が殺されたと報告すれば、数百人が殺されたと報告する場合よりも大きな嘘をつくことになります。」

「私たちはたしかに、家族愛の行為と不正直の行為を、幸福の側面において、すなわちどちらがより大きな苦痛を引き起こすかという点で比較することができます。しかしそれでも、どちらの行為がより大きいかは分かりません。そして不正直な行為に正確さの側面があるように、勇気や創造性、正義や貞節など他のすべての価値ある種類の行為には、独自の側面と集計方法があるように思われます。たしかにこの事実のゆえに、さまざまな行為は別々の種類の行為であって、すべてが同じ種類の行為ではないのです。色のない球が失敗だったことを思い出してください――その失敗によって、操作主任も行為の種類を区別せざるを得ないということが示されました。創造性と慈しみが可哀そう君にとって第一の価値であると、操作主任は述べられました。では操作主任は、交響曲を作曲する行為のほうが腎臓を贈与する行為よりも大きいとか小さいとかということを、どのようにして可哀そう君に示そうと言われるのでしょうか。一方は他方より大きな幸福や選好充足や自己実現や有機的統一を生み出すからより大きいと言っても無駄です。それはちょうど、牛乳一リットルが飾りひも一メートルよりも重い、ないし栄養がある、ないし大きな空間を占めるから、より大きいと言っても無意味なのと同じです。立方体は、球体よりも表面積の点では大きくて容積の点では小さいということが可能です。ではどちらがより大きいのでしょうか。[29]」

「私自身の場合、母か妹かの選択を大きい黄球と小さい黄球の間の選択に準えるのは公正だと言えます。ただし、それは価値を還元できるからではなくて、善意が私の第一の規則ではないからです。自分の縁者ではない赤の他人に対して善意の行為を（それが約束の順守や愛国でもないにもかかわらず）私自身や他の人が行うことは十分にありうるでしょう――しかし、可愛そう君と違って、私はそうした行為に道徳的価値があるとは考えません。たしかに、妹を助ける行為の可変的側面を集計した際に、その行為の善意が大きいという点が、母の面倒を見る行為に含まれた（家族愛のなにか）他の側面がもっと大きいことによって凌駕されるのでないならば[30]、その場合、妹を助ける行為はより大きい黄球――よりよい行為――であり、選択すべき行為でしょう。これを否定するのは馬鹿げているでしょう――それはちょうど、（一人の妹を助けるよりも）同様の状況にある**二人**の妹を助けることのほうがさらにいっそうよい行為であることを否定するのが馬鹿げているのと同じです。しかし、このように同じ種類の行為が自然に共約できるからといって、操作主任が言われるように別々の種類の行為が自然に共約できるということにはなりません。一元論が質的に別々の選択対象の間に存在すると

29　Brown, "Incommensurability," 5-10 を参照。
30　そのような他の側面の典型例は、自分の核家族との血縁関係の近さである。

想定するような**連続性**は、道徳的価値の必然的特徴ではまったくないのです。[31]」

（二）帰結と数

「そうですか」と操作主任は、店じまいの用意をしながら諦めたように答えた。「どうやら、青山さんのことは義務論に任せて、たとえ帰結が何であろうと、青山さんには狂信的に愛国的なことをしてもらうしかないようです。」

「ちょっと待ってください」と青山さんは言った。「それはかなり重大な告発であり、私は、そこに含まれた三つの点をすべて退けたいと思います。第一に、私が前にも強調したように、一元論者が多元論者を道徳的狂信家だと言って批判するのは、私にはほとんど馬鹿げていると思われます――というのは、一元論者の批判が直接の対象とするのは、まさにこの点、多元論者が道徳的判断をするに際して一種類のこと（幸福の増大か何か）以外のことも考慮するという点だからです。私はここでは操作主任のことを、『一元性（mononomia）』と『偏執狂（monomania）』が語源的に近いという青くさい言葉遊びをして非難することも、『偏執狂』と狂信主義の関係をとりあげて非難することもしません――というのも私はすでに、一元的道徳観が完全に整合的な道徳的立場であることを認めているからです。しかし、一元的道徳観だけが整合的な道徳観というわけではありません。」

31　合理的選択の要求としての**連続性**は、第五章（ロ節とハ節）の中心的主題である。

「第二に私は、義務論だという批判が一体どこからやってくるのか分かりませんし、正直に言って、その批判が正確にどういう意味かも分かりません。[32] もし義務論ということで操作主任が、ある種の行為は内在的に悪いという見解を意味しておられるなら、その場合、一元的道徳観と義務論的道徳観の間になんの違いもありません――すなわち、約束を破ることも幸福の見込みを最大化しないことも、同じ意味で内在的に悪いことです。もし、ある悪い行為が別の悪い行為よりもっと悪いと推論できることを否定するような見解――すなわち、ある行為よりも別の行為のほうがよいという、規則に従った判断の可能性を否定するような見解――を意味しておられるならば、その場合、操作主任は直観主義のことを言われているのです。けれども、私も操作主任も、直観主義は退けています。私の多元論には優先順位が付いているので、(同時に行いえない、いくつかの価値ある選択肢の中から)特定の行為を行うべき行為として選り出しますけれども、その意味は、その行為に道徳的費用がないということではけっしてなくて、他の行為にはより甚大な道徳的費用がともなうというだけのことです。そしてもし操作主任が、例外なき道徳的規則の可能性を否定し、すべての価値ある行為は差し当たりの義務にすぎないと主張する見解を意味しておられるならば、その場合にも、やはり私の道徳観を正しくとらえていません――私の道徳観には、例外なき優先順位の規則が含まれているからです。」

「けれどもどうやら(ここから、第三の点に移ります)、操作主任がこの義務論だという批判で実際に意図されているのは、もう一つの批判点であるようです――すなわち、私の道徳的立場は、**帰結が何であろうと**、ある種の行為、たとえば愛国の行為を行うことだというのです。ここでも私は、操作主任が言われる私の立場が一元論とどう違うのかが分かりません――一元論も、帰結の如何にかかわらず、なにかを最大化すると見込ま

32　ここで私は、フランケナ『倫理学』の第二章で述べられた義務論の定式化に依拠している。

れる行為を行う道徳的立場だと言えるでしょう。操作主任は、他に重要と見込まれる帰結がまったくないと反論されるかもしれません。しかし、それは論点先取でしょう――ある行為から見込まれるさまざまな帰結の中でどれが重要かは、第一の規則が何であるか（そしてまた、いくつあるか）に完全に依存するからです。反対に、操作主任は、私の優先順位の付いた多元論だと、（複雑な状況では）ある種の予想される帰結――約束の破棄や家族愛の不履行――を、私自身、道徳的に重要だと認めていながら、切り捨てることになると反論されるかもしれません。しかし、これはまたしても道徳的費用についての論点にすぎず、操作主任も、一元的価値の選択肢の中で（価値の）最大化とは両立しない部分を切り捨てざるをえないでしょう――すなわち、しばしば操作主任も、量的により大きいと見込まれる幸福ないし選好充足を確保するために、別の特定の幸福ないし選好充足を生みだすことを諦めざるをえません。」

「要するに、操作主任が申し分なく帰結主義者であるように、私も申し分なく帰結主義者であると思うのです。そして率直に言って私には、義務論的道徳哲学者と目的論ないし帰結主義的道徳哲学者との間でこれまで長くいったい何が争われてきたのか、よく分かりません。かくして私は、R・M・ヘアの次のような議論に賛同したいと思います。

義務論的理論と目的論的理論の区別は誤った区別である。行為の結果をもとに下される道徳判断と行為自体の性格をもとに下される道徳判断とを区別することは可能ではなく、異なった種類の意図された結果を区別することだけが可能なのである。[33]

33　出典はヘアの『自由と理性』一八一頁である――また『道徳の言語』七七～八〇頁、九二～九五頁も参照。この相容本当の対立は、一方で、ある良い（悪い）行為が別の良い（悪い）行為よりもっと良い（悪い）ということが**推論できる**という考えが妥当かどうかをめぐる、直観主義者とその論敵の間の対立です。この点では、私も操作主任も、そういう考えが妥当で**あり**、したがって直観主義者が間違っているということに同意します。他方で、多元論と一元論の間には、還元可能性の問題があります——この問題は、ある意味では解決不可能であり、別の意味では多元論に勝ちを認めなければなりません。多元論が、複数の種類の行為に第一の道徳的価値が**ありうる**ことを認めると理解される限り、多元論の勝ちです——他方、そのことを否定するのが一元論の間違いです。」

「もちろん、いく人かの多元論者はさらに続けて、証明できないにもかかわらず、複数の種類の行為に現に第一の道徳的価値があると主張します。しかし、この主張に関して多元論者は、一元論者と比べて、論争上不

れないとされる対立を唱える人たちが伝統的に好んで用いる例は、約束順守の事例である。かくして、約束の順守を第一の規則として認める人は、約束を順守する特定の行為を、約束が果たされるという帰結をもたらす行為として帰結主義的に正当化することが許されないと言われる——そういうことをしたら、正当化が無意味になるからである。他方、目的論者／帰結主義者は、その同じ行為を、幸福や選好充足、自己実現その他をもたらすことを根拠に実質的に正当化することができる。しかし、この種の議論の問題点は、二つの異なった次元の行為記述を勝手にすり替えているということである。というのは、約束を順守する行為によって、約束が果たされるという帰結がもたらされるとき、約束の順守を第一の規則として認める人は、次のように言うべきだからである——すなわち、そのことによって、この**約束順守行為**が正当化されると言うのではなくて、この（たとえば）**スミスさんに五百円を返す行為**が正当化されると言うべきだからである。典型的な帰結主義者の正当化を含めて、どんな正当化でも、正当化されるべき行為を、それを正当化する規則の中で使われる言葉と同じ言葉で記述することで、無意味にされうるのである。

利というわけではありません――一元論者も、同じく、自分たちの唯一第一の規則に価値があることを証明できないし、とにかく（すでに操作主任も示されたように）、その第一の規則が何であるかに関して意見が一致しない傾向があるからです。ですから、多元論と一元論の間でどちらがどのように相対的に有利であるにせよ、それは行為の帰結に対する考慮の違いとはなんの関係もありません。二つの理論的立場の間の主たる違いは、こういうことになります――一元論的に**より良い**行為や帰結はすべて、**より大きい**と言えるけれども、多元論的により良い行為や帰結については必ずしもそうではないということです。」

そろそろ、このかなりぎこちない対話は止めにして、「多元論的により良い」という関係についてより詳しく検討しよう。多元論者にとって、ある行為は別の行為――この別の行為を「より悪い」行為と呼ぼう――よりも、いくつかの異なった仕方で、良くありうる。そして多元的道徳観には、優先順位の構造において、複数のそうした仕方が含まれうる。[34]

ある行為が別の行為よりも良い、最も単純な仕方は、もちろん、一元論者が**唯一**の仕方と見なすものである――すなわち、より良い行為は、より悪い行為と同じ種類の価値があって、しかも計ってみれば、質の広がりないしそれの数的表現がより大きいがゆえに、より悪い行為よりも大きい。青山さんにとって、学生が妹を助けることは、他の点が同じならば、母の面倒を見ることよりも、多元論的により良い、家族愛の行為である――なぜなら、妹を助けることで回避できる苦難のほうが、計ってみれば、母の面倒を見ることで回避できる苦難よりも大きく、家族の苦難を回避することは、家族愛の自然な側面だからである。おそらく、原則的に、多

34　「より良い」という順序関係の形式的特徴は、Rennie, "On Hare's 'Better than'", Smyth, "The Prescriptivist Definition of 'Better'", Castaneda, "Ought and 'Better'", Silverstein, "A Correction to Smyth's 'Better'" において分析されている。

元論者は、そのような量的違い、同じ種類の第一に価値ある行為の間の量的違いを無視して、二つの選択肢の両方を同時に行い得ないような複雑な状況を「引き分け」――硬貨を投げて決めるしかない――と見なすことができるのだろう。しかし、それは、ほとんど考慮に値しないほど、極めて不合理な態度と思われる。

それが不合理な態度では**なく**、同じ種類の大きい行為が小さい行為よりも**悪い**ことさえありうると主張する最近の議論は、いわゆる「行為者相対性」の考慮から出てきている。バーナード・ウィリアムズによれば、たとえば次のような状況がありうる――すなわち、Aさんは約束の順守という規則を認める、しかし、自分がした特定の約束を守ることで、他のいく人かの人にその人たちがした約束を破るよう促してしまう、このことをAさんも分かっている。この場合、それでも自分の約束を守ることが、Aさんがとるべきより良い選択肢であり、したがって、Aさんが約束を守ることによって結局は約束がより少ししか守られないことになるということは、Aさんが約束を守ることがより良い行為だということを否定する十分な理由にはならない、とウィリアムズは論じる。[35] しかしながらウィリアムズの議論は、説得的とはいえ、不合理だという先に述べた非難に対する反論にはなっていない。なぜならAさんが直面している二つの行為選択肢は、明らかに、二つの道徳的に異なった価値のある行為だからである（ウィリアムズ自身も、明言はしないものの、そのような行為として扱っている）――一元論者だけが、このことを否定せざるをえない。したがって、それら二つの行為選択肢は、二つ別々の第一の規則に対応するのであって、同一の価値のある行為（種類）のたんに数的に別々の事例と見なすことができない。そうした規則の一つ、ウィリアムズの主張が優先させているほうの規則は、「自分のし

35　Williams, "Consequentialism and Integrity," 25-6. Smart and Williams, *Utilitarianism: For and Against*, 98ff における、ウィリアムズの有名な「ジムとインディアン」の例も参照。

た約束を守るべきである」というような規則であるのに対して、他方の規則は、「他人の約束順守を推し進めるべきである」と命じるのである。多元的な道徳観には、このように二つの第一の規則がありうるし、このように両者の間で優先順位をつけることもありうる――それは、多元的な道徳観に、妻殺しと（他の種類の）殺人に適用される別々の規則がありうるのとちょうど同じである。[36]

ある行為が別の行為よりも「多元論的により良い」二番目の仕方は、本章の初めのほうで述べた、純粋に質的な違いである――すなわち、より良い行為は、より悪い行為が体現する価値とは別の、より高い第一の価値を体現している。たとえば、青山さんの道徳観では、愛国の行為は、約束順守の行為よりも良い。

小さな愛国か大きな約束順守かという問題は、どうなるのだろうか。青山さんのような多元論者は、大きな約束順守を小さな愛国よりも良いと見なすことが論理的にできないのだろうか。私は、愛国と約束順守のどちらか一方が他方よりも大きいというような主張には意味がないと論じた。他方で、私たちの操作主任は最初、青山さんが愛国も約束の順守も家族愛もすべて大小二種類に分けて、第一の規則を三つから六つに増やすことができるという（究極的には役に立たない）提案をした――そうすると、大小それぞれの中で質的な順位（P＞PK＞FD）を維持しながら、行為の種類にかかわりなく、すべての大きな行為をどんな小さな行為よりも優先させることができるというわけである。思いだしてもらいたい――この提案が役に立たないことはすぐに分かった。どの種類の行為にもいくらでも多様な大きさがありうるからである。にもかかわらず、この提案を

36　より一般的に、これで行為者相対性を余す所なく還元できるかどうかについては、よく分からない――第六章（八）節の「間違ったことをする権利」についての議論も参照。私の推測では、行為者相対性と行為者中立性という対立を道徳の構造的特徴と見なす議論は、一元的な道徳観に多くの人が見いだす反直観性に対して応えたものであって、行為者中立性（ないし帰結主義）そのものの不十分さに対して応えたものではない。

青山さんは改良することができ、そうすれば青山さんの道徳観を部分的にか全面的に一元論に近づけて、なおかつ一元論から適切な距離を取ることができる。

たしかに青山さんは、大きな約束の順守が小さな愛国よりも大きいと言うことができない。しかし、（約束の順守を測る尺度で測って）一定の大きさ以上のすべての約束順守行為は（愛国を測る尺度で測って）一定の大きさ以下のどんな愛国行為よりも優先し、良いと言うことはできる。すなわち、第一の価値のある行為（種類）のいくつか、あるいはすべてに**外在的**な共約可能性を課すことは、青山さんの多元論と整合的である――たとえば、愛国と約束の順守と家族愛にそれぞれ8と4と2という数的重み付けを割り当てるというようにである。そしてこれらの数値に、行為の大きさの測定値を掛ければ、その積によって行為の道徳的価値を表せるだろう――そうすれば、二つの同時には行えない（別々の第一の価値をもった）行為のうちどちらがより良いかに関して推論可能な判断ができるだろう。ただし注意すべき点として、このより良い行為がより悪い行為よりも**大きい**とは依然として言えない。たとえば、愛国と約束の順守という二つの行為の大きさが、適切に測定してみると、それぞれ3と12であったとしよう。これらの値に右の重み付けを掛けると、二つの行為にはそれぞれ24と48という道徳的価値が割り当てられるけれども、だからといって、約束順守行為が愛国行為の二倍の大きさだと言うことはできない――約束順守行為には愛国行為の二倍の道徳的価値があるけれども。というのは、重み付けとか、重み付けを利用して得られた数とかは、なんら二つの行為に共通の自然的ないし内在的な特徴を反映するのではなくて、むしろ基本的な道徳的決定を表したものだからである。[37]

ひょっとしたら、それはなんの制約もない決定ではないかもしれない。というのは、青山さんの単純な質的

---

37 Sen and Williams, *Utilitarianism and Beyond*, 21 を参照。

順位付けがP＞PK＞FDである以上、もし青山さんがそのような数的重み付けを取り入れるならば、最高の重み付けがPに与えられ、最低の重み付けがFDに与えられるべきだからである。（青山さんの単純な質的順位付けによって決まらないのは、重み付けの正確な大きさである。）このおかげで、青山さんは、多元的道徳観がともすれば「引き分け」を生みだしそうになる傾向を抑制することができるかもしれない。たとえば、愛国行為と約束順守行為の大きさが、適切に測定してみると、それぞれ3と6であったとしよう。これらの値に右の重み付けを掛けると、二つの行為のどちらにも24という道徳的価値が割り当てられる。果たして青山さんは、この状況を、硬貨を投げるべき場合と見なすだろうか。私は、青山さんがそう見なすことに反対する、純粋に概念的な議論を述べなかった――それは私が、同じ第一の価値をもった行為（種類）の間で量的な違いに道徳的意味を割り当てないことに反対する、純粋に概念的な議論を述べなかったのと同様である。にもかかわらず、同じ第一の価値をもった行為（種類）の間で量的な違いに道徳的意味を割り当てないことが説得的でないことからすれば、当然、（行為の）大きさに数的重み付けを掛けた積が等しい行為を「引き分け」と見なすことも説得的ではないと思われる。というのは、次のように考えるのが理に適っていると思われるからである――すなわち、愛国行為と約束順守行為の両方に24の道徳的価値がある場合、青山さんは単純な質的順位付けを決定的と見て、愛国行為のほうがより良い行為だと判断するだろう。

そのような数的重み付けをすれば、一元論だということになるだろうか。たしかに、**完全に**このような構造の多元的道徳観をもった人は、道徳的判断において最大化を目指していると言えるだろう。しかし、そうした人が最大化しているのは唯一つ、言うまでもないことだが、道徳的価値である。そしてこの点が、一元論者とは大きく異なる――一元論者もまた道徳的価値を最大化するけれども、一元論者は**そのために**、なんらか測定可能な記述的量を最大化するのである。あるいは別の言い方をすれば、一元論者の最大化は、価値があるかど

表 4.1

	(a)	状況 1 P or PK	状況 2 PK or FD	状況 3 P or FD
複雑さの度合い	(b)	状況 4 P or (PK+FD)	状況 5 PK or (P+FD)	状況 6 FD or (P+PK)
	(c)	状況 7 (P+PK) or (P+FD)	状況 8 (P+PK) or (PK+FD)	状況 9 (P+FD) or (PK+FD)

うかに関係のない最大化である——他方、多元論者の最大化は、そういう最大化ではない。一元論者にとっては、最善は、**最大**を意味する。多元論者にとっては、最善は、（文字通り）**最善**を意味するのである。

たとえ青山さんが自分の第一の価値にそのような外在的な共約可能性をまったく導入しなかったとして、したがってそのような共約可能性によってできるような別々の質（種類）の価値の間での換算を行わなかったとしても、依然として、別々の第一の価値をもった行為（種類）の間である種の（非質的な）換算の余地はあるだろう。青山さんの道徳観には、第一の規則が三つあった——それによって生みだされる九つの複雑な状況の表を思いだしてもらいたい（**表4・1**をもう一度ここに挙げておく）。

先にも述べたように、状況1と2のための優先規則がP＞PKおよびPK＞FDとして（非派生的に）与えられるならば、その場合、**状況4のための優先順位の規則を除いて**他のすべての優先順位の規則が推論可能である。すなわち、愛国が最高位の第一の規則だという事実があったとしても、それだけでは、愛国の行為が約束の順守と家族愛を組み合わせた行為よりも良いということにはならない。約束の順守と家族愛を組み合わせた行為のほうが愛国の行為よりも良いということも、今の（P＞PKおよびPK＞FDという）一階の順位付けと整合的であり、下位二つの第一の価値の組み合わせのほうが最高位の第一の価値よりも優先すると考えたとしても、そこに量的な（行為の大小に関する）前提はなにもない。

しかしたとえば、青山さんが、愛国の優越的価値に対する信念から、状況4においてＰ＞（PK＋FD）という優先順位の規則を認めるとしよう。その場合、この優先順位の規則――Ｐ＞（PK＋FD）――では、愛国が**辞書的に**優先すると言うべきである。愛国が辞書的に優先するということは、つまり、もし**仮に**青山さんが第一の規則ないし価値を共約化するために数的重み付けを採用したならば、愛国に割り振られる重みが**無限大**になるということである。したがって、約束の順守や家族愛の行為は、どれだけ大きいかに関わりなく、決して愛国の行為――それがいかに小さくとも――ほどには価値がないのである。愛国が辞書的に優先するということは、言わば、愛国が他の価値との換算を免れるということであり、愛国の行為はすべて、いかなる他の価値のある選択肢よりも良いということになる。

多元的道徳観においては、辞書的優先性を複数の第一の規則に割り振ることができる。もちろん、そのような場合、（辞書的優先性が与えられた）二つ以上の第一の規則の**それぞれ**に無限の重みがあると考えることはできない。一つの第一の規則には無限の重みがあるだろう、したがって「あ」という言葉がどんな辞書でも第一に挙げられるのと正確に同じ意味で――**辞書的第一性**があると言えるだろう。辞書的優先性のある他の価値は、辞書的に第一の価値の次に、順々に順位付けられる。すなわち、そうした価値によって求められる行為は、大きさに関わりなく、辞書的優先性をもたない価値によって求められる行為よりも良く、またお互いの間では、それぞれの辞書的に優先する価値の相対的順位に応じて、優先順位がつけられる[38]（ちょうど辞書では、

38　これは、単純化しすぎである。実際には、外在的な重み付けを含んだ順序集合で、下位の要素に辞書的優先性があって上位の要素に辞書的優先性がないような順序集合がありうる。ａ＞ｂ＞ｃ＞ｄ＞ｅという順序集合において、ｃだけが辞書的に優先することは可能である。その場合、ａやｂやｃの間ではさまざまな重み付けが与えられて換算

言葉が五十音順に並べられ、同じ音で始まる言葉は二番目の音に関して五十音順に並べられ、等々なので、たとえば「アーケード」が「アイアン」よりも先にくるようにである）。

多元的道徳観は、右で述べたように、行為がこれまで素描してきたいくつかの意味の中のどの意味においても「より良い」と語ることができるし、複数の意味を併せ持つこともできる。十中八九、多元的道徳観は、同じ価値をもった二つの行為が大きさの点だけで違う場合に、一方が他方よりも良いと考えるだろう。またおそらく、特に第一の規則や価値が多くある道徳観は、同時に行えない二つの行為に別々の価値がある場合、そうした行為を共約化するために、大雑把な重み付けを用いるだろう。[39] そして正義についての第六章で論じるように、多元的道徳観が権利の規則を含む限り、多元的道徳観はその優先順位の構造の中にどうしても辞書的順位付けを取り込む**必要がある**。

がでるけれども、cはdやeとの換算を免れる。辞書的順序に関しては、Hargreaves Heap, Hollis, Lyons, Sugden and Weale, *The Theory of Choice*, 330-2 および Anderson, Deane, Hammond, McClelland, and Shanteau, *Concepts in Judgement and Decision Research*, 144 を参照。

39 おそらくこれが、多いに議論された「罪なき楯」の問題の場合に起こっていることである——ノージック『アナーキー・国家・ユートピア』五四～五六頁、および Kagan, *The Limis of Morality*, 138-44 を参照。罪なき楯（たとえば侵害者の戦車の正面に縛りつけられた人質）が問題を提起するのは、それが二つの標準的には認められる第一の道徳規則の間の対立を表しているからである——すなわち、自己防衛の場合に殺人を許容する（殺人の妨害を禁じる）規則と罪のない人を殺すことを禁じる規則の対立である。おそらくそのような悲劇的な場合に下される判断では、それら二つの規則を相対的に順位付けるか、あるいはさらに重み付けも与えるような多元的道徳観が働いている。

第五章　経済的思考

次に問題になるのは、あるものが他のものと共存可能でないために不可能な場合である。ある自由と別の自由が互いに排除し合うようなことがある。ある権利が別の権利と相容れないこともある。道徳的に価値のあるすべての行為が、残らず実行できるわけではない。だから今こそ、好ましいけれども互いに排他的な行為の間での選択について知見を得るべく、トーマス・カーライルが言うところの「陰鬱な科学」（すなわち経済学）の教えに目を向けるのが最も良いと思われる。[1] 第四章の初めに、私は、道徳的思考が道徳的行為の需要側に関わるとすれば、経済的思考は道徳的行為の供給側の構造的特性を示してくれると述べた。経済的思考とは、道徳上の目的や（言うまでもなく）他の目的のための**手段**についての思考である。大ざっぱに言って、問題は、そうした手段が供給不足だということである。

もしそうした手段が供給不足で**なかった**ならば、人生はどのようであるだろうか。この問いに私たちはさして注意を払わないけれども、それは他でもない、この問いの意味があまりにも不明瞭だからである。もし手段

1　本章は、イアン・スティードマンの助言に非常に多くを負っている。

——目的をもたらす条件——の供給が私たちの目的にとって十分であったならば、そうした目的そのものが実現している、ないしは既に確保されていると同語反復的に言えるだろう。そういう幸運な状況では、なんらかの行動が目的をもっているということは概念的に言えないだろうし、実際、行為であるということさえ言えないだろう。別の言い方をすれば、そのような世界は、空想科学小説の書き手がしばしば仮構するような世界であり、**心に願う**だけでその願いがかなう夢の国としても表象できる。

星に願いを懸けるとき
誰だって
心を込めて望むなら
きっと願いは叶うでしょう

心の底から夢みているのなら
……
叶わぬ願いなどないのです[2]

2　この歌（ネッド・ワシントン作詞、リー・ハーライン作曲の“When You Wish upon a Star”）は、後に「ディズニーランド」というテレビ番組の主題歌になるのだけれども、最初に世に出たのは一九四〇年のウォルト・ディズニーの名映画『ピノキオ』においてである——ただし不思議なことに、映画の中でこの歌を歌ったジミニー・クリケットの鼻は、この歌を歌ったにもかかわらず、けっして長くはならなかった。〔訳詞は聖ひかるのものである。〕

すべての目的がすでに実現している、ないしは目的を願うだけでその目的が実現するような状況では、本書で論じるような問題は最初から発生しないし、おそらく他の種類の問題も発生しないだろう。

ここで私たちが関心をもつのは、次のような主張が典型的に表すような問題である――すなわち「そういう行為は、道徳的に好ましいけれども、経済的に不可能だ。」ところで非常によく知られているように、一言で不可能なことと言っても、多くの形や大きさがある。たとえば、私が四角い円を描くことは論理的に不可能である。私がどんなにお腹をすかせていてもエベレスト山全体を食べることは物理的に不可能である。では、経済的に不可能とは、どのような不可能なのだろうか。なんらかの出来事（行為は出来事である）が不可能だと判断するときの通常の理由は、その出来事が起こるとすれば真と見なされた法則を破ることになる、というものである。そのような出来事は起こりえないとされる。この点で、経済法則を破るような行為も、円を四角くするとかエベレスト山を食べるとかいうことと同然であろうか。自分の目的を確保しようとするとき、私たちは、論理法則や物理法則を無視したならば確実に失敗するように、経済法則を無視したならば失敗するのだろうか。

物理学と化学は、法則を定式化することで、私たちに、何が可能かを分からせてくれる。物理学と化学は、私たちにはどうすることもできない法則を教えてくれる――したがって、自分の目的を達するために何をしなければならないかを教えてくれる。もし経済学が物理学や化学のような科学であるならば、経済学も同様な制約について教えてくれるものと期待できるはずである。しかし、経済学を自然科学とまったく同じように考えることには、大きな問題がある。特に、経済理論で語られる制約の正体は、ほんの少しの例外を除いて、自分で自分に課した制約である。そういうことは、たしかに、重力の法則については言えないだろう。[3]

自分の目的を確保しようとする赤松君にとって重要な制約は、他の人たちも同じような企てをしているということである。夢の国ではない世界において、多くの目的は他の目的が達成されないという犠牲の上でのみ達成されるのだから、その限り各人の目的は互いに競合する。こうした共存不可能性およびそれらが生みだす人間関係のあり方こそが、経済学の法則によって支配されると言われるものである。

経済学の核心には、その主要定理、**需要の法則**がある。[4] この法則が言うのは、需要関数は幾何学的に**右下がり**の曲線として表されるということである。より日常的な言葉で言えば、ある価値あるもの（c）を確保するために諦めなければならない他の価値あるもの（m）の量が増えれば、人は最初の価値あるもの（c）をより少ししか選択しない。ある商品やサービスの価格が高くなればなるほど、その需要量は減少し、価格が低くなればなるほど、需要量は増大する。そこで問題は、なぜ人の選択はこのような右下がりになるのか、である。どういう理由があって、個人の手段的な行動は、（これは私の命名であるが）**右下要因**を示すと考えられるのだろうか。なぜ、人の行動は価格に左右されるのだろうか。そしてどのような意味において、この事実は、人の目的の達成にとって「制約」になるのだろうか。

3　Dyke, *Philosophy of Economics*, 130-1.

4　より正確に言えば、補償需要の法則である。このように「補償」を付け加える理由は、後の（ハ）節で明らかになる。

（イ）公理と順位づけ

人間が右下がりに選択すると見なす主要な理由は、歴史的には（今ではほとんど信用を失っているけれども）、人間がもつとされる**利己主義**であった。経済人（ホモ・エコノミクス）は利己的な人間である、と私たちは教えられた。したがって人間の選択は、自分自身の満足を最大化することでしかない。もちろん、もし「自分自身の満足を最大化すること」の意味が自分の目的の最適な実現を確保することにすぎないのであれば、人間のこの歴史的な規定は真である。

しかし、その規定がいかなる想定可能な選択も排除せず、しばしば他人の福祉を唯一の目的とするような聖人の行為までも含むのである限り、その規定の真にはなんの意味もない。他方、もし「満足」がこのように純粋に形式的に解釈されるのではなくて、なんらか特定の目的、たとえば個人的な快楽のことであると見なされるならば（実際にしばしばそう見なされてきた）、その場合、この歴史的な規定は明白に間違いである。経済的に選択する人が快楽主義者である必要はない。ライオネル・ロビンズが語っているように、

祈祷とよい仕事との間の時間の配分は、遊蕩と睡眠との間の時間の配分と同様に、やはりその経済的側面をもっている。……われわれに関するかぎり、われわれの経済主体は、純粋の利己主義者・純粋の利他主義者・純粋の禁欲主義者、純粋の官能主義者、あるいは――はるかにありそうなものとして――これらすべての衝動のまじりあったかたまりでありうる。……経済学は、どのような目的にもせよ、目的そのもの

には全く関心をもっていない。……それは、いろいろの目的を相対的価値判断の尺度中での所与と考え、そのうえで行動のある種の側面に関していかなる帰結が生ずるかを研究するのである。[5]

しばしば「選択の科学」と呼ばれてきた経済学は、選択する人がもっている目的の中身についてなんの仮定もしていない。したがって経済学の法則の真は、この点で、いかなる特定の動機理論や道徳観からも独立したものと見なされる。右下がりの需要定理の基礎にある選択公理は、選択肢が「代替的用途をもつ希少な諸手段」[6]であるような状況で合理的に選択するという要求を表すにすぎないと言われるのである。

合理性の公理的要求とそこから導き出される経済定理が、選択する人にとっての――特に選択する人たちの相互的関わりの中で――**因果的**制約と見なされうるか、いかなる意味でそう見なされうるかというのは極めて興味深い問いであるけれども、残念ながらここでは紙幅の関係で詳細に検討することができない。理由は原因でありうるのだろうか。この問いは、今でも哲学者や経済学方法論者を相当に悩ませていて、機能的説明やゲーム理論的説明の地位について深い問題を含んでいる。[7]また私たちはこれらの公理について探求していくけれども、そのとき、人間が実際に合理的に選択するという仮定が大胆すぎて非現実的だと主張する多数の文献によって道をそらされることもない。疑いもなく、選択

5 ロビンズ『経済学の本質と意義』四〇～四一頁、一四四頁、四七頁。
6 ロビンズ『経済学の本質と意義』二五頁。
7 ホリス&ネル『新古典派経済学批判』および、Rosenberg, *Microeconomic Laws*, Lewis, “Causal Decision Theory”, Eells, *Rational Decision and Causality*, Jeffrey, *The Logic of Decision*, Bacharach and Hurley (eds), *Foundations of Decision Theory* を参照。

する人は、常に完全に合理的なわけではない。しかし私たちの関心は――いかに大胆不敵であろうとも――もし選択する人が常に完全に合理的であったならばどのように振る舞うだろうか、右下がりの選択をするだろうかということにある。私たちは次のように理解してよいだろう――すなわち、因果性の問いに対する正しい答えが何であれ、右下がりの選択の合理性は、経済学の法則が、私たちの活動に対して希少性によって課される制約の構造を表していると見なすための、少なくとも必要条件である。だから、本章で語られる主要な物語は、「赤松君、公理に出会う」とでも名付けることができるだろう。

ただし、これら公理のすべてに初めて出会うわけではない。というのは、第四章で私たちは、合理性によって道徳的選択にいくつもの制限が課されることを見たからである。そしてもし道徳的行為が経済的に制約された行為の少なくとも部分集合であるならば、それらと同じ条件（制限）が経済的思考の中にあるとしても不思議ではないだろう。そうした条件としてまず、相互に排他的な行為の間で選択するあらゆる状況において、（ⅰ）選択肢には一定の仕方で順位がつけられる、（ⅱ）この順位づけによってどの二つの選択肢の間でも順位がつけられる（完全性）、（ⅲ）二つの選択肢の間での順位づけはあらゆる他の二つの選択肢の間での順位づけとも整合的である（推移性）という要請がある。

また公理のなかには、もう一つの順位づけの要請、すなわち凌駕の公理がある――これは、先に、一元的道徳観の必然的な側面であり、多元的な道徳観にもおそらくは含まれているものとして述べたものである。それは、種類においては違わず、量においてのみ異なる二つの選択肢の間では、大きいほうの選択肢に優先順位が与えられるというものである。思いだしてもらいたい――大きい黄球は小さい黄球よりも上位であり、大きい黄球と小さい赤球の組み合わせは大きい黄球と大きい赤球の組み合わせよりも下位である。

しかし、これまでに述べてきた公理は道徳的思考にとっては十分だけれども、それらだけからは、右下がりの選択を生み出すような順位づけは出てこない。もしそれらが経済的な選択理論の公理のすべてであったならば、道徳的に好ましい選択が経済的に可能な選択となんらかの点で違うと考える根拠がなく、したがってまた経済学の法則が道徳的な選択を制約すると考える根拠もなかっただろう。完全性と推移性と凌駕という順位づけの要請から、赤松君は、自分が直面したいかなる選択状況に対しても、それが経済的希少性の状況と見られるか、道徳的葛藤の状況と見られるかにはかかわりなく、同じ実践的対応をしただろう。そうすると明らかに、右下がりの選択を生み出すのに必要な公理は、道徳的選択を支配する公理よりも強力で多数でなければならない。

こうした追加的に必要な公理について探求し、それらの意義を見定めるために、ここでもいく人かの登場人物に出てきてもらおう。登場人物に与えられた課題は、赤松君が経済的に不可能なことを試みるという陥穽に陥らないようにすることである。登場人物は、アルキメデスという名前の極めてものわかりのよい地図作成家と、地図作成を手伝ってくれる縦岩さんと横井さんである——縦岩さんと横井さんはそれぞれ小売店を営んでいて、赤松君の目的のための手段であるOとAを販売してくれる。三人が試みるのは、赤松君から選択肢の間の順位づけを聞きとって、それを図の上に表すことである——この図は**無差別（同等）曲線地図**と呼ばれ、この地図の地形学的特性は、経済学の公理すべてに従っている。この地図を見れば、赤松君は、すべての選択状況において自分にとって最良の選択肢が完全に一つだけ決まり、最良の選択肢の集合は右下がりの関数として表されるのが分かるだろう。

アルキメデスは、私たちがすでに論じた公理が図の上で何を意味するかを説明して、この地図の作成にとりかかる。赤松君の選択肢は、縦岩さんと横井さんが用意してくれた包み、すなわちさまざまな量のOまたはA、またはより一般的にはOとAの組み合わせである。これらは地図上の点として表され（**図5・1**）、地図上にありうるすべての点がそれぞれ異なった包みを表す。赤松君がある選択肢を選ぶことは、赤松君がある包みを選ぶことである。包みは便宜的に「B」という記号で表され、**図5・1**には、六つの包みが示されている。包みの中に含まれたOとAの量はそれぞれ、その包みが地図上で（縦軸に沿って）どれだけ「北」にあるか、そして（横軸に沿って）どれだけ「東」にあるかによって示され、北や東に行くにしたがって量は多くなる。かくして、B_1にはOだけが含まれ、B_3にはAだけが含まれ、他の四つの包みにはそれぞれ違った量のOとAが含まれる。

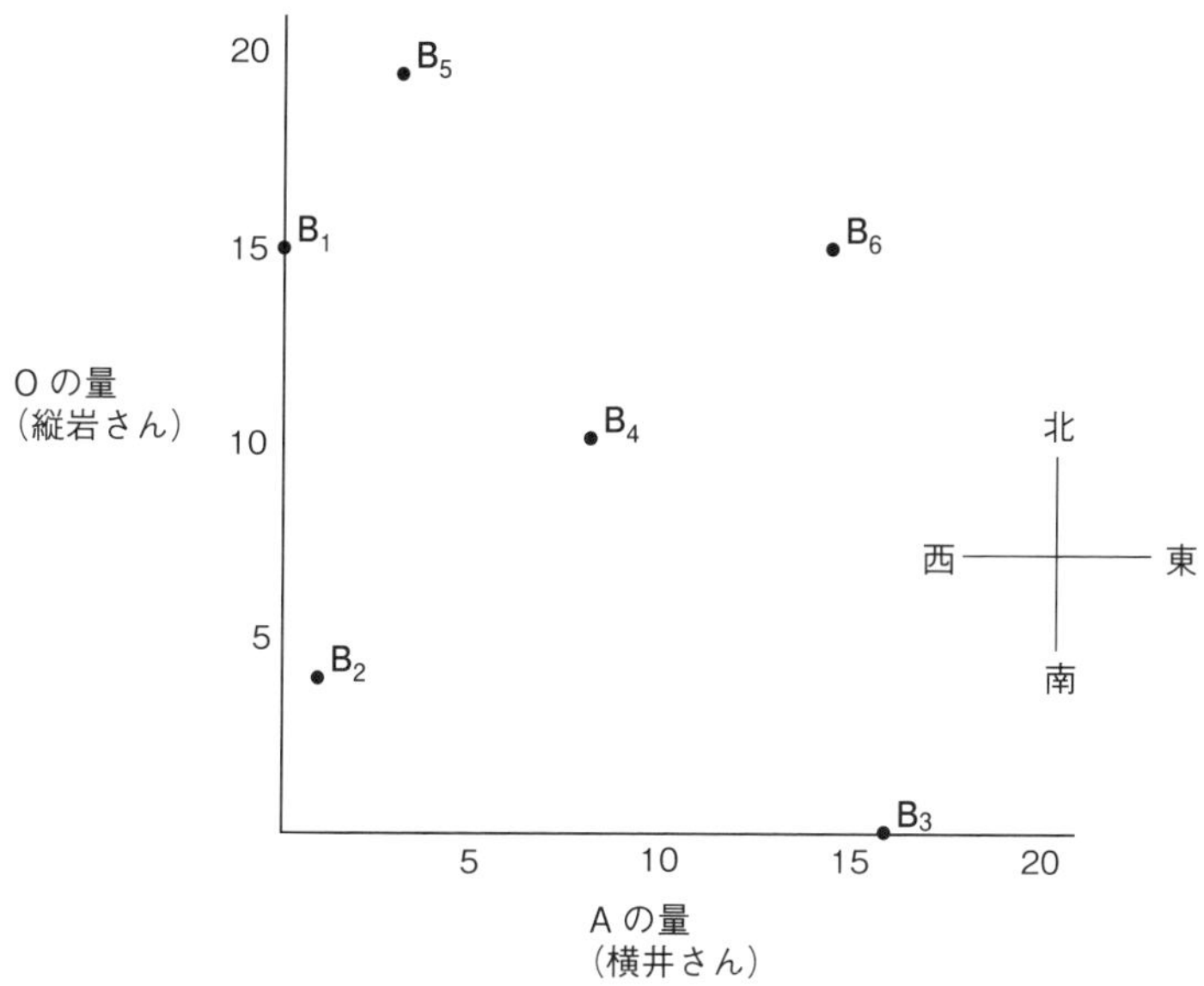

図 5.1

　赤松君の順位づけによってこれら六つの包みすべてに、そして地図上の他のすべての包みに順位が与えられている限り、赤松君は完全性の公理を満たしている。また、どの二つの選択肢の間の順位づけも他のどの二つの選択肢の間の順位づけとも整合的になるようにしているので、推移性の要請も満たしている。したがって、もしB_1がB_2よりも優先し、B_2がB_3よりも優先するならば、そのときB_1はB_3よりも優先する。しかし、この二つの公理だけでは、広範な選択状況の中で実際にどの包みがどの包みの上

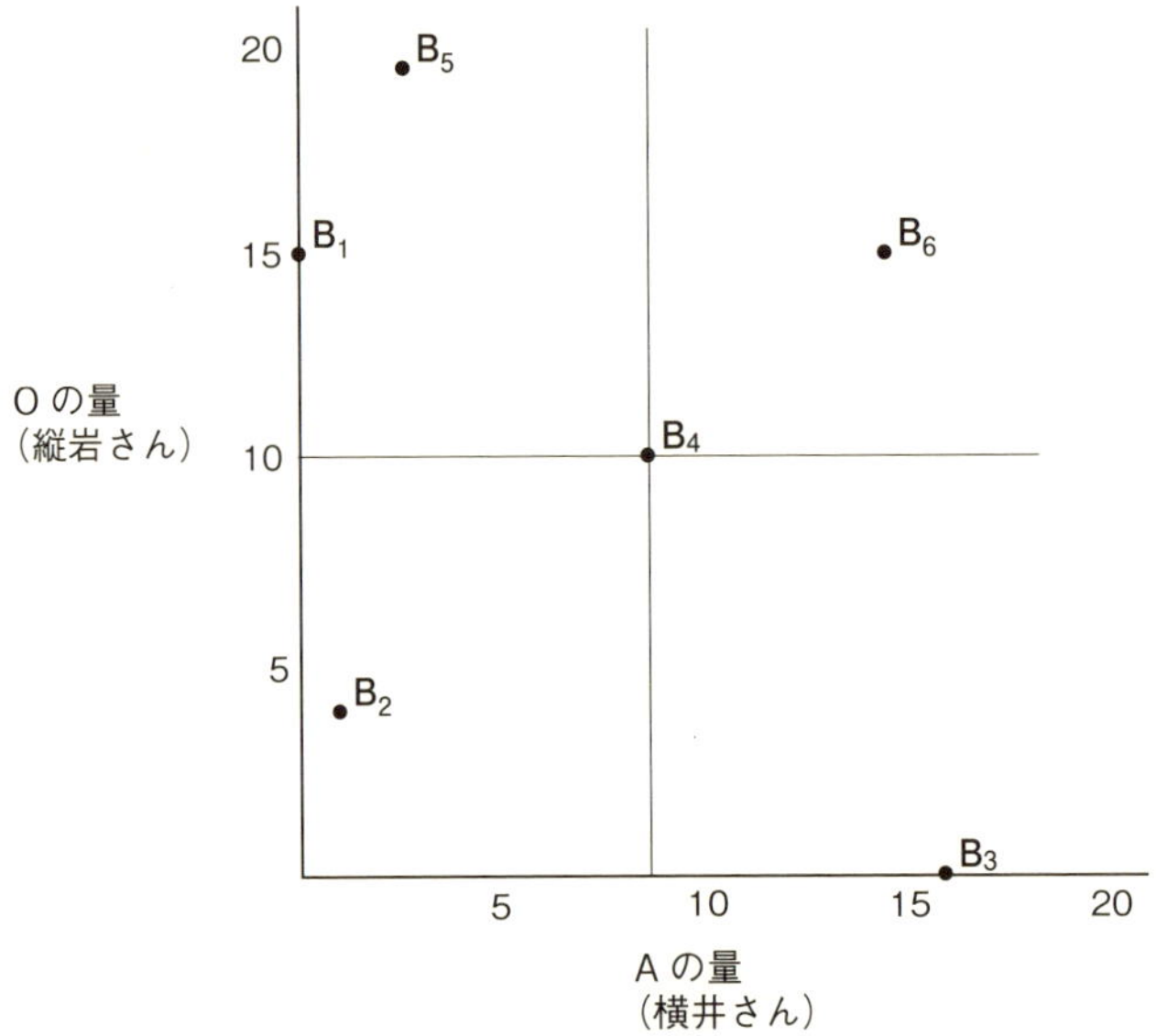

図 5.2

にくるのかについてなにも分からない（ましてや、どの包みが赤松君の最良の選択肢なのかについてはまったく分からない）。

凌駕の公理によって、ようやくこの状況にいくらかの秩序が生まれる。凌駕の公理によって、赤松君の順位づけがどのように整理されるかを説明するために、B_4という一つの包みに着目して（**図5・2**）、その周りの選択肢を四つの象限に分けよう。凌駕の公理が教えてくれるのは、すべての包みがちょうど三種類に分かれるということである――すなわち、B_4よりも量的に大きい包みと小さい包みと、どちらでもない包みである。北東の象限にある包みはすべて、B_4よりも多くのOまたはAを含んでいる（かつOもAもB_4より少なくない）。かくしてそれらの包みは、間違いなくB_4よりも大きく、したがってより好ましい。ちょうど逆のことが、南西の象限にある包みについて言える。だから、B_4は、南西のすべての包み（たとえばB_2）を**凌駕し**、北東のすべての包み（たとえばB_6）に**凌駕される**と言える――すなわち、B_4の順位は、南西のすべての包みよりも上位であり、北東のすべての包みよりも下位である。そして他のすべての包みについても赤松君の選択肢を同じように分類できるので、完全性の公理によって決まる統一的な順位づけに沿って、純粋に量的な違いによって多くの包みの相対的な順位が決まる。

しかし明らかに、すべての包みの相対的な順位が決まるわけではない。というのは、北西の象限と南東の象限にある包みは、純粋に量的な根拠からはB_4より下位でも上位でもないからである。北西の包み（たとえばB_1やB_5）は、B_4よりもAが少ないけれどもより多くのOを含んでいるし、逆のことが南東の包み（たとえばB_3）には言える。B_4とこうした選択肢との間には、凌駕の関係が存在しない。O七つとA五つを含んだ包みがO十三個とA二つを含んだ包みよりも上位か下位かは、明らかに、赤松君がどちらがより大きいかを見て決められるようなものではない――どちらもより大きくはないからである。したがって、この二つの包みの間の相対的な順位は、他の種類の考慮に基づいて決める必要がある。

（ロ）同等性と最適性

どのような種類の根拠に基づいて赤松君は、B_1とB_3とB_4とB_5の間の相対的な順位を決められるだろうか。もしそれらの中から一つを選ばねばならないとすれば、赤松君はどのような理由で選ぶだろうか。これらの包みは赤松君の目的のための手段なので、ここでの順位の決定に関係してくるのは道具（手段）的な考慮である。具体的に言えば、赤松君は、B_4がB_5よりも上位か下位かということを、B_4が目指す目的がB_5が目指す目的よりも上位か下位かに基づいて決める必要がある。もちろん、赤松君が目的をどのように順位づけるかは、経済的思考によって決められることではなくて、むしろロビンズが強調するように経済的思考によって前提される。

しかし、ひとたび目的の順位づけが決まったならば、赤松君はB_4と北西や南東の象限にあるすべての包みの間の相対的な順位（上位か下位か）を――それぞれの包みが目指す目的の順位づけに基づいて――見定め、それによってどの包みが最良の選択肢かを決めることができる。

しかし、赤松君がこの作業に励み始めたとき、アルキメデスが割って入ってきて、自分の好きな選択公理を述べてくる――無差別（同等）曲線地図を完成させるためには、あと二つの公理が必要であり、これはその二つの中の一つである。すなわち**連続性**の公理とは――アルキメデスの説明によれば――北西と南東の象限にある包みのすべてがB_4よりも上位または下位というわけではないというものである。包みの道具的価値に関する限り、相当多くの包みが、赤松君の目的を実現するために、B_4と同じくらいに有効であり、**同等**である。

「しかし、どうしてそんなことが分かるのですか」と、困惑した表情の赤松君が声を上げた。「僕はまだアルキメデスさんに、自分の目的が何であるかも、そうした目的の順位づけも話してませんよ。北西や南東の包みには、互いに違っているのは言うまでもなく、B_4とは――ときにはそうとうに――違った量のOやAが入っています。どうしてそれらがみな同じ目的のための手段でありうるのですか。アルキメデスさんは、僕が唯一最良の選択肢を見つけだすのを手伝ってくれるのだと思ってましたよ。それが、いったいなんてことを言うのですか。僕がこれらのさまざまな包みをその道具としての優劣に基づいて区別し順位をつけようとしているのに、それを一蹴して、そんな優劣はないとおっしゃるのですか。僕を罠にかけて、完全性の公理を破らせようというのですか。」

「どうか、冷静に」とアルキメデスは赤松君をなだめて言った。「君は、私の言葉を少し誤解しているようだ。連続性は、南東と北西の象限にある**すべての**包みがB_4と同等でありお互いにも同等だと述べるのではない。ただ、それらの包みの中にはB_4と同等なものもあるというのだ。そのことはきっと、もし君が自分の目的について考え、その目的を得るためには何が必要かを考えるならば、分かってもらえるだろう。たとえば、南東の象限にあって、B_4とも非常に近い包みを見てみよう。たしかに、その包みはB_4よりもAが多くてOが少ない。しかし君は、まさかこうした僅かな違いがあるからといって、これら二つの包みを別々の目的のための手段だと言いはしないだろう。あるいはもし仮に君がそう言いはるなら、私は南東の象限にあって、AとOの比率がほんの少しだけ違っているけれども、もっとB_4に近い別の包みを例としてあげよう。要するに、南東の象限の中には、B_4と同じ目的を目指して、B_4よりもOが少ないという弱点を完全に**補える**程度にAが多い、そういう包みがあるはずだ。B_4と較べたときに、Aの増加分がOの減少分を完全に相殺する——ないしは、私の好みの言い方だと、補完する——のである。だから、そういう包みは、B_4と交換可能だと見なすのが理に適っている。」

「でもまあ」と赤松君は用心深く答える。「アルキメデスさんのご提案に対して今しばらくは判断を保留しておきます。とにかく、たとえ南東の象限に手段としてB_4と等しい包みがあるとしても、そのことが——唯一最良の選択肢を選びだすのにどう役に立つかは言うまでもなく——望ましい選択肢の幅を狭めるのにどう役に立つのか分かりません。僕にはむしろ逆に思われます。ですから僕はやはり、完全性の公理を破るのではないかと心配です。」

「そう焦らないで」とアルキメデスが落ち着き払って言う。「我慢が大事だ。というのも、非常に多くの知的修行の場合と同じく、ものごとは一旦少し悪くなってから良くなり始めるからだ。ところで、もし南東の象限にB_4と等しい包み（B_{10}）があるならば、北西の象限にも同じくB_4と等しい包み（B_9）があるだろう——それが理に適っているというものだ。そしてもしこれら二つの包み（B_{10}とB_9）がB_4と等しいならば、推移律によって、これら二つの包みはお互いにも等しいはずだ。しかもそれだけではない。というのは、もし南東の象

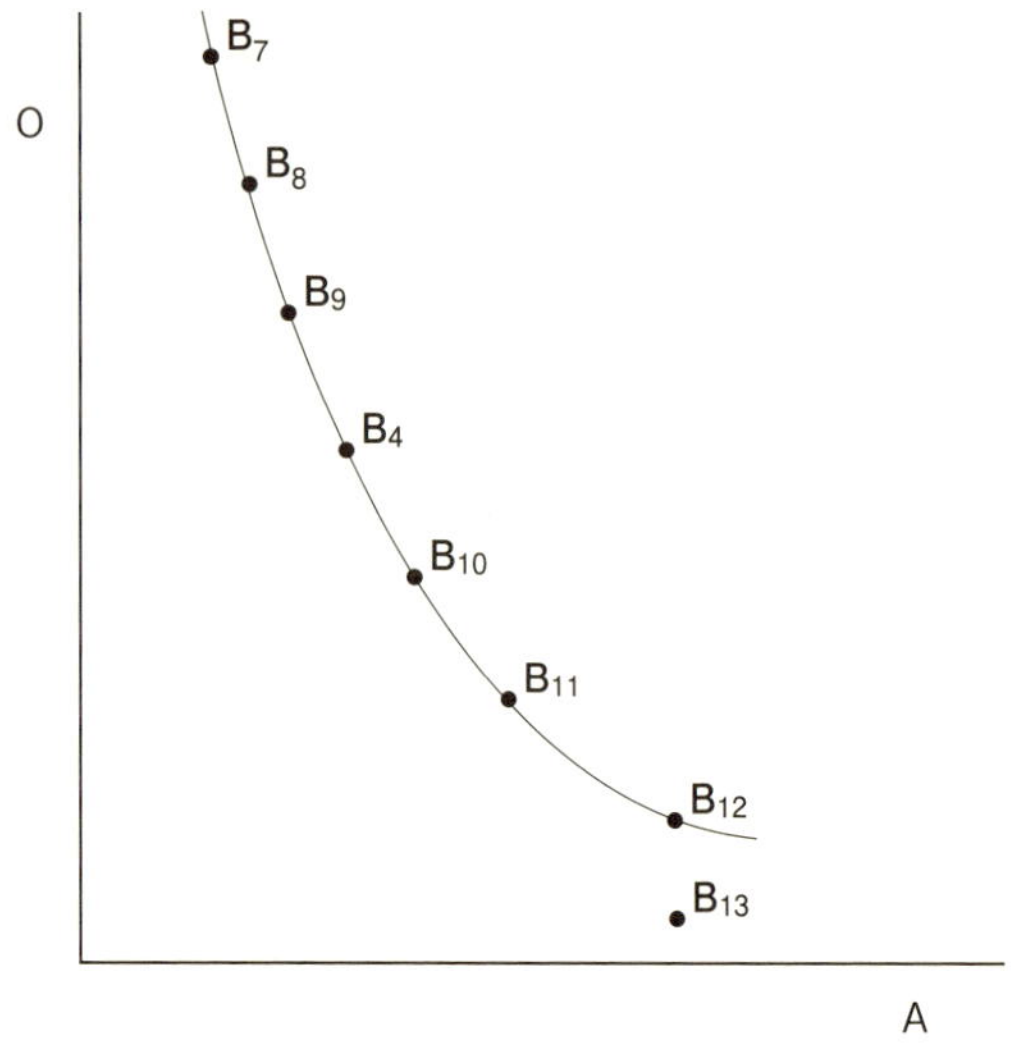

図 5.3

限でB_4のすぐ隣の包み（B_{10}）がB_4と等しいならば、同じ論理で、南東の象限には、B_4から**もう少し**離れているけれども、この包み（B_{10}）のすぐ隣りにあり、したがってこの包みと等しい別の包み（B_{11}）がある。そしてもちろん、ちょうど同じことが北西の象限についても言える。だからこのような考えを一般化し、推移性の公理に従って、北西から南東へと、互いに等しい包みから成る一本の曲線をひくことができる。それが、無差別（同等）曲線である。さらに、私たちはこの考えをもっと一般化して、B_4およびそれと等価の包み以外にも適用することができる。私が念頭においていることを**図5・3**で示そう。その図では、B_4と等しいと想定され、したがって同じ無差別曲線（B_7―B_{12}）上にある六つの包みが示してある。しかし、もう一つの包みB_{13}も示されていて、それは無差別曲線上には**ない**と考えられる。どうしてそんなことが分かるのか。たしかに、B_{13}は、B_4の南東の象限にあるので、B_4を凌駕するのでもB_4に凌駕されるのでもない。したがって、B_{13}を量的な根拠に基づいてB_4より上位か下位か決めることはできない。しかし、B_{13}はB_{12}に凌駕されて**いる**――B_{12}はB_{13}の真北にあって、B_{13}よりも多くのOと同じだけのAを含んでいる、したがってB_{13}よりも大きいからである。そして私たちは、B_{12}がB_4と等しいということを分かっている。したがって、B_{13}およびそれと等しい包みは、B_4およびそれと等しい包みとは別の無差別曲線になる。だから君も分かるだろう——推移性と凌駕と連続性という三つの公理を併用して、君が選択できるすべての包みを、互いに等しい包みから成るいくつかの集合に分けることができ、それらの集合はそれぞれ別々の（交差しない）無差別曲線として表すことができる。」

「なんという大発見」と赤松君は苦々しい調子で言い返した。「これは本当にどうしようもありません。僕は慎重に、すべての包みについて他の包みとの順位づけを始めていたのに——アルキメデスさんは包みを無差別病に罹らせてしまい、おかげで僕の企ては一掃されてしまいました。僕は自分の最良の選択肢を探していたのに、不確定性の海に投げ出され、次から次へと無差別曲線の波に打ちのめされるはめになりました。」

赤松君の不満の爆発にアルキメデスは少し驚きながらも、「それはちょっと言い過ぎだよ」と言い返した。「私は、君の選択肢を無秩序にするどころか、順位づけをする強力な武器を提供してあげたのだよ。まったくもう、君は辛抱がないから、私の言っていることの意味が分からないのだよ。たしかに、連続性の公理によって、包みの**強い順位づけ**は排除される。すべての包みについて、一方が他方よりも上位または下位だと順位をつけられるわけではない——というのは連続性の公理によれば、どの包みにもそれと等しい包みがあるからだ。しかし、連続性の公理によっても、等しい包みの**集合**（無差別曲線）の強い順位づけは排除されない。それどころか、推移性および凌駕の公理と組み合わせれば、連続性の公理は、そのような完全な順位づけを要求する。思いだしてくれたまえ——私たちは、B_{13}およびそれと等しい包みが、B_{4}およびそれと等しい包みとは別の無差別曲線になるということを証明しただろう。その証明は、B_{13}がB_{4}と等しい包みの一つ、すなわちB_{12}に凌駕されることに基づいていた。B_{13}は、B_{12}に凌駕されるので、B_{12}よりも下位になる。そこから容易に分かるのは、B_{13}と等しいすべての包みも同じく、B_{4}と等しいどの包みよりも下位になるということだ。だから、すべての包みについて、それと等しい包みの集合、すなわち無差別曲線を考えるならば、それによって示されるのは、たしかに個々の包みについては弱い順位づけだけれども、それだけではない――等しい包みの集合（無差別曲線）については強い順位づけも示される。これは無秩序とはとうてい言えないだろう――違うかね。」

赤松君は、自分がアルキメデスさんを非難したのは少し性急だったかもしれないということを認める。「それでも、等しい包みの集合、すなわち無差別曲線が強く順位づけられるという事実があったとしても、それだけでは不確定性はなくなりません。せいぜい、不確定性を少し小さくしてくれるだけです。個々の包みの強い順位づけには遙かに及ばないと言うべきでしょう。B_4と等しい包みは、北西の象限から南東の象限へと延びる、どんな曲線上にあるのか分かりません。アルキメデスさんがおっしゃっているのは、B_7からB_{12}の包みがB4よりも下位か上位かだということだけでしょう。だからまだ相当のことが分からないままでしょう。」

「ある点までは、たしかに君の言うことは正しい」とアルキメデスは認める。「正確にどの包みがどの包みと等価であるかということは、もちろん、事実問題と見なすべきであり、その答えは、君の目的が実際に何であり、それらの目的をどのように順位づけるかによって違ってくる。しかし、二つの包みが互いに等しいと言えるためには一つの制限があり、その制限が無差別曲線を描くのに役立つだろう。すなわち、**狭義の凸性**の公理は、無差別曲線の辿る道――等しい包みの集合がどこにあるか――が、ただ北西と南東の象限のどこにでもあるというのではないということを教えてくれる。**図5・4**では、北西と南東の象限がB_4を通る斜めの直線によって四つの区域に分割されている。この直線の角度は任意であってよい。直線の角度が何度であろうと、凸性の公理は、B_4を通る無差別曲線が第二と第三の区域の**両方**を通ることはないということを意味する――すなわち、第二と第三の区域のいずれかを通ることはありうる（また、どちらも通らないこともありうる）が、両方を通ることはありえない。さらに、もし第二や第三の区域がB_4と等しい包みを含んでいないならば、そこにはB_4よりも下位の包みしかない。さらにもう一つ、狭義の凸性の公理は、こういうことも意味する――

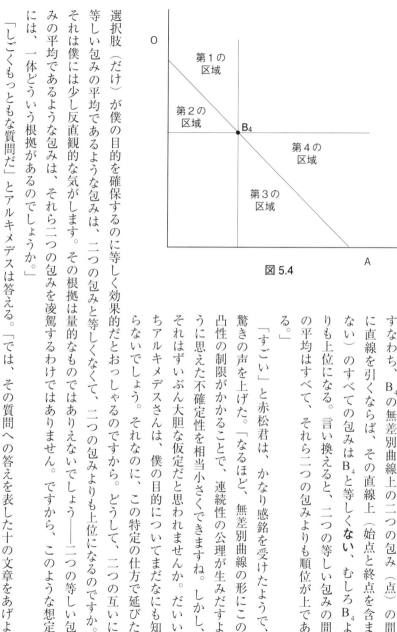

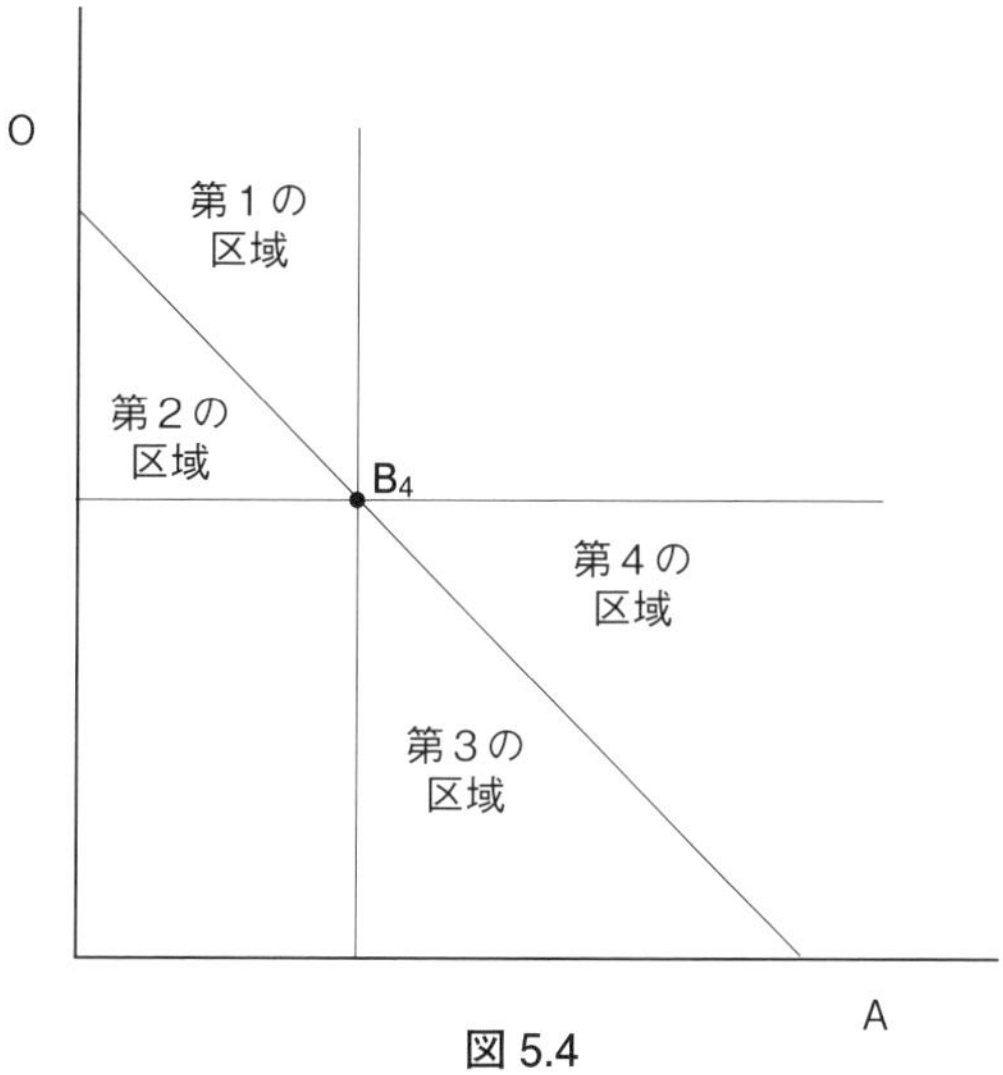

図 5.4

すなわち、B_4の無差別曲線上の二つの包み（点）の間に直線を引くならば、その直線上（始点と終点を含まない）のすべての包みはB_4と等しく**ない**、むしろB_4よりも上位になる。言い換えると、二つの等しい包みの間の平均はすべて、それら二つの包みよりも順位が上である。」

「すごい」と赤松君は、かなり感銘を受けたようで、驚きの声を上げた。「なるほど、無差別曲線の形にこの凸性の制限がかかることで、連続性の公理が生みだすように思えた不確定性を相当小さくできますね。しかし、それはずいぶん大胆な仮定だと思われませんか。だいいちアルキメデスさんは、僕の目的についてまだなにも知らないでしょう。それなのに、この特定の仕方で延びた選択肢（だけ）が僕の目的を確保するのに等しく効果的だとおっしゃるのですから。どうして、二つの互いに等しい包みの平均であるような包みは、二つの包みと等しくなくて、二つの包みよりも上位になるのですか。それは僕には少し反直観的な気がします。その根拠は量的なものではありえないでしょう――二つの等しい包みの平均であるような包みは、それら二つの包みを凌駕するわけではありませんから。ですから、このような想定には、一体どういう根拠があるのでしょうか。」

「しごくもっともな質問だ」とアルキメデスは答える。「では、その質問への答えを表した十の文章をあげよう――そのうちのいくつかは近頃はあまりはやらないけれども、すべてがほとんど同じ意味のことを言っている。

1　そうすると、手段の増加は、つねにそれに比例して快楽の条件の増加をもたらすけれども、それに比例して快楽の増加をもたらすわけではない。[8]

2　ある物を多く所有していればいるほど、その物を一単位分だけ放棄するために補償として必要とされる別の物の量は少なくなる。[9]

3　二皿目のジャムロールを食べ終えたとき、女の子は深いため息をついて、「二皿目はぜったい一皿目ほどおいしくないわね」と言った。[10]

4　日常的な経験から分かるように、ある商品Xと別の商品Yの組み合わせの中で、Yが多ければ多いほど、したがってXが少なければ少ないほど、一単位のYが補償するXの量は小さくなる。[11]

5　私がある年にたくさんのシャンパンを所有していればいるほど、その年にシャンパンをもう一本買うために私が代償として差しだす衣服や食料や車やその他の物の量は少なくなる。[12]

6　人はある商品を多く持っていればいるほど、その商品に対する欲求が一般的に「切実な」ものでなくな

8　Edgeworth, *Mathematical Psychics*, 62.
9　Pareto, *Manual of Political Economy*, 196.
10　Wicksteed, *The Common Sense of Political Economy*, 40.
11　von Stackelberg, *The Theory of Market Economy*, 100.
12　Alchian and Allen, *University Economics*, 15.

る。[13]

7　人はたとえパンのみで生きることができるとしても、偏りのない食事のほうを好むものである。[14]

8　ある人にとってパン三枚と30グラムのチーズ、またはパン一枚と90グラムのチーズのどちらでも同じだとした場合、凸性の公理が言うのは、その人はそのいずれよりもパン二枚と60グラムのチーズ（やパン一枚半と75グラムのチーズや……）を好むということである。[15]

9　人はなにかaをたくさん持っていればいるほど、別の欲しい物を手に入れるためにより多くのaを犠牲にしてもよいと思うだろう。[16]

10　多様性は人生を味わい深くする。[17]

ところで、君も言うように、私は、君の目的に必要なのが快楽か、ジャムロールか、シャンパンか、パンか、チーズか、味わい深い人生か、それともひょっとしたらロビンズの先の引用にあった祈祷とよい仕事であるのかまったく分からない。ただ、右で引用した著者たち全員が言おうとしているのは次のようなことだ。君がAを一つ諦めるとした場合、君を南東の象限からB_4へと誘い出すよりも、B_4から北西の象限に誘い出すほうがより多くのOが必要になり、逆のことが、君がOを一つ諦めるとした場合についても言える——そして同じこ

13　Newman, *The Theory of Exchange*, 32.
14　Chipman, “The Nature and Meaning of Equilibrium in Economic Theory,” 442.
15　Gravelle and Rees, *Microeconomics*, 61.
16　Dyke, *Philosophy of Economics*, 51.
17　Simmons, *Choice and Demand*, 10.

とが、B_4以外の、OとAを含んだすべての包みについても言える。[18]」

「なるほど」と赤松君は認める。「たしかに僕も、他の点が同じならば、味わい深い人生のほうがいいです。だけど、凸性の公理が実際に、アルキメデスさんが言われるように一般的に多様性をもたらしてくれるのかどうか、僕にはよく分かりません。しかし、たとえ凸性の公理が正しくても——たとえ等価な包みの集合つまり無差別曲線がこういう特定の形になるとしても——僕はまだやはり、選択の不確定性の問題をどうやって逃れられるのかが分かりません。その問題は、いいですか、アルキメデスさんが連続性の公理を持ちだしてから起こったのです。凸状の無差別曲線が教えてくれるように思われるのは、等しい包みの集合（無差別曲線）がはてしなく多くあり、その集合（無差別曲線）の一つ一つがはてしなく多くの包みすなわち選択肢を含んでいるということです。いったいどうやって、この広大な選択肢の中から唯一最良の包みを取りだそうとされるのですか。」

「ここまで来れば、もう安心したまえ。これが最後の困難で、しかもこれまでの中で一番小さい」とアルキメデスは自信たっぷりに答えた。「第一に、言うまでもないと思うけれども、私たちがこのように長々と作図に励んでいる基本的理由は、私たちが夢の国にいるのではないから——すなわち、君に利用できる手段の総供給が君の全目的にとって十分ではないからだ。それだから、私たちは、**願う**なんてことではなくて**選択**について論じているのだ。君が確保できるOやAの量は限られている。そうした限界は、君の**基本財産**——すなわち、OやAと交換するために君が自由に処分できる資産（サービスを含む）——の大きさによって決まる。ところで、私たちは、君の資産について簡単な会計検査をさせてもらった——君の代理人や銀行の責任者、株式の仲

18　すなわち、包みについての赤松君の評価は限界置き換え比率の逓減を示している。

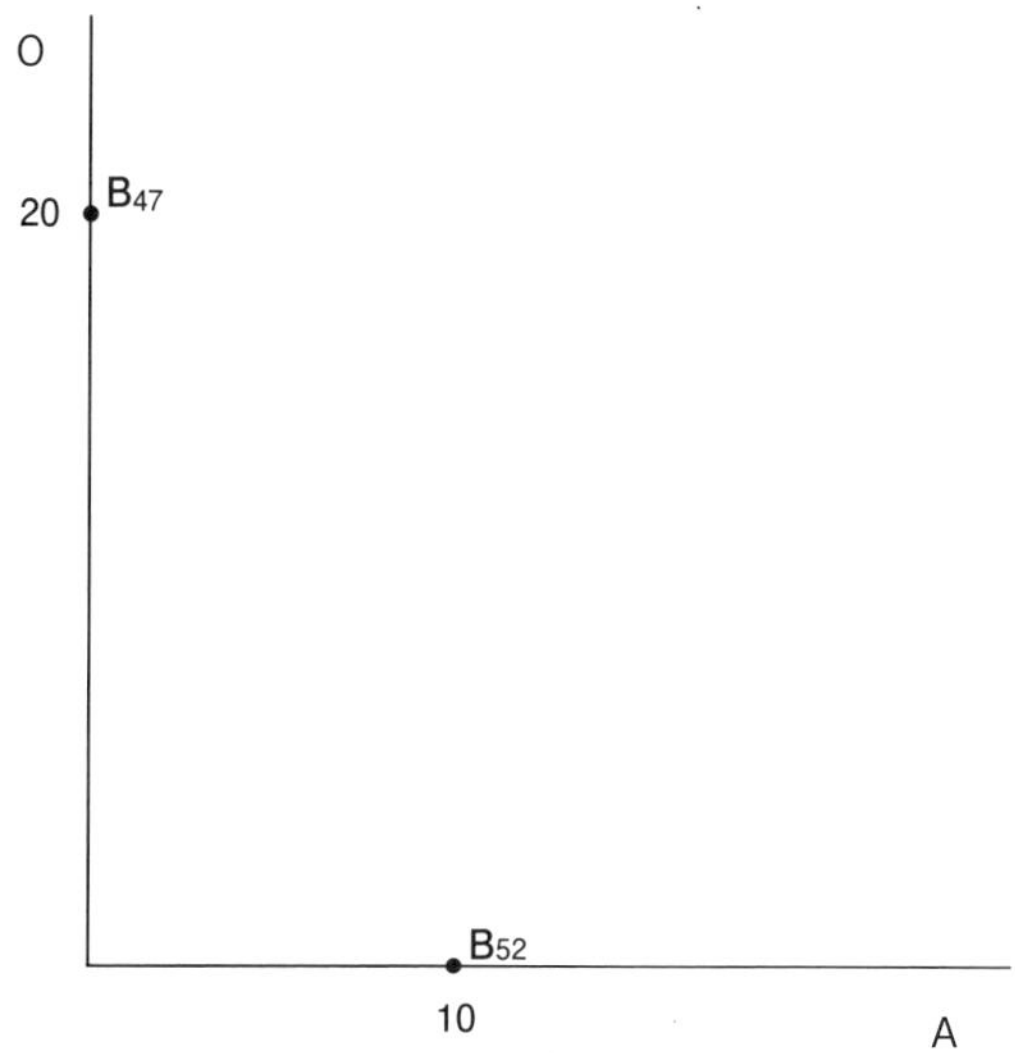

図 5.5

買人や馬券屋、仮釈放官や占星術師など、君の保有する資産を認定・評価できるさまざまな人たちに話を聞いた結果、君の保有資産はすべてでR五つになるようだ。だから**図5・5**を見てもらえれば分かるように、私たちの計算では、君が最大で二十のO（B_{47}）、もしくは最大で十のA（B_{52}）を確保することができる。二十よりも多くのOまたは十よりも多くのAを含んだ包みを選択しようかなどと考えても意味はない——そういう包みは君にとって言わば『分を越えている』からだ。そういう包みは、君に手の届く選択肢ではない。」

「正直に言って」と赤松君は答えた。「そういうことがあまり役に立つようにも思えませんが。縦岩さんが僕にB_{47}よりも多くのOをくれないだろうし、横田さんがB_{52}よりも多くのAをくれることもないだろうということが分かっても、たいして役に立ちません——凸性の公理によれば、僕はどのみち、B_{47}やB_{52}を選ぶことがないのですから。OだけやAだけを含んだ他の包みを選ぶこともないでしょう。僕が知りたいのは、B_{47}とB_{52}の限界内でOとAのどのような組み合わせ（包み）を選ぶことができるのかということです。たとえば**図5・6**の中のB_{49}やB_{50}はどうでしょうか。B_{49}には二十のOと十のAが入っていて、B_{50}はそれよりOが一つ少ないだけです。僕は欲張りじゃないんですよ。ただ自分の目的にとって最善のことをしたいだけなんです。」

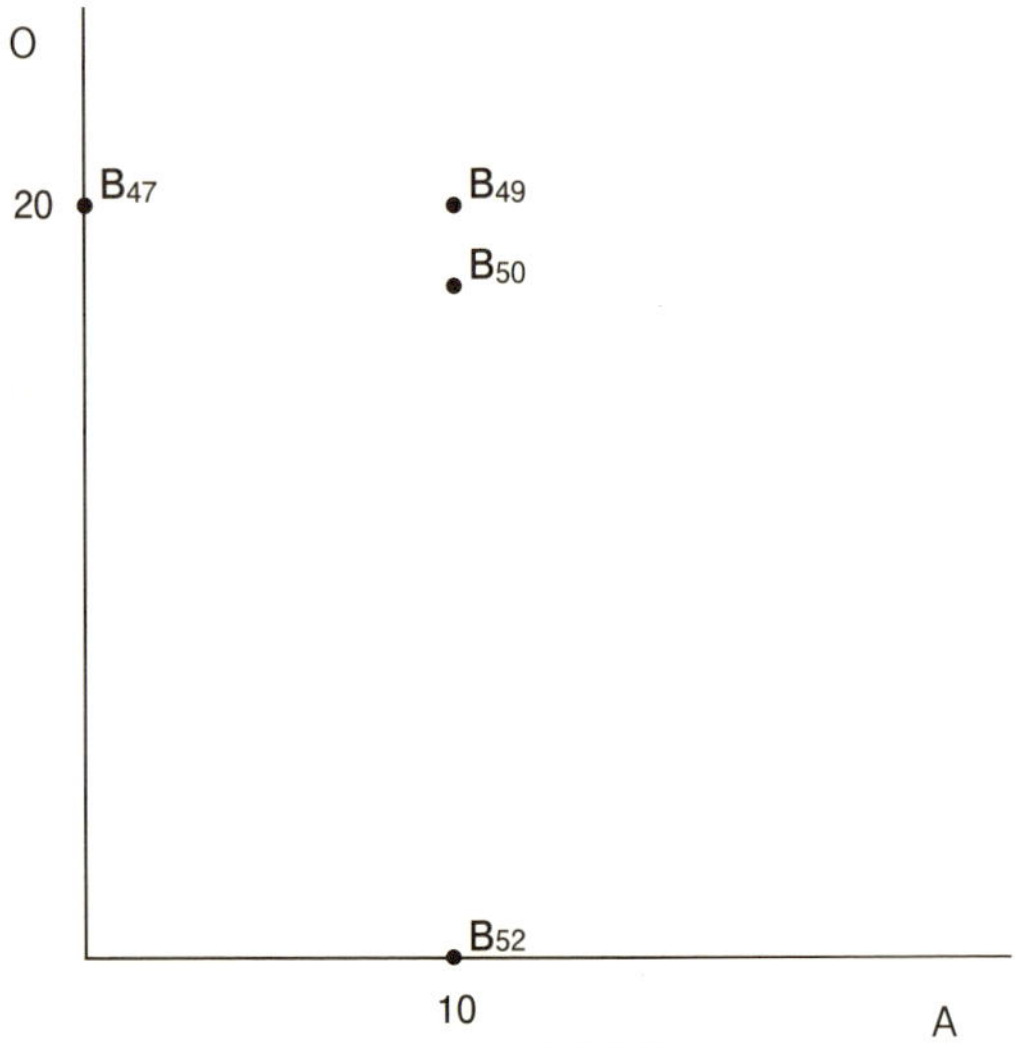

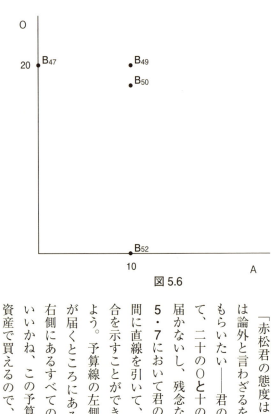

図 5.6

「赤松君の態度はまったくもってもっともだが、B_{49}とB_{50}は論外と言わざるをえない。私が言ったことを思いだしてもらいたい——君の限界は二十のO**もしくは**十のAであって、二十のO**と**十のAではない。だから、B_{49}は君には手が届かないし、残念ながらB_{50}も同様だ。実際、私たちは、**図5・7**において君の限界を示すB_{47}とB_{52}という二つの包みの間に直線を引いて、君の手が届く組み合わせ（包み）の集合を示すことができる。この直線を**予算線**と呼ぶことにしよう。予算線の左側（および線上）の包みはすべて君の手が届くところにあるけれども、B_{47}やB_{52}のように予算線の右側にあるすべての包みは残念ながら君の手には入らない。いいかね、この予算線の傾きが語るのは、B_{47}とB_{52}は同量の資産で買えるので、同じ価値があるということだ。それはつまり、一つのAが二つのOに値するということだ。さらに、君の場合、その同量の資産とは君の基本財産R五つのことなので、一つのRは二つのAもしくは四つのOに値するということが容易に導き出せる。だから、Rの価値と、君にはR五つがある（他に言うべきものはなにもない）という事実とを組み合わせれば、君が得ることのできるOやAの量が決まるのだ。」

　赤松君はいらいらし、納得していない。「アルキメデスさんが僕の予算線を正しいところに置いたかどうか、僕にはよく分かりません」と赤松君は言い返した。「たしかに予算線の傾きがOとAの価格比を表すのは分か

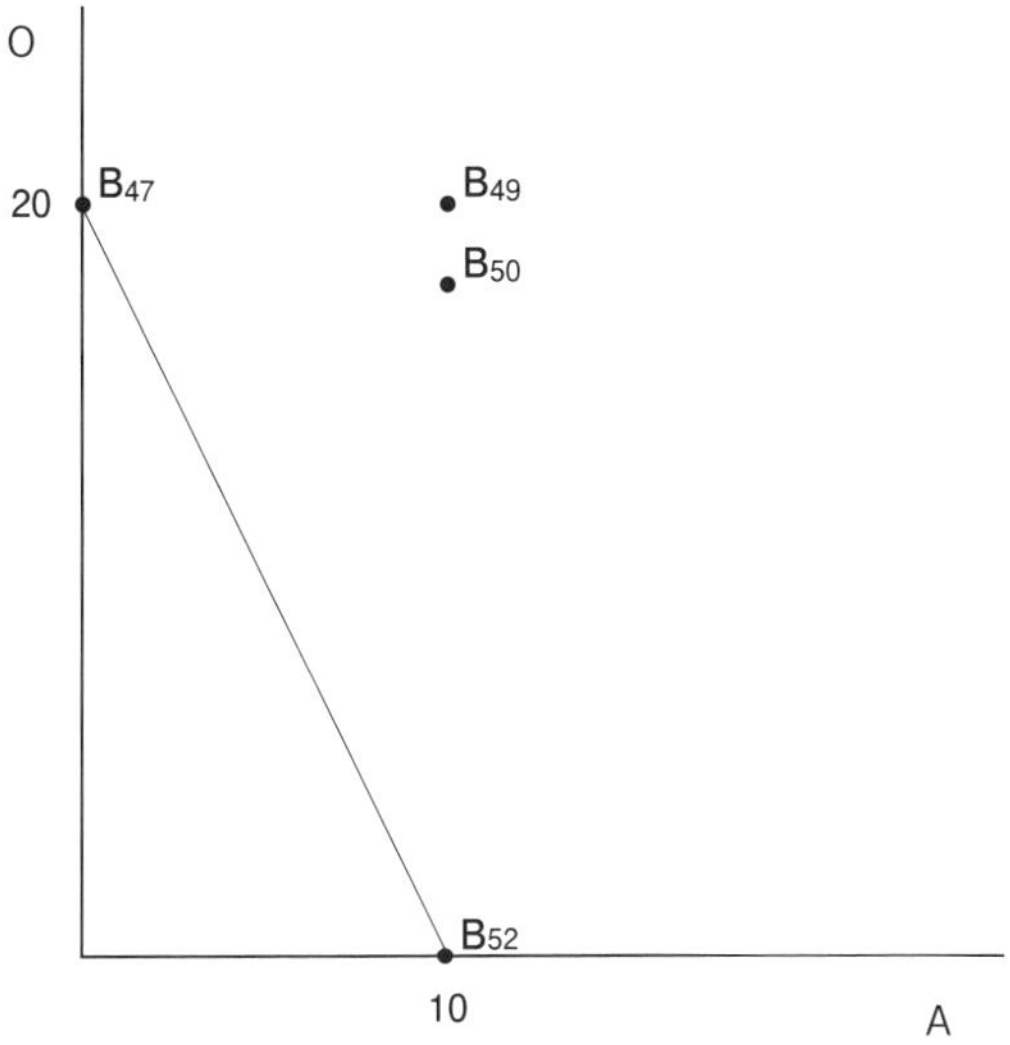

図 5.7

ります。そして予算線の高さ——言わば縦軸方向、横軸方向の（原点からの）距離です——が僕の基本財産の中にどれだけのRがあるかだけではなくて、Rの一つ一つにどれだけの価値があるかも表すようになっているということも分かります。会計検査の結果、僕には五つのRしかないというのも、その通りです。しかし僕は、五つのRにはもっと大きな価値があり、したがって僕の予算線はもっと高いところにあるはずだと思うのです。けれども、これについての議論は、後にまで延期しましょう。今のところは、この予算線を与えられた仮定として、それでも僕にはまだ、選択の不確定性をどのようにして克服できるのかがよく分かりません。明らかに、予算線がすべての包みを手が届くものとそうでないものとに分けたので、非常に多くの包みが排除されました。そして、僕は最適な選択肢を選びたいので、予算線上にある包みのどれかを選ぶことになるというのも分かります——僕の手が届く範囲内で他の包みに凌駕されないのは予算線上の包みだけですから。また凸性の公理は、僕が選ぶのがB_{47}やB_{52}ではないということを教えてくれます。しかしそれでもまだ、B_{47}とB_{52}の間に、ほとんど無限と言ってよいほど多くの包みが残っています。唯一最適な包みをどうやって決めようとされるのですか。」

「初歩的なことだよ、ワトソン君」[29]とアルキメデスは目を輝かせて、赤松君に言った。「君の凸状の無差別

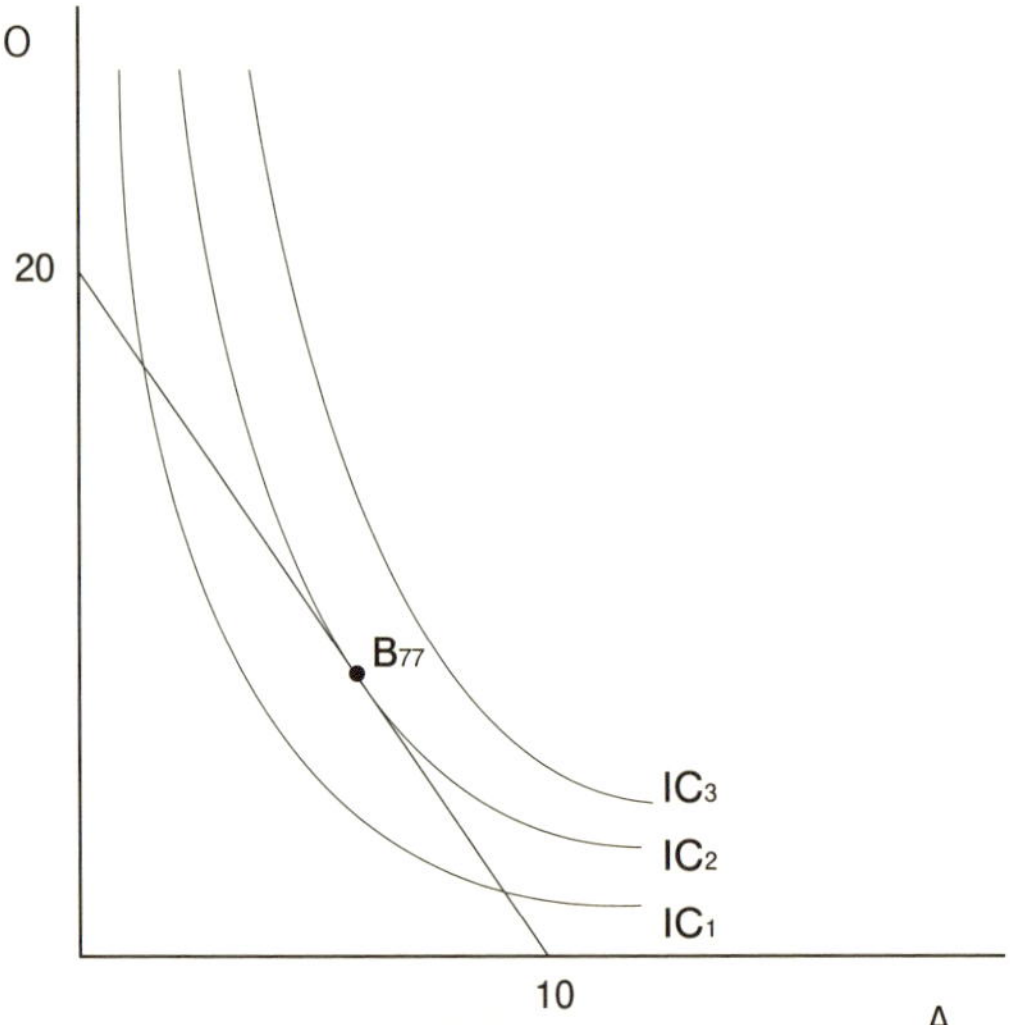

図 5.8

曲線の地図を広げて、その上に君の予算線を重ね合わせるだけだ――**図5・8**のようにね。もちろん完全な地図には、三本だけではなくて、はるかに多くの無差別曲線があるが、今の目的のためにはその三本で足りるだろう。君の狙いは明らかに、君の**手が届く範囲内で最上位の無差別曲線**上にある包みを確保することだ。IC_3はこの図の中で最上位の無差別曲線だが、悲しいかな、それは完全に君の予算線の右側にある。[30] したがって、IC_3上の包みはどれも、手が届かない。他方、IC_1上の包みはかなりのものが君の資力の範囲内だ。ただし見て分かるように、それらの包みはすべてIC_2上の包みよりも下位だ。しかし幸運なことに、IC_2上の包みの中には一つ（だけ）君の手が届くものがある――IC_2と君の予算線が互いに接する点、B_{77}だ。君の予算線上の他の包みはすべて、君が手に入れられるけれども、B_{77}よりも下位だ――なぜなら、IC_2よりも下位の無差別曲線上にあるからだ。だから、B_{77}が君の唯一最適な選択肢である。それが、君の個人的な交換比率と社会で支配的な交換比率とが出会う最高点である。少し別の言い方をすれば、B_{77}は、君の手が届く範囲内で最も北東の包みであり、そこではOとAに関する君自身の置換比率がOとAの市場価格に等しくなるのである。」

「なるほど、アルキメデスさんの話はもっともです。それを受け入れてもいいかもしれません。しかしそうする前に、B_{77}にたどり着く過程で僕たちが脇にのけておいた二つのことをもっと詳しく調べてみる必要があります――それは、連続性と基本財産です。」

（ハ）連続性と共約可能性

ジョン・チップマンは、経済的思考において凸性の公理が極めて重要であることを適切にも強調して、こう述べている――「どれほど多くの法則がこの原理と運命を共にするかは、驚くばかりである……他の社会科学の場合、この原理に相当するようなものは一つもないように思われる。」[19] 等しい包みの集合（無差別曲線）が狭義の凸性を示すこと――それこそが、よく適応した価格感応性の基礎にあって、あらゆる選択状況において唯一最適な選択肢を決定し、合理的な行動を需要の法則に従わせるのである。さらに凸性の公理によって、等しい包みの集合（無差別曲線）の要素は、凌駕／被凌駕の関係にない包みの中でも、OとAの置き換え比率が一定の仕方で変化していく包みに限定されるので、等しい包みの集合（無差別曲線）が数学的関数で表せるようになる。こうして凸性の公理によって合理的選択が計量化されるので、選択公理が生みだす経済学の定理は、チップマンが述べるように、科学的法則の形をとることができる。

しかし自明なことだけれども、凸性の公理は、等しい包みが存在することを前提している。もしB_4に等しい包みがなかったなら、等しい包みの集合が凸状の無差別曲線になることもありえない。凸状は、経済的に等しい包みの集合（無差別曲線）がとる形であり、そうした包みから独立には存在しない。だから、一定の基本

19　Chipman, "The Nature and Meaning of Equilibrium in Economic Theory," 442.

財産の人が、価格（予算線の傾き）が変化するとき、なぜ選択を凸状に変えるのが合理的なのかを私たちが理解しようとすれば、まずそもそも選択を変える理由を考察する必要がある。連続性の公理の根拠を考察することが必要なのである。

ロビンズは、経済学の古典的著作の中で、人が経済的選択状況にあるために必要かつ十分とされる条件を四つにわけて述べている。

（1）複数の目的がある。

（2）それらの目的を完全に達成するのに、利用可能な手段は不十分である。

（3）そうした希少な手段は他の用途に用いることができる、すなわちどの特定の種類の手段も、（複数ある目的のうちの）二つ以上の目的に充てることができる。

（4）複数の目的は重要性の点で順位づけられる。[20]

ところで、ここに含まれる目的は道徳的な目的に限らないけれども、一つ明らかなこととして、これら四つの条件のうちの少なくとも三つに私たちは道徳的思考を論じた第四章で既に出会っている。青山さんの多元的な道徳観には（優先順位の規則によって）順位づけられた複数の目的（第一の規則や価値）があり、利用可能な手段はすべて合わせても不十分であり、かつ別の用途に用いることもできる（したがって道徳的葛藤の可能性がある）。

もう一つかなり明らかなこととして、これらの条件は互いに完全に論理的に独立なわけではない。目的を達成するための手段が少なくとも一時的には不十分だということは、目的をもつという観念のうちにすでに含ま

20　ロビンズ『経済学の本質と意義』一九～二〇頁。

れているると言ってもよいだろう。（これは絶望のすすめではない。それはたんに、目的をもつということが目的の実現と同一ではないということを言っているにすぎない――少なくとも「目的」ということで私たちがなにか行為と関係したことを意味するかぎり。夢の国では、言わば「行為する」ということがない。）第二に、複数の目的があるならば、そのための希少な手段――少なくとも時間と注意力――はさまざまな用途に用いることができるので、目的を順位づけすることが必要になる。[21]

すると、ロビンズの四つの条件すべてが複雑な（多元的な）道徳的選択の状況では充たされている、したがって道徳的選択の状況も完全に経済的選択の四条件に対応していると思われるかもしれない。けれども道徳的思考、特に道徳的な順位づけがどういうものかを探求したとき、私たちは、連続性や凸性の要請らしきものにいささかも出会わなかった。それは、私たちの探求が十分にその論理的帰結を追求しなかったからだろうか。二つ前の段落で私は、道徳的思考を論じた第四章においてロビンズの四つの条件のうち「少なくとも三つ」にすでに出会ったと慎重な述べ方をした。私がそうしたのは、すぐに見るように、ロビンズの条件（3）――別の用途に用いうること――は、道徳的選択を説明する場合よりも経済的選択を説明する場合のほうが狭い解釈を必要とするからである。そしてこの狭い解釈が、順位づけに関わる条件（4）の理解に影響してくる。その理由を分かるためには、ロビンズの四つの条件のうちどれか一つでも欠けたならば、どのように選択状況が特に**経済的**なものではなくなるかを手短に考察する必要がある。

ロビンズの条件（1）を考えてみよう。本章の初めのほうで見たように、ロビンズは次のことを強調し、そ

21　道徳的目的の場合にはたしかにこの必要性がある――道徳的目的のための行為には理由が含まれているけれども、それは現在の文脈では優先順位の規則が含まれているという意味だからである。非道徳的目的を順位づける必要があるかどうかは、非道徳的行為に理由が含まれているかによる――これはここでは問わないことにする。

れは広く受け入れられている――すなわち経済学は、人がどのような（複数の）目的をもち、それら目的がどのくらい重要かについてなにも仮定しないで、そうしたことを単に所与として扱う、別の言い方をするとそうしたことは、倫理学や美学や欲求や必要性のような要因によって、経済的選択モデルにとって外側から決まる。しかし、もし目的が複数で**なかった**ならどうなるだろうか。もし単一の目的しかなかったならば、どうなるだろうか。単一の価値しかもたない人は、道徳的選択をするときに、経済的な選択もする必要があるのではないだろうか。

この問いに「必要ない」と答えることには、ちょっとした皮肉がある。というのは、歴史的に悪名高い経済人（*homo economicus*）は――すでに捨て去られているとはいえ――通常、そもそも道徳的思考を行う限り、典型的な単一価値の人と考えられているからである。けれども明らかに、ある人にとって行為に価値があるかどうか、どの程度に価値があるかが行為の有する単一の自然的性質だけで決まるならば、そのような人が直面する選択問題は、ロビンズが**技術**の問題と見なすものでしかありえないように思われる。[22]

標準的な場合を例にとってみよう。もし欲求充足または快楽が単一の自然的性質（たとえば、ある種の脳状態）――それについては多い少ないを測定することができる――と解され、それの実現にいくつかの手段があるならば、その単一の目的を追求して最善の選択肢を選ぶことは生理学者と工学者に委ねることができる。最適の手段的選択の問題は、他の価値が目的として一切考慮に入らない場合、応用自然科学の問題であって経済学の問題ではない。実際にこれは、ベンサム流功利主義の（少なくとも）目論見に特徴的な精神をおおかた捉えているように思われる。もちろん、もし「欲求充足」または「快楽」が複数の自然的性質を指すならば――

22　ロビンズ『経済学の本質と意義』四九～五三頁。

もし快楽に、別々の**源**があるというのとは区別した意味で、別々の**種類**があると言われるならば――そのような快楽が自分の唯一の道徳的目的だと言う人は、その「快楽」という言葉をたんに便利な包括語として使っているにすぎず、実際に意味されているのは複数の価値主張であり、そうするとそれはロビンズの複数性の条件（1）を充たす。

ロビンズの条件（2）についてはどうだろうか。おそらく、残念ながら夢の国がどこにも存在しないということについてはすでに十分に語られたので、手段の希少性と経済的選択の間の結びつきについて、これ以上話してもうんざりだろう。実際、希少性は、行為に目的があることを状況の側から表しているにすぎない。もしすべての目的のためのすべての手段がきれいな空気が手に入る（ないしは入った）のと同じように手に入るならば、するべきことがこれほどたくさん残ることはなかっただろう。[23]

現実にはするべきことがあり、それらが何であれ、それらをしようとすれば努力や注意力が必要なので、少なくともいくつかの手段が複数の目的に用いることができるということもまた、目的のある行為の確かな特徴であるように思われる。このことは必ずしもすべての手段について当てはまるわけではない。もしロビンソン・クルーソーに複数の目的があり、そのうちの一つだけが彼が有する木材の使用を必要とするならば、その木材をどのように用いるかについての決定は純粋に技術的な問題である。[24] それでも、私たちの目的が自ずから実現すると言えるようになるまでは、ロビンズの要件（3）は、私たちの自由にできる手段のいくつかが他の用途にも用いることができる限り、少なくとも部分的には充たされている。そしてこのことから要件（4）

23　ロビンズ『経済学の本質と意義』二〇～二四頁。
24　ロビンズ『経済学の本質と意義』五四頁。

も充たされるように思われる——先にも述べたように、もし複数の目的（少なくとも**道徳的**な目的）の間に順位づけがなかったならば、それらを実現するための選択肢の間で合理的な選択と認められるようなものはありえないからである。[25]

しかしそうだとしても、正確に言って、どのくらいの「他の用途に用いることができる」ことが、経済的選択の公理によって前提されているのだろうか。簡潔な答えは「非常にたくさん」というものである。無差別曲線は、二種類の手段がさまざまな比率で互いに置き換えられることを表している。「他の用途に用いることができる」というロビンズの条件（3）をこのように——**偏在的な置換可能性**として（略して偏在的置換性）——解釈して初めて、等しい包みが存在し、右下がりに選択する人の北西から南東に延びる無差別曲線が生まれるのである。

これは単に程度の問題ではない。この主題についての文献において広く認められているように、偏在的置換性は、多くの場合に非現実的に高い水準の（手段の）物理的分割可能性と（選択する人の）知覚的識別力に基づいている。十分明らかなように、あまり分割できないものの最小の部分あるいは反対に非常によく分割できるものの最小限知覚可能な量は依然として大きすぎるのであって、無差別曲線の中に暗黙にあるような非常に微細な量的区別と置換ができない。アルフレッド・マーシャルは、その有名な『経済学原理』に「自然は飛躍せず」という言葉を掲げたように、[26]連続性の公理を信奉していたけれども、今それに共感する人はほとんど

25　ロビンズ『経済学の本質と意義』二一～二二頁。

26　マーシャル『経済学原理』扉の頁。序文三頁、一〇頁も参照——そこでマーシャルは「本書に他に見られない特徴があるとすれば、おそらくは……連続の原理を努めて強調している点に見られるかも知れない」と述べている。Boland, *The Principles of Economics: Some Lies My Teachers Told Me* の第三章では、マーシャルが連続性の原理にとりつかれ、

いないだろう。その限りにおいて、ほとんどの人は偏在的置換性のことを経済的な選択モデルにおける非現実的な理想化であると考えている。[27]

しかし、自然が手に負えないことは私たちの現在の関心ではない。科学哲学で一般に共有された見解を反映して、ジョーン・ロビンソンは次のように説得力のある主張をしている――「現実のあらゆる様相を考慮に入れたモデルは、原寸大の地図同様役に立たない。[28]」だから私たちが知りたいのは、モデルが要請する識別力や分割可能性が現実的かどうかではなくて、それらが現実的であった場合の帰結である。[29]では、**偏在的置換性という理想化が求める理想は何なのか**。

懐疑的な赤松君に対してアルキメデスが連続性の公理を説明したときの議論を思いだしてもらいたい。OとAのどの特定の組み合わせをとっても、（それの南東や北西に）もちろん別であるには違いないが、それにもかかわらず価値の等しいOとAの組み合わせがいくつもあることは否定のしようがないと、アルキメデスは主張していた。OとAがいかなる目的の手段であるかに関わりなく、（OとAの）これらさまざまな組み合わせ

それを当時の生物学から輸入した動機が説明されている。

27　ある人たちは、連続性を合理的選択の公理的特徴として確立する方法として、蓋然性指標を選好順位の中に取り込むという提案をしている。この提案の批判については、Davidson, McKinsey, and Suppes, "Outlines of a Formal Theory of Value," 158-9を参照。

28　ロビンソン『経済成長論』五〇頁。

29　現実主義は脇に置くとして、モデルの区別の要請にはなんらかの緊張関係があるように思われる。ヒックスの『価値と資本』四五〜四六頁を参照――そこでは、単位は別々に選択することができないほど小さくはないが、十分に小さいので一つの単位の限界効用と次の単位の限界効用を区別できないと見なされると述べられている。Wicksteed, *The Common Sense of Political Economy*, 47-57も参照。

はすべて、価値の等しい結果を達成することができる。どうしてだろうか。

ヴィヴィアン・ウォルシュが述べた明らかな反例について、考えてみよう。[30] 病気の治療に薬を処方するさい、医者はしばしば正確な服用量を指定する——量がそれより少なければ役に立たず、多ければ致命的なことになるかもしれない。病気から回復することが赤松君の目的の一つであり、Oがそれに必要な薬であり、B_4には処方された量のOが正確に含まれているとしよう。一見したところ、南東の包みB_5はB_4よりもOが少なくAが多いにもかかわらずB_4と価値が等しい、と考えるための理由は三種類あるように思われる。

（1）ひょっとしたら医者は間違っているのであり、B_5はB_4よりOが少ないけれどもB_4と同じ回復効果が得られる。

（2）B_5はB_4よりもAが多くOが少ない——ひょっとしたらこのAの増加分は、Oの減少分（B_4にとっては、Oの増加分）と同じだけの回復効果をもたらすことができる。

（3a）ひょっとしたら（B_5の）このAの増加分は、（Oの減少分と）同じだけの回復効果をもたらすことができないけれども、別の目的の増進をもたらすことができ、それは赤松君にとって逸失した回復効果と同じだけの価値があり、しかもB_5よりAが少ないB_4では得ることができない。

（3b）ひょっとしたらB_5はB_4よりOが少ないのでB_4と同じだけの回復効果をもたらすことはできないけれども、なんらかの小さな回復効果をもたらすことはできる——**そして**Aの増加分は別の目的の増進という別の効果をもたらすことができ、それは赤松君にとって回復効果の減少分と同じだけの価値があり、

30　ウォルシュ『現代ミクロ経済学入門』二八、一五〇頁。（これは今でも、勉強になるとともに、読みものとしても楽しい教科書である。）

しかもB_4では得ることができない。

そして同様の理由が、しかるべく逆の形に言い換えれば、北西の包みB_3がB_4よりもOが多くAが少ないにもかかわらずB_4と等しいと見なす根拠になるだろう。[31]

B_4とB_5を等しいと見なすためのこれらの理由は、詳しく検討するに値する。少し考えれば、理由（1）はB_4とB_5を等しいというより、むしろ等しくないと見なす理由になっていることが分かる。というのは、もしB_4よりもOが少ないB_5でもB_4と同じ回復効果が得られるならば、B_5のほうがB_4よりも上位であって、等しくないからである――それは、B_4はB_5よりもOが多いだけ無駄であり、他方B_5はB_4よりもAが多いだけ、B_4にはできなかったような価値ある効果をもたらすことができるからである。だから、B_4とB_5（とB_3）を等しいと見なそうとすれば、その理由は（2）か（3）ということになる。

理由（2）と（3）では、言われている等しさの種類が非常に違っている。もちろん、どちらの理由も、OとAのこうした組み合わせ（B_4とB_5）が等価であることを主張する。しかし（2）がそう主張する根拠は、B_4とB_5が共に同一の結果すなわち同じ回復効果をもたらすことができるということである。他方（3）がそう主張する理由は、B_4とB_5はこの共通の力をもたず、それぞれが別々の結果をもたらすのだけれども、別々の結果に等しい価値があるということである。（2）の等価性は、同一の因果的性質すなわち（質的・量的に）同じ効果をもたらす性質がそれ自体で等しいという場合の等価性である――他方（3）の等価性は、別々の効果が価値的に等しいとされるという意味での等価性である。（2）の場合、B_4とB_5が相互に置き換え可能な

31　B_3にはOが必要以上に含まれているけれども、その余計な分を赤松君が他の人の健康回復に用いて、そのことが赤松君にとって価値があると考えればよいだろう。

のは、どちらも**同じ**仕事をするからである。（3）の場合、B_4とB_5が相互に置き換え可能なのは、それぞれが別々の仕事をするのだけれども、別々の仕事が互いに**同じだけ価値がある**からである。

これら二種類の等価性をそれぞれ**因果的等価性**および**効果の等価性**と呼ぶことにしよう。[32] そうすると、先に述べた理想化についての問いは、より正確に次のように述べることができる――凸状の無差別曲線の中に暗黙の内に含まれている偏在的置換性という考えが前提しているのは、因果的等価性か、それとも効果の等価性か。

経済学の文献を見ても、明確な答えは述べられていない。選択公理を明快に説明する中でピーター・ニューマンは、等しい包みの存在を要請するときに働いている考え方は「言わばローマへの道は一つではない、一定水準の満足を達成するのに複数の包みがある」というものだと述べている。[33] 私たちはローマに行きたがると決まっているのだろうか。明らかにここで私たちが知る必要があるのは、「満足」の意味である。「満足」は、ある種の快楽理解の場合のように、特定の脳状態といった単一の性質と理解されるべきなのか。それとも「満足」は、さまざまな性質を意味しうる包括的な言葉なのか。もし「満足」が単一の性質を意味するのならば、「一定水準の満足」はその単一性質の一定量と解釈され、B_4（のOが多い分）とB_5（のAが多い分）が等しいというのは因果的等価性である。B_4にもB_5にも、然るべき脳状態あるいは他のなにかを同じだけ生みだす因果的性質がある。この見方によれば、人の経済的選択は、ロビンズが先に技術的問題と述べたもの――ベンサ

32　この区別では、因果的に等価な包みの集合は、効果の等しい包みの集合の真部分集合である。だから「効果の等しい包み」という表現は、因果的には等しく**ない**が効果の等しい包みだけを指すことにする。

33　Newman, *The Theory of Exchange*, 29.

ム社という生命工学企業に解決を委ねるのが最適な問題——に還元できる。[34]

他方、もし一定水準の満足がさまざまな性質を包含し、B_4（のＯが多い分）とB_5（のＡが多い分）が互いに別々の性質を実現させるのならば、その場合B_4（のＯが多い分）とB_5（のＡが多い分）が等しいのは効果の等価性である。そしてB_4とB_5がもたらす効果が質的に違うということは、一定水準の満足がさまざまな比率で実現された複数の性質から成り立つということを意味する。言い換えれば、同一水準の価値が、別々の目的をさまざまな比率で「組み合わせる」ことで得られる。このように解釈された「満足の水準」は、因果的に等しい包みの場合とは違って、順位とは別の意味で測定できるわけではない。B_4およびそれと等しい包みが他の満足水準の包みよりも上位だ（とか下位だとか）ということは有意味に主張することができるが、その違いを量的に語ることはできないのである。

この主題をめぐる論争をよく知っている人は、私がここまでかなり無理をして**効用**という言葉を使わないでいることにイライラしているだろう。というのは、因果的等価性か効果の等価性かという問題は究極的には、さまざまな選択肢の手段的価値——効用——がそのまま**基数**で表せるか、それとも**序数**的に順位づけされる（だけ）かという問題だからである。[35] そしてこのことは、よく理解されているように、そうした選択肢の向か

34　Schabas, *A World Ruled by Number*, 34-9 を参照。

35　効用の基数的尺度（たとえば、長さの尺度）では、効用の絶対量が測定され、「赤松君がB_4から得る効用は、青山さんがB_4から得る効用の二倍である」とか「赤松君がB_4から得る効用は、彼がB_9から得る効用の二倍である」といった比較ができる。効用の序数的順位づけでは、間隔尺度（たとえば、温度の尺度）や比例尺度を立てられる**場合もある**けれども、そうした尺度でも絶対量の比較はできない。測定の可能性については、Cohen and Nagel, *Introduction to Logic and Scientific Method*, 293-301 を参照。

う目的が単一の目的と解されるべきか、それとも複数の目的と解されるべきかということによる。もし仮に五目並べに詩歌と同じだけの価値があるとすれば、その理由は、一定量の五目並べや詩歌が同じ量の快楽を生みだすからか。それとも、五目並べと詩歌によって生みだされる一定量の娯楽と観想が、一定量の快楽やその他単一のものに還元できないにもかかわらず、同じ水準の価値を有しているからか。

歴史的に、経済理論における効用観は、初期の一次元的性格――典型的には、快楽主義的な性格（ただし常にそうとは限らない）――から、より一般的な方向に発展し、合理的に選択する人が多元的ないし多次元的な目的をもつ可能性を認めるようになってきている。この発展は長期にわたり、その中で学者が次から次へと現れて効用観の一次元的性格を論難していったけれども、彼らはなおも自分たちの分析的数学的道具立ての中に前提として一次元的性格の痕跡を留めていると言ってよいだろう。[36]というのは、この発展は、経済科学を論争的な心理学的・倫理的仮定から解放するために行われたけれども、新たな概念的問題を生みだしたからである――それは、別々の選択肢の効用を量的に表現し、そして相互に置き換え可能な選択肢の集合が右下がりの選択が要求するような形になることを証明するという問題である。一次元的な効用観では、一定量の○が生みだす単一目的の量は基数で表現でき、それがそのままその○の有する効用量を示す。[37]だから唯一の目的のた

36　Stigler, "The Development of Utility Theory", Kirzner, *The Economic Point of View*, カウダー『限界効用理論の歴史』、ヒックス『価値と資本』第一章を参照。

37　初期の新古典派経済学者たちは、ベンサム流の聖杯――すなわち快楽を直接に測定する方法――を発見したとは主張しなかった。そうではなくて彼らは、そのような尺度を貨幣という基数的尺度で十分に代用できると仮定した。すなわち彼らは、貨幣の限界効用が変化しないと（正当な理由もなしに）仮定したのである。基数的な測定可能性にとって「重要なのは、包摂を行うなんらかの操作が存在することである」（Georgescu-Roegen, "Measure, Quality and Optimum Scale," 235）。

めに、もし実際にＯとＡのいずれを手段として用いることもできるならば、ある量のＡはその目的を一定量のＯが生み出すのと同じ量だけ生みだすことができる、つまり同じ効用がある。そうすると、ＯやＡの価格が変動した場合に、どれだけのＯをどれだけのＡで置き換えることができるか——最適な包みの変化——を正確に知ることができる。[38] この場合、一定量のＯと一定量のＡが等しいというのは因果的等価性であり、それらの効用は基数で表すことができる。

　しかし、もしＯとＡのさまざまな組み合わせが（少なくとも）二つの目的E_1とE_2を生みだすならば、状況はまったく違ってくる。この場合でも、ロビンズの「他の用途に用いることができる」という仮定は、一定量のE_1を生みだすＯとＡの因果的に等しい組み合わせが複数あるということを意味し、E_2についても同様である。しかし、だからといって、一定量のE_1を生みだすＯとＡのさまざまな組み合わせと一定量のE_2を生みだすＯとＡのさまざまな組み合わせが**同一**だということには**ならない**。もしE_1とE_2が別々の目的であって、どちらをどちらに還元することもできないならば、ＯとＡの因果的に等しい組み合わせは一定量のE_1の場合と一定量のE_2の場合とで違いうる。すなわち、「他の用途に用いることができる」ということは、一定量のE_1と一定量のE_2を生みだすＯとＡのさまざまな組み合わせが一通りだけ存在するということを意味しない。けれども効用理論では、人がＯとＡを相対的に価値評価するとき、その評価——どれだけのＯがどれだけのＡと置き換え可能かについての判断——は、一つの無差別曲線集合によって表されるとされ、二つの集合、すなわちE_1のための無差別曲線の集合とE_2のための無差別曲線の集合が必要だとは考えられない。ＯとＡのさまざまな組み合わせの効用は、単一の尺度で表すことができるのである。

38　かくして効用関数 $u=u(x_1 . . . x_n)$ は、しばしば生産関数 $q=q(x_1 . . . x_n)$ と比較される。

結局、以上のことから次のような結論になる——目的が複数ある場合に連続性の公理が意味するのは、互いに置き換え可能な包みが等しいというのは効果の等価性だということである。どれだけの手段（O）がどれだけの他の手段（A）と置き換え可能かということが言えるのと同じように、どれだけの**目的**（E_1）がどれだけの他の目的（E_2）と置き換え可能かということも言える。ロビンズの「他の用途に用いることができる手段」という条件に対応して、どの水準の価値も複数の目的のさまざまな組み合わせから成り立つという条件を立てることができる。多様な目的がこのように相互に置き換え可能であることを説明して、ウィックスティードは「同じ法則が、物質的なことに関してだけではなくて、知的なことや道徳的なことや宗教的なことに関しても成り立つ」と主張して、次のように述べている。

南アメリカに戦後、こういう話がある——ある大農園の所有者がお祈りの最中に妻から、敵が門のところまで来ていると教えられたとき、彼はほんの少しだけ簡潔で真剣な祈願をしてお祈りを終わらせ、それから敵を迎え撃ちにいった。[39]

だから偏在的置換性という理想化が求める理想は、（人に）複数の目的があって、それらを手に入れる条件（価格）が変動したとき、一つの目的を他の目的と交換できる——他の目的で補償できる——ということである。身体的生存が延びることは霊的交わりを短くするだけの価値がある。決定理論の用語を借用して、このよ

39　Wicksteed, *The Common Sense of Political Economy*, 79.

うな目的の集合を**補償的集合**と呼ぶことにしよう。[40]

　私たちは以前に補償的集合に出会っている——第四章で小さな愛国心か、大きな約束の順守かという問題を論じたときである。そこで見たように、青山さんが自分の第一の価値ないし目的を数的な重みづけによって外側から共約可能にすることは、青山さんの多元的道徳観と完全に整合的であった。それによって青山さんの道徳観は、二つの価値を同時に手に入れることができなくて価値の間の交換を考える場合に、特定の選択状況において最大の価値（行為の大きさ×道徳的重み）が期待されるような交換を要求した。道徳的優先順位の問題をこのように考えることは、多元的道徳観と一元的道徳観の間の距離を小さくするけれども、その区別自体はそのまま残るのであった。したがって補償人（*homo compensatio*）は、しばしばけなされる単細胞の経済人（*homo economicus*）と兄弟ではあっても一卵性双生児ではない。複数の目的を共約可能にして、ある目的を別の目的と交換することは、別々の目的を同質的なものに還元するのと——理論的説明においても実践の適用においても——同じではないからである。

　しかし、これが多元的道徳観の構造を考える**唯一**の方法ではないことにも注意してもらいたい。（そこから赤松君は以前に、凸性の公理が主張する多様性が普遍的なものかどうか疑問を呈していた。）というのは、多元的道徳観が複数ある目的の中のいくつかまたはすべてに数的な重みづけをしないことも十分に可能だからである。つまり、目的を互いに置き換えられないようにすることもできる——そうすると、上位の目的は、それがたとえどれだけ少しであっても、下位の目的のために放棄されることがない。このような道徳観では、上位の目的を可能な限りすべて（すなわち最大限に）実現しおわるまで、下位の目的の実現が許されない。上位の

40　Anderson, Deane, Hammond, McClelland, and Shanteau, *Concepts in Judgement and Decision Theory*, 45 を参照。

目的をこのように優先する道徳観は、**辞書的**な順位づけをしていて、その限り**非補償的**な道徳観である。したがって、そのような目的のための手段となるものの効用は、序数的な順位によってのみ表現でき、間隔尺度では（まして や基数的な尺度では）表せない。端的に言って、測定できないのである。

このことには、経済的な選択モデルの一般性にとって重要な帰結がある。経済的選択は与えられた目的のための手段を選ぶことであり、連続性の公理は目的の補償的集合があることを意味するので、目的が辞書的に順位づけられている場合、手段の合理的選択は、経済的選択モデルによって扱うことができない。経済的選択モデルの一般性は、たしかに初期の新古典派経済学が用いた功利主義モデルよりも疑いもなく大きいけれども、非補償的な価値を目指した選択にまでは及ばない。[41] 辞書的に上位の目的の場合、手段の相対的価格が上昇しても、下位の目的（のための手段）を増やす方向で右下がりの移行を引き起こさ**ない**——上位の目的の減少分と下位の目的の増加分が価値的に等しくはないからである。その代わりに、経費を節約して、より高価になった上位の目的をできるだけ従来通り確保できるようにする。多元的道徳観は、第四章で見たように、補償的要素と非補償的要素の両方——すなわち、共約可能になった目的と辞書的に順位づけられた目的の両方——を含んでいることもある。多元的道徳観が辞書的に順位づけられた目的を含んでいる限り、無差別曲線地図は最適な包みを求めるのになんの役にも立たないのである。

経済的思考は反辞書的な連続性の公理に基づいており、したがって経済的思考の射程がこのように制限され

41　連続性の公理は、他の公理とは違って、合理的選択の条件を表現するのでは**ない**、むしろ数的に測定できる合理的選択の条件を表現している。推移や凌駕のような公理は、比較合理性という**概念**のある側面を表現していると言ってよいだろう。他方、連続性は、等しいものの**存在**を主張する。教科書の中には、たとえばウォルシュ『現代ミクロ経済学入門』一五〇〜一五一頁のように、この区別をよく理解しているものもある。

ることは、選択モデルの多くの議論の中で正当に認識され（さまざまに評価され）ている。[42] カール・ボーチは次のように述べている。

> 一つの基本的な仮定は、ある種の〝トレード・オフ〟がつねに可能であるということである。形式的には、いわゆる**アルキメデスの公理**を仮定することによって、これを表現することができる。……つまり、これは、ある商品何単位かの損失は、他の商品何単位かを得ることによって、つねに補完されうること、別の言い方をすると、**いかなるものもその価格をもっている**ことを意味している。価格をもつ事物に関する科学として、きわめて一般的な意味で、経済学を定義することは、われわれの心をそそるものといえよう。さしずめ、生と死に関するいろいろの問題やギャンブルに対する絶対的嫌悪といった倫理的原則などは、経済学プロパーの狭い課題の枠にはまらない、より一般的な社会科学の素材であるといえよう。[43]

42　フォン・ノイマン&モルゲンシュテルン『ゲームの理論と経済行動Ⅲ』四七四～四八〇頁、Arrow, "Alternative Approaches to the Theory of Choice in Risk-taking Situations," 425, Debreu, "Representation of a Preference Ordering by a Numerical Function," 159-65, ドブリュー『価値の理論——経済均衡の公理的分析』一二一～一二二頁、Georgescu-Roegen, *Analytical Economics*, 40-1, 188-90, Davidson, McKinsey, and Suppes, "Outlines of a Formal Theory of Value," 155, Chipman, "The Foundations of Utility," and "On the Lexicographic Representation of Preference Orderings," Newman and Read, "Representation Problems for Preference Orderings," Skala, *Non-Archimedean Utility Theory*, 26, バカラック『経済学のためのゲーム理論』一七二～一七三頁、Elster, *Ulysses and the Sirens*, 124-27, Strasnick, "Neo-Utilitarian Ethics and the Ordinal Representation Assumption" を参照。

43　ボーチ『不確定性の経済学』三二頁。大きな思想の流れについてのおおまかな注釈としては、道徳的価値が補償集合になるところで——なる程度に——経済学がその起源である道徳哲学から独立するという意味で、アルキメデスを経多くのものに、それどころかほとんどすべてのものに価格があらねばならないということは、ほとんど疑いえない。生死の問題でさえもしばしば——しかも医療技術がますます発達するにつれて——合理的な答えは置き換えの計算によってしか到達できない。[44]

絶対的な倫理原則に関して、これらのことは第四章の終わり近くで論じられた——そこでは、当然のことであるが、「絶対」という言葉の意味によって答えが違ってくるということが見られた。もし絶対的原則が日常会話上の意味、すなわち絶対的原則の順守は決して他の目的ないし他の目的の組み合わせのために放棄（他の目的ないし他の目的の組み合わせと交換）されてはならないという意味で理解されるならば、夢の国以外のところでは絶対的原則を一つしかもつことができない。（夢の国では、絶対的原則をいくらでも好きなだけもつことができる。）唯一の絶対的原則は辞書的に順位づけられ、たしかに絶対的原則の大きな順守が小さな順守と両立しない場合には大きな順守のほうが必ず凌駕し、おそらく優先するけれども、絶対的原則の順守が他の目的の追求に道を譲ることはない。もしこの種の場合に「重みづけ」と言うことがそもそもできるならば、絶対的原則の順守は（それがより大きな順守によって凌駕されない場合）無限大の重みがあると言うべきだろう。

絶対的原則をせいぜい一つしかもつことができないからといって、他の原則がすべて補償的だということにもならない。他の原則も次々と辞書的に順位づけられているかもしれない。にもかかわらず純粋に経験的な推

済学の始祖としてあげることができる。〔ただし福場・田畑訳では「Archimedes」が英語のまま書いてあるので、片仮名に直しておいた。〕

44　医療技術の発達が私たちの行為の幅を広げてくれ、すべての健康な腎臓が「他の用途に用いることのできる手段」になる。

測として、おそらくアルキメデスの次のような考えは正しいだろう――すなわち、私たちがもつ少なくとも大部分の目的は補償的であり、青山さんと同様に私たちも小さな約束の順守が大きな家族愛の行為よりも上位だと判断するのをためらうだろう。

また、経済的思考が補償的集合にしか当てはまらないという事実があるとしても、私たちの目的を非補償的にすれば、経済法則が体系的に述べるような一般的な困難を免れる――空想主義者の中には、明らかに、そう信じている人がいるようだけれども――ということにもならない。連続性から逸脱したとしても、夢の国に到着することにはならない。夢の国への第一歩でさえもない。私たちは――目的の間にどういう関係をつけるかにかかわりなく――依然として、手段が希少であり、すべて合わせても十分ではない状況にある。ここで主張されているのは、人が非補償的な目的を追求する場合、手段の希少性が合理的選択にどのように影響するかは、経済法則が述べるような仕方で描いたり決めたりはできないということにすぎない。希少性に制約されたすべての合理的選択が右下がりの選択である必要はない。この意味で、道徳的に好ましい行為が、経済的には不可能――需要の法則に反するという意味で――だけれども、にもかかわらず可能であり**うる**のである。

実際には、もう少し強い主張をすることも正当である。効用理論の従来の解釈によれば、手段の選択すべてが右下がりの選択だということは**ありえない**。というのは、経済学の文献の中には、連続性の公理が経済的選択モデルの一般性を制限することを明晰に理解しているものもあるけれども、非補償的な要因が前提としてあることを見落とすことも多いからである。辞書的な順位づけが可能でもあり例外でもあることを正しく認識しながら、[45] 多くの学者は、(少なくとも標準的な解釈では) モデルのパラメーターの一つがそれ自体選択の対象

45　Hicks, *A Revision of Demand Theory*, 193, Banerjee, "Choice and Order: Or First Things First," 166 を参照。

であり、したがって他の目的と補償関係にあると見ることができないという事実を見逃してきた。この主張の理由は、次の節で展開することにしよう。

（二）基本財産と搾取

赤松君が如上の公理[31]に出会ったときから抱き続けているもう一つの不満は、基本財産に関係している。思いだしてもらいたい——無差別曲線地図の上で、赤松君の手が届く最善の包み、唯一最適な選択肢を表す点の位置は、赤松君の基本財産（予算線によって表される）と赤松君の手が届くなかで最も高い無差別曲線という二つの要因によって決まる。赤松君の不満は、自分の予算線がもっと高いところにあるはずであって、自分の基本財産がアルキメデスによる会計検査では過小評価されているというものであった。この不満は要するに、B_{77}が赤松君の最善の選択ではないということを言っている。[46]

この不満の重要な特徴は、それが曖昧だということである——というのは、この不満は四つの解釈が可能だからである。赤松君の基本財産が会計検査によって評価されたよりも大きいというのは、以下の四つのいずれをも意味しうる。

（1）赤松君の基本財産は五つのＲ以上のものを含んでいる。

（2）赤松君の基本財産は実際に五つのＲしか含んでいないが、五つのＲは二〇のＯよりももっと価値があ

46　二五七～二五九頁を参照。

るし、一〇のＡよりももっと価値がある。

（3）赤松君の基本財産は実際に五つのＲしか含んでいないし、たしかに五つのＲは二〇のＯに値するけれども、一〇のＡよりももっと価値がある。

（4）赤松君の基本財産は実際に五つのＲしか含んでいないし、たしかに五つのＲは一〇のＡに値するけれども、二〇のＯよりももっと価値がある。

これら四つの不満は二種類に分かれる。第一の不満（1）は、赤松君が保有する資産の内容に関わる不満、すなわち資産の一部が見落とされているという不満である。残る三つの不満（2）（3）（4）は、資産と認められたものが過小評価されているという不満である。

ところで、赤松君が（1）の不満を意図していないことはすでに分かっている[47]──赤松君は、会計検査に間違いがないこと、自分が五つのＲしかもっていないことを認めているからである。（2）と（3）と（4）の不満に共通の特徴は、二種類の交換比率に対しては直接または間接に反対しているが、第三の交換比率には異議を唱えていないということである。赤松君は、もし（2）の不満を意図しているのであれば、二対一というＯとＡの交換比率には反対していない。赤松君が反対しているのは、一対四というＲとＯの交換比率と一対二というＲとＡの交換比率である。赤松君は間接的に、自分の財産を縦岩さんや横井さんの商品（ＯやＡ）と交換するとき、自分の受け取りが少なすぎると主張しているのである。（3）の不満の場合、この非難は横井さんだけに向けられる──ＲとＡの交換比率だけが直接反対されているからである。逆に（4）の場合、非難は縦岩さんおよびＲとＯの交換比率に向けられる。さらに、推移律によって、（3）や（4）の不満は、ＯとＡ

47　二五九頁を参照。

の交換比率にも間接的に反対している——もし横井さん（あるいは縦岩さん）だけが赤松君に対して支払いをけちっているのであれば、横井さん（あるいは縦岩さん）は縦岩さん（あるいは横井さん）に対しても支払いをけちっている。もしこれらの交換比率が違っていて、このような支払い不足がなかったならば、赤松君の予算線は北東方向に移動し、赤松君の手が届く範囲が広くなるだろう——そうすると赤松君はより高いところにある無差別曲線に手が届いて、より良い包みを手に入れることができる。

世間一般の言葉使いで、自発的な交換において受け取りが少なすぎる人——商品やサービスを提供しているのに正当な対価が支払われない人——は、**搾取されて**いると言われる。そういう人は、自分の商品やサービスに対して、本来よりも少ししか受けとっていない。しかし、正確にどの反事実的状況が「本来」なのだろうか。実際のところ、ある人たちの考えによれば、自発的な交換で（経済的に）価値が等しくない二つの物が交換されるというようなことはまったく理解できない。そういうことが理解**できる**かどうか、そして赤松君が正しいかどうかを調べるために、私たちはまず、赤松君が直面している交換比率がどのようにして成立するかの標準的な説明を簡単に見る必要がある。

ＯとＡの交換比率を考えてみよう。すでに見たように、私たちは、赤松君の予算線——その傾きがＯとＡの交換比率を表している——を無差別曲線と組み合わせることで、赤松君にとっての最適な包みを知ることができる。もしＯとＡの交換比率を変えれば（予算線の傾きを変えれば）、別の包みが最適になる。ＯとＡの交換比率が変わるのに応じて、赤松君にとっての最適な包みも変わるからである。これを基に、赤松君のＯとＡに対する有効需要関数——赤松君が選択するＯとＡの量を、その選択をするときのＯとＡの交換比率に結びつける関数——を作ることができる。そして同じことを、他のすべての人についても行うことができる。こうした個人の需要関数を総計すれば、ＯとＡに対する総需要関数（ないし社会的需要関数）を得ることができる。商品が二種類しかない単純な世界では、Oに対する総需要関数はAに対する総供給関数であり、Aに対する総需要関数はOに対する総供給関数である。Oに対する総需要関数とAに対する総需要関数が合致したところで、OとAの量の比率がOとAの**均衡価格**になる。総（需要）関数が異なれば、総（需要）関数が合致するときのOとAの比率も異なり、したがって均衡価格も異なってくる。そして総（需要）関数は、個人の（需要）関数を決定する変数が変わるに応じて、変わってくる。かくしてニューマンが述べるように、「価格は交換状況の中で外生的に、いわば外側から与えられるのではなくて、問題に内在的、つまり個人の（公理化された）選好および財の初期保有量の中に埋め込まれている。[48]」赤松君も他のすべての人も価格を受けとる――価格を自分たちの選択状況の**媒介変数**として扱う――けれども、その価格自体が、個人の選好の順位づけ（相対的評価）が各人の財の保有量によって加重されて決まる変数である。価格によって、それぞれの人が交換後に受けとるOとAの配分が決まるが、その価格がまた、すべての人の財の保有量と選好順位が相互に作用し合って決まる。[49]そして同じことが、商品が三つ以上の世界、たとえばOとAとRの世界でも当てはまる――ただし、均衡価格の計算は指数関数的に複雑になっていく。

そうすると、自分の基本財産である五つのRが過小評価されている、つまりRの価格が低すぎるという赤松君の不満を、私たちはどう理解すればよいのだろうか。明らかに、価格は交換過程の中で決まるので、赤松君の不満は交換過程の外生的ないし媒介変数的な特徴に向けられている。つまり、人々の選好順位に向けられて

48　Newman, *The Theory of Exchange*, 50.
49　均衡価格は媒介変数によって決定されるが、その類例は多い。一つは、綱引きにおいて綱の中間点が最終的にどこに行くかの決定過程である。綱の中間点の最終的な位置は、各人の（体重、筋力、持続力の）保有量と各人の（勝利と休息の）選好順位とによって決まる。

いるか、財の保有量に向けられているかである。

ところで、赤松君の不満が人々の選好順位に向けられているということは考えられる。ひょっとしたら赤松君は、この例の縦岩さんや横井さんはRの有用さがよく分かっていないと本当に考えているのかもしれない。ひょっとしたら、縦岩さんや横井さんは、自分たちの目的をRがどれだけ実現させてくれるかに気づいていないのかもしれない。あるいは、縦岩さんや横井さんは、Rの有用さが分かっていても、適切な目的をもっていない、あるいは少なくとも目的の順位づけが間違っているのかもしれない。ひょっとしたら縦岩さんや横井さんは、Rが生み出す目的のほうがOやAによって確保される多くの目的よりも重要だということが「分かって」いないのかもしれない。[50] そういう理由で、縦岩さんや横井さんは、Rを過小評価しているのである。疑いもなく、普通に搾取的と見なされる関係の大部分は、これら二種類の誤りが選好順位を歪めることによって引き起こされる。たとえば、家事労働を供給する人はしばしば、家事労働が家族の他の目標にどれだけ貢献しているかが十分に気づかれないから、または家事労働そのものの価値が評価されないから搾取されていると言われる。

しかし、赤松君の不満が、縦岩さんや横井さんの認識不足だという主張、つまりRの好ましさを赤松君が理解しているほどには縦岩さんや横井さんが理解していないという主張に基づいていないとしよう。すなわち赤松君は、すべての人の選好順位を所与のものと見なしている。その場合、赤松君の不満は、財の保有量に向けられている。

50　ただし、Rが生み出す目的のほうがより重要だとはいっても、赤松君がRをOやAと交換しようとすることが理解不可能になるほど重要というわけではない。

では、いったい財の保有量のどこが間違いでありうるのか。「保有量の配分を変えれば、均衡位置（および均衡価格）が変わる」[51]というのは、経済的交換理論の決定的特徴である。それでは、保有量の配分はどのようにして決まるのか。どのようにして変わるのか。そもそも保有量とは正確に言って何か。まず最初の試みとしてアルキメデスが先に述べていたのは、人の基本財産とは、その人が保有し、自由に処分でき、他人の財と交換できる財（商品やサービス）のことである。この純粋に**記述的**な定義を用いて、赤松君の不満をもう少し探求してみよう。というのは、そうすることで、経済的選択と非経済的選択の間の重要な結びつきに光を当てることができるからである。

もし赤松君の不満が財の保有量の配分に関わるとしても、自分自身の財の保有量に関わるのではない——すなわち、赤松君の不満は、不満（1）ではない。赤松君は自分の基本財産が五つのRであることは受け入れているので、赤松君が反対しているのは五つのRの価格である。赤松君は、OやAと引き換えにRを売ったとき、自分が差しだしたRに比して自分の受け取りが少なすぎると言っている。Rがこのように安値であったことは、他人の保有量の大きさに関わることが原因である。なぜか。どうしてか。

ものの価格が決まる原型的な場合、つまり競売を考えてみよう。今、赤松君はOを求めて一つのRを売ったところだとしよう。そうすると、赤松君の不満の（2）や（4）の解釈は、縦岩さんはRに四つのOという値を付けて競りに勝ったけれども、競争相手の灰谷さんならもっと高い値を付けてくれただろうというものである。灰谷さんの選好順位では、一つのRは五つのOと同じだけの価値がある。ではどうして灰谷さんは縦岩さ

51　Hahn, "General Equilibrium Theory," 125 を参照。Walsh and Gram, *Classical and Neoclassical Theories of General Equilibrium* の第七〜第十章も参照。

んに競り勝たなかったのか。

この問いに対して、これから「もし……でなかったら、灰谷さんは縦岩さんに競り勝っていただろう」という非現実の想定（答え）をいろいろと考えてみよう――そしてそれらが、Rが安値で売られたという苦情に対して十分な根拠になっているかどうかを検討しよう。
（1）もし灰谷さんが手持ちのO（の一部または全部）を強奪されていなかったならば、灰谷さんは縦岩さんに競り勝っていただろう。
（2）もし競りに上限額が（強制的に）設定されていなかったならば、灰谷さんは縦岩さんに競り勝っていただろう。
（3）Rの売値に対して、赤松君とは別の人の収入になる上乗せ料金が（強制的に）課されなかったならば、灰谷さんは縦岩さんに競り勝っていただろう。
（4）もし灰谷さんが縦岩さんの最後の付け値に応じようとしたときに灰谷さんの口が誰かの手によって塞がれなかったならば、灰谷さんは縦岩さんに競り勝っていただろう。
（5）もし灰谷さんに必要なOを手渡すはずであった甲さん（あるいは甲さんに必要なOを手渡すはずであった乙さん、あるいは乙さんに必要なOを手渡すはずであった丙さん、等々）が、（1）から（4）で述べられたような状況のせいでそのOを奪われていなかったならば、灰谷さんは縦岩さんに競り勝っていただろう。[52]

52　この最後の場合は、保有量が減らされたことによる搾取が取引の連鎖を通して歴史的にどこまでも累積・移転することを簡略に表している。

これらのどの場合においても、灰谷さんが縦岩さんに競り勝たなかったのは、**灰谷さんの保有量が減ったから**だとされる――すなわち、灰谷さんが自由に処分できる○の量が恒久的または一時的に、全面的または部分的に減ったからだとされる。このことは、（1）の場合に最も明らかである。しかし、そのことは他の場合にも当てはまる。（2）の場合、灰谷さんは、自分が保有する○のうち、四つの○という上限価格を超える部分については自由に処分することができない。（3）の場合、上乗せ料金が強制的に課されるために、灰谷さんは縦岩さんに競り勝つのに必要な五つの○と上乗せ料金の両方を同時に支払うことができない。だからもし上乗せ料金が一つの○だとすれば、縦岩さんは四つの○で競り勝ったので、縦岩さんにとってRの総費用は五つの○だということになる。灰谷さんが縦岩さんに競り勝つためには、灰谷さんは全部で六つの○を手放す必要があった――しかし、灰谷さんにとってRにそこまでの価値はない。（4）の場合、灰谷さんの全保有量が一時的に零になったに等しい。最後に（5）の場合は、（1）の場合の特殊例にすぎない。[53]

53　灰谷さんが縦岩さんに競り勝たなかった理由として、もう一つ、灰谷さんが競売の場にいなかった、つまり縦岩さんが独占的な買い手であったということが考えられるかもしれない。しかし、独占的な価格は必ずしも搾取的とは限らない。というのは、灰谷さんがいなかったこと、したがって縦岩さんが独占的な立場にあったことが、すでに挙げたような理由によっているか、灰谷さんの選好順位が私たちの想定とは違っているからかのいずれかであるかぎり、独占的価格だという理由に独立の身分はないからである。Rが不当に安く買われたという主張の根拠になりそうなことをもっといろいろと挙げて検討したものとして、Steiner, "Exploitation: A Liberal Theory Amended, Defended and Extended," 136-41 を参照――そこでは、根拠として挙げられたことのいくつかは本文で述べた根拠に還元できるし、そうでない残りのものはRが不当に安く買われたという主張の根拠にはならないということが論じられている。Rが不当に安く買われたという主張の根拠にならないものの中には、D・ミラーが *Market, State and Community*, 180-81 で述べた提案が含まれるかもしれない――その提案では、赤松君がRを灰谷さんに売った場合よりも安い値段で縦岩さだから、自分のRが不当に安く買われたという赤松君の主張は、灰谷さんの保有量がこうした強制的な介入がなかった場合ほどには大きくなかったという事実に基づいている。しかし、灰谷さんの保有量がそれほど大きくなかった、したがってもっと高い値をつけて競りに勝つことができなかったという**事実**から、どうして不

んに売ったのは、縦岩さんが灰谷さんに対して赤松君のRは見かけほどのものではない（たとえば巨匠の真作ではない）と説得したからだとされる。その場合、赤松君は搾取されたのだろうか。この問いに答えるにあたって、ここで関係しない一つのことは、灰谷さんを説得することに縦岩さん自身が見いだす利益である。というのは、おそらく私たちは、**もし**赤松君のRが買われた低価格が搾取的であったならば、灰谷さんが手を引いたために赤松君のRを低価格で買うことができたのが縦岩さんではなくて別の人であったとしても、やはり赤松君は搾取されていたと言いたいだろうからである。赤松君が搾取**された**かどうかは、Rが贋作だという縦岩さんの主張が真であるかどうか、および灰谷さんに縦岩さんから嘘の情報をつかまされない権利があるかどうかに依存する。そうすると、四つの可能性が考えられる。（i）灰谷さんには縦岩さんから嘘をつかれない権利が**あり**、Rが贋作だという縦岩さんの主張が**偽**である場合、赤松君は実際に搾取されたのであり、それは、縦岩さんが灰谷さんの保有量を減らした（すなわち、灰谷さんには正しい情報を得る権限があるにもかかわらず、縦岩さんが灰谷さんから正しい情報を奪った）ことに起因する。（ii）灰谷さんには縦岩さんから嘘をつかれない権利が**なく**、Rが贋作だという縦岩さんの主張が**偽**である場合、灰谷さんは縦岩さんを信じるべき十分な理由がないにもかかわらず縦岩さんを信じたわけだけれども、それは、灰谷さんが赤松君のRの競売から手を引くという危険回避行動を選んだにすぎない——だから、赤松君は搾取されなかった（それは、灰谷さんが自分自身の調査が不十分だったためにRが贋作だという結論に達していた場合に赤松君が搾取されなかったのと同じである）。（iii）灰谷さんに縦岩さんから嘘をつかれない権利が**あり**、Rが贋作だという縦岩さんの主張が**正しい**場合、（ii）の場合と同じである。最後に（iv）灰谷さんには縦岩さんから嘘をつかれない権利が**なく**、Rが贋作だという縦岩さんの主張が**正しい**場合、やはり（ii）の場合と同じである。私たちは、こうした判断を容易に確かめることができる——これら四つのうちのどの場合に、灰谷さんは縦岩さんから損害を被ったと主張できるか、考えてみるとよい。答えは、（i）の場合だけである。

満が出てくるのか。それは、灰谷さんの保有量がもっと大きくある**べき**であった、したがって灰谷さんの保有量を減らした介入が起こる**べきではなかった**と赤松君が信じているからに他ならない。要するに赤松君の不満は、保有量についての純粋に記述的な見方ではなくて**規範的**な見方に依拠しているのである。

　ところで、私たちはたしかに普通、人の保有量を規範的に見ている。すなわち、私たちは通常、人が自由に処分できる財の保有量を、人が現に**手にしている**もの（すなわち、実際に排他的に支配しているもの）というよりも人が（正当に）**所有**しているもののことだと理解する。もちろん、人が現に手にしているものと人が（正当に）所有しているものとが合致する可能性はある。しかし、合致する必然性はない。そこで、私が五つのOを所有し、私の隣に住むNさんが三つのAを所有しているとしよう。しかし、Nさんよりも私のほうが体力も知力も優れているために、経験的事実として、私は自分の五つのOだけではなくNさんのAの二つをも手にしている、他方で憐れなNさんは一つのAしか手にしていないとしよう。要するに、Nさんの財産権が相対的にか弱いために、規範的な姿とは違った保有量の配分になっているのである。一般化して、私たちはこの純粋に記述的な見方を、保有量の**自然的**ないしは**ホッブズ的**な配分と呼ぶことができる――規範的な保有量の配分が権利に基づいた保有量の配分であるのに対し、このホッブズ的な保有量の配分は力に基づいた保有量の配分である。

　では私たちが（社会の需要関数を編成し、ものの価格を引き出すために）個人の有効需要関数を引き出すとき、これら二つのAは誰の需要関数に入れるべきなのか。私のか、それともNさんのか。明らかに、これら二つのAも他のいかなるものも、もし二人以上の需要関数に入るならば二重計算になる。そうすると、赤松君のRの価格が四つのOだということは、いずれの種類の保有量の配分に基づいているのか。

　こうした問いに、経済理論そのものはなんらの答えも出さない。私が見る限り、たとえ通常は規範的な保有量の配分が用いられるとしても、ホッブズ的な保有量の配分が概念的に不適格だと考えることはできない。かくして『近代経済学辞典』において「保有量」と同義の「富」が定義されるとき、そこには所有権ないし財産権への限定がない。

市場価値があってお金や財と交換できるものはなんでも富と見なすことができる。富には、物質的な財や資産も、金融資産も、収入を生むことができる個人の技量も含まれる。これらは、市場で財やお金と交換できるならば、富と考えられる。富は大きく二種類に分けられる——一つは有形の、資本とか非人的富と呼ばれるものであり、もう一つは無形の人的資本である。すべての富には、収入すなわち収益を上げることができるという基本的特徴がある。かくして、富が貯蔵であるのに対して、収入は流動概念である。この流動の**現在価値**が、富という貯蔵の**価値**になるのである。[54]

たしかに、交換に際してホッブズ的な保有量が用いられる場合、そのような所で交換が非常に広範に行われ続けるということは、ホッブズ的な理由から非常に疑わしい。しかし、そのような考慮は、そうした状況で均衡価格が形成される可能性を排除するのには不十分である。[55] 盗品市場とか、さらに言えば窃盗力市場とかに、なんら不整合な点はない。そうした市場は存在する。

ものの交換価値が保有量についての純粋に記述的ないしホッブズ的な見方に基づくとすれば、赤松君のRは

---

54 Pearce (ed.), *Dictionary of Modern Economics*, 470-1.

55 Bush, "Individual Welfare in Anarchy" およびブキャナン『自由の限界』四五~四七頁を参照。

四つの○にしか値しないし、赤松君の不満は簡単に退けられる。灰谷さんの保有量が減らされなかった場合にどれだけで**あった**か、そのとき赤松君のRがどれだけの高価格に**なった**かということは、まったく無関係である。問題になるのは、人々が実際に手にしている保有量と人々が実際に出した付け値だけである。誰が現に何を手にしているかという事実だけが問題であるならば、ホッブズ的な保有量の配分によって形成された価格は、間違いなく、交換されるものの相対的な価値を表している。[56]

しかしだからといって、保有量についての規範的な見方によれば赤松君の主張が正しいということにはならない。というのは、灰谷さんが、減らされる前の保有量すなわちRの価格を五つの○にしたはずの保有量に対して権利をもっていたかどうかは、まだ分からないからである――そうした種類の問題を次の三つの章で論じる予定である。ひょっとしたら、灰谷さんには、自分の保有量を減らした強制的な介入に反対するなんの権利もなかったかもしれない。介入した人には、介入する完全な自由があったのかもしれない――それどころか、介入することが義務だったのかもしれない。したがって、ここまで言えることはせいぜい、赤松君に理があるためには――すなわち赤松君が搾取されたということが可能であるためには――標準的な文献が仮定しているように、規範的な保有量の配分を参照すべきだということを仮定することが必要だ（ただし十分ではない）ということである。もちろん、大きな問題は、「どの規範的な保有量の配分を参照すべきか」ということである。

この分析は、「この階級の人たちは搾取されている」といった文が倫理的な主張を述べているのか経験的な

56　Ryan, "Exploitation, Justice and the Rational Man," 33では、「合理的人間の理論は、合理的人間が他人と関わるとき、その関わり方が**搾取的**かどうかを決めるために、正義の理論に助けを求める必要がある」と正しく述べられている。

主張を述べているのかという長年の論争に関して、多くの人がもつようになった認識を支持すると思われる。分別のある答えは「両方」であるように見える。そのような文は、ある特定の保有量の配分のもとでどのような価格が形成されるかという（複雑な数学的）**事実**の問題を主張する限り、経験的である。しかし、どの保有量の配分を参照すべきかという**選択**の問題を主張する限り、倫理的でもある。そして一つ、この点に関して確かなことは、支配的な**法的**保有量の配分が現にどのようなものであったとしても、それだけでは、どの保有量の配分を選択すべきかというときに特権的な身分にならないということである。現に手にしていることが法律の十分の九であるとしても、法的奴隷制という制度を見れば、**合法的に**手にしていることと正当に手にしていることとの間にかなりの懸隔がありうることがよく分かるだろう。

そこで私たちは、先に経済的選択と非経済的選択の間の重要な結びつきとして述べた点に戻ってくる。**もし**自然な配分ではなくて規範的（法的、道徳的）な保有量の配分を参照すべきであるならば、規範的な保有量の配分は選択すべきものである。けれども明らかに、規範的な保有量の配分が経済的選択に対してもつ関係を考えれば、規範的な保有量の配分そのものは経済的選択ではないということになる。夢の国以外の世界では、私の保有量が私の選好の実質的重みを決定するのであって、その反対ではない。**規範的な保有量の配分とは、経済的選択に対して課される制約なのである。**

では、誰によって課されるのか。明らかに、規範的な保有量の配分が他の目的と補償関係になるような人によって課されるのではない。規範的な保有量の配分は、無差別曲線で表される目的と少しずつ取引できるようなものと見なすことができない——規範的な保有量の配分は、むしろそのような取引に対する制約だからである。ケネス・アローは次のように述べている。

価格制度がそもそも機能するためには、財産権という概念が必要である。……財産権制度は一般的に、完全に自己強制的ではない。財産権制度はその定義からして、民法上・刑法上のさまざまな法的手続きに依存する。したがって、法律そのもののあり方が価格制度に服すと見なすことはできない。裁判官や警察も実際に給与が支払われているけれども、もしあらゆる機会に裁判官や警察がその判決や業務を売るとしたら、価格制度そのものが消失するだろう。……価格制度は、普遍的ではなく、おそらくある基本的な意味において普遍的たりえないのである。[57]

たとえ財産権制度に——人々が他人の権利を侵害しないことにしたので——強制が必要でなかったとしても、価格制度が普遍的たりえないというアローの中心的な点は、依然として有効である。保有量の配分がホッブズ的な事実ではなくて、権利によって構成されると理解される限り、価格制度は、他人の財産権に対する尊重がたんに相互に置き換え可能な目的の一つになるほど広範にはなりえない。[58]

こう言ったからといって、次のようなことを言っているのではない。特に、合理的な行為が権利を尊重するとき、そのような行為は、価値構造の中でつねに補償不可能な目的になっていると言っているのではない。行為は他の理由でも権利を尊重しうる。最も明らかな場合として、五つのOに対する私の権利をNさんが侵害しないのは、Nさんにそれだけの**力がない**からかもしれない——すなわち、Nさんが私の権利を侵害するのを私または権利の保障機関が妨げているために、Nさんは権利を侵害する行為を選択できないのかもしれない。他

57　Arrow, "Gifts and Exchanges," 357.

58　だからといって、権利に基づいた保有量の配分であればどんなものでも（特に不正な配分は）ホッブズ的な保有量の配分よりも優れているということにはならない。

方、Nさんがそのような行為を選択できる場合でも、そのような行為は最適でないかもしれない――私自身または権利の保障機関が後で十分な罰を課すことができるので、そのような行為はNさんにとって得にならないからである。[59]

どちらにしても、結論はこうである――各人が自分自身の権利を実力で守ることのできる世界を例外として、権利を侵害する行為がない、したがって特定の保有量の配分が侵されないとすれば、それは、権利に対する尊重が少なくともある人たちの価値構造の中で非補償的な目的としてあるからに他ならない。そしてこの「ある人たち」とは、アローからの引用が示唆するように、法制度を究極的に支配しているすべての人たちのことであり、そこには立法者自身も含めてよいだろう。というのは、もしこの人たちの判決や業務が競売にかけられるとすれば、そのとき保有量の配分は権利に基づいたものではなくてホッブズ的なものになるだろうからである。

たしかに私たちは、「**変数**を**定数**として扱うことが非数学的な経済学者に特徴的な欠点である」というエッジワースの警告を心に留めるのも悪くないだろう。[60] しかし、競技の報賞が競って獲得されるだけでなくて規則も競売される場合には、競技が別のものになるというのも本当である。したがって、競技の最適な戦略も別のものになる。では、競技の規則が正確にどのようなものであるか――これが残る三つの章の主題である。

59　Becker, "Crime and Punishment: An Economic Approach," Rottenberg (ed.), *The Economics of Crime and Punishment*, Ehrlich, "Participation in Illegitimate Activities: A Theoretical and Empirical Investigation" を参照。

60　Edgeworth, *Mathematical Psychics*, 127.

第六章　正　義

いよいよ、これまでの章で手に入った（と私が考える）駒を使う時である。これまでの分析――権利の分析、権利と自由の関係の分析、そして権利が関わりうる道徳的および経済的思考の構造の分析――から、私たちは人の基本的な道徳的権利およびそれと両立可能な権利を一般的に述べることができる。そしてもし読者にも、私と同じように、そのような一般的説明が正義の原理になると思ってもらえるならば、それで本章の狙いは達成されたことになるだろう。しかし、正義という主題について他の人が考えたことを無視すべきではないという観点からは、（本章の狙いを達成するのに）もう少し回り道をしていくことが望ましい。

というのも、正義とは何かを見いだそうとするたいていの試みは、第一章で「素粒子からの戦略」と呼んだ方法をとっていないからである。すなわち、正義の本性を、道徳的権利の形式的特徴という微視的基礎から導き出そうとはしていない。むしろ、たいていの試みは、正義の本性を、正義に含まれるか正義とほぼ同義であると広く思われているさまざまな道徳的理想の注意深い探究から導き出そうとしている――それはすなわち、不偏性や公正性や中立性のような理想であり、ひょっとしたら、人々のうめきを減らす仲裁原理というエッジワースの考えに似たものであるかもしれない。

こうした概念（不偏性や公正性や中立性など）が正義の概念と結びついているということは、私たちの日常的思考の特徴としては、否定できない。したがって、基本的な権利を微視的基礎から導きだそうとする、かなり希な試みは、理論以前のこうした概念的結びつきを捉え損ねる可能性がある。だから、正義と結びついたこうした概念のいくつかについての議論の中に、既に手にしている分析の関連部分を組み込んで、より遠巻きから正義を捉えようとすることが、適切なように思われる。

おそらく、こうした概念を捉えられる最も有望な場所は、その本来の生息地、すなわち**敵対的状況**においてであろう。意見の不一致は、人々に不偏性や仲裁その他の原理を行使させたり権利に訴えさせたりするような状況の必要条件である。ただしそれは、必要ではあるが、十分ではない。ある種の意見の不一致だけが、人々に原理を行使させたり権利に訴えさせたりするのである。どの種の意見の不一致がそうであるかを知るには、意見の不一致を幾種類か見てみる必要がある。そして意見の不一致というのはある種の対立なので、私たちの探究を始めるのに、私たちが最初に道徳的判断機に出会った例の工房に優る場所はないだろう。

（イ）意見の不一致と行き詰まり

例の工房に戻るというのはそれほど明白な提案ではない、と思われるかもしれない。結局のところ、道徳的判断機の話は、青山さん一人だけに関わり、青山さんは次第に複雑になる状況の中で自分が道徳的に何を優先するかを考えていた。それはよくある話で、私たちが、第一の規則や価値が複数ある中で何をしたらよいか決断しようともがくときに陥りがちな一元的な誘惑の物語であった。個人内で道徳的な対立——葛藤——がある場合、他に何が必要とされるにせよ、不偏性や公正さや仲裁が必要とされることはない（おそらく比喩的な意味で語るのであれば、別であろうが）。私たちは正義についてプラトン的な見方をしていないので、言い換えると、正義をさまざまにある価値の一つにすぎないと見ているので、道徳的判断機は、正義の説明を生みだす道具としてまったく不適切と思われるだろう。第二に、人々に仲裁や権利への訴えかけを求めさせる対立のすべてが、道徳的な価値や規則の間の対立というわけでもない。

こうした異論には、もっともな点がある。しかし、十分に強力ではない。最初に、二番目の異論を取りあげてみよう。たしかに事実として、私たちの行為や私たちが他人にしてもらいたいと思う行為が、常に道徳的価値に応じる行為だというわけではない。私たちにも他人にも、欲求や好みや利害関心があって、それらが多くの実践的選択に強く影響している。だから、複数の人の間の対立――人々に仲裁や権利への訴えかけを求めさせる対立――は、それぞれの好みの間の対立であるかもしれないし、ある人の好みと別の人の道徳的価値の間の対立であるかもしれない。

もちろん、ときには、二人の人の好みの対立の基礎に道徳的価値の対立があることもあるだろう。たとえば、私たちの道徳的規則によって許された選択肢――道徳的に**差異のない**[1]行為空間の中にある選択肢――の中では私たちの好みが選択を決定すると仮定すれば、人の好みの間の対立の中でもいくつかの対立は、部分的に、その（道徳的に差異のない）行為空間がどこにあるかについての見解の対立に遡ることができる。そうした場合、そのように対立する人の間で、誰の好みが尊重されるべきかについての議論は、結局、道徳的価値の間の

1　ある選択肢を実行することが道徳的に許され、**そして**それを実行しないことも道徳的に許される場合、それは道徳的に差異のない選択肢である。

対立になるだろう。しかし、当然認められてよいように、好み（欲求、利害関心）の間の対立すべてが、道徳的な違いに基づいているわけでもない。Ｙ氏は木曜の夕べには外で豪華な食事にしようと言い、私は木曜の夕べに映画を見たいと思っているとしよう――この対立は、部分的には、何が道徳的に義務であり、何が道徳的に禁止され、何がどちらでもないかに関する見解の相違に遡ることができるかもしれない。（Ｙ氏は、金曜は断食することが義務であると考えているかもしれない。）しかし、常にそうとは限らない。だから、この時点で言えることは、これだけである――道徳的判断機の使用は、このような対立にとって何の関係もないかもしれないけれども、私としては、好みが対立するとき、道徳的判断機の使用から得られる正義の原理がどの好みを尊重してよいかに一定の制限を課すということを示したい。

道徳的判断機が真に本領を発揮するのは、人の間の対立の中でも最も困難な種類の対立、すなわち道徳的価値の対立においてである。「最も困難」というのは、道徳的価値が対立する場合、ある人が許されないものとして断罪する特定の行為を、別の人は許されるとか、さらには義務であるとか言って擁護するからである。これほど明瞭な形の対立は、他に存在しない。そして右で述べた第一の懐疑的な異論にもかかわらず、道徳的判断機は、実に適切に、次の問題に手掛かりを与えてくれるのである――すなわち、道徳的に対立する二人の人が、それにもかかわらず、一体どのようにして**整合的**に、特定の場合に何をするのが許されて、何をするのが許されないかについて同じ判断に到達できるのか。

そこで、次のように想定しよう。例の工房に戻ると、操作主任が、道徳的判断機を使って、青山さんの道徳的能力を試していて、評価装置は、もし青山さんが不整合な判断をしようものなら、すかさず責め立てるべく休みなく監視している。そこに、以前にも来たことのある白川君が入ってくる。前にも来たことがあるので、白川君は、競技者の第一次の順位づけ――第一の規則や価値の順位づけ――が、「赤＞橙＞黄＞……」という色の配列によって表されることを知っている。青山さんが簡単な問題――すべて同じ大きさの球で、同じ色の球は二つとない（一つしかない）――に対処するのを観察すべく、椅子に腰掛けようとしながら、白川君は、何気なく操作主任に、青山さんの第一の規則が何であり、どのように順位づけられるのかを尋ねた。そして白川君は、青山さんの順位づけが「愛国＞約束の順守＞家族愛」であるのを知って驚愕する。実際に、白川君が落ちつきを取りもどす間もなく、状況提示部から赤い球と橙の球が出てきて、制約表示部で「１」が点灯し、青山さんが赤い球を取ろうとする。

「待って」と叫びながら、白川君は立ち上がる。「冗談じゃない。青山さんは、自分のしようとしていることが分かっているのですか。もし赤い球を選んで、橙の球を残せば、たんに愛国的な義務と想定された行為のために約束を破ることになるんですよ。」

不意を突かれた青山さんは、少しためらう。それから勇気を起こして、口を開いた――「赤い球が現実に愛国的な行為を表していて、それが決してたんなる想定ではないということはかなり確かだと思いますが。」青山さんに同意して、操作主任もうなずく。

「ええ、ええ」と、我慢がならない白川君は言い返す。「誰も、それが愛国的な行為だという事実を疑ってはいません。僕が異議を唱えているのは、その愛国的な行為をすることが義務であるとか、あるいは少なくとも約束の順守よりも重要な義務であるということです。まさか、本気でそんなことを思っているのではないでしょう。」

しかしながら、青山さんがここで自分の判断に疑いをもちかけたとたん、評価装置のほうから耳障りな低音が聞こえて、青山さんの疑いは消し去られた。青山さんは、はっきりと言う――「いいえ、申し訳ありませんが、それこそが私の信念です。約束を守ることは、たしかに非常に重要ですし、もし愛国以外の理由で約束を破ったりすれば、怠慢どころか極悪でしょう。」（ここで、評価装置が静かになる。）

信じられないといった感じで頭を左右に揺らしながら、白川君は椅子に沈み込んだ。「青山さんの道徳的価値の優先順位は非常に奇妙だとしか言いようがないです。少なくとも僕に関しては、愛国は、もし仮に道徳的な価値だとしても、価値の中でずっと下のほうになります。」しかしそのとき、さらに困ったような表情が、白川君の顔をよぎった。「ちょっと待てよ」と白川君はゆっくり立ち上がりながら言った。「僕の道徳観では、約束の順守のほうが愛国よりもずっと価値が大きい。約束が守られ、愛国がない世界のほうが、その逆の世界よりもはるかにいい。もしそれが僕の信念なら——実際にそれが僕の信念だ——僕には、そのよりよい世界を実現するためにできることなら何でもする道徳的義務があるのではないだろうか。そしてもしそうなら、僕は今ここで、青山さんに赤い球ではなくて橙の球を選ばせるために、僕にできるあらゆることをしなければならないのではないだろうか。」

青山さんは脅威を感じる。そして、なにか助けがないかと思って評価装置のほうに目を向けた。しかし、評価装置からは何の助けもない——というのも、白川君が言ったりほのめかしたりしたことで、評価装置に登録してある**白川君の**道徳観と不整合なことは何もないからである。そこで、基本的に平和主義的な性格の青山さんは、結局橙の球を選ぶか、どちらの球も選ばないことにして、この目前に迫った衝突から自分が身を引こうかと考え始める。しかし評価装置は、青山さんのこの態度を許さない。評価装置の回路は、人の心を感知できるので、青山さんが義務を放棄しようかと考えたのに反応して、先ほどと同じ耳障りな低音を発し始めた——すぐに何とかしないと、青山さんが義務を履行しないならば間違いなく、けたたましく「コレハマチガイ」という音声が流れ出すだろう。

念のため言っておくと、白川君もやはり平和主義的な性格で、青山さんとの衝突を望んではいない。しかし、白川君は（整合的であろうとか原則に従おうとかすれば）他にどうしようがあるだろうか。もし白川君が身を引けば、評価装置は白川君に対してやはり非難の声を上げるだろう。もちろん青山さんも白川君も、それぞれの道徳観のゆえに避けがたいと思われる二人の衝突の結果、赤い球と橙の球の**どちらも**選ば**れない**ことになるかもしれないということを完全に忘れているわけではない。しかし、青山さんも白川君も依然として自分に道徳的に要求される行為をすることができる限り、そうする義務はなくならない――今の状況においては、「できない」ということからしか、「しなくてよい」ということは出てこない。したがって、青山さんと白川君が（今でも）厳めしく指に着けている拳鍔（けんつば）に核弾頭が装備されていて、それが実際に青山さんと白川君のうちの少なくとも一人を――二人ともをではなくても――「できない」の状態に引きあげる希望をもたせてくれるとしても、それは、青山さんや白川君を義務から解き放つには不十分である。

操作主任は、自分の工房が今にも破壊されそうなのを何とか避けようとして、二人の間に割って入る。一生懸命に愛想のよい笑顔をして操作主任は、次のように意見を述べた――「まあまあ、二人とも。冗談は止めにしましょう。青山さんと白川君は、理性に則って和解する余地があるでしょう。私には絶対の自信がありますが、もしお二人が実際に要求される特定の行為をもっとよく調べてみれば、どちらの行為がより良いか、すぐに同意できるでしょう。必要なのは、この特定の約束の順守とこの特定の愛国的な行為をよく調べて、どちらがより大きな善を実現しそうか、公平に考えてみることです。どちらの行為が、すべてを考慮に入れて、より大きな幸福（もしくは選好充足、もしくは後悔の最小化、もしくは自己実現、もしくは有機的統一）をもたらすでしょうか。」

「これは、これは、けっこうなお言葉」と、青山さんと白川君は声をそろえて応えた。「ですが、もしそれだけでしたら、この工房も確実に終わりですね。僕らは皆、すでに第四章で、操作主任の一元論の教えを受けました。憶えていますか。というのも、もし憶えておられるなら、次のこともきっと思い出されるでしょう――すなわち、道徳的に価値あるさまざまな行為がそれらに含まれる何か単一の要素によって共約可能であるという考えに、僕らは説得されませんでした。たしかに（第四章でも言われたように）さまざまな種類の行為に、数的に重みづけをして、**外側から**共約可能性を押し付けることはできるでしょう。そしてそれでも、二つ別々の種類の価値ある行為のうち、どちらがよりよいかに関して、原則にのっとった判断ができるでしょう。しかし、たとえそうできたとしても、その重みづけが僕らの間で同じになるとは限りません。ですから、操作主任さんのご提案では、この約束の順守とこの愛国の行為のどちらがより良い行為かに関して僕らの間の意見の不一致を取り除ける見込みはありませんし、したがってまた僕らのどちらかが身を引くべき理由もありません。僕らは間違いなく真に**行き詰って**いるのです。」

操作主任は、うんざりした様子で「分かった、分かった」と言って譲歩した。「青山さんと白川君が共に、多元論に忠誠を誓っていることはよく分かりました。それに関して言えば、たとえ君たちを一元論に転向させられたとしても、二人が同じ単一の共約要素を認めるのでなければ、事態はさして改善しないでしょう。私の次の提案は、実のところ私のあらゆる原則に反している（原則には申し訳ない）が、他にしようがないでしょう。一元論の観点からは非常に不健全な提案だけれども、ここから少し行ったところに、実に奇特なご婦人がいらっしゃる――その方なら、青山さんと白川君のように頑固な人たちが対立して行き詰ったときに、なんとか問題を解決してくれるでしょう。」そう言って、操作主任は机の下に手を伸ばして、「**正義の女神（行き詰まった場合にのみ使用可）**」と書かれた古錆びたボタンを押した。

それから数分後、お馴染みの困った表情の人物が、ビニール製の大きな買い物袋を引きずりながら、よろよろと工房に入ってくる。それは、もちろん、私たちの旧友、裁判官である――それから裁判官は、袋から黒の法服や剣、天秤や目隠しといった中身を取り出した。そして「ちょっと待ってくださいね——すぐに衣装を身に着けますから。そしたら、仕事にかかりましょう」と言った。

立派にめかしこんだ裁判官は、さらに次のように言う——「よろしい。それでは、私があなた方の話を聞く前に、まず私の定番の——簡潔で力強い——前口上を聞いてもらいましょう。私がここにいるのは、青山さんと白川君が行き詰まっているからです。それ以外の理由ではありません。また、最初から、私がこの工房を出るとき、**二人の意見の不一致は依然として残る**ということも知っておいてもらいましょう。つまり、約束の順守と愛国の行為とどちらがより良いかに関する不一致です。私にできるのは、行き詰まりを取り除くことだけです。ですから、もしあなた方が完全な道徳的一致にどうにかして突然至ることができると期待されているのでしたら、呼ぶべき人間を間違ったことになります。」

そこに白川君が言葉を挟んで言った。「失礼ながら、裁判官殿、僕らがこの行き詰まりの解消を願わないと言うつもりは毛頭ありませんが、意見の不一致を取り除かないで、どうして行き詰まりを取り除くことができるのか、僕にはまったく分かりません。意見の不一致と行き詰まりは、たしかに不可分でしょう。まさか、裁判官殿が考えておられるのは、僕らのどちらかに（例えば、剣を突きつけて）価値の優先順位を変えさせるというような、安易な、場当たり的な妥協ではないでしょう。というのも、そういうつまらないやり方なら、裁判官殿の手を借りなくても、僕らで十分にできます。おまけに、そこに評価装置も控えていて、僕らのいずれかが勝手に義務を放棄するのを待ち構えています。」

裁判官は、ぶっきらぼうに言い返した。「まあ、よく聞いて。私の職務は、評価装置に対してもあります。ですから、原則にのっとった解決策、青山さんも白川君も価値の優先順位を変えなくてすむような解決策が必要だということは、わざわざあなた方に教えてもらわなくても結構です。もし私の職務があなた方のいずれかを脅して、価値の優先順位を変えさせるだけのことであったら、私はここにこうして立って、このこわばった法服に包まれ、目隠しをして、このいまいましい天秤と格闘していないでしょう。そういう目的であったら、剣で十分でしょう。私がここにいるのは、あなた方のどちらかに、この特定の機会に身を引くための公平な理由——評価装置を怒らせることなく受け入れられる理由——を提供するためです。あなた方のどちらが、その理由に基づいて身を引くべきかは、これから見ていかねばなりません。では、さっそく、取りかかりましょうか。」

（ロ）不偏性と辞書的順序

そのとき今度は、青山さんが割り込んでくる。そして、比較的穏やかな口調で次のように言った。「どうか、裁判官様、誤解なさらないでください。あなた様が私たちのために骨折ってくださるというのは、本当にありがたいと思います。ただ、あなた様の時間を無駄にしたくないのです。私も白川君も、それぞれの道徳観がどうなっているか、非常に徹底的に振り返ってみましたし、事実関係についてもすべて調べ上げました。ですから、私たちの一方が義務だと見なす行為を他方が許されないと考えることになるということは、絶対確実です。たしかに、裁判官様は、私たちの一人がこの衝突から身を引くべき魔法の理由があるとおっしゃいます。しかし、いやしくも身を引く理由であれば、それは、自分が義務だと見なす行為が許されないということを含意せざるをえないと私には思われます。そしてそういう含意のある理由を受け入れるということは、価値の優先順位を変更することになるでしょう。」

「青山さんの懸念はごもっともですが、やはり間違っています」と裁判官は答えた。「おそらく、私が自分でこの魔法の理由が何かを言うよりも、むしろこの行き詰まりを満足いく仕方で取り除くためには、身を引くための理由にどのような性格が必要かを一緒に考えていったほうが、この仲裁方法をよりよく理解してもらえるでしょう。私たちがすでに同意していることが一つあります――それは、身を引くための理由が、価値の優先順位の変更を青山さんか白川君のいずれかに要求するようなものであってはならないということです。これは決定的に重要です。ですから、工房を出るときに青山さんは、愛国のほうが約束の順守よりも優先するという信念を曲げないですんだと満足していられることが必要です。そして白川君も同様に、約束の順守のほうが愛国よりも優先するという自分の考えをそのまま保てることが必要です。ところで私の業界では、そういう関係のことを**寛容**と呼ぶこともあります。つまり、お二人のうちどちらが身を引くことになるとしても、その人は、『寛容な人』として称賛されるわけです。」

「なるほど」と青山さんは言う。「私はいつもいつもケチを付けたくはありませんが、もうここで問題にぶつかると思います。というのは**私の**周りでは、寛容は一般に、自分の義務を避けるための口実と見られています。裁判官様も認めてくださると思いますが、寛容というのはすごくはっきりしない概念でしょう。つまり寛容というのは、自分が承認したりまったく関心がなかったりする行為に関して他人に勝手にさせるというのとは少し違います。もしそういうことだったら、何の苦労もないでしょう。寛容とは、自分が（場合によっては非常に強く）非難することを他人に勝手にさせることです。ですから寛容というのは人当たりのよい名前ですが、その実、義務の偽善的な放棄に他ならないように思われるのです。さらに、仮に寛容がそれほど悪いものではないと考えるとしても、どのようにして不寛容な人を寛容しないことができるかという古典的な問題がありま す。ですから私には、寛容では問題がさして改善するとは思われません。」

「またしても、青山さんは部分的には正しい」と裁判官は答えた。「身を引くことが寛容なことだと述べたとき、私はただ、身を引く人がたとえば寛容な性質の人だということを言いたかったのです。しかしたしかに、もしその寛容が私の魔法の理由によって規制されているのでないならば――言い換えると、許されない行為と許される行為とをきちんと区別するような寛容でないならば――本当に、青山さんが言うような道徳的頽落に他ならないでしょう。そしてまた、有名な『不寛容への寛容という逆説』にもなるでしょう。ですから私は、寛容な性質の人がすべて正しいと言っているわけではないのです。そしてとにかく私は、寛容をそれ自体で、つまり第一の規則ないし価値として推奨しているのではありません。そういうことは馬鹿げているでしょう。というのも、もし青山さんと白川君の両方が寛容を採用すればどうなるか、考えてみてください。あなた方二人は、道徳的判断機の赤い球も橙の球も選ばないで、工房からさまよい出ることになるでしょう。そうではなくて、行き詰まりの解消に真剣に取り組む人が目指すのは、対立する二人のうちの一方だけに身を引かせて、他方にはしたい行為をさせることです。」

「裁判官殿の言われることがまったく理解できません」と白川君が割って入った。「閣下は、ただやみくもに身を引くのではなくて、どういう場合に身を引くべきかを魔法の理由が教えてくれると言われます。そうすると、仮に寛容が第一の規則ではないとしても、魔法の理由が第一の規則なのでしょう。しかし僕は、自分の第一の規則がそれぞれどのようなものか、すでに知っています。青山さんも自分の規則をすべて知っているでしょう。そして僕らの規則のどれも、今の場合に身を引くための根拠にはなりません。さらに、もし裁判官殿がこれから僕らの道徳観になにか新しい第一の規則を付け加えようと考えておられるのでしたら、どうしてその新しい第一の規則が僕らのすでにもっている規則と矛盾しないと確信をもって言えるのでしょうか。価値の優先順位を変更しないことが行き詰まりを解消する際の制約条件であるということに同意されているのでしたら、目先を変えて、僕らのどちらかに第一の規則の一つを取り下げるよう要求することもできないでしょう。」

「白川君の言うことはすべて受け入れよう」と裁判官は辛抱強く答えた。「たしかに、魔法の理由が効くためには、それが第一の規則になっている必要があります。しかし、私の**行き詰まり解決無限責任会社**の自慢は、この魔法の理由が白川君のもちうるいかなる第一の規則とも矛盾しない、したがってまた第一の規則を取り下げるよう求めることもないと、生涯にわたって保証できることです。実際、すぐそこの私たちの工場の従業員たちは、この魔法の理由が人間社会からあらゆる種類の行き詰まりを取り除くのに極めて効果的と考えているので、よくそれを『万能薬』と呼んでいます。行き詰まり状況でどんな第一の規則が問題になっていようと、第一の規則の間の優先順位がどうなっているかに関わりなく、この魔法の理由は、行き詰まりを解決できるのです。」

そして明らかに話に熱中してきた裁判官は、さらに言葉を続けた。「いいですか。魔法の理由を行き詰まり状況に適用すると、あら不思議、魔法の理由が実に手頃な大きさの**権利**と呼ばれるものになります――そしてこの権利によって即座に、その行き詰まり状況の中で対立する二人のうちの一人に身を引く理由が与えられるのです。身を引く人は、第一の規則はすべてそのままで、優先順位もまったく変更しないので、良心に何ら恥じることなく、行き詰まり状況を後にすることができます。おおっと、失礼。少し先走りすぎました。権利の話は、しかるべき時にしましょう。」

そのとき、「いや、ちょっと待ってください」と白川君が言った。「裁判官殿は実に魅力的なことを言われると思います。ですが、裁判官殿が言われることは、すでに危ういことになっているのではありませんか。たしかに僕は、その権利というものが正確にどういうものか、まだ知りませんし、権利を生み出す魔法の理由がどういうものかも知りません。しかし同様に、裁判官殿も、僕がこれからどのような第一の規則を取り入れるかは言うまでもなく、僕の現在の第一の規則すべてを知っておられるわけでもありません。ですから、これは純粋に裁判官殿がこれまでに言われたことだけに基づいての話ですが、もし僕が僕の第一の規則の中には、はっきりと道徳的権利の侵害を命じるものがあると言ったら、どうされますか。その場合、もし魔法の理由を僕の第一の規則にすれば、僕は矛盾に陥り、裁判官殿の保証にもかかわらず、権利侵害の規則を取り下げるよう求められるのではないでしょうか。」

「ちょっと、ちょっと」と言って、裁判官は白川君をたしなめた。「それは反則ですよ。もう少し哲学的に言えば、論点先取です。もし白川君の道徳観の中に権利侵害の規則があるならば、そのような道徳観はすでに自己矛盾しています。ある行為を権利侵害的と見なすならば、その場合、権利侵害された被害者の側に権利があることをすでに認めています。ですから、白川君の道徳観の中には一つの規則として、権利を生みだすような理由が含まれている必要があります。ロックの言葉を少し変えて言うと、『所有権のないところに窃盗はない』ということです。[2] もちろん、もし魔法の理由が幸福の実現や慈愛を命じる規則であったならば、話はまったく違っていたでしょう。その場合には、魔法の理由が第一の規則と矛盾しないという保証を疑うことができたでしょう――白川君の道徳観の中には、大変人間嫌いなことですが、不幸の実現や無慈悲を命じる第一の規則がありえただろうからです。しかし私の魔法の理由は、そんなこととは何の関係もありません。」

白川君はかなり考え込んだ。それから慎重に次のような返事をした。「もし僕の理解が正しければ、裁判官殿は、魔法の理由が何か非常に特別なものだと主張されています。つまり、魔法の理由は第一の規則であって、しかも僕の知る他のいかなる第一の規則とも違って、**論理的に必然的**な規則だと言われるのですから。魔法の

2　ロック『人間知性論』一五九頁。

理由とは反対のことを命じる規則は自己矛盾的だと言われるのですから。」

「惜しい、もう少しで満点ですよ」と裁判官は、にこやかに微笑んで言った。「私は実際に、自己矛盾だという主張をしています。しかし、この魔法の理由を規則にすることが論理的に必然だとは言っていません。[3] いいですか、たしかに以前には、私の会社の同僚たちは強くカントの影響を受けていて、魔法の理由を第一の規則にすることが論理的に必然だ――もしある行為が権利を侵害するものであれば、その行為は道徳的に許されない――と信じていました。なぜそう信じたのかは、少し後で説明します――魔法の理由がどのようなものかを説明するときにです。しかし近頃では、私たちは魔法の理由についてもう少し醒めた見方をしていて、私たちが主張するのは、ただ次のことだけです――つまり、権利を侵害するような行為は基本的には正当でないけれども、ただし、なにか他の第一の規則が命じる義務に付随する場合には例外として正当化されるということです。他方、既に述べたように、人間嫌いだったならば、無慈悲な行為をそれだけで、つまり無慈悲を命じる第一の規則をもちだして正当化できるでしょう。私たちの魔法の理由が不偏的ないし中立的だというのは、それがいかなる他の第一の規則とも矛盾しないということです。そしてそれがどうしてかと言えば、魔法の理由と矛盾するような第一の規則は、自己矛盾的であり、したがって第一の規則たりえないという事実があるからです。」

「なるほど」と白川君はうなずいて言った。「魔法の理由がどのようなものかは後で教えてもらうことにして、今のところは、裁判官殿の保証をお言葉通りに承っておきましょう。しかしそれでも、閣下の議論には問題が

3　道徳観の中に権利の規則が含まれていることが、論理的に必然ではないけれども、非常に馬鹿げた判断を避けるためには必要だという議論については、Steiner, "The Natural Right to Equal Freedom," 194-200を参照。

あると思います。たとえ僕が権利の侵害を命じるような第一の規則をもちえないとしても、僕が魔法の理由を自分の第一の規則の中でどこにどのように順位づけるかは、まったく分からないでしょう。もし僕が魔法の理由をずっと下のほう、愛国よりも下に位置づけるとすれば、どうなるでしょうか。あるいはもし僕が魔法の理由に、数的に重みづけをして、その結果、魔法の理由に従う行為の中には、約束を守る行為よりも道徳的に軽いものが出てくるとしたら、どうなるでしょうか。ひょっとしたら僕の道徳観によれば、ある特定の約束を履行しないことは、なんらかの権利の侵害よりも悪い——あらゆる約束の順守がいかなる権利よりも重要だから、あるいはその特定の約束の順守はその特定の権利よりも重要だから——ということになるかもしれません。ですから、魔法の理由がそれだけで僕らの行き詰まりを解決できると、どうして言えるのでしょうか（ましてや、あらゆる行き詰まりを解決できると、どうして言えるのでしょうか）。」

「白川君が言ったのは、非常にすばらしい論点です」と裁判官は認めた。「私でも、それほど上手には言えなかったでしょう。ですから、白川君自身が言ってくれたように、あらゆる行き詰まりを解決するための第一の規則にはどのような順位や重みが必要か、お分かりでしょう。もし白川君の道徳観の中にそのような規則があるとすれば（べつに、なくてもかまいません）、それには、辞書の中の「あ」という言葉のように、**辞書的に第一の**地位が必要です。白川君の道徳観の中にある他のあらゆる第一の規則よりも上位にくる必要があります。この第一の規則が命じるあらゆる行為は、この第一の規則を破るいかなる行為——この行為がたとえどれほどよい行為であっても——よりも道徳的によいのです。他の第一の規則にのっとった義務が有限の道徳的重みしかないのに比べて、権利を侵害しない義務には無限の重みがあって、他の義務——それがどれほど重いものであったとしても——との交換ができません。おそらく白川君は、まさにこれと同じ点、つまり権利の尊重が置き換え不能だということが経済的思考に関わる第四章の終わりで述べられたのを思いだしてくれるでしょう。

この考えを表す一つのうまい方法は、**『権利は切り札だ』**[4]と言うことです。あるいは、権利を拒否権として見ることもできるでしょう。」

「私にも言わせてください」と青山さんが割って入った。権利の規則を辞書的に第一位にする――権利を切り札にする――というこの考えは少しおかしいと思います。そしてそれは二つの理由によります。もし壊滅的な事態を避けるためには権利を侵害するようなことをしなければならないとしたら、どうなるでしょうか。私は、日常の平凡な行き詰まり――たとえば約束を守らないか、それとも何か愛国的でないことをするかというような問題――のことを言っているのではありません。なにか本当に『壊滅的な道徳上の惨事』[5]を言っているのです。そしてもし私たちが権利を切り札として扱わねばならないとすれば、私たちは（権利との衝突から）身を引いて、この壊滅的事態を受け入れるしかないでしょう。」

裁判官は少しためらったが、まもなく反論に出た。「手短に答えるとすれば、青山さんの言う通りです。ですが、私たちがここで何を言っているのかをはっきりさせておきましょう。第一に、よく分かっておいてもらいたいのですが、青山さんの反論は権利の規則だけにではなくて、もっと一般的に当てはまります。さらにまた青山さんの反論は、辞書的に**第一の地位**だけにではなくて、もっと一般的に当てはまります。つまり、なんらかの種類の辞書的優先性を与えられたあらゆる規則や価値にも等しく当てはまります。辞書的に優先する規則が補償可能でないので、その規則の命令に従うために多大な道徳的価値を犠牲にしなければならないというような状況を考えることができます。ですから、その意味で、青山さんの反論は、より下位の規則と交換でき

4　ドゥウォーキン『原理の問題』第一三章を参照。正義が辞書的に第一位であることについては、ロールズ『正義論』六〇頁以下を参照。
5　ノージック『アナーキー・国家・ユートピア』四六頁を参照。Thomson, "Preferential Hiring," 378 も参照。

ないような規則を含んだ、あらゆる道徳観に対する反論になるのです。[6]」

「そこで私としても、その点に関して青山さんの懸念はよく理解できます。思いだしてもらいたいのですが、道徳的思考と経済的思考についての第四章と第五章で、補償の余地のまったくない順序づけが理に適っているかどうか、そして現実的かどうか、疑念が表明されました。私の勘では、おそらく私たちの大多数は、このほとんどメタ倫理学的次元では、非常に曖昧です。一方で、私たちは**いかなる**規則や価値に対しても絶対的な地位を与えようとは決してしません。まさにそのゆえに、私たちの多くは一元的な道徳観に尻込みするのです。他方で、すべてのものに値段があるという考えにも強く抵抗します。そしてこの抽象的な次元では、これら二つの可能性しかないと思われます。」

「それだけのことを言った後で、しかしながら、選択肢が、青山さんの言うように、壊滅的な道徳上の惨事を受け入れるか、それとも権利を侵害するかの二つに一つであるような状況がどのようなものであるか、もう少し正確に把握しておく必要があります。おそらく、選択肢をこのように（二者択一的に）述べたとき、青山

6　あるいは、ある規則のなんらか最低限（閾値）の順守がそのような交換を免れるような。Griffin, *Well-Being*, 83-9 を参照――そこでは、この種の断絶が説得的と見なされて、グリフィン言うところの「おそらく本気では意図されていない」辞書的な順序づけから区別されている。しかしこれは無意味な区別である。グリフィンの主張は、（操作主任の第四章での提案である）一つの規則を二つ――必要最低限の閾値までの順守を要求する規則とそれ以上の順守を要求する規則――に分けて、前者に辞書的優先性を与えるのと（指示対象的に）変わらないからである。さらに、辞書的順序づけは**たしかに**、たとえばロールズが本気で意図しているように**思われる**――ロールズによれば、正義の原理の順守は、**どんな**程度の順守でも、下位の原理の、いかなる喫緊な要求よりも優先する。第五章で、アルキメデスの得意な公理――辞書的順序づけを排除して、功利主義的計算を可能にする原理――が連続性の公理であったことを思いだしてもらいたい。

さんは、この壊滅的事態の道徳的悪さが何であろうと、そこには権利の侵害が含まれないという意味でそう言ったのでしょう。そしておそらく、こうも言えるでしょう――つまり、もし壊滅的事態を受け入れることが実際に一つの選択肢であるならば、その壊滅的事態は誰も防げないような種類の災難ではありえません。」

「さてそこで、私の見る限り、そのような壊滅的事態とは要するに、なんらかの第一の規則（一つまたは複数）の――今の場合には、重大な――要求を充たすことができるのに充たさなかった場合に予想される結果のことです。つまり、青山さんの言う選択状況では、この別の（第一の）規則と権利の規則とが競合しているのです。しかし、もしそうならば、この別の規則を**含まない**（ないし少なくともそれほど優先しない）**道徳観の**人、すなわち、この別の規則の要求を充たすためには権利を侵害されざるをえない人がいるに違いありません。その人にとっては、自分の権利が侵害されない結果として起こることは何であれ、道徳上の壊滅的事態にはまったくなりません。というのは、もしそれが道徳上の壊滅的事態になるのならば、**その人は、間違いなく身を引いて**、自分の権利に対応する他人の義務を免除してあげるでしょう。その人は間違いなく、壊滅的事態を防ぐために、自分の権利を尊重する他人の義務を消滅させるでしょうから、その人の権利を侵害することは壊滅的事態を防ぐために必要ではありません。[7] 他方、もしその人が他人の義務を免除しないで、自分の権利が尊

7　これに対して、しばしば出される反例は、精神病質者ならば、この壊滅的事態が間近に迫っているにもかかわらず、他人の義務を免除しない可能性があるというものである――より一般的に言えば、権利を「切り札」にする理論では、私たちが精神病質者の人質になってしまうということである。しかし、この反論はたしかに自己論駁的である。精神病質者が道徳的主体であると考える道徳理論はほとんどないからである――すなわち、道徳理論は、通常、精神病質者が義務を負いうるとは見なさないし、したがってまた義務を放棄した場合に処罰の対象になるとも見なさない。したがって、精神病質者に権利があるとは言えない――ただし私たちには、疑いもなく、精神病質者の面倒を見る義務（対応する権利のない義務）があるけれども。ある種の人に権利を否定するこうした根拠についてより詳しくは、第

重されるべきことを強く要求するならば、おそらくそれは、その人がなにごとかを非常に重要だと、少なくとも壊滅的事態の回避よりも重要だと考えているからでしょう。思いだしてください――道徳上の壊滅的事態が道徳上の壊滅的事態であるのは、なんらかの道徳的規則や価値に照らしてのことにすぎません。道徳上の壊滅的事態というものを、規則から独立に、価値から自由に考えることはまったくできないのです。」

「要するに、道徳上の壊滅的事態を許すのかというような状況は、そもそもの仮定からして、関係者全員によってそのような状況と見なされることはありえません。そしてもし私と同じように青山さんも権利が非常に重要だと考えるならば、青山さんの言うような選択状況がありうると本気で信じることは――不可能とまでは言わないにしても――困難でしょう。」

「なるほど、ごもっともです」と青山さんは、裁判官の論点を認めた。「しかし、裁判官様の述べられ方から、非常にうまい具合に、権利が切り札だという考えに関する私の第二の懸念が出てきます。裁判官様は、私が権利の侵害に対立させた壊滅的事態のほうには何ら権利の侵害が含まれないと仮定して、私の反論を明断にしようとされました。しかし、もし壊滅的事態のほうにも権利の侵害が**含まれる**としたら、どうでしょうか。私が言っているのは、行き詰まりに陥った二人のそれぞれがしたいと願う行為が、他方の権利の侵害にもなるような状況のことです。裁判官様は、白川君の行為と私の行為のうちの片方だけが権利を侵害すると仮定されました。ですが、白川君と私が相対立する道徳的判断を実行しようとするとき、白川君も私もそれぞれの道徳的権利の範囲内にいるということ――そういうことが明らかになったとしましょう。裁判官様は、権利の規則が私たちの第一の規則と矛盾しないし、第一の規則の間の優先順位とも矛盾しないと言われました。そうすると、

七章（ロ）節の未成年に関する議論を参照。

私たちのそれぞれがしたいことをするとき、私たちの両方ともが自分の権利の範囲内にいて、したがって、もし私たちのうちの一方の行為を妨げるならば、他方の権利を守るためにこの一方の権利を侵害しているということになるのではないでしょうか。その場合、行為を妨げられた人の権利は、どのように切り札だと理解したらよいのでしょうか。あるいは、裁判官様の言い回しを借りれば、相対立する権利を尊重する（相対立する）義務の**両方**に、いかにして無限の重みがありうるのでしょうか。」

「すばらしい質問です。前に私は、魔法の理由すなわち権利の規則によって青山さんと白川君のいずれかに身を引く理由が与えられると言いました。それから私は続けて、権利の規則がお二人それぞれの第一の規則の内容や第一の規則の間の優先順位から独立であり中立であることを説明しました。さてそこで今、青山さんが私に聞かれるのは、もし権利の規則がそのように独立であるならば、権利の規則がこの行き詰まり状況で青山さんと白川君の両方に権利を認めることがないと、どうして確信をもって言えるのかということです。つまり私は、（権利の規則によって）青山さんも白川君もどちらも身を引く必要がないということにならないと、どうして保証できるのでしょうか。もし二つの権利が互角であるならば、それらは一体いかにして切り札でありうるのでしょうか。」

「手短に答えれば、二つの権利が互角では**ありえません**。なぜでしょうか。一見したところでは、権利は強く順序づけられているというのが、一つの答えと思われるかもしれません。結局のところ、各組（ハートやスペードやダイヤや三つ葉）のトランプの札は強く順序づけられていて、互角はありえません。しかし、権利となると、それが満足のいく答えではありえません。そしてその理由は十分明白でしょう。もし私たちがさまざまな**種類**の権利を順位づけようとすれば、ただちに決定不能な、互角の場合に行き当たります――それはつまり、行き詰まった二人の人が同じ種類の権利を行使しようとする場合です。それは、**二**セットのトランプを使って、（各組に順位づけのある）ゲームをするようなものでしょう。」

「ですから、権利の規則は、いかなる想定可能な行き詰まり状況においても、行き詰まった二人のうちの片方だけが自分の権利の範囲内にいるようにしなければなりません。そしてそういうことをどうやって保証するかと言えば、権利の規則が、**共存可能**な権利だけを生みだすようにすることとです。思いだしてください――第三章は、複数の権利がすべて共存可能であるために必要な条件についての非常に長い探究でした。権利の規則は、もしその名に値するものであるならば、共存可能な権利だけを生みだすものであらねばなりません。もし権利の規則が共存可能な権利だけを生みだすならば、たしかに、行き詰まった二人のうちの片方だけが切り札を握ることになります。共存可能な権利は、互いに対立しえないので、互いに交換の必要がなく、共約化の必要性もありません。それぞれの権利が不可侵であることは、なんらかの不確実な重みづけや順位づけにかかっているのではなく、したがって『権利功利主義』[8]――うまい表現です――の計算結果如何に左右されるのでもありません。幸いなことに、私たちの権利の規則は、こうした厳しい要求を充たしています。権利の規則は、私たち裁判官を第三章で『選択大権』と述べられたものから解放してくれて、実際上、法の支配の理念を体現しています。それのゆえに私は、目隠しをして仕事ができるのです。」

「ちょっと、これをはっきりさせてください」と言って、白川君が割り込んできた。「裁判官殿は、（1）すべての権利が共存可能であり、かつ（2）権利の規則が辞書的に第一位であるならば、すべての権利が切り札でありうると言われます。すべての権利が切り札であるために、したがってまた権利の規則がどんな行き詰まり状況でもただ一つ正しい答えを出すためには、これら二つの条件の両方が必要だということは分かりま

8　ノージック『アナーキー・国家・ユートピア』四三〜四七頁参照。

す。僕にとってはっきりしないのは、権利の規則を辞書的に第一位にする理由がどういう性格のものかということです。この点に関して僕の懸念を説明させてください。もし第四章の道徳的思考についての議論で僕が正しく理解している部分があるとすれば、それは、こういうものでした――すなわち、優先順位の規則の中には、（第一の規則のように）論理的な制約なしに選ばれるものもあるけれども、他のものはこのように選ばれた優先順位の規則から論理的に導き出されるということでした。[9] しかしながら、裁判官殿は今ここで、権利の規則が辞書的に第一に優先するということはこれら二つの仕方のどちらによって得られるのでもなくて、むしろなんらかの種類の概念的真理であると言われているように思われるのです。一体どういうことでしょうか。」

「その質問が白川君の口から出るとは、少し驚きですね」と裁判官は答えた。「というのも、白川君自身が、ほんの数頁前に、それに対する答えをほぼ述べていたからです――それは、権利の規則を辞書的に第一にし**なかった**ならどうなるかを言ったときです。白川君は、もし権利の規則を辞書的に第一にしなかったならば、現在の行き詰まり状況を捉えられないだろうと、正しいことを言いました。そしてもし現在の行き詰まり状況が捉えられなかったならば、白川君と青山さんそれぞれの道徳観からして、行き詰まりを公平に解決する方法はありません。実際のところ、権利の規則が辞書的に第一に優先するというのは、概念的真理、行き詰まりを公平に解決するとはどういうことかについての概念的真理です。すなわち、それは正義についての概念的真理です。いいですか。私は、白川君が行き詰まりの公平な解決を受け入れ**なければならない**、正しく行為しなければならないと言っているのではありません。私がしているのは、**もし**白川君が行き詰まりの公平な解決を受け入れる場合にどういうことになるかを述べているだけです。もう一度第四章を見てもらえれば、まさに今の点

9　上の一九六～二〇四頁を参照。

を念頭において、優先順位の規則に二通りの起源があるという主張に但し書きを添えたのだということが分かってもらえるでしょう。[10]」

そこに青山さんが、「私も一言、言わせてもらっていいですか」と言って割り込んだ――青山さんは、自分が質問していたのを白川君に邪魔されて少し苛ついていた。「すぐ先ほど、裁判官様は、権利の規則は共存可能な権利だけを生みだすので、権利を互いに交換する必要がないということ、言い換えると、権利は相対的に重みづけたり順位づけたりして共約化する必要性がなく、権利功利主義に曝される必要もないということを言われました。要するに、権利を尊重する義務は、互いに対立しえないのです。しかし、たしかに、義務が現に対立するような場合がありえます。たとえば、白川君の権利を私が侵害するのを止めさせるために、裁判官様は、あえて赤松君の権利を侵害するようなことをせざるをえないとしましょう。[11]あるいは、私が既に白川君の権利を侵害した後で、私に賠償をさせるためには、やはり、赤松君の権利を侵害するような仕方で行為せざるをえないとしましょう。[12]たしかに、そういうことは考えられます。そして同じくたしかに、白川君の権利と赤松君の権利が対立するように、それらに対応する義務も対立します。そうすると、どうすべきかを決めるために、それらの義務を共約化する必要があるのではないでしょうか。[13]」

10　第四章注12を参照。

11　ノージック『アナーキー・国家・ユートピア』四三～五二頁、および Sen, "Rights and Agency," 7-19 を参照。

12　Thomson, "Preferential Hiring," 379-84, およびより一般的には、正義と逆差別に関する文献を参照。

13　George Sher, "Right Violations and Injustice," 222 では、権利が、多くの場合に、お互いに交換されざるをえないと考えるための認識上の理由（情報の不完全性）が述べられている。引用すると、「人がしたりしなかったりすることが、誰かの権利を侵害したり、誰かを不正に扱ったりすると予想される場合、権利の交換は不可避であり、人はしばしば無知のゆえに、まさにそういう状況に陥る。」かくして、もし私がY氏に赤松君への賠償を強制するとき、それがY

「すごく、いいですね」と裁判官はつぶやいた。「それは、権利論が生まれてこの方、権利論を悩ませてきた問題です。ですから私たちは、慎重に一歩一歩その問題に取り組んでいく必要があります。まず第一歩として、ここで対立すると言われている義務にどういう種類のものがあるのか、区別しましょう。というのは、青山さんが一つの義務を、白川君の権利を青山さんが侵害するのを止めさせる（あるいはそれができない場合には、青山さんに賠償をさせる）義務というふうに言ったとき、青山さんが言っているのは、白川君の権利を**強制する義務**だからです。権利を強制する義務は、権利を尊重する義務とは違います。強制義務は、尊重義務が破られそうになったり破られてしまったときに初めて発生するのです。」

「ところで、権利が共存可能だという私の主張は、青山さん自身も言ったように、権利を**尊重する**義務が互いに対立しえないというものです。（共存可能な）権利を尊重せよという要求は、常に、私たちの供給能力に見合っています。共存可能な権利は、第三章で述べられたように、**財源付き**の権利です。それゆえに、共存可

氏の罪状についての不完全な証拠（あるいは不完全な確認手続き）に基づいているならば、私の強制行為はＹ氏の権利を侵害するかもしれず、もし私が行為しなければ、赤松君の権利を侵害するかもしれない。したがって、シャーによれば、この場合にどうすべきかについての私の決定は、一つの権利を別の権利と交換するようなものにならざるをえない。しかし、この主張は間違いである。この場合、私の決定は、決して二つの権利の比較に基づく必要はないし、ましてやどちらの権利により大きな価値があるかという考慮に基づく必要もない。私の決定は全面的に、Ｙ氏有罪の蓋然性がどうであるかに基づいて行うことができる。というのは、権利の擁護を意図しているけれども、情報が不完全ないしは蓋然的であるために無知に基づいた行為が、権利を侵害すると「**予想**される」というような考えは、どうにも理解できないからである——すなわち、蓋然的な帰結は、予想された帰結ではない。もし私の行為がおそらく赤松君の権利を守るならば、その場合まさにその事実によって——すなわちすべての権利が共存可能なので——私の行為はＹ氏の権利を侵害しそうにない。

能な権利を尊重する義務は、共約化して交換することが求められないのです。それと対照的に、他の道徳的規則の要求、たとえば善意の要求の場合に、同じことは言えません。というのは、私たちがどんなに努力しても、善意の要求は私たちの供給能力を越えることがあるように思われるからです。ですから私たちは、しばしば資源の不足のゆえに、善意の要求に重みづけをし順位づけをして、あまり差し迫っていない善意の要求をより差し迫った善意の要求と交換せざるをえないのです。こう言ってもいいでしょう――すべての人が常に権利を尊重するならば、尊重されない権利は一つもない、と。他方、もしすべての人に常に善意があったとしても、依然としてもっと善意が必要とされる場合がありうるでしょう。」

「しかし、青山さんが今私に聞いているのは、青山さんが白川君の権利を侵害し、かくして白川君の権利を尊重する義務を（果たせるのに）十分に果たさないような状況のとき、私にとって義務の対立が生じるのではないか、ということです。ここで注意してほしいのですが、青山さんは、私には白川君の権利を強制する義務があると仮定しています。この仮定は、受け入れるとしましょう。そうすると、青山さんの質問は、こういうことです――私は白川君に対する強制義務と赤松君に対する尊重義務の両方を果たすことはできないのだから、ここでは権利が共存不可能なのではないか。」

「答えは、『否』です――問題の設定が正しくないからです。その理由を見るためには、第二歩に進むことが必要です。第一歩は、青山さんの例の中に現れた二種類の義務――強制義務と尊重義務――を区別することでしたが、第二歩は、これら特定の義務が誰にあるかを確定することです。そこで私が主張したいのは、たしかに青山さんが白川君の権利を侵害したことで二つの義務が生まれるけれども、その二つの義務は対立しないということです――そのうちの一つだけが私の義務だからです。」

「これは、三つの事例を並べてみれば、分かります。第一の事例では、青山さんが、熱い珈琲の入った容器を手にとって、おもむろに赤松君の膝の上に珈琲をこぼすとしましょう。さらに、私たちには、珈琲をこぼされない権利があるとしましょう。青山さんが言ってくれたように、権利が侵害されたとき、権利を侵害した人には賠償をする義務が生じます。賠償義務が誰にあるかと言えば、それは、尊重義務を履行しなかった人です。今の場合、青山さんです。第二の事例は、こうです――私が珈琲の容器を持っているときに、青山さんがやって来て、私の腕にぶつかった結果、私は赤松君に珈琲をかけてしまいます。尊重義務を怠ったのが私ではなくて青山さんなのだから、青山さんが赤松君に対して賠償義務を負うということに、青山さんも同意してくれるでしょう。[14] 次の第三の事例でも、私は珈琲を手に持っています。ただし今度は、青山さんが私の腕にぶつかった結果、私は珈琲を赤松君か白川君のどちらかにかけてしまわざるをえません。そこで私は、青山さんが白川君の権利を侵害するのを止めさせるという私の強制義務に則って、珈琲を赤松君にかけてしまいます。たぶん青山さんは、この場合にも私ではなくて青山さんが賠償義務を負うということを否定しないでしょう。したがって先の場合と同じように、赤松君の権利を尊重する義務を怠ったのは、やはり私ではなくて青山さんなのです。」

「さて、この第三の事例が、青山さんの例の顕著な特徴を正確に体現しています。そしてお分かりのように、ここで問題になる私の義務は一つだけであって、二つの義務ではありません。したがって、義務の衝突はありません。もちろん、もし私に赤松君の権利を強制する義務もあるならば、私は、青山さんに赤松君の権利を侵害したことに対する賠償をさせなければならないでしょう。しかし青山さんが述べた例に関する限り、その義

14　あるいはもし尊重義務を怠ったのが私で**あり**、したがって赤松君に対する賠償義務が私にあるとすれば、青山さんが（私の腕にぶつからないという青山さんの義務を破ったために）私に賠償する義務の中に、私が赤松君に支払うべき損害（賠償）額が含まれるだろう。

務は私の他のどんな義務とも衝突しません。だから、ここには共存不可能なものはなにもなく、権利を共約化する必要もありません。」

青山さんは、この議論についてしばらく考えてから言った。「分かりました。たしかに、これらの例で賠償する責任があるのは私なので、尊重義務を履行しなかったのが裁判官様であるかのように言うのは正しくありません。しかし、最後の三番目の事例は、共存可能性と共約化の問題に関する限り、少し作為的だと思います。たとえば、裁判官様には、白川君の権利だけではなくて赤松君の権利も強制する義務があるとしましょう。そして私が裁判官様の腕にぶつかったために、裁判官様は赤松君の膝の上か白川君の食卓掛けの上に珈琲をこぼさざるをえないとしましょう。さらに、私たちには、珈琲を自分の体にも食卓掛けにもこぼされない権利があるとしましょう。そうするとたしかに、赤松君への損害賠償を支払う責任を負うのは、究極的には私かもしれません。しかしそれでも、裁判官様が強制義務の衝突に直面しているという事実は残ります――ですから、珈琲をどこにこぼして、誰の権利を強制する義務を諦めるかを決めるのに、裁判官様はおそらく、膝が汚されない権利と食卓掛けが汚されない権利とを秤にかけようとされるでしょう。」

「これも、いい指摘です」と裁判官は答えた。「ただし、やはり見方が少しずれています。たしかに、私がどこに珈琲をこぼすかを決めるのに、おそらく膝と食卓掛けを比較するだろうというのは、その通りでしょう。しかし、そのとき私は、二つの強制義務のうちのどちらを諦めるべきかについて考えているのではありません。というのは、どちらも諦める必要がないからです。そのとき私が決めているのはただ、どちらの強制義務を、権利の侵害を止めさせることで果たし、どちらの強制義務を、青山さんに賠償をさせることで果たすかということです。権利の侵害を止めさせるのも、権利を侵害した人にその賠償をさせるのも、青山さんが言われたように、どちらも権利の強制という点で違いがありません。ですから当然、青山さんが述べた例で、私は二つの権利の強制を両方ともできるのです。」

青山さんの反応は早かった。「ですが、もし現実に両方をすることができない場合には、どうなりますか。」

「ふぅ、いよいよ本当に難しくなってきました」と裁判官はため息をつきながら言った。「青山さんが『両方をすることはできない』と言うとき、それは、少なくとも一方の権利侵害がなんらかの意味で賠償不可能だという意味にならざるをえないでしょう。なぜならば、もし両方の権利侵害が賠償可能であれば、たとえ私がどちらも止めない（または止められない）としても、もちろん私は二つの強制義務の両方ともを、両方とも賠償させることで果たすことができるからです。さらに言えば、一方だけが賠償不可能な場合も、実は問題ありません――その場合、明らかに私は、賠償不可能なほうを止めさせることにするでしょう。」

「青山さんの質問がなにかを掴んでいるとしたら、二つの権利侵害の**両方**ともが賠償不可能で、私はどちらか一方なら止めさせられるけれども両方を止めさせることはできないような場合でしょう。しかしここで私たちは、ちょっと立ち止まって、権利侵害が賠償不可能だというのはどういう意味か、考えてみる必要があります。権利を侵害した人から正当に取り立てられるものが何もないという意味でしょうか。たしかに私は、権利侵害が賠償不可能な場合がありうることは否定しません。たしかに歴史的事実として、最もおぞましい権利侵害の中には、賠償が要求されたものがあります――しかしだからといって、そうした権利侵害に対して完全に賠償をすることができたということではありません。」

「けれども、私がよく分からないのは、この二つの義務が絡む場合の困難が、**一つ**の権利侵害だけが問題だけれどもそれを止めさせることも賠償させることもできないという絶望的な場合の困難と本質的に言ってどれほど違うのかということです。たしかに、二つの義務が絡む場合、一つの権利侵害だけが問題になる場合と違って、私は選択をしなければなりません。そしてたしかに、その選択をするために、私は侵害されそうな二つの権利を秤にかけようともするでしょう。もしどちらの権利の侵害も文字通り賠償不可能であるならば私がどうやってその選択をするかは、まったく分かりません――まして、二つの権利が同じ種類のものである場合は言うまでもないでしょう。[15] 他方で、一つの権利侵害だけが問題でそれを止めさせることも賠償させることもできない場合、もしその権利侵害に対して何らか適切な、強制できることがあれば、私はそれをすることで自分の第二の強制義務を果たすことができるでしょう。しかし、そうした強制ができることはないかもしれません。そうすると、その場合、どうなるでしょうか。もしそうした強制ができることがないならば、このような二つの義務が絡む場合、そしてその場合にのみ、たしかに私の選択は二つの強制義務の内どちらかを諦めるという選択になります――このことは、認めなければならないでしょう。これを避けられる正義論が果たしてあるでしょうか。」

「なるほど、ありがとうございました」と青山さんは言った。「私たちは、裁判官様の権利の規則の形式的特徴についてここまでずいぶん精密に論じてきたので、そろそろ、権利の規則の内容を見たほうがいいでしょう。これまでに明らかになったことは、行き詰まりを中立的、不偏的に、原則に基づいて解決できる仲裁規則には、以下の特徴があるということです。（i）仲裁規則に従って身を引くとしても、自分の道徳的な（価値の）優先順位を変えることにはならない。（ii）仲裁規則は、他のいかなる第一の規則とも矛盾しない。すなわち（iii）仲裁規則を否定することは、暗黙の内に自己矛盾を犯すことになる。（iv）仲裁規則を含む多元的道徳観の中で、仲裁規則には、辞書的に第一の地位がある。（v）仲裁規則は、いかなる行き詰まりにおいても、相対立する二人のうちの一方に身を引く命令を出す。なかなか頼もしいと思われます。では、その仲裁規則が一

15　スタイロン『ソフィーの選択　下』四三五～四三八頁。

体どのようなものか言ってもらいましょう。」

（八）自由と平等

「『誰でも、間違う権利がある（Everybody Has the Right to be Wrong）』という曲、この何年か前のブロードウェイ・ミュージカルの曲を、誰か覚えている人はいますか」と裁判官は尋ねた。「というのも、それこそが、基本的に、私たちがここで求めているものだからです。行き詰まり状況で相手の権利を尊重して身を引く人は、しばしば、（相手の）間違う権利を尊重しているのです。[16] では、一体どういう種類の規則が、そのような反直観的な（直観に反するような）権利を生みだすのでしょうか。もちろん明らかに、それは、何に対しても無分別に寛容な人の道徳的に節操のない規則――他の人がなにか間違ったことをするのに出くわしたときにはいつでも、邪魔をせず身を引くように指令する規則――ではありません。間違ったことをそれのゆえに行う権利は誰にもありません。実際のところ、厳密に言えば、すでに第三章で見たように、なにかを**する**権利など、誰にもありません。繰り返すと、『人は誰一人としてなにかをする権利をもった試しがない――人がもちうるのは、誰か他の人になにかをさせる（あるいはさせない）権利だけである。言い換えれば、厳密な意味での権利はすべて、他人の行為に関わる。[17]』人がもつ権利とは、次のようなものです――すなわち、もしY氏が誰かの権

16　権利が間違う権利だという点に関しては、ドゥウォーキン『権利論』二四九～二五〇頁や Raz, *The Authority of Law*, 266ff, Waldron, "A Right to Do Wrong," 21-39 を参照。
17　Williams, "The Concept of Legal Liberty," 139.

利を尊重しようとすれば、Y氏はある種の状況ではその権利の所有者が間違った行為をする際の障害を取り除くことになります。ですから、権利の所有者がもつ権利は、Y氏にその障害を取り除いてもらう権利であって、その間違った行為自体をする権利ではないのです。[18]」

「上等です」とすかさず白川君が言い返した。「僕の今の状況は、裁判官殿の分析にぴったりです。僕は、道徳的判断機から橙の球（約束順守）を取りあげる権利を主張しているのではありません。僕が言っているのはただ、青山さんが赤い球を取りあげようとするとき、僕が橙の球を取りあげるのを邪魔しているということです。青山さんは、僕の権利を尊重して、そんな邪魔をしないで、僕にこの間違った（と青山さんが間違って考えている）行為を遂行させるべきです。それで、問題解決。行き詰まり解消。使命達成です、裁判官殿。」

---

18 Waldron, "A Right to Do Wrong," 24 では、間違ったことをする道徳的権利の可能性を否定する人たちの間違った見解が、「道徳的権利には、道徳的特権——すなわち、自由とか許可というホーフェルド的な意味での特権——が含まれるか」という問いに肯定的に答える見方であると、簡潔に述べられている。その人たちが見落としているのは、たしかに権利の規則はある一定の行為を禁じられていると見なさない——そして人にその行為をする自由を残しておく——かもしれないけれども、なにか他の道徳的規則がその行為を禁止するかもしれないということである。したがって、その人たちの見落としは、部分的には、多元的道徳観の本性を忘れていることにある。**どんな**道徳的規則でも、他の規則から切り離してそれだけで見たならば、なんらかの行為は道徳的に無差別（することが許され、**そして**しないことも許される）ということになるけれども、別の規則はそうした行為を他のように評価するかもしれない。私の不親切な行為Aを権利の規則は許すかもしれないけれども、別の道徳的規則は禁止するかもしれない。だから、ここで権利の規則の働きはただ、他人に対して、私がこの不親切な間違った行為をするのを妨げるなと言うことだけである。この行為をすることは、私の権利（厳密には、私の自由）の間違った行使であり、私は（道徳的には）自分の権利をそういう仕方で行使しないほうがよいだろう。O'Neill, *Constructions of Reason*, 191-2 では、権利を侵害しないすべての行為が道徳的に無差別ということになるような権利論が、正当に断罪されている。

「ちょっと待ってよ」と青山さんが言い返す。「私と白川君の立場は、今の場合ちょうど対称的なので、とうぜん私にも、白川君が私の邪魔をすることに関して正確に同じ主張ができます。私たちは、それぞれが障害を取り除いてもらうことに関する限り、あちらを立てればこちらが立たずという状況にあるのです。」

「まったく青山さんの言う通りです」と裁判官は答えた。「おそらく私は、自分が言いたい意味をそれほど明確にはしなかったのでしょう。職業別電話帳では、行き詰まり解決会社の番号は、『障害**削減**』ではなくて『障害**配分**』の頁に掲載されています。正直に言って私は、障害の総量をどうやって減らせるのかまったく分かりませんし、ついでに言えば、障害の総量をどうやって増やせるのかもまったく分かりません。ですから、『障害を取り除く』ということで私が意味しているのは、ある人（A）が別の人（B）の行為を邪魔するという特定の出来事を取り除くということだけです。そしてもちろん、別の人（B）の行為は、初めの人（A）にとっての障害です。[32]残念ながら、これは避けられません。」

「ちょっと明らかにしてもらいたい点があるのですが」と白川君が口をはさんだ。「裁判官殿の言われるところでは、権利は、障害を取り除いてもらう権利であり、だからこそ、間違ったことをする権利というものも理解できるのです。ところが次に裁判官殿は、障害を取り除くというのは、ある人が別の人（すなわち権利保有者）の行為を邪魔することを取り除くことだと言われました。しかしそうすると、権利の保有者には、ときに、他の人に行為を**させる**権利がある——すなわち、権利の保有者はなんら行為をしようとしているのでもなく、したがって邪魔されてもいないということにならないでしょうか。たとえば、ひょっとしたら僕には、青山さん自身に橙の球（約束の順守）を取り上げてもらう契約上の権利がありえたでしょう。その場合、青山さんがもし橙ではなく赤い球（愛国）を取り上げたとしたら、どのようにしてそのことが障害と見られるのでしょうか。青山さんは、僕のいかなる行為も邪魔してはいないでしょう。」

「いい質問です」と裁判官は答えた。「障害を取り除くことについての私の説明は、本当に狭すぎました。むしろ私は、障害を取り除くとは、〈ある人が別の人すなわち権利保有者の選んだ行為を邪魔すること〉を取り除くことだと言うべきでした。もちろん、権利保有者によって選ばれる行為は、しばしば、権利の保有者自身が行う行為でしょう。権利の保有者には、自分が選んだ行為をする、服を着た自由があるかもしれません。しかし、白川君の例が示すように、常にそうとは限りません。白川君の例では、権利保有者（白川君）によって選ばれた行為は、青山さんの行為です。そして青山さんが赤い球を取り上げることがその選ばれた行為の障害になるのは、その選ばれた行為を起こらないようにさせるからです。青山さんが橙の球と赤い球の両方を取り上げることはできないからです。だから、そのような場合、白川君の障害を取り除いてもらう権利は、青山さんに、（白川君が）選んだ行為を起こさせないようなことをなにもさせない権利になります。この特定の事例でより具体的に言うと、青山さんに橙の球を取り上げさせる権利になります。」

「おそらくここで私が言いたい点を一般化して述べれば、権利とは、なんらかの行為つまり出来事を〈権利に対応する〉義務の保有者によって邪魔されない権利です。このように言えば、白川君の権利である「障害を取り除いてもらう」ことの実質が、青山さんが白川君に対する義務として行うべき行為を排除するようななる行為をもしないことという場合も、青山さんが白川君自身の行為を邪魔するようないかなる行為をもしないことという場合も説明できるでしょう。青山さんがAをする義務はどんな義務であっても、非Aをしない義務としても十分に表現できます。そしてその義務である行為（A）は、その行為をする義務を権利の保有者が解除できる以上、『権利の保有者が選んだもの』と言えます。」

「裁判官様のおっしゃられることを私がひどく勘違いしているのでなければ」、と青山さんが意を決して口を開いた。「裁判官様は、権利を**自由**への請求権として理解する方向に行こうとされているように思われます。

少なくとも、身を引くとか、障害を取り除くとか、行為を起こらないようにさせないとかいった一連の話からは、そういう印象を受けます。そしてそれは、権利が、服を着た――すなわち強制可能な保護的周辺部に守られた――自由の領域を構成することで自由を配分するという、第三章の考えとも合っています。さらに裁判官様は、障害を取り除くといっても障害の総量は一定であり、障害は配分することだけができて、全体として減らすことも増やすこともできないと言われます。このこともまた私には、自由が権利請求権の対象だという方向性を指し示し、第二章の議論――すなわち社会内で自由の絶対的な損失も増大もありえないという議論――を表しているように思われるのですが、いかがでしょうか。」

「すべてその通りです」と裁判官は認めた。「青山さんたちの今の行き詰まりの場合、権利の規則に則った解決を得るためには、『今の場合、誰に自由があるべきか』と尋ねるべきであって、『青山さんと白川君の相対立する行為のどちらが道徳的により良いか』と尋ねても**無駄**です。『どちらが道徳的により良いか』という問いに答えの一致がないことは分かっています。それのゆえに、たとえ青山さんと白川君の二人ともが権利の規則による解決を受け入れたとしても、お二人がこの工房を出るとき、お互いに完全に意見が一致しているわけではないのです。しかし、青山さんと白川君のどちらも、『誰に自由があるべきか』の問いには同じ一つの答えができるでしょう――しかも、もう一つの問いに関する意見の不一致にも関わらず、むしろその不一致と整合的にです。そういう理由で、権利の規則による解決を受け入れたとしても、価値の優先順位を変えることにも第一の規則を否定することにもならないのです。」

「いいですか、青山さんと白川君それぞれの行為の概念的な記述――行為の意図や目的が何であるかの説明――は、権利の規則とはなんの関係もありません。権利の規則にとって重要なのは、行為が他人の自由に与える影響だけです。G・デル・ヴェッキオも、次のように述べています。

各人の行為が正義の原理によって考慮されるのは、それが実際に他人の行為に衝突したり干渉したりする限りにおいてである。したがってたとえば、「善行」や「自分自身の仕事をする」義務は、本来の意味においては正義の規則ではないし、一人の個人だけに当てはまる他の同様な原理もすべて、正義の規則ではない。[19]

カントは、道徳的判断の領域を行為の徳（Tugend）に関わる側面と行為が正しい（Recht）かどうかに関わる側面に分割することで、この点を非常に明瞭にしています。少し長くなりますが、カントから引用させてもらいましょう。

法の概念は、これに対応する拘束と関連するかぎりで言えば（つまり法の道徳的概念は）、第一にもっぱら、一人格の行為と他の人格の行為が事実として互いに（直接あるいは間接に）影響しうるかぎりで、この一人格の他の人格に対する外的でしかも実践的な関係に関わる。しかし第二に、法の概念が意味するのは、親切あるいは冷淡な行為におけるように、〔ある人の〕選択意志の他の人の願望に（したがってまたたんなる欲求に）対する関係ではなく、もっぱら他の人の選択意志に対する関係である。第三に、**選択意志のこの相互関係においては、選択意志の実質も、つまりそれぞれの人が得ようとする客体によって意図する目的も、まったく考慮されない**。たとえば、ある人が自分の商売のために私から購入する商品によっ

19　del Vecchio, *Justice*, 83-4.

て、利益を得ようとしているかどうかは問題にならない。問題になるのは、選択意志がもっぱら自由と見なされるかぎりで、双方の選択意志の関係における形式だけであり、その形式によって、両者の一方の行為が他方の自由とある普遍的法則に従って統合されるのか、ということである。[20]

行為の徳は、カントによれば、行為がなされるときの意図、すなわちその行為が行為者の第一の規則（およびその順位づけ）に則って行われたかどうかに依存します。他方、行為の正しさは、その行為が誰か他の人の自由を制限するかどうか、どの程度に制限するかと関係します。どんな行為でもこれら両方の観点から評価できるのです。」

「ですが、裁判官殿は、権利の規則つまり正義がそれ自体、第一の規則でなければならないと言われたように私は思いましたが」と白川君が抗議の声を上げた。「そうすると、その主張は、裁判官殿とカントが今強調されている区別を崩壊させるのではないでしょうか。」

「そうでもありません」と裁判官は答えた。「ただし白川君は、興味深い論点を出してくれました。私は、権利の規則が第一の規則として採用されなければならないと言ったのではありません。権利の規則が白川君の道徳観の中に入っている必然性はまったくありません。もちろん、もし権利の規則が白川君の道徳観の中に**入っていて**、白川君が誰かの権利を尊重するが**故に**身を引くなら、そのばあい、白川君は実際にカント的な意味で有徳に行為しているわけです。しかし大事な点は、白川君は有徳に行為しなくても、正しく行為することができ、逆に（ただしこの点にカントは賛同しませんが、すぐに見るようにそれはカントが間違っています）邪悪

20　カント『人倫の形而上学』四八頁。太字強調は、引用者（スタイナー）による。

に行為しなくても、不正に行為することができるということです。すなわち、白川君は、正義以外の理由から、権利を侵害する行為をしないで、権利を侵害しない行為をすることができます。たとえば、白川君の行為の理由は、私の剣の鋭い切っ先を避けるということであるかもしれません。私は白川君に正しく行為するよう強制できる――すなわち、誰か他の人の自由を侵害しないように、もし侵害してしまった場合には、その賠償をするように力づくで強いることができるわけです。他方、カントが述べるように、私は白川君に善意で行為するよう強いることはできません。それができない理由は、ある行為が善意のものかどうかは部分的には、その行為がされる際の意図、つまり行為する人がどのような帰結を望んでいたかに依存するからです。そして私は、白川君に、一定の意図をもったり一定の帰結を望んだりするよう強制できないからです。そういう目的のために強制力を用いるというのは、完全に自己破壊的です――強制力が白川君の中に生みだすのは、強制から解放されたいという意図でしかありません。」

「しかし、ある行為が正しいかどうかは、その行為がされる際の意図に依存しません。一定の概念的な記述がその行為に当てはまるかどうかに依存しません。そうではなくて、一定の指示対象的な記述が当てはまるかどうか――すなわち、一定の自由の配分、一定の権利と両立するかどうか――に依存するのです。私が劇場で自分の席に座るのをもし白川君が妨げるならば、それは不正です。それが不正であるのは、白川君がそうする理由が、自分でその席に座りたいからか、それとも私が恐ろしく退屈な演劇を見ないですむようにと私のことを思ってくれたからか（有徳な場合）、それとも私に楽しい経験をさせまいと考えたからか（悪意の場合）とは関係ありません。反対に、白川君が私を妨げないことは正しい――それは、白川君の理由が、私によって力づくで追い出されるのを避けたいからか、それとも私の権利を尊重したいからか（有徳な場合）、それとも私が三時間もどうしようもない退屈に苛まれるようにと考えたからか（悪意の場合）、それとも私が楽しい経験を逃さないようにと考えたからか（有徳な場合）とは関係ありません。」
「実際に、権利が自由に対する請求権――あくまでも概念的に記述された行為の実行に対する請求権ではなくて――であることを根拠にして、カントは、権利とその権利を強制する権原ないし権限との（第三章で述べられた）概念的な結びつきを次のように強調しています。

ある作用の妨害に対置される抵抗は、その作用を促し、その作用と調和する。ところで、不正であることはすべて、普遍的法則に従う自由を妨害する。そして強制は、自由への妨害や抵抗である。こうしたことから、ある自由を行使すること自体が普遍的法則に従う自由を妨害する（つまり不正である）なら、この行使に対置される強制は、自由に対する妨害を阻むものであり、普遍的法則に従う自由と調和する、すなわち正しい。したがって、法には同時に、法を侵害する者を強制する権能が、矛盾律に従って結びついている。[21]

私の読むところ、カントはここで次のように言っています。つまり、権利とは自由の規範的な個人間配分であり、権利を侵害する人は、被害者に割り当てられた自由を侵害し、したがって（権利が共存可能な場合）自分自身の自由を逸脱して、自由の規範的な配分を変えている――だから規範的な配分を回復するためには、権利を侵害した人に対して強制力を用いること、すなわちその人の自由を減らすことが、その同じ規範（権利）に

21　カント『人倫の形而上学』五〇頁。

よって許される。[22]」

「明らかに、もしすべての人が常に正しく行為することになっていたならば——人々がそもそも意図する行為が互いに非対立的であるからか、たとえ対立的だとしてもすべての人が権利の規則に従うからか——その場合、私は失業しているでしょう。しかし、第五章の終わりで述べられたように、たとえ一部の人——すなわち支配的な実力を有する人たち——しか、権利の規則に従わないとしても、権利を健全に維持することはできます。反対に、運悪く、支配的な実力を有する人たちが権利の規則を誠実に守ろうと**しない**場合、たとえ他のすべての人たちが権利が守られることを望むとしても、権利が無傷でいられるかどうかは、かなり怪しいでしょう。[23]」

「なるほど」と青山さんが言った。「そうすると、こういうことですね。つまり、裁判官様が私たちに示してくださったように、共存可能な権利および両立可能な消極的自由が指示対象的だということが、正義が不偏的

22　ハート『権利・功利・自由』一四頁の次の言葉を参照。「そして私の見解では、倫理的権利のきわめて重要な特徴は、まさに権利の保持者が他人の自由を制限するための倫理的正当化を与えられた者と考えられていること、そして、彼にこの正当化が認められるのは、彼が他者から権利として要求しうる行為が何らかの倫理的特性を有するからではなく、単に、他者が如何に行為すべきかを彼が自らの選択により決定することが許されれば、特定の状況における人間の自由の一定の分配が維持されるからに他ならない、ということである。」

23　正義と権利と強制権限と非概念的に記述された行為と消極的（またはカントの呼び方では「外的な」）自由の間のカント的な結びつきに関しては、Aune, *Kant's Theory of Morals*, ch. V, Gregor, *Laws of Freedom*, ch. III, Kant, *The Metaphysical Elements of Justice*, Ladd's Introduction, ix-xxviii, Murphy, *Kant: The Philosophy of Right*, chs. 3-4, Nell, *Acting on Principle*, ch. 4, Shell, *The Rights of Reason*, 122-6, Williams, *Kant's Political Philosophy*, ch. 3, Sullivan, *Immanuel Kant's Moral Theory*, 242-3, 246-8, Kant, *The Metaphysics of Morals*, Gregor's introduction, 10-12 を参照。

で、辞書的に第一位の自由配分規則だという考えとぴったり適合するということ、そしてそのような自由配分規則によって誰かに間違った行為をする権利がありうるということですね。白川君には私に対して橙の球を取り上げさせる権利がある（そして私にはそれに対応する義務がある）ということをもし私が受け入れたとしても、私が橙の球を取り上げて自分の義務に従うことのほうが、白川君が私の義務を解除してくれて私が橙の球を取り上げないよりも良いと考えるということにはならないでしょう。私が（価値の）優先順位を変えるということにはならないのです。私が認めなければならないのは、もし私が白川君の権利を侵害していれば、そのほうがもっと悪かっただろうということだけです。だから、私にとって最善の世界は、白川君が橙の球を取り上げるという私の契約的義務を解除してくれる世界であり、その次に良いのは、白川君が私の義務を解除してくれず私が義務に従う世界であり、三番目に良い世界は、白川君が私の義務を解除してくれないのに私が義務に従わない世界です。それは十分に明らかでしょう。明らかでないのは、こうした考察から一体どのようにして裁判官様が立てられた問い、すなわち今の場合に誰に自由があるべきかに対して明確な解答が出てくるのかということです。権利の規則が私たちのこの行き詰まりにどのように適用されるのでしょうか。もし権利の規則が本当に規則であれば、それを表す文章は完全に一般的でなければなりません——固有名詞や確定記述などは一切含まれてはなりません。そのように一般的な規則が、どのようにして『誰』という問いに答えることができるのでしょうか。」

裁判官は答えた。「『誰』ということは、かなり長い思考過程から出てきます。ここで私たちが知りたいのは、誰に割り当てられた自由、誰の権利が——青山さんのか白川君のか——今の行き詰まりにおいて問題になっているのかということです。それを見いだすには、まず、正義が自由のどのような配分を要請するかを知る必要があります。そして青山さんが言うように、この配分規則は文章的に完全に一般的でなければならず、また上記の（ロ）節の終わりで青山さんが挙げた五つの特徴すべてと整合的でなければなりません。」

「もし、自由の配分基準を知りたいということでしたら」と白川君が口を開いた。「僕の道徳観を見るだけですみます。いかなる行き詰まりにおいても自由／権利は約束を守る行為をしようとしている人にあると言えるでしょう。あるいは問題になっているのが約束の順守でないならば、自由／権利は道徳的にその次に一番重要な種類の行為をしようとしている人にあると言えるでしょう。要するに、行為をする自由を、行為の道徳的重要性に応じて割り当てればよいでしょう。結局のところ、自由とは行為空間のことです。ですから、自由を配分する道徳的にまっとうな方法を知りたいのであれば、たしかに、自由がいかなる行為をするのに用いられるのかを考慮に入れる必要があります。そして自由を道徳観の価値の優先順位にしたがって配分する規則は、一般性の要求を充たしますよね。さらに、そのような規則があれば、伝統的な正義の原理――すなわち『同様の事例は同様に扱い、別様の事例はその違いに応じて別様に扱え』――を適用するための堅固な実質的基礎が得られるでしょう。すべての人が知っているように、この正義の原理は、事例がいかなる点において同様または別様であるのかを述べる基準によって補われないならば、空虚な形式――普遍化可能性の要求を述べる一方法――にすぎません。[24]」

「私も、白川君が今言ったことに大方賛成できます」と今度は青山さんが言った。「ただし言うまでもなく、自由の配分の基準になるのは**私の**道徳観であり、**私の**価値の優先順位です。たしかに私たちは、自由を配分する方法を決めるのに、この自由がいかなる行為をするのに用いられるか、を無視するわけにいきませんから。」

裁判官は激怒して言った。「何ですって。私がここ数頁の間話してきたことは、たんなる無駄話だったので

24 Perelman, *The Idea of Justice and the Problem of Argument*, chs. I-III。

すか。自由を道徳的優先順位にしたがって配分する規則から一体どうやって、間違ったことをする権利が得られたりするでしょうか。私は『誰の優先順位にしたがってか』というようなことを聞く気にもなりません――そのような規則では、明らかに何の解決にもならないからです。[25] もちろん、道徳的優先順位に基づいた（自由の）配分規則は、一般性の要求を充たすでしょう。ですが、それ以外の要求はほとんど充たしません。もし青山さんと白川君がそのような配分規則に同意できたならば、最初からそんな規則は必要ないでしょう。行き詰まりに陥ってもいないでしょう。自由の配分を問題にしたりもしないでしょう。正義や権利は完全に余計でしょう。ただ、二人で同意した道徳的優先順位によれば二人の相対立する行為のうちのどちらが優先するかを調べさえすれば、答えを出せるでしょう。どちらの行為をしたほうが良いかについて二人が同意できる場合、誰に行為する自由があるべきかなどということで頭を悩ます必要はありません。しかし、私が最初ここに来たとき、青山さんも白川君も、どちらの行為をしたほうが良いかについては既に検討したけれども何ともならなかったと主張しました。お二人は今になって、私がここにこうして裁判官の衣装をまとって話してきたことが無駄だったと言うのですか。」

「これは失礼しました」と青山さんが恐縮して詫びた。「おっしゃる通りです。たしかに私たちが述べていたことは、そもそも裁判官様に来ていただいた私たちの現実の状況とは反対の状況を論理的に前提していま す。しかし、正直に言って、私たちは本当に行き詰まってしまったと思います。私たちは、正義が、権利の規則として、自由を配分する規則だということに同意しています。しかしながら、『同様の事例は同様に』とい

25　同じ種類の――すなわち同じ優先順位／重要度の――二つの行為が相対立する場合の行き詰まりをどのようにして解決するのかという問いも、解答不可能なので、考えようという気にもならない。

う正義の原理が純粋に形式的だという白川君が述べた点もたしかにその通りです。正義の原理が有効に機能するためには、実質的な基準が要ります。けれども、そのような基準が行為を等級（順位）づけるものである限り、そのような基準によって要求される義務は、目的／手段の関係で、なんらか特定の道徳的な規則や価値と結びついているでしょう。したがって、裁判官様が言われる通り、自由を配分する規則に関する限り、正義は余計であり論点先取になるでしょう。[26] ですから、二つの事例が道徳的に重要な点で互いに違っていると言う場合、常に私たちは、それぞれの事例をどのように扱うべきかを決めるためには、二つの事例がどの点でどの程度に違っているのか、ということをはっきりさせる必要があります。しかし、それをはっきりさせようとすれば、なんらかの道徳観がどうしても入ってきてしまいます——ところが、ある道徳観が、もし対立する二人にとって受け入れられるとすれば、二人が対立しているという状況と矛盾するでしょう。ということは権利の規則が余計だということでしょう。ですから、いかなる実質的な正義観も、互いに矛盾する前提を抱えている——すなわち、実質的な正義観が不偏的な立場から仲裁しようとしている二人の人が対立的状況にあり、かつないということを前提している——限り、不整合になると思われるのです。」

「上手にまとめてくれました」と裁判官は答えた。「しかし、青山さんの悲観的な結論は、いささか大雑把にすぎます。正直に言って私は、『同様な事例』の原理を**配分的**正義の指針としてはまったく評価していません。『同様な事例』の原理は、おそらく、権利侵害の賠償や手続き的正義という派生的な問題——すなわち、権利／自由の所与の配分を前提とする正義の問題——に取り組む際には、役に立つでしょう。しかし、たとえ問題

26　ヒュームも、個人の功績が正しい財産配分の基礎として用いられるべきだという主張に対して、本質的に同様な反論を述べている——Miller, *Philosophy and Ideology in Hume's Political Thought*, 66 を参照。

を青山さんが今しがた述べてくれたように理解するとしても、たしかに私たちは別の結論に行きつきます。別様の事例は別様だと言うことは、同語反復にすぎません。問題は、別様の事例が**道徳的に重要な点で**別様と言えるかどうかです。そしてもし、青山さんも同意してくれるように、事例を道徳的に重要な点で分別するいかなる基準も配分的正義の基準になる資格がありえないのであれば、そこから当然の結論は、いかなる事例も道徳的に重要な点で別様ではない、すなわちすべての事例が道徳的に重要な点で同様だということです。今の場合で言えば、正義が要求する自由の配分は**平等**配分だということ、すべての人に平等な自由に対する正当な権原があるということです。」

「この問題は、すぐ後で見るように、もう少し込み入っています。しかし今のところは、正義とは各人に平等な自由への権利を与える規則だと暫定的に言っておきましょう。この知見は、私たちがすぐ前で述べた単に消去法的な結論に留まりません――もっと積極的な意味でも擁護できます。自由を平等に配分する規則は、明らかに、自由が何のために用いられるのかという偏向的な目的／手段の考慮に染まっていません。この規則は、何を最大化するのでもありません。この規則による自由の割り当ては、良い行為をするのにも、悪い行為をするのにも、道徳的に無差別な行為をするのにも用いることができます。だから、この規則は、間違ったことをする権利を引き受けることもできます。この規則を受け入れたとしても、誰の道徳観の中にある優先順位を変えることにもなりません。この規則は、他のいかなる第一の規則とも矛盾しません――しかし反対に、人々に**不**平等な自由への権利を与える規則は、どうしても、事例を道徳的に重要な点で分別する基準が必要になり、もしそういう基準があるのならば、そもそも正義の規則が、青山さんが先ほど述べてくれたように、余計になるでしょう。さらに、このように割り当てられた自由は、道徳的に無差別な行為を含めて、いかなる種類の行為にも用いることができるので、この規則を適用することで、相対立する行為の少なくとも一つが誰かの道徳的価値ではなくて選好や欲求や利益によって導かれている場合の行き詰まりを仲裁することもできます。要するに、もし真に汎用的で完全に不偏的な規則が必要とあれば、明らかに、平等な自由の規則にまさるものはありません。というよりも、それしかないでしょう。[27]」

「けれども僕には、それしかないとは思えません」と白川君が反対した。「たとえば自由を純粋に偶然的な方法で配分することも、同じように汎用的で不偏的ではないでしょうか。自由をあみだくじで配分してもよいでしょう。」

「実を言うと」と青山さんは口を開いた。「私自身は、あみだくじよりも抽選のほうがいいです。」

「行き詰まりはもう止めにして」と裁判官が叱責した。「私が理解するところでは、白川君が提案しているのは、私の実質的な配分規則に代わる配分の**手続き上の**規則です。しかし私は、この提案が本当の意味で代替案になるとは思いません——なぜかと言えば、基本的にこの提案は自由の配分に関して不確定であるか、そうでなければ私が今述べている平等な自由の規則を前提しているからです。」

---

27 正義または自然権としての、平等な自由への権利については、ロック『統治論』第五章二七～二九節やカント『人倫の形而上学』六六～七二頁、Spencer, *Social Statics*, ch. VI and appendix A, George, *Social Problems*, ch. IX, ハート「自然権は存在するか」（『権利・功利・自由』第一章に所収）、Gewirth, *Reason and Morality*, ch. 3, Pollock, *The Freedom Principle*, ch.1 を参照。ロールズは『正義論』の中で、「平等な基本的自由」を、自らの正義論を構成するいくつかの第一の規則の中で辞書的に第一位の規則として述べている。Steiner, "Capitalism, Justice and Equal Starts," 55-9 では、『アナーキー・国家・ユートピア』におけるノージックの保有（物）の正義論には、一つの重要な前提としてなにか平等な自由の規則のようなものがひそんでいるということが論じられている。シヂュウキック『倫理學説批判』五二四～五三三頁では、正義は平等な自由への権利を規定するという主張が批判的に検討されている——この主張に対するシヂュウキックの反論のいくつかに関しては、同種の反論を第七章と第八章で取り上げる予定である。

「たとえば、配分の対象がリンゴであるとしましょう。リンゴは、すぐに明らかになるように、自由とよく似ています。まず第一に、先ほどの白川君と青山さんの言葉が表している問題があります――すなわち、偶然的な手続きは数多くありうる中でどれを用いるべきかをどのようにして決めるかという問題です。第二に、こうした手続きの下でも、実質的平等をなしで済ますことはできないかもしれません――白川君と青山さんは、なしで済ますことができると考えているようですが。おそらく、抽選券やあみだくじの配分は、やはり平等が律するでしょう。結局のところ、別々の人にくじや券を別々の数だけ与えたりしないでしょう。そして実質的平等が、そういうことをしない唯一の理由であるように思えます。第三に、この偶然的な手続きの当たりをどういう仕組みにするかという問題があります。一人の人がすべてのリンゴを勝ちとるようにしましょうか、それとも何等賞かに応じてリンゴの数を変えましょうか、その場合、具体的に何等賞まで設けて、リンゴの数をどのように振り分ければよいでしょうか。こうした問いへの答えがなければ、偶然的な方法で配分するという規則は、配分に関して不確定です。」

「何の問題もありません」と白川君が言った。「そうした問いへの答えは簡単に出せますから。」

「よく分かっています」と裁判官は答えた。「青山さんも答えを簡単に出せるでしょう。ついでに言えば、私も簡単に出せます。不偏性に関する限り、問題は、特定の価値観や好みに染まっていない答え――すなわち、対立的状況と矛盾しない答え――をどうやって手に入れるかです。たとえば、非常に明らかに、賞の仕組みの中には、たとえば危険や善意に対する、ある人たちの姿勢に適合したものもあれば、そうでないものもあるでしょう。」

「なるほど」と白川君が言った。「それなら、会議を開いて、みんなで一緒に答えを考えましょう。」

「そのほうが見込みがありそうです」と裁判官は認めた。「しかし、そうすると形勢が少し変わったように思います。もし会議で偶然的な手続きをまったくなしにすると決めたなら、どうなるでしょうか。つまり、もし手続き的なやり方をとらないことにしたいと思ったならば、その場合でも手続き的なやり方をとる義務が誰かに対してあるとはとうてい考えられないでしょう。」

「ええ、ええ」と白川君は少し苛ついた様子で言った。「たしかに、もし会議に賞の仕組みを決める権限があるならば、リンゴを他のどんな方法で配分する権限もあるはずです。だから要するに、僕は、会議がリンゴを所有していることを前提しているというわけですね。」

「そうです」と裁判官は同意した。「白川君が言っているのは、会議によって決まるリンゴの配分が、リンゴの権利とそれに対応する義務になるということです――それは、会議がその権限を行使することでそうした所有権と義務を生みだすからであり、会議がそうした権限をもつのは、会議が元々リンゴの所有権者だからです。つまり会議は、それ自身の所有権を消滅させて、リンゴに対するさまざまな新しい所有権およびそうした所有権を尊重する義務を生みだすわけです。」

「まさにその通りです、裁判官殿。それに何か問題がありますでしょうか。」

「さあ、どうでしょうか」と裁判官は答えた。「たとえば、もし会議で多数派がすべてのリンゴを自分たちだけで分け合う案に賛成して少数派を除け者にしたら、どうなるでしょうか。少数派は、多数派の所有権を尊重する義務を生みだしたと本当に言えるでしょうか。」

「誰も多数派のことを言っていません」と白川君は言い返した。「これは、第三章で述べられた、典型的な所有権の譲渡にすぎません。要するに、会議がリンゴの配分を共同で決定するとき、たとえばリンゴａの新しい所有権者Ａさんは配分前にはａに手を出さない義務があったわけですが、すべての参加者がその義務を消滅させるのです。それに対応して、新しい所有権者Ａさん**以外のすべての人**は――会議のこの（同じ）権限行使によって――Aさんに対する無介入義務を課されることになります。」

「しかし、その所有権の譲渡に反対する少数派の人の場合、そういうことをしているとはまったく言えないでしょう」と裁判官は反論した。

「また少数派ですか」と白川君は言い返した。「分かりました。僕が、所有権の譲渡の決定は全会一致でなければならない、すべての人に譲渡権限があると言うとしたら、どうでしょうか。あるいは、所有権の譲渡の決定の前に、その決定をする権限を多数派に与えるという全会一致の決定がなければならないと言った方がよいでしょうか。それで、すべての人が新しい所有権を尊重するべき義務の妥当性に関して、裁判官殿の疑念は晴れますでしょうか。」

「はい、たしかに」と裁判官は答えた。「しかし次に、それがどういうことになるかを少し検討してみましょう。まず私たちがすでに同意しているように、リンゴの新しい所有権が正当だということは、会議が譲渡の権限を行使したからであり、会議にその権限があるのは、会議が元々リンゴの所有権者だったからです。したがって、たしかに、もし会議の譲渡権限が各人の譲渡権限の集合に他ならない（あるいは多数派に譲渡権限を与えるという各人の権限の行使によって生まれる）ならば、各人にその権限があるのは、会議よりも先に各人が元々リンゴの所有権者だからです。会議がもつ共同所有権は、原初の所有権ではありえません。各人の個人的所有権から派生したものです。そうでなければ、各人が会議において平等な投票権をもつことを説明できないでしょう。」「なるほど」と白川君はうなずいた。「ですが、一体それがどういうことになるのでしょうか。」

「それはですね」と裁判官は述べた。「これから、平等な自由の規則に代わる、白川君の対案の一番根っこにどういう権利がひそんでいるかを探りだすわけです。そのためにはまず、各人がこのように元々もっている個人的所有権――会議の共同所有権の基礎にある個人的所有権――が、どういうものかを知る必要があります。

各人には他のすべての人と同じ権限があるので、各人の元々の所有権も他のすべての人の元々の所有権と同じでなければなりません。」

「ところで私になんらかの見落としがない限り、そうした元々の所有権の対象に関しては二つしか解釈の可能性がありません。一つは、各人には全リンゴに対する所有権があるという解釈です。そしてもう一つは、各人にはリンゴの平等な取り分に対する所有権があるという解釈です。そしてよく知られているように、第一の解釈の問題点は、ホッブズのいわゆる『自然権』につきまとうのと同じ困難があるということ――すなわち、こうした権利は本当はまったく権利ではないということです。さまざまな人が同一の物に対して所有権をもつのですから、それらに対応する義務はまったく共存可能ではありません。たとえば、私がリンゴを用いるのをもし白川君が妨げれば、それは白川君のリンゴの所有権の一部である強制権限の行使として**許される**でしょうし、同時に私のリンゴの所有権に対応する白川君の無介入義務の違反として**許されない**でしょう。したがって、元々の個人的所有権の対象に関して、第二の解釈だけが適切な解釈です。すなわち、各人には、元々リンゴの平等な取り分に対する権利があるのです。そしてリンゴについて言えることは、自由についても言えます。」

「そうすると、裁判官殿が言われるのは」と白川君が言った。「偶然的な方法を使うという僕の案が機能する――一定の所有権と有効な義務を生みだす――ためには、共同の決定手続きが必要であり、そこにはすでに平等な自由の規則が含まれているということですね。ですから僕の案は、裁判官殿の規則の代替案ではなくて、その規則の一つの適用方法にすぎないわけです。」

「まさにその通り。そしてもし会議が偶然的な方法をなしで済ますことができるならば――もし偶然的な配分が、所有権をもつ会議がとりうる、さまざまな選択肢の一つにすぎないならば[28]――各人が最初から会議をなしで済ますこともできます。共同決定によって配分するために、自分たちの平等な自由の一部または全部を他人の平等な自由の一部または全部と一緒に蓄えておくことは、各所有権者に選ぶ権限がある選択肢の一つにすぎないのです。[29]ここから言えるのは、配分的正義の社会契約論は、自然権論の適用方法であって、代替案ではないということです。[30]」

「なるほど、それは一応説得的と思われます」と白川君は言った。「しかし、配分が不確定だという点に関しては未だ問題を解決できていないと思います。裁判官殿は、リンゴについて言えることは自由についても言えるとおっしゃいます。リンゴについては、たとえば、さまざまな種類があって、人の好みや道徳的評価もさまざまだと言えます。たとえば僕は、王林が特に大好きですが、人種差別や性差別をしている会社が供給したものは好きではありません。たしかに、同じことが自由についても言えます。その場合、『平等な自由』とはどういうことになるでしょうか。多種多様な自由をどのように共約化して――しかも不偏的に共約化して――平等に分割し配分しようとされるのでしょうか。」

「すばらしい質問です」と裁判官は認めた。「それに対する答えは、次の第七章で出てくるでしょう。」

「僕は、まだもう一つ未解決の問題があると思います」と白川君が述べた。「本章のずっと前のほうで、裁判官殿が後で説明すると約束されたことです――裁判官殿の会社の同僚たちはカントの影響を受けて、どうして以前には、もしある行為が権利の侵害であるならばその行為は道徳的に許されないと信じていたのですか。道

28　すなわち、会議に特定の配分をさせたり、させなかったりする権利が誰にもないならば。
29　権原保有者たちに平等な自由の一部または全部を供出させたり、供出させなかったりする権利は、誰にもない。
30　ドゥウォーキン『権利論』第六章を参照。

徳的規則としての平等な自由の規則の特異性――特に、平等な自由の規則が辞書的に第一位であって、いかなる**不**平等な自由の規則も主張できないこと――を考えると、どうして同僚たちの考えは間違っているのでしょうか。」

「その考えが間違っているのは」と裁判官は答えた。「平等な自由の規則を採用すべき論理的必然性がないからです。たしかに、もし平等な自由の規則を採用するならば、それは辞書的に第一でなければなりません。そしてまたたしかに、人々に不平等な自由に対する権原を与えるような規則を整合的に主張することもできません。しかし、だからといって、誰か他の人の平等な自由を侵害する行為が――必然的に不正ではあっても――必然的に間違ってもいるということには必ずしもなりません。では同僚たちは、どうしてそうは考えなかったのでしょうか。明らかにそれは、同僚たちが、平等な自由の規則を採用することが論理的に必然**である**と思ったからです。どうしてそう思ったのでしょうか。カントの絶対的命令〔33〕の文言について間違った見方をしていたからです。」

「カントが平等な自由の規則を表現したもの、ないしカントが**法の普遍的原理**と呼ぶものは、こうです――――『だれのどのような行為でも、その行為が、あるいはその行為の格率から見て、その人の選択意志の自由が、だれの自由とも普遍的法則に従って両立できるならば、その行為は正しい。[31]』すでに見たように、（徳とは違って）正義は意志の内容、行為を形成する意図を問題にする必要がないというカントの主張の元にあるのは、行為は『それだけで』、その行為をする人の（行為の）格率ないし目的とは関係なしに正しいとか正しくないとか評価できるという事実です。カント学者の説得的な見方によれば、法の普遍的原理は、絶対的命令の

31　カント『人倫の形而上学』四九頁。

第二方式――すなわち『汝の人格の中にも他のすべての人の人格の中にもある人間性を、汝がいつも同時に目的として用い、決して単に手段としてのみ用いない、というように行為せよ』[32]――から出てきます。たしかに、これら二つの命令の間には強い結びつきがあり、ひょっとしたら二つの命令は指示対象的に同じことになるかもしれません。絶対的命令の第二方式が人に要求するのは、一般的な解釈では、他人の主体性を尊重すること、具体的には他人の目的を自分の目的に従属させるような行為をしないことです。ワーナー・ウィックの論じるところでは、『誰かを単なる手段として扱うとは、あたかもその人の目的が存在しないかのように、その人が単なる物――用いられるべき道具または押しのけられるべき障害として考慮される物――であるかのように見なすことである。』[33]自分の自由はそもそも自分がなんらかの目的を追求するための必要条件なので、もし私の自由を誰か他の人が自身で享受している自由よりも減らすならば、その人の行為は、私の目的をその人の目的に従属させる行為だと言ってよいでしょう。かくして、誰かの目的が他の人の目的に従属していないためには、平等な自由が必要条件であり、おそらく十分条件でもあるでしょう。さらに、絶対的命令の第二方式には、平等な自由の規則と同じ重要な論理的特質があります――すなわち、その否定は、論理的に、主張不可能です。だから、誰かの目的を他の人の目的に従属させてその誰かを単なる手段として扱うような行為は、その限り、正当化されえません。というのは、『そのような処遇を述べる格率は、もし普遍化されるならば、翻って自分も同様な扱いを受けるということを意味する。ところが、それは矛盾である――自分の目的が無視さ

32　カント『プロレゴーメナ　人倫の形而上学の基礎づけ』二九八頁。法の普遍的原理と絶対的命令の第二方式との結びつきについては、Gregor, *Laws of Freedom*, 39ff および Aune, *Kant's Theory of Morals*, 137 を参照。
33　Kant, *The Metaphysical Principles of Virtue*, Wick's introduction, xix.

れることは、いかなる人の目的でもありえないからである。』[34]このように平等な自由の規則と絶対的命令の第二方式とが密接に関係していること、さらにカントが道徳的判断を説明する際にそこで絶対的命令が決定的に重要な役割を果たしていることを考慮すれば、もしある行為が不正であれば、その行為は道徳的に許されないと考えることも極めて正しいと思われるでしょう。」

「しかし、それは正しくないのです。それが正しいという見方は、絶対的命令の第二方式が第一方式――『汝の格率が普遍的法則となることを汝が同時にその格率によって意志しうる場合にのみ、その格率に従って行為せよ』[35]――から出てくるという間違った考えに基づいています。絶対的命令の第一方式は、たしかに道徳的判断にとっては決定的に重要です。絶対的命令の第一方式は、普遍化可能性という形式的条件を表し、それが主張するのは、ある行為が道徳的に許されうるかどうかは、その行為を形成しているような格率(意図、目的)を誰でもが追求してよいということを受け入れる意志があるかどうかに依るということです。ある行為が絶対的命令の第一方式の意味で許されるかどうかは、その行為がその行為をする人の道徳観の中にある規則によって禁止されていないかどうかによって決まります。だから、行為が絶対的命令の第一方式の意味で許されるかどうかと道徳的に許されるかどうかとは、同一のことなのです。絶対的命令の第一方式は、もしこう言ってよければ、道徳的に許される行為の定義であり、その限り、必然的真理を表しています。」

「ところで、絶対的命令の第二方式が第一方式から出てくるもので、第一方式と同じく必然的真理を表すのかどうかを調べるためには、絶対的命令の第一方式と第二方式のうちの一方を充たすけれども他方を充たさな

34　Kant, *The Metaphysical Principles of Virtue*, Wick's introduction, xix.
35　カント『プロレゴーメナ　人倫の形而上学の基礎づけ』二八六頁。

いような行為があるかどうかを見れば済みます。そして明らかに、そのような行為があります。もし私がY氏を強制して然るべき慈善事業のために働かせたり、然るべき慈善事業のためにY氏のお金を盗んだり、それどころかY氏を強制してY氏自身の利益になるようなことをさせるならば、私は完全に喜んで、私の行為の中にある自分の善意の意図を普遍化するでしょう。つまり私の道徳的規則の中に『善意』の規則がありうる。しかしだからと言って、私の行為がY氏の平等な自由を減らさないとかY氏の目的を私の目的に従属させないとかいうことにはなりません。逆に、私はトランプのポーカーで悪意からY氏にお金を支払うのを拒否するかもしれません。しかし、私にY氏の邪魔をするという この意図を普遍化する気がない――――私は誰か他の人にお金を支払うかもしれません――ということが事実だとしても、私がY氏の平等な自由を減らしているとか、Y氏の目的を私の目的に従属させているとかいうことには決してなりません。」

「どうしてある行為が絶対的命令の一方の方式を充たしながら他方の方式を充たさないのか、その理由を見いだすのは困難でありません。ある行為が絶対的命令の第一方式を充たすかどうかは、その概念的に記述された行為と私たちが受け入れる道徳的規則との関係によります。しかし、その行為が絶対的命令の第二方式を充たしカントの法の普遍的原理を充たすかどうかを知るためには、そうした概念的に記述された行為やその意図を、私たちが受け入れる道徳的規則と見比べる必要がありません。絶対的命令の第二方式は、他人が純粋に道具として用いられるような行為すべてを直接に禁じます。そして同じことが平等な自由の規則についても言えます――『というのも、他の人の自由に私がまったく無関心でいようとも、心のなかで侵害したいと思おうとも、私の外的行為によって他の人の自由を侵害しないかぎりは、他のすべての人は自由でいられるからである。[36]』ですから、ジェフリー・マーフィーも、次のように述べています。

カントが語っているのは、たんに他人の自由を侵害しないよう心がけよ、ということではない——他人の自由を**事実において**侵害するな、ということである。私の行為が他人の同様な自由と両立可能であるかどうかは、客観的に決定することができ、たんに私の意図によって決まるのではない。[37]

行為は道徳的に許されるのに不正であったり、道徳的に許されないのに正しかったりすることがあるので、もしある行為が権利の侵害であるならば、その行為は道徳的に許されないというのは、完全な間違いです。ある行為が不正ならば、その行為は道徳的に許されないと言えるのは、正義が私たちの道徳規則の一つである**場合**に限られます。[38] しかし、正義は、私たちの道徳規則の一つである必要はありません。絶対的命令の第一方式が、道徳的に許される行為一般についての必然的真理を表すのに対して、平等な自由の規則は、ただ道徳的権利についての必然的真理を表すにすぎません。道徳的権利を侵害する行為が道徳的に許されないという必然的真理を表すのではありません。ですから、カント自身が、権利を侵害する行為が道徳的に許されないと考えているように見受けられるのは、哲学的に論証された結論というよりも、むしろカントの道徳的な立場を反映してい

---

36 カント『人倫の形而上学』四九頁。

37 Murphy, *Kant: The Philosophy of Right*, 104.

38 もし正義が私たちの規則の一つであるならば、正義は辞書的に第一でなければならず、したがって正義に由来する義務が、他の規則の命じる義務によって凌駕されることは許され得ないからである。

ると理解するべきなのです。[39]」

（二）権利と起源

少し対話から離れて、リンゴの話に戻ろう。この節の課題は、平等な自由の規則がどのように共存可能な権利という形で表されなければならないか、を理解することである。まず初めに、第三章の終わり近くで述べた論点を振り返っておこう。

たとえば、Y氏と私のそれぞれに同数のリンゴに対する権利があるとしよう。私がY氏の権利を侵害する一つのやり方は、おそらく、Y氏のリンゴを一つ盗むことだろう。そして私がこの侵害行為の賠償をする一つの方法は、盗んだリンゴを返すか、私の同様なリンゴを一つY氏に与えることである。

しかし、もし私たちに平等なリンゴ権を与える配分規則が結果状態やパタン付きの規則であるならば、[40]私がY氏の権利を侵害する、もう一つのやり方がある――それは、**私の**リンゴを一つ食べることである。そしてそのような権利が逆説的であり、実際に矛盾的であることは、次の事実において否が応でも明瞭になる――すなわち、明らかに私がこの侵害行為の賠償をする一つの方法は、もう一つの権利侵害を犯して、Y氏のリンゴの中から一個の半分を盗むことである。というのは、この行為もたしかに、そのような規則が命じる平等な配

39　カントがこの（正義が道徳規則の一つであるという）立場に立っていることの文献的証拠は、メンツァー編『カントの倫理学講義』二七〇～二七一頁（および『カント全集20　講義録』二二九～二三〇頁）に見られる。

40　第三章の注64を参照。

分を回復するだろうからである。あるいは、私が自分のリンゴを一つ食べたことによって、Y氏にもY氏のリンゴを一つ食べる義務、ないし何か他の仕方でY氏のリンゴを一つ減らす義務が発生すると考えられるかもしれない。こうした種類の配分規則の下では、責任や過失を誰に帰すかは明らかに難しいことになる。

右のような帰結が愚かしいことは、さして驚きではない。というのも、それと同じ愚かしさが、親を殺した子供が孤児であることを理由に寛大な処罰を要求するという古代の笑い話の中ですでに用いられているからである。右のような帰結が（その愚かしさによって）暗黙の内に確証しているのは、先の議論、すなわち私の権利とY氏の権利が共存可能であるためには、私の権利もY氏の権利も各自の領域を構成する所有権に完全に還元可能でなければならないということである。そしてこうした種類（結果状態やパタン付き）の配分規則が主張する権利のどこが間違っているかというと、そのような権利は各自の領域を構成する所有権に完全に還元可能ではないということである。

というのは、リンゴの所有権に加えて、そのような規則は私たちに私のリンゴとY氏のリンゴの間のある**関係**（この場合、平等）に対する権利をも授けてくれるからである。あるいはむしろ、授けてくれるように見える。Y氏のリンゴの支配権にも私のリンゴの支配権にもある権利が含まれていて、その権利に対応して私たちのそれぞれに、それぞれが保有するリンゴの間の均衡を壊すような仕方でリンゴを使わない義務が相手に対してあるように見える。しかし、この見かけは見かけにすぎない。

なぜかと言えば、こうした均衡を維持する義務は、もし実際に私たちの義務であるとすれば、私たちが互いに対して負う義務ではないからである。というのは、もし互いに対して負う義務であれば、私たちはそれぞれが相手の義務を解除することができるだろう――すなわち、Y氏には、私が私のリンゴを一つ食べることを許す（したがってY氏にも私にも、Y氏のリンゴを食べる責任が発生しない）権限があるだろう。しかし、こうした配分規則の下では、Y氏にはそうすることができない。そのような規則によって私たちのそれぞれに実際に与えられているのは、均衡の維持に対する**放棄できない**権利である。しかし、放棄できない権利について論じた所ですでに見たように、[41]私たちに相手の義務を解除する権限がないということは、そうした権利が**私たち**に授けられた権利ではないということである。言い換えると、そうした権利は、**私たちの**（支配）領域にならない。

共存可能な権利は、共存可能な領域を構成する。領域の内部では、人は好きなようにする自由がある（そうしない義務を**誰に対しても**負わない）。[42]こうした領域によって各人には、各人の行為を妨げることが許されないという意味で、純粋に消極的な自由が割り当てられる。各人の行為は歴史的である。すなわち、自由や権限を行使することで、権利の保有者は、対象を作りかえたり譲渡したりする、かくして所有権とそれに対応する義務を消滅させたり生みだしたりする。こうした所有権と義務は、行為の歴史を担っている。消滅した所有権や義務は、生みだされた所有権や義務に先行する――かくして、所有権や義務の歴史は、因果的および所有権上の来歴である。もし仮に作りだされた所有権や義務にそのような来歴がないとしたら――先行する所有権や義務が自由や権限の行使によって消滅させられたのでないとしたら――それは権利侵害によって、すなわち権

41　第三章（イ）節の終わりを参照。

42　もう一度、念のために繰り返すと、人にAする自由がある（Aしない義務を誰に対しても負わない）と言うことは、人にAしない道徳的義務がないと言うことと同じではない。そのような道徳的義務は十分にありうる。ここでの要点はただ、そのような道徳的義務は誰かの権利に**対応する**のではないので、誰にも人にAをさせない権利がないということ、したがって人にAしないよう強制することは権利の侵害になるということである。その意味においてのみ、人にはAする自由がある――Aすることは、間違ったことであるかもしれないけれど。

利というよりも武力の行使によって作りだされたのである。そのような所有権や義務は、権利侵害に対する賠償がない限り、正当な所有権や義務ではありえない。したがって、正当な所有権や義務の来歴の中に姿を現すこともありえない。

共存可能な作りだされた権利にそのような歴史があるということは、配分に関する「歴史的権原」理論が適確に捉えている概念的真理であり、結果状態やパタン付きの理論およびそれらをさまざまに複合した理論によっては理解されていない点である。というのは、作りだされた権利にそのような歴史がある場合にのみ、私たちは、権利の侵害に対する過失や責任を、疑いの余地なく、問うことができるからである。人の責任についての通常の見方と歴史的権原理論は、明らかに親和的である。そしてどこが親和的かと言えば、それはどちらの考え方も人の行為に中心的な役割を担わせている点である。

だから、ノージックが歴史的権原理論として述べた移転の原理と矯正の原理は、現実には独立の規範的規則ではない。それらは、権利の所有者には放棄と賠償の権限があるという概念的事実の意味展開にすぎない。そのような原理は、人が自分自身の行為について排他的に責任を担うあらゆるやり取りを支配する――それはすなわち、そのような原理の一般的順守が、ある人の行為の帰結（有利または不利な）を他の人が非強制的に引き受けるための必要条件だという意味である。[43]

したがって、正義の歴史的権原理論に対して向けられる道徳的批判のほとんどは、権利そのものの概念的特徴をまったく考慮していないという点で、完全に的外れである。そのような批判は、普通、第三章で述べたよ

43　これらの原理は、ある人の選択の帰結が**非強制的に**他の人に及ぶことを排除しない。ときには、ある人の選択の帰結が他の人に及ぶべき重大な道徳的理由がある――すなわち、ある人が自分だけで稼いだ財が、不幸を自分で招いて困窮している人を含めて、困窮する他の人に非強制的に移転されるべき重大な道徳的理由がある。

うに権利を真剣に受けとめない規則に導かれている。というのは、たしかにそうした規則は権利を定めようとするけれども、そこでの権利は共存不可能になるように組み立てられているからである。大雑把に言えば、歴史的権原理論の移転の原理と矯正の原理が、すべての権利が共存可能になり、したがってすべての義務も同時に遂行可能になるように配慮するときに何をしているかと言えば、それは、個人的責任を人に配分すること、それだけである。具体的には、行為の帰結を行為した人にだけ負わせるのである。

しかし、これは大雑把な言い方にすぎない。なぜならば、カントやカント主義者たちが主張するように、人が自分の行為に対して排他的に責任を負うためには、他にもまだ必要なことがあるからである。そのまだ必要なことを非常に大まかに言えば、その人が他のようにすることを他人が妨げなかったということ、その人には他のようにする自由があったということである。しかし、「他のように」というのは、非常に広い範囲のことを意味する、というよりも（意味する範囲が）あまりにも広すぎる――この世界では、いかなる人の行為についても必ず、それによって他人のなんらかの行為が妨げられたと想定することが可能だからである。だから、必要なことをもう少しだけ正確に言うとすれば、人が他人より**以上には**妨げられなかった（他人と同じ程度にしか妨げられなかった）ということである。要するに、すべての人が平等に自由だったということである。そして、この要請から、私たちは、人の行為に先行する条件に向かわざるをえない。

二つの球が丘を転がり落ちて、一方の球がもう片方の球よりも先に谷底に着くとしよう。この違いを科学的に説明しようとすれば、それぞれの球の特徴やそれぞれの球が通った経路にどういう障害があったかだけではなくて、それぞれの球が転がり始めた出発点も考慮に入れなければならないだろう。どちらの球が先に着いたにせよ、その説明は、もし一方の球が丘の中腹から転がり始め、もう片方の球が頂上から転がり始めたのならば、違ったものに――つまり両方の球が同じところから転がり始めた場合とは違ったものに――なるだろう。

同様に、各人の現在の領域の格差に対する責任を各人に負わせるには、各人に権利が割り当てられた出発点の格差を考慮に入れる必要があるだろう。もし私がトランプの競技を他の人よりも一時間も遅れて始めたならば、私の最終的な得点に対する責任は私**だけ**にあるだろうか。答えは「否」と思われる。[44] しかし、もし私が遅れて競技を始めたのが会場に私が遅れて到着したせいであったならば、どうだろうか。さらに反対に、もし私が遅れて到着したのが会場に来る途中で交通渋滞に巻き込まれたせいであったならば、どうだろうか。しかしその前に、もし私が蛇行運転したせいで交通渋滞が起こったのならば、どうだろうか、等々。

こうした種類の議論は、言うまでもなく、非常に古く、よく知られている。それにもかかわらず、こうした議論が述べるところは、極めて重要で、第三章の終わりのほうで述べた論点と非常にぴったり合っている。つまりそれは、敵対的状況において——つまり正義が必要とされる状況において[45]——行為の帰結の格差に対する責任が行為した本人だけにあるかどうかは先行条件に依存するということである。より具体的には、先行条件が平等であったかどうかに依存する。敵対的状況とは本質的に各人の行為が他人の行為を部分的に妨げるような状況であることを考えれば、先行条件において私は他の人以上に（行為を）妨げられていたのだろうか。

加えて、こうした古くからの議論がさらに指し示すように、行為の帰結に対する責任が確実に行為した本人だけにあるとするためには、**直接**先行する条件を比べてみるだけでは十分でない。私の出発点が不利だったとしても、もしそれが私の行為のせいであるか、それがさらにもっと先行する不利な条件に由来し、この「もっと先行する不利な条件」が私の行為のせいで不利になったのならば、私の行為の帰結に対する責任が他人にも

44　他の人たちがそれぞれの得点に対して負う責任についても、同じことが言えるだろう。
45　トランプの競技は、敵対的状況（の一例）である。

あるということにはならない。したがって、私の責任が縮減されると言えるのは、この不利な先行条件を遡った先にある**究極的先行**条件が不利だった場合に限られるのである。

領域が共存可能な場合、領域を構成する、生みだされた権利がどのようなものかは、なにか独立の規範的規則に照らして決定されるのではない。権利そのものの概念的特徴によって決まる——すなわち、生みだされた権利がどのようなものかは、所有権者が自由や権限を行使することによって決定されるのである。そのような権利に対して、私たちは「**人為的な**」という形容詞を付けることがある。そのような権利が人為的なのは、非道徳的という意味ではなくて、人の行為の結果、人が物を譲渡したり作りかえたり——そうした行為を妨げることは許されない——した結果だからである。

明らかにこうした仕方で決定できないのは、各人がもつ、生みだされたのではない、最初の権利である。それは非人為的でありながら、人為的権利の前提になるので、こうした生みだされたのではない権利は、「**自然権**」と名付けるのが適切である。ここにおいて、独立の規範的規則が真に生きてくる。これが、権利を真剣に受けとめる正義論の課題である。

平等な自由の規則が共存可能な領域という形で表されるのは、その規則が人の究極的に先行する権利、言い換えると自然権ないし**原初の**権利——これがすなわち人に最初に割り当てられた条件である——の内容を規定する限りにおいてである。つまり、人に平等な自由が割り当てられるのは、人に平等な原初の権利が割り当てられたときである——この権利の一部である権限や自由の行使はけっして妨げることが許されないし、そうした行使によって次々と派生する権利についても同様である。したがって、私たちが正義の意味を探求するために、残された課題は、こうした平等な原初の権利の内容を見いだすことである。

第七章　原初の権利

正義とは、権利の体系を通して私たちの一人一人に平等な自由を与える道徳規則である。この自由を――善いことにでも悪いことにでも――どのように使うかは、正義に関する限り私たち次第であるけれども、他の道徳規則や価値に関する限りは私たち次第とは言え**ない**。第三章と第六章では、二つのことを論じた――第一に、各人への自由の配分は財産権という形をとるということ、第二に、そうした財産権には、平等な原初の財産権とそこから得られる派生的な財産権があるということである。原初の財産権が、私たちが最初にもつ自由の領域、私たちに最初に配分される行為空間である――その財産権が、私たちが自由や権限の行使として、財産権を変更したり譲渡したりすることで、次々と修正されていくのである。

本章（と次章）の課題は実際には三つになる。まず私たちがしたいことは、私たちの原初の財産権の内容を確定することである――すなわち、私たちがいかなる種類のものに対して原初の財産権をもっているのかを知りたい。したがってまた私たちは、そうしたものを私たちの派生的な財産権の対象から区別する方法も知りたい――正義は、原初の財産権の内容（対象）が平等であることを要求するけれども、派生的な財産権の対象が平等であることは要求しないからである。最後に私たちは、誰が「私たち」の中に含まれるのかを明らかにする必要がある。

おそらく当然かもしれないが、これら三つの問いに対する答えは非常に密接に絡み合っている。というのは、たしかに正義の世界は所有権者と所有権の対象とに完全に分割されていて（他の価値の世界はそうではない）、すべては配分された自由の言わば主体か客体であり、私たちはみな、いかなるものがこれら二種類のものの中で中心的な位置を占めているかについてかなり明確で十分正当な考えをもっている。しかし、容易に示せるように、永遠の道徳的・政治的論争の大部分は、これら二種類のものの境界線近くにいるものの分類が不確定であることに起因しているからである。そのような論争の中で特によく知られているのは、胎児や未成年、才能のある人や貧困者、障害のある人や物故者、将来世代の人や他の社会の人に権利があるのかどうか、もしあるとすればどのような権利があるのか（それに対応してどのような義務が他の人にあるのか）という論争である。

権利の形式的特徴および権利の共存可能性の条件をかなりしっかりと掴んでいれば、私たちは、所有権者と所有権の対象とへの分割も、原初の所有権の対象と派生的な所有権の対象とへの分割もいくらか確定することができる。しかし、これはいくらか漸進的な過程である——最初はいくつかの簡単な仮定を用いて始まり、徐々にそれらの仮定をより厳密に評価していく。そしてこの過程を、カントに倣って、暫定的にすべてのものを**人**か**物**に分類する方法を採用して始めるのも悪くないだろう。

（イ）人と物

明らかに、他人によって所有されている人には、いかなる自由も配分されていない。奴隷には権利がほとんどないというのではない——まったくないのである。もちろん、奴隷にも通常はいくらかの自由がたしかにある。そうでなければ、どうして仕事をすることができようか。しかしその自由は、奴隷の**ものではない**。その自由は、事実問題として完全に奴隷の所有者の手中にある。そして奴隷がその自由の一部または全部を主人によって取りあげられるとしても、それはその権利の配分のもとでは常に許される。奴隷は物である——家畜の一種、動力源であり、さらに生体組織貯蓄所でもある。それゆえに、奴隷制はしばしば不正の典型と見られる。というのは、たしかに私たちは、二人の人の原初の（権利の）包みが平等であるかどうかについて確信がないとしても、一方の人がまったくなんの包みももっていなくて実際には他方の人の包みの中に含まれているというような場合には、疑いの余地がほとんどないからである。いやしくも権利をもつためには、一方の人は他方の人の包みの中から外に出ていなければならない。

ここからかなり容易に次のように言える——私たち各人の原初の財産権の包みの中には、少なくとも自分自身が入っていなければならない。私たちはそれぞれ自己所有権者であらねばならない。[1] よく知られているよ

1　人は自分自身によってか他人によって所有されていなければならないという見解には、しばしば異が唱えられる。その見解を批判する人は、たしかに他人を攻撃したり殺したり、他人の移植可能な身体部分を没収したりすることは（正義に基づいて）許されないけれども、その根拠は市民的自由などに含まれる、個人を守るさまざまな禁止条項にあると主張する。たとえば、Williams, "Cohen on Locke and Labour," 64-5 を参照。しかしこの主張は、偽であるか、自己所有権と同じことになるかのいずれかである。もしそうした禁止条項が不可侵の防壁で守られた堅固な支配権を形成するのに不十分で、そうした自由のすべてが「服を着た」ものとはならず少なくとも一つの自由が「裸」であり「麻痺」しうるのであれば、この主張は偽である。逆にもしそうした禁止条項が堅固な支配権を形成するのに十分であれば、その場合（すでに第三章の（ロ）節と（ハ）節で見たように）そのような防壁があるということは、共存可能な権利およびそれに対応する義務があるということになる——それは、市民的自由をもっている人が、そうした自

うに、一六四六年にニューゲート監獄で執筆した冊子の中で、リチャード・オーヴァトンは次のように主張した。

自然界のすべての個人には、自然によって個人の所有権が与えられていて、それは何人によっても侵害されたり奪われたりすべきではない。というのは、すべての人は自分自身であるのと同じように、自己所有権をもっており――そうでなければ、自分自身であることができないだろう――この自己所有権を他の誰も奪い取ろうなどと考えることができないからである。もしそんなことをすれば、自然の原理および人の間の公平と正義の規則を公然と侵害し侮辱することになる。自己所有権があるのでなければ、私の物、君の物もありえないのである。[2]

G・A・コーエンは、この権利を次のようにうまく説明している。

各人は自分自身の道徳的に正当な所有者である。……奴隷主が動産としての完全な奴隷に対し法的権利として有するあらゆる権利を、各人は自分自身に対して道徳的権利として有し、奴隷主が奴隷を自由に処分する権原を法的に有するように、各人は自らを自由に処分する権原を法的に有する。[3]

由を行使する行為の指示対象的構成要素として、自分自身の身体に財産権をもっているというのと完全に等しい。市民的自由が完全に保護されている場合の義務は、自己所有権に対応する義務である。

2　Overton, "An Arrow against all Tyrants," 68.

3　コーエン「自己所有権・世界所有権・平等」九五～九六頁。〔コーエンからの引用の一部をスタイナーが変えている要するに、私たちの身体には所有者がいなければならない。自己所有権によって私たちには、自分の身体に対する「完全な自由主義的所有権」（と第三章で呼ばれたもの）が与えられる。私たちは自分の身体の所有権の（構成）要素をすべてもっているので、私たちには自分の身体に対する完全な権原がある。

少なくとも最初にはそうである。というのも、私たちは**派生的**にも自己所有権者でなければならない、私たちには原初の自己所有権の要素の一部または全部を放棄する権限がないと主張することは、自己所有権の根拠を結果状態原理におこうとするものであり自己矛盾的だからである。[4] それはつまり、私たちの自分自身に対する権利が放棄不可能だと主張することである。ところがすでに見たように、そのような（権利の保有者が放棄できないような）権利は存在しない。より正確に言えば、そうした権利が誰のものとされるにせよ、私たちの権利ではありえない。そうした権利は**自己**所有権ではない。[5] 反対に、私たち自身を他人が所有する権利で

のので、それに合わせて私も松井・中村訳の一部を変えている。〕人間の身体部分の利用に関する、医療の進歩によってもたらされた道徳的・法的問題については、Scott, *The Body as Property* を参照。

4　おそらく、この権利を**放棄すること**が、自分を奴隷化する唯一可能な方法である（この権利の放棄が自己奴隷化にとって十分ではないが必要な条件を作りだすからである）。言い換えると、自己所有権者が自己所有権を（有償または無償で）**譲渡すること**では、自分を奴隷化することはできない――譲渡する人は譲渡の相手に対する義務を獲得するのに対して、奴隷は他人の完全な所有物として権利も義務ももちえないからである。自分を奴隷化することが許されるかどうかという論争では、この事実が忘れられがちである。

5　Ingram, *A Political Theory of Rights* の第二章では、こうして自己奴隷化を許容するとき、自己所有権は思想的魅力の大部分を失い、奴隷制に断固として反対するとりでとしての道徳的権威を失墜させると主張されている。というのは、奴隷制が間違っているのは、「他の誰とも同じように人が人としてもたざるをえない目的や利益を追求するために人

ある。[6]

もし私たちの身体が少なくとも原初的には自分で所有されているならば、私たちの原初の支配権の中には自分の身体とその部分を自分で望むように処分する強い（他人が邪魔することの許されない）自由が含まれている。私たちがこうした財産権をもっている限り、私たちが自殺したり、自分の身体組織を取っておいたり贈与したり売ったりするのを他人が（契約によらないで）妨げることは許されない。私たちがこうしたことをすることは、ある状況では、他の根拠から道徳的に間違っているかもしれないし、強い非難に値するかもしれない。しかし私たちの行為は、不正ではない。むしろ私たちの行為を妨げることのほうが不正である。

それでは私たちは自分の身体に対する完全な所有権からどのようにして、身体外の物に対する完全な所有権を手に入れるのだろうか。この議論の道行きはよく踏み固められているので、まず簡単な部分を見てみよう。私たちの身体は工場である。そこでは、血液や皮膚や毛髪といった物が生み出される。自己所有権によって私

6　かくしてロックの『市民政府論』六節、二三節では明らかに、私たちには自分自身を奴隷化する権限がないということが、私たちは自分自身によってではなくて神によって所有されているという前提から推論されている。自己所有権は、強制的な奴隷化に反対するとりでになり、自発的な自己奴隷化を家長的に妨害することに反対するとりでにもなり、さらに契約の自由の廃止に反対するとりでにもなる。

には自由が必要だという確かな事実がある」からである。この議論の誤りは、思うに、人が自分の目的や利益を確保するためにどのような自由を必要とするかということがなぜか経験的な問いではないと暗黙の内に仮定している点にある。私の目的が自分の自己所有権の要素の一部または全部を放棄することで最もよく達成されるのかどうか——ほとんどの人の目的には通常、奉仕作業や労働契約の場合のように、自己所有権の要素の一部を放棄することが必要である——は、私の目的が実際に何であるか、および私の目的を確保するために他のどのような手段があるかに依存するはずである。おそらく、自己所有権の要素のすべてを軽々しく放棄するような人はほとんどいない。したがって、

たちには、こうした物に対する権原が与えられ、私たちにはこうした物を処分する自由がある――それは、再生不可能な身体組織の場合（に処分する自由があるの）とまったく同様である。なにも、私にはY氏の絨毯に血を垂れ流す「服を着た」自由があるというのではない。しかしそれは、その絨毯が**Y氏の**物だからである。もし絨毯が私の物であったならば、私にはY氏に干渉するなと要求する権利があっただろう（そういう権利は、喜んで放棄するけれども）。

同様に、私たちの身体は力を生み出す。私たちの身体は身体組織を力に転換し、その力の一部が、私たちが行為するときに使われる。こうして使われた力の大部分は、この行為のどこかで私たちによって捨て去られる。力は外界のどこかに吸収されて、力を吸収した外界に対して私たちは権利を主張しない。私たちが使った力のうち他の一部は、外界のどこかに混入されて、外界の性質をさまざまに変える。こうして性質が変えられた物をときに私たちは、自分の労働の成果として、自分の物だと主張する。そしてときには、そのように性質を変えることが他人の権利を侵害するような場合、それは私たちに対する権利要求の基礎になる。[7]

7　労働を混入するという考えには、昔から批判がある。ヒュームの反論は、「私たちは比喩的な意味でしか自分の労働をなにものかに（in）混入すると言うことができない。正しい言い方をすれば、私たちは自分の労働によってものを（on）変えるだけである」というものであった（『人間本性論　第三巻』六〇頁、ただし訳文は伊勢・石川・中釜訳ではなく、原文から訳した）。ここでヒュームが in と on という二つの前置詞によってどういう区別をしているのかは明らかではなく説明もなく、ヒュームの経験主義にとって馴染まないと論じることもできるので、また労働の混入を力の混入と解釈すれば、ヒュームはどのみち間違っていると思われるので、最近の批判者は、反論を次のように修正した形で述べている。たとえば、Waldron, *The Right to Private Property*, 187 では、こうである――「物質と力とは物理的に相互に変換可能であり、したがって原理的に物質と力の混合について語ることは有意味であるけれども、すべての労働行為が「労働の」対象に力を**付加**するとは限らない。ときには、野獣を殺したり捕獲したりするときのよう

もし私が血を垂らそうとしている絨毯が私の物であれば、血のついた絨毯も私の物だというのは申し分のない主張だと思われる。私には、血のついた絨毯に対する完全な権原がある。もし私が自分の身体の力を加えようとしている材木と道具が私の物であれば（そして私がその力に対する権原を誰かに譲渡していないならば）、そのとき私が作った長いすを私の物だと主張することもやはり問題ないように思われる。この場合、私の労働行為は完全に私の支配権の中で起こっており、服を着た自由の行使である。[8] こうして作られた長いすを私の物では**ない**と見なすこと——他人が私の同意なしにその長いすを自由に処分できると主張すること——は、その長いすの製作に用いられた要素（材木と道具）に対して私があらかじめもっていた完全な権原を否定することであり、その労働行為をする私の服を着た自由を否定することである。ところがこうした否定は、そもそもの仮定から言って、正しくないからである。

反対に、私が血を垂らそうとしている絨毯がＹ氏の物である場合、私は血のついた絨毯に対する権原を獲得

8　先の第三章（二）節で述べた自動車の事例を参照。——たとえ力の移転は、打たれた釘の場合よりも撃たれた獲物の場合のほうが複雑であるとしても。総量は減少していない。撃たれた獲物の因果的説明は、打たれた釘の因果的説明と同様に、なんら神秘的ではない——（ii）熱力学の第一法則が教えてくれるように、力が移転する過程で力の一部が形を変えるとしても、存在する力の逸している——けれども、明らかに（i）獲物を含めてこの外界は、猟師が力を使うこと**によって**変えられているし、かに猟師が費やした力は捕らえられた獲物の中に完全にあるわけではない——その力の大部分は外界の他の部分に散ギを追いかけるとき、Ｙ氏が費やした力は野ウサギの**中**にはない、ないしはほとんどない」と述べられている。たし**含んで**はいない。」同様に、Geras, “The Fruits of Labour”: Private Property and Moral Equality,” 70 では、「Ｙ氏が野ウサと力は資源に費やされたけれども、どのような説得的な物理的分析においても、捕らえられた資源は費やされた力をに、すでにそこにある力を抑え込んだり否定したりするために力が用いられることもある。この場合、たしかに労働

しない。同じく、Y氏が所有するロック『統治二論』[34]の稀覯本に私が契約によって労働を加えて、カビの生えた頁や傷ついた革装丁を修復する場合、私はその本の所有者になるわけではない。それは私の労働の成果ではない——なぜなら、その労働に対する権原は契約によってY氏に譲渡されたからである。[9]

もし私が血を垂らそうとしている、あるいは自分の（無契約の）労働を混入しようとしている物が、Y氏の物でも私の物でも他の誰の物でもない土地であれば、どうだろうか。すなわち、誰でもその土地を自由に使えるのならば、どうだろうか。もし私がその土地を耕し、他人が私の同意なしにその耕された土地を使うことが許されるならば、他人には、私の身体の産物を含んでいる物を処分する（私が同意していない）一方的な自由があることになる。他人にこうした自由があるということは、私が自分の労働の成果を否定されることにならないだろうか。私の自己所有権の侵害にならないだろうか。

答えは、あまりにもよく知られているように、不確定である。というのは、私の労働を混入することでこの土地が私の物になるというような主張には、Y氏の本を修理したときとちょうど同じように自分の労働を土地に混入したときにも私は労働に対する自分の権原を放棄していたのだという反対主張がありうるからである。[35]それに対する一応の返答は、こうである——本の修理の場合には私の側に労働に対する権原を放棄する義務があるのに対して、今の場合は、長いすの場合と同じように、私にそのような義務がない、そして長いすは論争の余地なく私の物である。これに対する再反論は、二つである。（i）本の修理が契約によら**なかった**として

9　ロックは次のような三つの見解を抱いているが、それらの間には緊張関係があるように思われる——（i）私たちは自分の身体を所有しているので、自分の労働も所有するし、（ii）私たちは自分の労働を他人に売ったり与えたりできるけれども、（iii）私たちには、自分を奴隷化する権限がない（注4を参照）。はたしてロックは、私たちが身体部分を売ったり贈与したりするのを禁止するのだろうか、それとも許すのだろうか。

も、もし私が本を修理したならば、依然として自分の労働を放棄することになっただろう――その本は私の物ではないからである。(ii) 耕された土地の場合とは違って、長いすの場合、その製作に必要なすべての要素をあらかじめ私が所有していたので、他のすべての人にはあらかじめそれらを使わない義務があった――だから、この場合、私が労働を混入したことで、なにかが変わったわけではない。[10]

ここでよく知られた教訓は、自己所有権は、自分で所有している物だけから生み出される物に対しては完全な権原が生まれる十分な根拠になるけれども、所有していない物を使って生み出した物に対してはそうはならないということである。労働だけでは何も生み出すことができない。何物も無からは作られない。すべての労働は、行為であるがゆえに、指示対象的(物質的、空間的)要素を必要とする――それらはすでに所有されているか、まだ所有されていないかのいずれかである。けれども、先に権利の共存可能性について、より具体的には権原と義務の系譜という歴史的側面について論じたさいに述べたように、現在の支配権の配分は、それが妥当であるためには、原初の権利と義務――当然ながらそれ以前には所有されていなかった物に関する権利と義務――に由来しなければならない。もともと所有されていなかった物が正当に所有可能でなければならない。しかし、どのようにしてか。

明らかな答えは、私たちの平等な原初の財産権によって、私たちにはこうした物の平等な配分に対する権原が与えられるというものである。すなわち、私たちの一人一人に自分で所有している労働をこうした物に混入する服を着た自由があるのは、ロックの有名な言い回しでは「十分なだけ同様な質の物を」他人にも残してお

10　そして他人が所有している物も、契約を介すればここに含まれる。

ける程度に限られる。[11] そしてその自由に対応する原初の義務は、この程度を越えて私有化してはならないという義務である。私たちの一人一人に、（少なくとも）自然資源の平等な取り分に対する権原がある。もし自分の労働をこの取り分以上の物に混入したとすれば、その労働に対する自分の権原を放棄することになる。

そうすると、自己所有権は、自分で所有している物だけから生み出された物に対しても、また所有されていない物のこの平等な取り分から生み出された物に対しても、完全な権原の十分な根拠になる。[12] 私たちの一人一人が、すでに自分で所有している物ならびに、平等な配分量を超えない範囲内で、もともと所有されていない物を使ってなにかを生み出す限り、自分の労働の成果を所有するのである。

こうした権原から、次々と共存可能な支配権の配分が生まれてくる――それぞれの権原は物への権利であり、その権原にはそれに対応して、（その権原をもっている人以外の）すべての人に、その権原を尊重し、その権原から権限や自由の正当な行使によって次々と生まれてくるすべての権原を尊重する義務がある。要するに、互いに整合的な権利と義務の歴史的配分は、すべての人がもつ二種類の原初の権利――すなわち自己所有権と、

11　これは、自然資源は結局のところ「所有されていない」と言えるという意味だろうか。答えは、「そうでもあり、そうでもない」というものだろう。自然資源は、その一定の**割合**が各人の物だという弱い意味では所有されている。しかし、自然資源が具体的に誰か特定の人の財産権の対象にもなっているかというと、そういう強い意味では所有されていない。Epstein, "Possession as the Root of Title," 1227-8 は、物は強い意味で個人によって所有されていない場合、「全体」によって強い意味で所有されていると仮定しているけれども、その仮定には根拠がない。集団の所有権は派生的であって原初の権利ではありえ**ない**という議論に関しては、先の第六章（ハ）節を参照。

12　少なくとも自然資源というのは、自然資源は仮定によって、誰の労働も加わっていないからである。後の（ハ）節では、所有されていない物の中には自然資源以外の物も含まれるということを論じる。

もともと所有されていない物の平等な取り分に対する権利――から出てくるのである。[13〔36〕]

（ロ）人と身体

完全な自己所有権は、私たちがもつ二種類の原初の権利の一つである。すでに見たように、私たちが自分の労働の成果に対して権利をもつのは、この自己所有権を（部分的に）根拠としている。実際に、もし私たちが自分の労働の成果を奪われるとすれば――それが盗まれるのであろうと搾取されるのであろうと――そのことは一般に私たちの自己所有権に対する侵害と見なされる。右から左に至るまで政治的言辞の大部分も私たち自

13　ノージック『アナーキー・国家・ユートピア』二九二～三〇六頁では、自己所有権をこうした二種類の原初の権利の一つとして認めながらも、もう一つの原初の権利を、私とは違って（利益説の線にそって）資源が私有化されなかった場合に私たちが享受していたであろう豊かさに対する権利と解釈している。この権利は、なんらかの（内容が具体的に述べられていない）危害原則から導かれるようである。この根拠づけの批判については、Steiner, "Capitalism, Justice and Equal Starts," 55-9 を参照。すべての人には自然資源の平等な取り分に対する原初の権利があるという主張には、長く立派な伝統があり、それが近年、不当にも忘れられている。ロックの「十分なだけ同様な質の物」という但し書きを受け継いだ比較的著名な論考としては、Spence, "The Real Rights of Man," Paine, "Agrarian Justice," Dove, *The Theory of Human Progression and Natural Probability of a Reign of Justice: The Science of Politics*, Part I および *The Elements of Politics: The Science of Politics*, Part II, Spencer, *Social Statics*, ジョージの『進歩と貧困』その他の多くの著作、Wallace, *Land Nationalisation*, Walras, *Etudes d'Ecocomie Sociale*, 214, 218, 266 などがある。Geiger, *The Philosophy of Henry George*, Andelson (ed.), *Critics of Henry George*, ならびに（本書文献表にある）Cunliffe の論文も参照。

身の前理論的思考の大部分も、暗黙の内に、そのような剥奪が不正であることと自己所有権の侵害が不正であることを同一視しているのである。

けれども、これら二つが同じことだという一般的な見方につきまとう、驚くべき問題、すなわち自己所有権という考え方そのものを打ちのめすような問題がある。というのは、**私たち**はみな、他人の労働の成果だからである。もし私たち自身が他人の生み出したものであるならば、どのようにして私たちはそれぞれ自分の生み出したものを所有できるのか。そもそも、どのようにして私たちはそれぞれ自分自身を所有できるのか。よく知られているように、歴史的権原理論も含めて、過去および現在の多くの正義論がこの問題に取り組んでいない――今や、それを是正すべき時である。

そこでまず、**生む**という概念を探求することが有益だろう。「生む」というのは、古い言葉である。しかしその言葉が表す関係は、明らかに、古くはない。生むという関係が興味深いのは、その関係が「なにかを生み出す」という広い意味と「子を産む」という狭い意味の間で微妙に揺れ動くからである。実のところ、生むという関係がこのように揺れ動くことが何を意味するのかということが、この節の中心的な主題の一つである。私たちはまず、論理学者が関係的性質を分類するときの観点から生むという関係を吟味することで、この揺れ動きの意味をより明瞭にすることができる。

一つ確かに分かっていることとして、「〜は〜を生む」という関係は**非反射的**である――すなわち、なにものも自分自身を生みはしない。この関係は、非対称的でもある。「〜は〜のいとこである」という対称的関係とは違って、もしAがBを生むならば、BはAを生まない。非対称的関係の例としては他に「〜は〜よりも背が高い」や「〜は〜よりも好まれる」がある――すなわち、もしAがBよりも背が高い、あるいは好まれるならば、BはAよりも背が高くない、あるいは好まれない。

さて問題は、この生むという関係が**推移的**かそれとも**非推移的**かである。もしAがBよりも背が高く、BがCよりも背が高いならば、AはCよりも背が高い――すなわち、「～は～よりも背が高い」という関係は推移的である。他方、AさんがBさんと離婚していて、BさんがCさんと離婚している場合、AさんがCさんと離婚しているということになるどころか、そういうことはたいていの異性愛社会では極めてありそうにない――すなわち、「～は～と離婚している」という関係は非推移的である。そうすると、「～は～を生む」という関係は、この点に関してどうなるだろうか。推移的か、それとも非推移的か。

たとえば、AさんはBという機械を生み出し、Bは予め組み込まれた命令に従って自動的に煉瓦を生み出し、そうして生み出された煉瓦の一つがCだとしよう。そのような場合、おそらく私たちは通常、AさんがCを生み出したと言うだろう。

しかし、どういうわけか、狭い意味での生むという関係になると、事態は非常に違って見えてくる。たとえば、Aさんは結婚していて、Bさんという子供が生まれ、そのBさんも結婚して、Cさんという子供が生まれたとしよう。この場合、私たちは通常――AさんがBさんを生み、BさんがCさんを生んだにもかかわらず――AさんがCさんを生んだと言いはしない。ここでは、先の煉瓦を生み出す場合とは違って、私たちは生むという関係を**非推移的**と見なしている。どうしてだろうか。

そこで、私の言語直観にとっては中間的と思われる場合を考えてみよう。今度は、Aさんはどんぐりを植え、それがBという樫の木になり、その木からどんぐりが落ちて、落ちたどんぐりがCという別の樫の木になるとしよう。もしAさんがBを生み出したとすれば、Cも生み出したのだろうか。この場合、私たちは躊躇する傾向があるように思われる――関係が推移的か非推移的かに、迷うのである。そしてこの迷いは、生むという関係が、私が先に述べたように、広い意味と狭い意味の間で揺れ動くことに正確に対応している。

どうして迷うのだろうか。栽培は、結局のところ、ごく普通の形の生産である。人が栽培をするのはたいていの場合、他の人が煉瓦を作るのと正確に同じ一般的な理由からである。そうすると私たちは、Aさんが煉瓦を生み出したということには確信があるのに、Aさんが二番目の樫の木を生み出したかどうかについては、どうして確信がないのだろうか。おそらく、意図の違いとは関係がない。機械に煉瓦を生み出させるように予め命令を組み込んだとき、たしかにAさんはCという煉瓦を生み出すことを意図している。しかしそれと同じように、広範な植林事業を行う人は種や苗木を植えるとき、それらとは別の木を生み出すことを狙っている。すなわち、すべての木について、**それの**種が蒔かれたり苗木が植えられたりして大きくなったと言うことはできない。Bを植えるとき、植林する人はCという別の木を生み出すことを意図しているのである。

煉瓦の場合と木の場合の違いを、木の場合、Cが生み出されるためにはBの活動に加えて多くの要因が必要だという事実に帰すこともできない。たしかに、種が木になるためには、湿気や化学的に栄養分のある土壌や適切な光などが必要である。しかし、それと同じように、煉瓦を作るように予め命令が組み込まれた機械の場合にも、電気や粘土や水などが必要である。

だから、ともかく当面の間は、このように迷うのを止めて、煉瓦を作る人と植林をする人の間になんの重要な違いもないということを仮説として受け入れよう。どちらの場合も、AさんはCを生み出すのであり、したがって生み出すという関係は推移的である。

そうすると、夫婦の場合に戻ったとき、どういうことになるだろうか。思いだしてもらいたい――夫婦の場合、私たちは、生むという関係が非推移的だということにかなりの確信があった。しかし今や私たちは、生むという関係が非推移的だというこの判断に関して少なくともいくらかは迷いをもつ必要があり、ひょっとしたらその判断を完全に逆転させる必要もあるのではないだろうか。植物が生み出される仕方と動物が生み出される仕方の間に、本当になんらかの根本的な概念的違いがあるのだろうか。ある人たちが植物を栽培するのとほぼ同じ理由で、別の人たちは家畜を繁殖させるのではないだろうか。そうするとき、それらの人たちは、植物の場合にも動物の場合にも、基本的にほとんど同じことをしているのではないだろうか。

分子生物学の教えるところによれば、それらの人たちが基本的にほとんど同じことをしていることに疑問の余地はない。**どんな**有機体が生まれるときにも――植物でも動物でも同じように――その第一歩は、他の有機体によって提供された胚細胞つまり生殖体の核の内部でデオキシリボ核酸鎖が複製され、核の間で再結合することで始まる。明らかに、こうしたことを引き起こすのに必要な状況は、種によって大きく異なる。だから、家畜を繁殖させる人や植林をする人にとって主な仕事の一つは、要するにそうした状況をできるだけよく調えることにある。

そこで、私が取り組みたい問題は、このようにして起こってくる。私たちは先に、もし自分で所有しているものがなにかを生み出したならば、そのなにかも自分のものであるという原則を確立した。自分の労働が自分のものなので、自分の労働の成果も自分のものなのである。もし私が誰かの労働の成果をその人の同意なしに手に入れるならば、盗みである。そしてもし私が誰かの労働の成果をより価値の低いものと引き換えに手に入れるならば、搾取である。[14] いずれも典型的な形の不正義である。人は自分自身の労働の所有権者なので、自分の労働を他の人に売ったりあげたりすることもできる。そして誰かが自分の労働を他の人に売ったりあげたりするのをもし私が妨げるならば、これもまた別の形の不正義である――すなわち私は、その誰かではなくて、私がその人の労働の所有権者であるかのように行為している。だから、もしYさんが煉瓦製造機を作る人や植

14　搾取は、権利の侵害を背景として起こる。先の第五章（二）節を参照。

林をする人や家畜を繁殖させる人の労働を契約によって所有し、さらにBやCの生産に必要な他のすべての要素も所有しているならば、Yさんは生み出されたBやCも所有する。所有権は、生むという関係と同じように推移的なのである——というのは、所有権は生むという関係の上に「おんぶされて」乗っかっているからである。

ここまでは、なんの問題もない。次に、私は家畜の繁殖についてもう少し述べたい。誰でも知っているように、家畜の繁殖は、生み出される動物の種類によって、さまざまな形がある。マスの養殖は、牛の飼育と非常に違っているし、その牛の飼育も、養鶏とは大きく違う。しかし私が、手短にではあれ、特に注意を促したいのは、人間の奴隷の繁殖である。

アメリカ奴隷制に関する最も重要な研究の一つにおいて、ケネス・スタンプは、この形の農業が実際に存在し収益がよかったことを、資料によって——農場の帳簿や裁判所の記録や業界誌、さらに当時の人々の証言を引用して——証明している。いくつかを引用すれば、足りるだろう。

黒人女が多産であれば、それを経済的利点とみなして、できるだけ早く子供を殖やすように奨励した奴隷主は多い。……バージニアのあるプランターは、オルムステッドに向かって、うちの女奴隷達は「珍しいほどよく子供を生む。これ以上早く子供をつくる女などどこを探してもいないのではないか」と自慢している。おまけに、どの子供も、生まれた途端に二〇〇ドルの値がつくと喜んでいるのである。

一八四四年、サウス・カロライナのもう一人の人物が、病気のため「子供を生ませてもうけるには不向きになった」と考えて、二人の女奴隷を売却しようとした。

ある農業誌で「衣類、食物、住居などをよくしてやると、子供を早くつくるようになる……」と助言したバージニアのプランターがいる。

アラバマのあるプランターは、「子供をよく生む女」だと言われて買い入れたのに「子供を生めない体」だとわかって欺されたと思い、売り手を詐欺で訴えた。アラバマ州最高裁判所は、如何なる陪審といえども、「子供を生む見込みのない女奴隷よりも生む可能性のある者の方を高く評価するであろう」と認めている。

トーマス・アレックのプランテーション記録簿には、「**よき収穫**とは、何よりもまず黒人の数の増加であり、その状態と価値の著しい向上であることを銘記せよ」という編集者から監督に与えた心得が書いてある。

ジョージアの監督は、奴隷の繁殖を促進するために「あらゆる手段」を講じていると、雇主に強調している。「私は、子供一人ひとりが収穫の一部だと心得ています……。」

プランテーション経営に関する論文で、ある奴隷主は、自分の取っている方針を読者にも勧めてこう言っている。「農業家の利益のうちで、黒人の子供を育てることが占める割合は決して無視できない。従って、子供を生める女は、元気ならばさまざまな特典を与えて、仕事もかなり気ままにさせておくのである。」[15]

一九三〇年代に公共事業促進局（Works Progress Administration）の連邦作家事業「奴隷の物語り」によって行われた、元奴隷の人たちとの面談に基づいて、ポール・エスコットは次のように記している。

「奴隷制のときには、種奴隷がいました」とマギー・ステンハウスは説明してくれた。「種奴隷は体重を量って検査されました。子供を産ませたい人は、種奴隷を借りてきて、若い女奴隷たちと同じ部屋に入れるのです。」そうした際の経済的取り決めについて詳しく語ってくれた別の元奴隷によれば、種奴隷の所有者は「産まれてきた子供四人に対して一人を種奴隷の貸し出し料として要求した」。[16]

疑いもなく、この同じ種類の農業生産（繁殖）は、他の多くの奴隷所有社会（経済）でも行われた。そこで所有権の問題に戻ると、ある逆説が浮かび上がり、その大まかな輪郭が見えてくる。私たちは、自分の労働が生み出したものを正当に所有する（もちろん、その生産に必要な他の要素もすべて所有していると仮

15　スタンプ『アメリカ南部の奴隷制』、二三六～二四〇頁。
16　Escott, *Slavery Remembered*, 45.　フォーゲルとエンガマンがアメリカ奴隷制について書いた計量経済史的な研究書は議論を呼び起こしたけれども、その中で二人は、奴隷の繁殖が奴隷所有者の利益の大きな部分を占めたという説に反論した（『苦難のとき』、六〇～六六頁）。二人の主張もまた、Gutman and Sutch によって批判された（David, Gutman, Sutch, Temin and Wright, *Reckoning with Slavery*, 154-61）。最近になってフォーゲルは、アメリカの奴隷のほうが西インド諸島の奴隷よりも出生率が高いけれども、それは繁殖が行われたということで完全に説明することはできないと述べている（*Without Consent or Contract*, 151-3）。

定して)。**自分の労働**とは、自分の身体が生み出す労働であって、雇用契約によって他人のものになっていないもの、**および**他人の身体の労働であって、雇用契約によって自分のものになっているもののことである。私たちがこれら二系統の労働を所有するのは、私も私が雇った人もともに**自己所有権者**だからである。すなわち、私の身体にも私が雇った人の身体にも所有権者がいて、その限り、こうした身体の部分や労働をどう使うかは、所有権者だけが決めることができる。

だから、強制的な奴隷制のどこが不正かといえば、奴隷制が原初の自己所有権を侵害している点にあると思われる。奴隷所有者は、奴隷の労働の成果が自分のものだという主張の根拠として、自分が奴隷の労働を所有していると主張する——ところがこの主張は、奴隷の労働を雇用契約によって自分のものにしたという主張にではなくて、奴隷の労働を生み出す奴隷の身体そのものを所有しているという遙かに包括的な主張に基づいている。かくしてこの不正を取りのぞくためにすべきことは、この最後の主張を否定することであると思われる。そこで私たちは、極めて多くの死傷者を出すことになる内戦にふみきり、奴隷解放宣言を出した——その結果すべての奴隷が自分の身体の原初の所有権者となり、奴隷の身体の労働の成果に対して本人だけが正当に権利を主張できるようにした。これでうまくいくだろうか。

長くはもたないだろう。解放奴隷の中には、疑いもなく、自分でまたは人に雇われて、煉瓦製造機を作る者がいるだろう。植林をしたり他の形の農業をする者もいるだろう。けれども、おそらくほとんどの——煉瓦を作ったり植林をしたりする者も含めて——解放奴隷がもう一つの意味でも「生む」、すなわち子供を産むだろう。自己所有権をもつ解放奴隷Aは、Bを産み、BがCを産むだろう。

そうすると、解放奴隷は、あれだけ激しく闘い甚大な犠牲を払った後で、またもや自分の労働の成果を否定されるのだろうか。私たちは、解放奴隷は自分の子供を所有せず、推移律によって自分の孫を所有することもないと言うべきだろうか。もしすべての子供（B）にも原初の自己所有権をもたせるとすれば、私たちは解放奴隷（A）の自己所有権を否定しているのではないだろうか。そしてもし孫（C）にも原初の自己所有権をもたせるとすれば、私たちは解放奴隷（A）だけでなく子供（B）の自己所有権も否定しているのではないだろうか。すべての人に原初の自己所有権をもたせるとすれば、私たちは、すべての人の原初の自己所有権を否定しているのではないだろうか――ちなみにホッブズも、すべての人にすべてのものへの自然権を与えることで、誰も何に対しても自然権をもたないようにした。問題をいささかカント風に表現すれば、こうである――**普遍的な原初の自己所有権はいかにして可能か**。

私はこの難問を「普遍的な自己所有権の逆説」と呼ぶことにする。私の知る限り、この逆説を発見したと言えるのは、ロックの十七世紀の偉大な論敵、ロバート・フィルマー卿である。[17] フィルマーがこの逆説に対処する仕方は簡潔である。フィルマーは逆説の有効性をそのまま受け入れて、普遍的な自己所有権が不可能だと主張する。この否定的な主張に基づいて、フィルマーは、純粋な絶対王政を擁護する道徳的・政治的理論を構築するのである。そしてこの理論の礎石は、他でもない、人は自分の労働の成果に対して権原があるという（私たちの大切な）原理である。

フィルマーの議論の大略は、こうである。当時の人の例にもれず、フィルマーは旧約聖書を文字通りの歴史的事実として受け入れて、神が地球とそこに棲むすべてのものを創造し、そのうえで神がアダムにだけこの世界に対する支配権を与えたと述べる。神はまたアダムの身体の一部からエバを創造して、エバもアダムの支配

17　Filmer, *Patriarcha and Other Writings*.　ノージックは、『アナーキー・国家・ユートピア』の四六八〜四七〇頁でこの逆説に触れている。

権に入った。そこで、エバの所有権者でもあるアダムは、自分たちの子供や孫の所有権者にもなり、アダムが亡くなったときには、アダムの所有権は長男に移転する。そうして、アダムから始まるこの非常に包括的な主権は、延々と長子相続されてゆく――したがって、いつでも相続人は一人であり、その人が同時代人の中で唯一の自己所有権者である。他のすべての人は、その時々の相続人によって所有されるにすぎない。

さて明らかに、このような説には問題が多くあり、ロックが『統治論第一篇』で述べた長々しい反論の中で多くの問題を取りあげている。たとえば、なぜアダムにはただ一人の指定相続人しかいないのか。あるいは、なぜ後の指定相続人にはただ一人の指定相続人しかいないのか。あるいは、なぜただ一人の相続人が長男でなければならないのか。あるいは、ノアと大洪水の話があるので、この出来事がアダムの相続人の系譜を途切れさせたのではないか。あるいは、旧約聖書によれば、なぜ後の時代には神が明らかに複数の王や国の存在を是認しているのか。こうした問題のすべて、およびフィルマー自身にある数多くの不整合によって、フィルマーが自らの議論から引き出す特定の政治的結論のいくつかは致命的な打撃を受ける。しかし、普遍的な自己所有権を排除するという、フィルマーの議論の核心的な部分に関する限り、なんの損傷を被るとも思われない。

そこで、旧約聖書の女性差別と創造説を捨て去って、進化論を受け入れるとしよう[18]――それでもやはり、フィルマーの議論の核心的な部分は損傷を被らないだろう。なぜか。たしかに種が進化したことを示す証拠は圧倒的であり、私たち自身の最初の祖先（人間）が『創世記』の語るただ二人よりも多数だった可能性は十分にあるけれども、だからといって原初の自己所有権が万人にまで拡張される見込みはまったくないからである。

18　今の議論の段階では、「進化論」という言葉は、ラマルク説とダーウィン・ヴァイスマン説のどちらに与するのでもない中立的な意味で用いている。

というのは、たとえこうした最初の祖先や彼らの指定相続人の中に、子供に対する所有権を放棄することにした――そして子供を解放し子供に自己所有権を授けた――人がいたとしても、彼らの全員が（ましてや彼らから自己所有権を受けとった子孫たちの全員が）同じようにしたとは考えられないからである。かくして、私たちの中に自己所有権をもった人がいるかどうか、いるとして誰が自己所有権をもっているかは、私たちの両親を所有していた人の意向によるだろう。ひょっとしたら、私たちの両親には自己所有権があるかもしれない。ひょっとしたら、ないかもしれない。もし私たちの両親ないしは私たちの両親を所有している別の人が突然自由主義的な衝動にかられたのであれば、その場合、私たちや私たちの兄弟姉妹は自己所有権を持っている可能性がかなり高い。反対にそうでなければ、私たちも私たちの兄弟姉妹も、フィルマーの議論の核心部分が述べるように、奴隷であるにすぎない。

いや、本当にそうだろうか。この難局から抜けだす方法があるだろうか――しかも、フィルマーの合理性のない歴史的主張を、〈私たちを生んでくれた人たちがみな例外なく十分に自由主義者であった〉という同じく合理性のない別の歴史的主張に置き換えて、たんに逆説を避けるというのではなしに、なにかよい方法があるだろうか。明らかに私たちに必要なのは、私たち全員に自分自身の所有権および自分の労働の成果に対する所有権を与えてくれて、なおかつ私たちの祖先のあいだに自由主義的な衝動が思いもよらないほど広く行きわたっているという仮定に依存しないような解決策である。それはまた、私たちの両親や私たちが自由主義者であるかどうかに関わりなく、私たち自身の自己所有権だけでなくて、私たちの子供の自己所有権をも保障してくれるような解決策である。

私見では、そのような解決策があり**うる**――そのような解決策をこの後で述べてみたい。しかしそうする前に、逆説の解決策というものが一般的にどういうことになるのかについてよく理解しておく必要がある。多くの逆説の場合に問題は、いくつかのよく承認された（記述的ないし規範的な）命題を組み合わせると矛盾になるということである。普遍的な自己所有権の逆説も、次のように表現すればよく分かるように、この特徴を十二分に示している。

（1）すべての人が（もともと）自己所有権をもつことは論理的に可能である。

（2）（もともと）自己所有権をもっているすべての人は、自分の労働の成果をも所有する。

（3）すべての人は（もともと）他人の労働の成果**である**。

（4）したがって、すべての人が（もともと）自己所有権をもっていることは論理的に不可能である。[19]

よく知られているように、歴史的に、いくつかの逆説はどうしても解決不能であることが分かっている。しかし他の逆説は、それを構成する命題を修正したり意味を明晰化したりすることで解決されている。[20] 当然ながら

19　あるいは創造説や進化論を正当に扱うためには、三番目の命題は、次のように述べるべきだろう。

（3）**ほとんど**すべての人は（もともと）他人の労働の成果である。

厳密に言えば、普遍的な自己所有権の逆説は（人が自分の労働の成果を所有することに関する）逆説から**派生したものであり**、この論理的に先立つ逆説は次のように表現できる。

（i）すべての人は（もともと）自分の労働の成果を所有する。

（ii）すべての人は（もともと）他人の労働の成果**である**。

（iii）したがって、いかなる人も（もともと）自分の労働の成果を所有しない。

20　政治哲学の例としては、リチャード・ウォルハイムが「民主制の逆説」と呼んだものを解決するために彼およびその他の人たちがとった戦略を参照――「民主制の逆説」は次のように表現できる。

（i）Aという政策が制定されるべきである。

（ii）過半数によって選ばれる政策が、制定されるべきである。

（iii）過半数によって選ばれる政策は、非Aである。

ら、そのような戦略が説得的かどうかは、全面的に、命題を修正したり意味を明晰化したりする理由がそれ自体で独立に説得的かどうかによる。ここで解決策と見なされることは、(1)と(2)を維持しつつ、(4)を免れることである。[21] したがって私たちは、(1)を承認しても(2)を否定することにならないような方法を見いだす必要がある。そのために私は、然るべき程度に独立に説得的と思われるような仕方で、(1)と(2)の意味を明晰化し、(3)の命題を修正したい。

まず(1)の意味の明晰化を考えてみよう。普遍的な自己所有権を**どのように**説明したとしてもでき**ない**ことが一つある――これはほぼ確かだと思われる。すべての道徳理論は私たちに義務や責任を負わせる。しかし、私が「私たち」と言う時、私は、まだ成年に達していない人を含めてはいない――道徳理論が「私たち」と言う場合も、同様であろう。正確にいつ人が成年に達するかというのは、永遠に論争の的であり、それはほとんどの法制度においてだいたい個別的で実践的な根拠によって決められる傾向がある。おそらく私たちの多くは私と同様に、おおざっぱに言って、法律上の成人年齢は実際よりも遅い傾向があると思っている。しかし、こう思っているかどうかにかかわらず、私たちの全員が、ある年齢ないしは発達段階に達する前の子供はたとえ他人に危害や損害を加えたとしても法的に処罰されるべきでないということに同意するだろう――むしろ、両

---

21 (iv) したがって、非Aという政策が制定されるべきである。

Wollheim, "A Paradox in the Theory of Democracy" を参照。幾人かの人たちの(逆説を解決するための)戦略を簡便にまとめたものとしては、Graham, "Democracy, Paradox and the Real World" を参照。

フィルマーは(1)を拒否することによって、逆説が解決可能であることを暗黙のうちに否定している。同じことが、逆説のゆえに(2)を拒否すべきだと考える Becker, *Property Rights*, 37-9 についても当てはまる――同様な見解が、Okin, *Justice, Gender and the Family* の第四章でも述べられている。

親その他の大人にそうした危害や損害を防止すべき法的義務があり、賠償金を支払い、場合によっては処罰さえも受ける法的責任があると考えるのである。

私たちが未成年についてこう考えるには理由がある――まさにその理由が、厳密に言って子供が**権利**をもちえない理由でもある。すなわち、子供には責任ある決定をする能力がないとされる――これが、子供が義務や責任の主体として不適格な理由である――このゆえに、子供は権限や自由（要するに権利）の主体としても不適格なのである。そしてそれは特に、そのような権限や自由の一つの典型的な行使が義務や責任を引きうけることだからである。

もちろん、政治的な目的や修辞的な目的で私たちが子供の権利について語りたいと思うこともたしかにある。しかし少し考えればすぐ分かるように、通常そのような主張によって要求されているのは、（胎児を含めて）子供がもつとされる利益が一定の法的権限や自由をある大人たちから別の大人たちに移転させることでよりよく保護されるということである。だから、学校の民営化や予防接種の任意化の議論では、法的権限や自由を役人から両親に移転することが主張され、児童虐待や養子縁組、代理母や人工妊娠中絶に関する多くの議論では、一般に、法的権限や自由を両親から役人に移転したり、ある部局の役人から別の部局の役人に移転したりすることが主張される。そのような権利擁護のすべて――実際に他にも多くの種類がある――において、主張されることのほとんどは、子供の権利の名において述べられる。しかし実際のところは、そうあらざるをえないように、主張されている提案は、子供ではなくて大人に権限を与え、大人の裁量権を拡張するものである。[22] 要

22　子供の権利が監護権をそのように分割することでよりよく保護されるという考えは、おそらく、「抑制と均衡」という立憲主義の考えを支えているのと同じ思想に基づいている。そして立憲主義の場合と同じように、監護権を与えられた人たちみなの間で意見の一致がある場合、もはや子供には**権利に基づいて**苦情を述べる余地がない。

するに、子供は権利をもちえないので、普遍的な自己所有権を**どのように**説明したとしても、子供に自己所有権がおよぶことはありえないのである。

そうすると私たちは、子供におよびえない普遍的な自己所有権というものをどのように説明すればよいのだろうか。思いおこしてもらいたい――私たちが必要とするのは、私たちの両親に自己所有権**ならびに**彼らの労働の成果に対する所有権を与えるけれども、私たちに対する所有権は与え**ない**ような自己所有権の説明である。どうにかして、私たちは自分の両親の労働の成果ではないと考えることができなければならない。ところで、これが困難な要求だということは、妊娠の経験や子育ての経験がなくても分かるだろう。というのは、大人になるまでの**私たち**の養育に必要なほとんどすべてのものは、私たちの両親や私たちの両親が私たちの養育のために選んだり雇ったりした人の労働によって提供されるように思われるからである。たとえ卵子をある女性から取りだして受精させ、別の女性の子宮内に（あるいはさらに言えば試験管内に）着床させるような場合でも――あるいは子供を養育する義務が、請負契約がないにもかかわらず、生物学的な親以外の人にも課されるような社会でも――生まれてきた子供は、一体どうして自分が親の労働によって生み出されたのではないと主張できるのだろうか。たしかに親の数は通常の二人よりも多いかもしれないが、こうして生まれてきた子供が親たちの生みだしたものであることに変わりはない。そうすると子供は、これほど明白に他人が労働を費やした結果であるにもかかわらず、一体どうして自分が他人の労働の成果では**なく**、したがってまた――私たちの原則によれば――労働を費やした人たちのものでも**ない**と主張できるのだろうか。

こうした問いに答えられるように、いくつかの例――すべて何らかの意味で労働が混入される例――を並べてみよう。その狙いは、私が逆説を述べたときの命題（3）を修正する理由を提示して、そこから命題（2）の意味を明晰にすることである。

たとえば、私がＹ氏の材木を盗んで、それを磨き、丁寧に削って円卓に仕上げたとしよう。私が円卓の製作に自分の労働や資源をどれほどつぎ込んだとしても、だからといって、私に円卓に対する明白で完全な権原が生まれるだろうか。答えは「否」でなければならない――このことに、おそらくほとんどすべての人が同意するだろう。

今度は材木を盗む代わりに、私は、Ｙ氏が描いた、ローマ人に反旗を翻すブーディカ[37]の絵を盗んで、それを返す前に自分の複写機で複製を作ったとしよう。私の用いた複写機も用紙も労働もすべて私のものだから、私には複製に対する完全な権原が生まれると言えるだろうか。ここでも、答えは「否」でなければならないだろう。

三つ目の例としては、私たちが先に自然資源の正当な所有権について行った議論を思いだしてもらいたい。私が無主の荒蕪地一エーカーを耕して肥沃な農地にすることでその土地を所有するものとしよう。だから私は前の二つの例とは違って盗みを犯していない。したがって、私がその土地を耕したのだから、私にはその農地に対する完全な権原が生まれるのだろうか。三度、「否」である。

四つ目の例では、絵の複製という二つ目の例に戻ろう。今回、私はＹ氏から盗んだブーディカの絵の複製、しかも自分の労働と物を用いて作った複製をもっている。そこにサッチャーさんがやってきて、私の複製を取りあげて、それを私に返してくれる前に複写機で、写生した自画像の上に複写し、上書き印刷したとしよう。サッチャーさんには、この第二の複製に対する完全な権原が生まれるだろうか。またしても、「否」である。

五つ目の例でようやく私たちは、普遍的な自己所有権の問題に戻る。二人の原初の人を考えてみよう――その二人を、月並みだけれども、アダムとエバと呼ぶことにしよう。アダムとエバについてダーウィンが教えてくれる一つのことは、二人の親は人間ではなかったということである。したがって二人も、仮説によって、人の労働が生みだしたものではなかった。だから二人の親（および親の先祖たち）は自然資源であった。

さて、アダムとエバがどのようにして生み出されたかを考えてみよう。分子生物学によれば、アダムとエバの発生過程において決定的に重要な最初の一歩は、両親の生殖体の内部および間でのＤＮＡ連鎖の複製および再結合である。両親の生殖細胞の内部でＤＮＡ連鎖が言わばそれぞれに複製され、複製された二つのＤＮＡ連鎖が他の二つのＤＮＡ連鎖の上に重ね合わされて、二つの接合子が生まれる――そしてそれぞれの接合子が長期にわたって非常に活発にＤＮＡ連鎖の複製と再結合を繰りかえして、私たちがアダムやエバと呼ぶ、一定の大きさの生き物（体細胞と生殖細胞からなる生き物）になる。そしてそれと同じ複製過程が**アダムとエバそれぞれの**生殖細胞の中でも起こって、彼らの子供カインの受胎に備えるのである。[23]

そうするとカインは、アダムとエバの労働が生みだしたものだろうか。サッチャーさんの複製（ブーディカの絵の複製の複製）は、サッチャーさんの労働が生みだしたものだろうか。アダムとエバがカインを生み出すのに自分たちの労働やその他のものを大量に注ぎ込んだということは、ほとんど否定できない――サッチャーさんが第二の複製を作るのに同じく重要な貢献をしたということも、ほとんど否定できない。しかしこのこと

23　生殖細胞系の遺伝情報が再帰的・推移的に連続していく仕組みが明らかになるずっと前に、サミュエル・バトラーは適切にも、「雌鳥は卵が別の卵を生むための手段にすぎない」と述べていた。それぞれの世代の生殖細胞の中にある情報は、その前の世代の生殖細胞の中にある情報を複製し結合したものである――この事実が、ラマルクの進化説に対する究極的反証になる。というのは、分子生物学の「中心教義」――すなわち遺伝情報は一方向に、ＤＮＡからＲＮＡに、そしてタンパク質にという方向にだけ流れる――によれば、生殖細胞の情報が体細胞すなわち身体的特徴の発達を支配するのであって、逆方向にはならないからである。したがって、ラマルク説とは違って、有機体がその生存中に獲得した特徴は、子供によって継承されない。Arthur, *Theories of Life* の特に第五～八章、および Rosenberg, *The Structure of Biological Science* の第四～五章を参照。

——すなわち、カインを生み出したり複製を作ったりするのに必要な要因の**すべて**がアダムとエバやサッチャーさん（その他の自発的に協力してくれた人）の生みだしたものだということ——は否定できる。絵の複製の場合、一つの要素は、Y氏の意に反してY氏から提供されている。カインの場合、いくつかの要素は、自然によって与えられている。

これらの例を子供の権利についての先の議論と組み合わせると、逆説の構成命題を変更するための、しかるべき独立に説得的な理由が得られ、逆説を解決できる。普遍的な自己所有権は、もしカインの自己所有権が許されるならば、逆説を回避できる。まずこれらの例が示すのは、命題（3）に反して、カインは完全にはアダムとエバの労働の成果ではないということである。というのは、カインを生みだすために、アダムとエバは自分たちの労働を、**自分たちの親から伝えられた生殖細胞系の遺伝情報**という自然資源と混ぜ合わせる必要があったからである。したがって、アダムとエバがカインに対して完全な自由主義的所有権をもつことを否定しても、命題（2）を否定することにはならない。すなわち、アダムとエバの所有権を制限することが可能である。そして子供の権利についての議論からすれば、この制限はカインが成年に達したときにアダムとエバの所有権が切れるということであり、したがってこの制限のゆえに、命題（1）を維持することができるのである。[24] 成年に達する前——すなわち接合子や胎児や子供のとき——には、カインは、アダムとエバが自由にできる。[25]

24　オノレの用語を用いれば、カインに対するアダムとエバの所有権は、「有期の権益」——すなわち「無期限」という完全な自由主義的所有権の特徴を欠いた権益——だと言うことができる。Honoré, "Ownership," 121-2 を参照。

25　あるいはおそらく（子供に対する権原の分割という先の議論にしたがって）、カインは二種類の人たちが自由にできると言うべきだろう——一種類は両親すなわちアダムとエバであり、もう一種類は、すべての人が自然資源に対して平等な権利をもつ限り、他のすべての人である。これら二種類の所有者の間で権利ないしは権原が正確にどう分割さ成年に達した後、カインには自己所有権がある。[26] 私たちも同様である。[27]

れるかという問いに、（次章で述べること以上に）ここで答えることは控えよう。

26 私たちの生殖細胞系の遺伝情報は本当に、私たちが使うまでは誰にも所有されず無主のものだと考えることができるだろうか。これまでの議論は、私たちの生殖細胞系の遺伝情報が自然資源であることを示している。そうすると、今の問いは、どのようにしてこの自然資源が、自己所有権をもつ身体の中に含まれながらその身体に所有されないでいられるのかという問いになる。というのは、もし私たちの生殖細胞系の遺伝情報が無主のものであれば、（他の自然資源の場合と同様に）誰でもそれを所有することが可能になって、私たちの自己所有権が危うくなるのではないだろうか。そうはならないと私は考える。たとえば、私が誰にも所有されていない場所に隣接する場所を所有するとしよう。そして何年もの間に、他の人たちが同じように隣接する場所――前後左右の場所――を次々と所有していき、その結果ついには無主の場所が私たちの所有する場所によって完全に囲まれてしまうとしよう。そうすると、他の人たちは無主の場所に近づくことができないけれども、（私たちの中の誰かが労働を加えない限り）その無主の場所が誰かのものだとは決して言うことができない。もしできるとすれば、その無主の場所はいつ所有されたのだろうか、誰が所有したのだろうか。したがって、もし私だけが周りの場所すべてを、たとえば買い取って所有するとしても、無主の場所は誰かのものだとは見なされないだろう。（他方、自己所有権をもつ身体によって囲まれた自然資源の場合とは違って、周りの場所は無主の場所への接近手段として、いくらか**価値**が上がるだろう――次章には誰のものでもない自然資源の価値に関する再配分的要求についての議論があるので、それを参照。）

27 規範的原則が生物学の事実に基づきうるだろうか。たしかに、基づきえない。そういうことが、この議論で行われているのでもない。というのは、**生物学**の偶然的事実と**生物**についての必然的真理とを区別することが必要だからである。生物学は生物についての科学である。そして生物を定義する特徴は、生物が他の生物から生みだされること、細胞の生産における一つの要因が他の細胞だということである。かくして、「生命は生命から生まれ、生命からのみ生まれる……したがって、すべての有機体は、前の世代の細胞に由来する」というのは生物学の事実ではなくて分析的真理である（Jacob, *The Logic of Life*, 126）。メイナード＝スミス『生物学のすすめ』第一章および Arthur, *Theories of Life* の第一～二章を参照。非常に一般的で非分析的な真理の例は、「遺伝暗号の理論は生物学の本質的な基盤をつく

（八）人と時間

権利をもつのは、大人である。しかし、**どの**大人だろうか。というのは、大人といっても、さまざまな種類があるからである。より重要な点として、大人にはさまざまな時間的位置もある。死んでいる大人もいれば、生きている大人もいれば、まだ生まれていない大人もいる。大人の道徳的権利についての多くの見方では――暗黙の内に、あるいは明確に言葉にして――故人や未来世代の人にも権利が付与される。[28] したがって、私たち生きている人間には、故人や未来の人に対する義務がある。

私は、こうした見解が間違いだと主張したい。というのは、たしかに私たちには故人や未来の人に関して重要な道徳的義務があるけれども、それらは権利に対応していない。故人や未来の人には、権利がない。なぜ、

り上げることになる」というものである（モノー『偶然と必然』iv頁）。しかしたとえ推移的な生殖の実際の仕組みが生殖細胞系の遺伝情報とは別の――たとえばラマルク説や十七世紀の前成説が主張するような（Magner, *A History of the Life Sciences* の第八章、第十二章を参照）――なにものかだということになったとしても、上記の推移性が「生物」という概念の分析的特徴であることに変わりはないだろう。（ここでの議論は、精巧に自動化されたロボットのような非生物が人でありえ、したがって自己所有権をもちえるのかという困難な問いにはまったく関与していない。）私にここでの問題を取りあげるよう促してくれたジェリー・コーエンに感謝したい。

28 「未来世代の人」や簡単な「未来の人」という表現で私が意味するのは、今生きている人たちがすべて亡くなった後に生まれてくる――人生が時間的に重ならない――人たちのことである。

ないのか。まず故人の場合から見てみよう。そして故人の権利の典型である遺贈権を検討しよう。[29]

信じられないようなとんでもない話だけれども、シカゴの政治において「墓地票」が重要であったことは、まだ記憶に新しい。人種や民族や階級の対立で深く分断されて、合従連衡の激しいクック郡では、故人の固い忠誠心だけが、有権者たちの投票行動の変転にもかかわらず、選挙区に一定の安定性と継続性を与えていると、しばしば揶揄された。エドマンド・バークの理論に対するトマス・ペインの以下の批判は、シカゴの政治家のやり方に対しても当てはまるだろう。「人間は、生存をやめると、その持っていた権力も欲求も、同時に存在をやめる。この世の事柄にもはや関与しなくなった以上、この世の統治者は誰であったらいいかとか、この世の政府はどのように組織し、また、どのように動かして行ったらいいかとか、そういったことを指図する権原は、死んだ人間にはもはやないのである。」[30] この発言が示すのは、完璧に革命的と思われたペインの思想行動にも欠点——すなわち、想像力に富んだ思想家（ペイン）が、バークの先祖愛を取りいれて、それを最も進歩的な大義である選挙権の拡大のために利用しなかったという欠点——があるということだろうか。

29　通常故人にあるとされる他の二種類の権利のうち、（死後に）名誉を毀損されない権利は、明らかに、私たちが第三章で批判した権利の利益説に依拠しているし、遺体の扱いを決定する権利は（利益説に依拠しない限りにおいて）、遺贈権に対する批判のいくつかがそのまま当てはまる。

30　ペイン『人間の権利』二五頁。Foner, *The Life and Major Writings of Thomas Pain*, 251-2 では、トマス・ジェファソンの書簡（一八一六年七月十二日、サミュエル・カーチェヴァル宛て）が次のように引用されている。「それぞれの世代は前の世代から独立している——前の世代がそれに先立つすべての世代から独立しているのと同じように。そこで、それぞれの世代には、その前のすべての世代と同じように、自らのために自分自身の幸福を最も促進すると思われるような政府の形態を選ぶ権利がある。……死者には権利がない。死者はなにものでもなく、なにものでもないものがなにかを所有することはできない……。」

たとえ私たちが故人への選挙権拡大——あるいはより正確には、故人の選挙権継続と言ったほうがよいかもしれない——になんらかの留保をつけるとしても、もちろんそれは、シカゴの政治家がクック郡の票を不正に操作したからではない。多くの意志決定の場合に代理投票という方法は十分に馴染みのものであり、だからたしかに死後の正当な代理委任の条件を首長や議員などの選挙に適用することができる。

実際、なぜ故人は選挙権を否定されるべきなのか。結局のところ、故人の中には、公の事柄に極めて経験豊かな人がたくさんいるし、自分たちの社会の将来の幸福を気にかけ、そのために相当な個人的犠牲を払ったり、戦時に究極の犠牲を払った人たちはもっと多くいるだろう。そうすると、重大な政治問題に対する関心がないに等しいような人たちが生きているというだけで選挙権を享受する一方で、公共問題に生涯関わった人たちが完全に沈黙させられるというのは、明らかに公正と言えるだろうか。

遺贈権を擁護する多くの議論は、そのまま、故人の選挙権拡大にも向けられるように私には思われる。そうした議論の中で中心的なものは、歴史的に、人に遺産の処分権を認めると、人に資源を開発し保存しようという誘因が働いて、同時代の人にとっても後世の人にとっても福利が促進されるという主張である。[31] 同じ論理で、私たちは、有権者の時間的限界を拡張すれば——すなわち人々に、彼らの政治的判断がより長期にわたって有効になるという保証を与えれば——集団的意志決定があまり利己的ではない、もっと公共心に富んだ仕方で行われると期待できるだろう。逆の方向から、幾人かの哲学者は、死後の人にも利益は存在し、それは法的保護に値すると主張している。もしそれが本当ならば、法的保護を担う政府機関の行動に関する死後の利益があるということにもなり、そうした死後の利益にも然るべき——生きている人の場合と同じ——政治的承認権

31　この主張が真であるかどうかに関して、いくらかの疑念が、Haslett, “Is Inheritance Justified?” 142ff. で述べられている。

が伴うべきだと言わざるをえない。

したがって、遺贈権という考えに反論するに際して、私は、遺贈という制度に功利主義的ないしは利益に基づいた説明がありえないという見方に与するものではない。明らかに、そのような説明はありうる。そしてそのような説明がある限り、そうした説明は、故人への選挙権拡大をなにほどか正当化するだろう。私の議論は、ただ、遺贈権がこれまでの節で説明してきた正当な財産権の中には含まれえないというものである。

なぜ含まれえないのか。これまでの権利の説明によれば、人が物に対する権原を獲得する方法は四つしかない――すなわち、（i）無主の物を（平等な取り分の範囲内で）新たに所有する、（ii）自分で所有する物を別の物に作りかえる、（iii）物に対する権原をその所有権者から自発的に移転してもらう、（iv）権利侵害に対する補償として、人からその人の所有物に対する権原を移転される、である。遺贈による所有権の獲得は、第三番目の方法、すなわち人から人への自発的な譲渡に分類されると考えられる――さらに自発的な譲渡にも、おおざっぱに言って、購入と受贈の二種類がある。そして遺贈は、贈与の延長にすぎないと言われる。問題は、本当にそうかということである。

法的な遺贈権の議論は、多くの場合、初めに、ウィリアム・ハーコート卿が一八九四年に議会で最初の累進的死亡税法案について説明する際に述べた、次の言葉を引用する。

本来、人間には、自分の人生が終わった後にまで地上の財産を支配する権原はない。もし自分の意思を自分の死後にまで引き延ばす権原――故人が財産を処分する権利――がなにかあるとすれば、それは純粋に法が作りだしたものであり、国家には、そうした権原が行使される際の条件や制限事項を定める権原がある。[32]

同じく、マグーン対イリノイ信託貯蓄銀行の歴史的訴訟〔39〕（一八九七年）のときにマッケンナ判事が合衆国最高裁判所で述べた、次の意見も有名である――「相続税は、財産に課されるのではなくて財産の継承に課されるのである。意思または世襲によって財産を獲得する権利は、法の創造であって、自然権ではない――それは特権であり、したがって特権を授ける機関は、その特権に条件を課すこともできる。」[33] これらの文章は、実際に、プーフェンドルフやビュルラマキやブラックストーンといった自然法思想家によって連綿と受け継がれてきた見解を表している。ヘンリー・メイン卿は、遺贈する自然権があるという考え方を容赦なく退けて、次のように伝えている――たいていの古代および古典期の法制度において――私有財産制が神聖にして、高度に発達している社会の場合でも――遺言相続という制度は現れなかった、ないしはそういう制度が現れた場合そこでの権利は遺贈というよりも相続の権利として構成されるようになっていた、と。[34]

他方で、グロティウスやロック、（より曖昧だけれども）カント、フィヒテといった学者たちは、遺贈する権原を私有財産という自然権の本質的部分として肯定している。しかしここでもやはり、遺贈権は、故人の扶

32　Ely, *Property and Contract*, 416 で引用されている。
33　Ely, *Property and Contract*, 416.
34　メイン『古代法』第六～七章。もちろん独立の相続権（遺贈権の行使に由来するのではなく、したがって遺贈権の行使への制約になりうる権利）は、ここで述べられる正当な権利の説明と両立し**ない**――この相続による財産権の獲得というのは、上で挙げた四つの（財産権獲得）方法のどれでもないからである。遺贈する人は、相続人に遺産を遺贈する**義務がある**わけではない。

養家族の必要性ならびに故人がもつとされる扶養家族の幸福への大きな関心という観点から擁護されて、扶養されていない者が相続人になる可能性はほとんど考慮されない。[35] にもかかわらず、ハーバート・スペンサーやロバート・ノージックを始めとして多くの自然法思想家が、無制限の遺贈権には、生前の贈与権――これを彼らが自然権としての財産権の疑いえない部分と見なすのは正しい――と同様、なんの概念的困難もないと見なしている。[36]

それではなぜ、このように意見が、特に私有財産という自然権に賛同する人たちの間でも分かれるのだろうか。もし生きている人（青山さん）が別の生きている人（赤松君）から贈与を受ければ、明らかに青山さんには贈与された物に対する権利があり、それに応じて他の人には青山さんの所有に干渉しない義務がある。では赤松君の死が贈与の過程に入ってくると、この「死の介在」は、どのようにして問題の権利と義務のありかに影響すると考えられるのだろうか。

なぜ影響**する**のかを理解するには、ホーフェルドのいう法的な関係や地位の特徴を少し思いおこす必要がある。権利と権限（powers）は、それぞれ義務と責任（liabilities）に対応している。もしY氏が私を殺さない義務が私に対するものであるならば、そのとき当然、私にはY氏に殺されない権利がある。しかしもしY氏の義務を私が解除できないのなら――たとえば、もし私が病気で苦しみ終末期にあって私の生命を終わらせるのを助けてくれるようY氏に求めているにもかかわらず、Y氏の義務が変わらないのならば――そのときY氏の義

35　遺贈を遺言者と相続人の間の契約として解釈しようとする、カントのかなり苦しい試みも参照（『人倫の形而上学』一三〇～一三二頁、二二二～二二三頁）。

36　ノージックは、かつては無制限の遺贈を是認していたけれども、より最近になって、その見方を修正している（『生のなかの螺旋』第三章）。

務に対応してたしかに**私**がY氏に殺されない権利はあるけれども、その権利は**私**のものではない。誰か他の人、しばしば国家がその権利をもっていて、私は（せいぜいのところ）当事者ではない受益者にすぎない。国家がその権利をもつ場合、国家には、Y氏の義務を解除したり、義務の違反を許したり、義務に違反したY氏を処罰したりする権限がある。

　所有権の移転には、売買によるのであれ生前贈与によるのであれ、義務の変更が伴う。赤松君がある物Oの権原を青山さんに移転するとき、赤松君は、Oに関して（青山さんに対して）もっていた権利と権限を青山さんに（青山さんの同意を得て）移転する。Oの所有に関して青山さんに干渉されないという赤松君の権利が、今度は、赤松君に干渉されないという青山さんの権利になる。それに対応して、青山さんの干渉しない義務が、赤松君に移る。自分の行動に一定の制限が課されていた青山さんは、その制限から解放されて、その代わりOを販売または贈与した赤松君は自分の行動に同様の制限が課される。

　ところで非常に明らかに、遺贈による所有権の移転は、まったくこれと似ていない。赤松君が遺言をする場合、Oの所有権を青山さんに譲渡するのは自分の死後にすぎないので、赤松君は自分の行動になんの制限も課されない。ここで「赤松君の死が、青山さんに贈与をする過程に入ってくる」と言うことは大いに不正確である。そう述べることが不正確な理由は簡単である——この贈与の過程は、**赤松君の死後になるまで始まり得ない**からである。言い換えると、赤松君の死の瞬間になるまでは、確定相続人がいない——死の瞬間まで、赤松君には自分の遺書を好きなように変える権限があるからである。[37] 要するに、遺贈による所有権の移転は、生

37　非現実の想定として、もし赤松君にOを青山さんに残すという遺書の一節を変える権限がなかったとしたら、どうだろうか。その場合、青山さんはOの確定相続人になるのではないだろうか。答えは、たしかにそうなりうるが、その場合この譲渡は遺贈としての特徴的性格を失わざるをえないというものである。というのは、もし赤松君に指定相続

きている人だけが行いうるのである。

したがって遺贈には、生前贈与にとって極めて中心的な法的特徴がない——その特徴が実践において非常に大きな意味をもちうるし、明らかにもっている。遺言をする人には、贈与をする人と違って、受取手の所有（所有権が移転される対象の所有）に干渉しない義務が発生しない。おそらく、まさにそのような義務の発生を避けるために、人は贈与よりもむしろ遺贈によって物を移転するのだろう。[38] というのは、遺贈の機能は、少なくとも、遺贈をする人にある種の**保証**を与えること——リア王〔40〕のような運命にならないように、（遺贈をする人が死の瞬間まで信頼できないと思う）忘恩で貪欲な相続予定人に裏切られないようにすることだからである。うまくすれば、遺贈をする人は、それを利用して、自分が生きている間、相続したいと思う人の現在の行動に大きな影響を与えることができる。

しかしもちろん、遺贈権の否定が正当化されるのは、贈与よりも遺贈のほうが自己犠牲的でなくて計算高いという事実によってではない。また、そのような保証や影響への権利が本当に自然権かという問題にかかずらう必要もない。正当な権利があれば、私が繰りかえし主張してきたように、聖人的な行為から賢明な行為をへてまったく自堕落な行為にいたるまで、ありとあらゆる行為が無差別に保護される。遺贈が正当な権利の一部

人を変える権限がないならば、赤松君はホーフェルドの言う「無能力（disability）」の状態にあり、それに対応して青山さんは赤松君の権限行使を免れる（immunity）。かくして青山さんは、赤松君の生存中、赤松君がOを処分する——Oをなにか他の物に作りかえたり、Oの所有権を誰か他の人に移転したりする——のを妨げる権限がある。したがって、この非現実の想定の下では、Oを青山さんに残すという一節が赤松君の遺書の中にあるということは、Oの所有権の中心たる処分権などを死後というよりも**即座に**放棄することになるのである。

38 動機についてのこの推測は、たいていの西洋社会において贈与よりも遺贈のほうが通常はより大きな税を課せられるという事実によっていっそう強められる。

で**ない**のは、遺贈に必要なホーフェルドのいう法的地位のすべてが正当な権利の所有者の中に見いだしえないからである。なぜか。

もし故人の財産の所有権を移転するという行為が生きている人にしか行えないのであれば、私たちはその生きている人の行為の法的地位を決める必要がある。その行為は権限の行使だろうか、義務の順守だろうか。あるいはその両方であろうか。もしその行為が義務であれば、明らかにそれは指定相続人に対する義務ではありえない――指定相続人は、この移転行為が行われるまで（そしてそれが行われない限り）、遺贈される物に対する権利をまったく獲得できないからである。ひょっとしたらその行為は、遺贈をする赤松君に対する義務だろうか。一見したところ、この見方は説得的に思われる。赤松君は、この生きている人――白川君――を遺言執行人に指定し、所有権の移転を行う権限を白川君に与えたというわけである。しかしここで私たちは、もし白川君に義務があるならば、その義務はどのような権限に対応するものとして、他の誰に対する義務として理解したらよいのかという問題に直面する。というのは――思いだしてもらいたい――ある人に義務があれば、他の誰かにその義務を解除したり義務の順守を要求したり（そして強制したり）する権限があるからである。では白川君の義務に関して、こうした権限を誰が持っているのだろうか。明らかに赤松君ではない――というのは仮定からして、白川君の義務は、赤松君が死亡し、単に偶然的にではなくむしろ必然的になにも解除したり要求したりできなくなるまで、果たしえないからである。そうすると、こうした権限は、指定相続人としての青山さんにあるのだろうか。そうでもない――というのは、もし赤松君が死後にこうした権限を直接青山さんに移転できたのならば、死後に○の所有権そのものを直接青山さんに移転することもできるだろうし、その場合遺言執行人の義務がそもそも必要でなくなるだろうからである。

そうすると、遺言執行人が有するのは義務ではなくて権限だろうか。もし権限であれば、白川君はどのようにしてその権限を獲得したのだろうか。赤松君の死の瞬間よりも前、白川君には、赤松君の財産を処分する何の権限もなく、他のすべての人の場合と同じく、赤松君による処分に干渉しない義務がある。だから白川君は、赤松君の死の瞬間よりも後でしか、この権限を獲得できない。しかしここで再び、もし遺言をする人が死後に財産処分権を遺言執行人に移転できたのならば、同じように赤松君が死後に財産を直接青山さんに移転することもできるだろうし、その限り、遺言執行人が余計な存在になるだろう。さらに、仮に遺言執行人に、遺言をした人の死後に、財産の処分権があるとしても、それだけでは、その処分が指定相続人の利益になるという保証はない。そこで私たちは、白川君の権限は、財産を青山さんの利益になるよう処分する義務と組み合わされていると言いたくなるかもしれない。しかしそうすると、そのような義務はどのような権限に対応するものとして、他の誰に対する義務として考えたらよいのかという問題に戻るだけである。では第一に、義務の順守を要求する権限は、誰にあるのだろうか。そして第二に、どのようにしてその人のものになったのだろうか。[39]

実践において、第一の問いに対する答えは、「国家だ」というものである。さらに重要な点として、その答えは**理論においても**国家だということである。というのは、遺言相続の場合の権利や義務や権限は、法理学のほとんどの教科書が認めるように、擬制に基づかざるをえないからである。J・W・サーモンドは次のように

39　おそらく私たちは、非現実の想定として、遺言をする人は生前に、遺言執行人に義務の順守を要求（および強制）する権限を誰か第四の人、たとえば黒田さんに与えていたと考えることができるかもしれない。しかし、このような仕組みを付け加えても、問題を先送りするだけであり、解決にはならない。黒田さんは、遺言執行人の義務を解除できないのだろうか。もしできるのならば、その場合、財産が青山さんの利益になるように処分されるとは限らない。もし黒田さんがそうできないのならば、その場合それに対応して、免除特権をもつ（黒田さんによってそうされえない）第五の人が必要になる、等々。遺言をする人は生前に、財産を処分する権限を遺言執行人に与えていたという非現実の想定にも、同様の問題がある。

説明している。

かくして、故人が死後に残す権利は、故人の**代理人**に属する。そうした権利は、故人または（故人に成り代わって）法律が生者の世界における故人の代理人として指定した誰か特定の人に移る。この代理人は、故人の人格を担う。……相続は、ある意味で、法的擬制として故人の人格を継続させることである――というのは法律は、ある意味で代理人を、その人が代理する故人と同一な存在と見なすからである。……この程度に、そしてこの意味において、人の法的人格は自然的人格よりも長生きすると言うことができる。故人に権利はないけれども、まだ生きている間の人には、自分の遺産をどう処分するかを決める権利、より正確に言えば権限がある。死者（mortua manus）のこの権限は、法律において非常によく知られているので、私たちはそれを当然のものと見なしていて、それが現実にはどれほど特異な現象であるかを理解するのが困難なほどである。[40]

同じく、オリバー・ウェンデル・ホームズも次のように述べている。

相続の理論が故人と継承者が同一であるという擬制に基づいていることは容易に示される。……かくして、ローマ法の下で相続人は、法律の目的のために、被相続人と同一と見なされるようになった。ある権利に対してAさんが正当な資格を認められていた場合、Bさんは自分ではその権利に対して何の正当な資格も

40　Williams, *Salmond on Jurisprudence*, 482-4.

示せえないとしても、自分がAさんと同一人物だという擬制の下で、その権利を容易に持ち続けることができた。……近代の遺言執行人の特徴は、ローマ法の相続人に由来する。……遺言執行人は、「遺言をした人の人格を代理する。」この同一性の擬制にどのような意味があるかは歴史の中で明らかになっているが、その擬制がある技術的な困難を克服するのにどのように役立ったかということもよく理解する必要がある。[41]

ここで、いくつかの注釈を加えておくのが適切と思われる。第一に、そしてすぐ後で論じるように、この同一性の擬制が実際に何を克服するのに役立つかと言えば、それは単なる技術的な困難ではない。しかし第二に、遺言執行人と遺言をした人とが同一だということが、たとえ受け入れられたとしても、依然として、遺言をした人の意向にしたがって遺産を処分する義務が遺言執行人にあるということは、なんら説明されない。実際に、もし赤松君と白川君が同一人物だと考えられるならば、どのようにして遺言執行人が遺言をした人に対する義務を負いうるのかを理解することはよりいっそう難しくなる――ある人（すなわち白川君）の現在の意向は、「その人自身」（すなわち赤松君）の以前の意向にとって代わるだろうからである。自分自身に対する権利はありえない。したがって、もし遺言執行人に義務が、しかも権利に対応するような義務が**本当に**あるならば、この義務は国家の有する権利に対応する――国家だけが、必要な擬制を作りうるからである。というのは、ホームズが言うように、遺言相続が行われる場合、Bさんは Aさんの権利を、自分に正当な資

41 Holmes, *The Common Law*, 266-9. 相続人と遺言をした人とが同一だというローマ法の擬制は、明らかに、単子相続制によって大いに助けられている。相続人が複数いる場合、この点がいくらか困難になるだろう。

格がないにもかかわらず、自分がAさんだという擬制の下で、容易に持ち続けることができるからである。このことの明らかに重要な帰結は、他人の行為に対して本来は許されないような制限を課すことが、この擬制に基づいて許されるようになるということである。財産権は物に対する権利なので、所有権者以外のすべての人には、所有権者がその物を所有することに干渉しない義務がある。BさんがAさんだという擬制がなかったならば、他人には、亡くなったAさんの財産に関して、人が**無主の**物に関してもつのと同じ権利や権限や自由があるだろう――それはAさんが生きている間に捨てた財産に関して、他人にそうした権利や権限や自由があるのと同じである。だから、この擬制の主たる効果は、亡くなったAさんの財産が所有され続け、無主の物にならないということである。この擬制がなかったならば、故人の財産に対する正当な資格を得ることは、無主物を獲得することとして記述されるのであって、所有物の譲渡を受けることとしては記述されないだろう。

さてそうすると、次のような修辞疑問が浮かんでくる。なぜ故人の財産は、捨てられたものと見るべきで**ない**のか。どのような根拠に基づいて、他のすべての人は故人の財産に対して然るべき権限がないと言えるのか。Bさん以外のすべての人も、自分がAさんだという擬制を広める権限があるのだろうか。すなわち、擬制を広めるこの権限は、正当な権利に由来しうるのだろうか。借金を返済するという私の正当な義務は、私が実際に借金の返済を引き受けたにもかかわらず、決して引き受けなかったという擬制を作り上げることで、無効にできるのだろうか。

残念ながら、ここで、法的擬制という非常に興味深い主題に深入りすることはできない。ベンサムは、次のような彼一流の辛辣な観察を述べている。

英国の法において、擬制は梅毒であり、あらゆる血管に流れ、組織のあらゆる部分に腐敗の原理をもたらす。……擬制が正義に役立つだろうか。詐欺が取引に役立つのとちょうど同じように。……擬制は、擬制を発明して最初に用いた人たちが道徳的に堕落していることの推定的かつ決定的な証拠である。[42]

ロン・フラーは、この法的擬制というものを主題的に論じた著作の中で、より慎重に次のように述べている。

一般に擬制の意図は、既存の具体的な法の支配の帰結を逃れることである。……しかしときに、その意図がかなり不明瞭なこともある。たとえば、ある場合に擬制の意図は、なにか具体的な既知の法の支配の含意ではなくて、法理学や道徳の暗黙の非常に一般的で曖昧な原則の含意を避けることだと思われる。[43]

疑いもなく、法的擬制の中にはどちらかと言えば罪のないもの、純粋に「技術的な困難を克服するための便宜」にすぎないものもある。しかし、ほぼ明らかだと思われるのは、少なくとも、人に法的擬制を受け入れる正当な義務があるとは言えないということである。自然状態に法的擬制は存在しない。

したがって、遺贈という制度は、財産権の移転を説明するために用いられる標準的な枠組み、すなわち私人──それが遺言をする人と相続人であれ、遺言をする人と遺言執行人と相続人であれ──間の法的二項関係からなる行為としては解明できない。遺贈の場合の権利や権限や義務は、ハーコートの言い回しでは、「純粋に法が作りだしたもの」である。そうした権利や権限や義務は、どうしても、普遍的拘束力をもつ擬制に依拠せ

---

42 Fuller, *Legal Fiction*, 2-3 で引用されている。Ogden, *Bentham's Theory of Fictions* の特に 148 頁も参照。
43 Fuller, *Legal Fictions*, 53.

ざるをえない——しかし、その擬制は、所有権を移転する義務が遺言をした人に対しても相続人に対しても負われえず、(もし負われるとすれば)国家に対してのみ負われうるという事実に反している。誰も正当な権利によって、そのような擬制を広める権限を与えられることはないし、ましてやそのような擬制から、他人への強制が許されるような請求権を引きだすこともできない。

要するに、遺贈という**法的**権限には**道徳的**権限が伴っていない。だから、もし遺贈が正当化されるとしても、その正当化は正義の要求ではありえない。よって死者の財産は、もともと無主の物に分類される、原料としての自然資源になる——そのような無主の物は、すべての人に、すでに見たように、均等配分に対する原初の権利がある。[44]

かくして、もし故人に権利がないなら、未来の人についてはどうか。特に生態系への配慮が高まりつつある近年において一般的な見方は、現在の人には、私たちが亡くなった後ではじめて生まれてくる人たちに対する道徳的な義務があるというものである。この配慮は間違いではない。統計的外挿の専門家でなくとも、現在の多くの活動が地球の将来的な居住適性にとって脅威であることを大まかに理解することはできるだろう。したがって、現在の人には遠い未来の子孫のために環境を保全し、それに応じて自分たちの生活水準を制限する道徳的義務があるという主張は、正当である。[45] だから私は、デレク・パーフィットの次のような議論に賛同する。

44　このように正確に述べるのでない場合、もちろん、死者の財産は(捨てられた財産と同じように)文字通りに**もとも**と無主の物とは言えない。

45　こうした義務の客体が正確に誰であるかは、各世代の人口(したがってまた各世代の環境上の必要性の大きさ)が——あらかじめ決まっているどころか——前の世代の生殖に関する選択によって決まるという事実があるために、いくらか不透明になる。前の世代はこうした生殖上の選択をするときに、おそらく、自分たち自身の消費選好を考慮する私が壊れたグラスを森の茂みの中に残すとしてみよう。百年後、このグラスがある子供を傷つける。私の行為はこの子供を害するのである。もし私が安全にこのグラスを埋めていたら、この子供はけがをせずに森を通り抜けていただろう。私が傷つける子供が今存在しないということは、道徳的に相違をもたらすだろうか。ある見解によると、道徳原理は、**報いる**（reciprocate）ことができる人々、あるいは相互に害や利益を与えることができる人々しかカバーしない。もし私がこの子供から害も利益も受けることがありえないならば――そう想像することは説得的だ――、私がこの子供に与える害は道徳的に重要ではない。われわれはこの見解を退けるべきだと私は想定する。……空間的な遠さと同様に、時間的な遠さも、それ自体として重要なわけではない。[46]

私たちにはたしかに、自分たち（自分および自分以外の今生きている人たち）の遠い未来の子孫に関する道徳的義務がある。しかし、ここでも問う必要があるのは、死者の場合と同じように、未来の人に対するこうした義務は、それに**対応する**権利がありうるかということである。こうした義務は、**正義**の要求だろうか。未来の人は**権利**として、私たちが環境を保全することを要求でき、したがって私たちに環境保全を強制することが許

のみならず、自分たちの消費選好が子孫の将来の生活条件（環境条件も含めて）に与える影響も考慮に入れるだろう。こうして生まれる道徳的に複雑な問題のいくつかについては、Steiner, "Markets and Law: The Case of Environmental Conservation," 52-7を参照。

46　パーフィット『理由と人格』四八六～四八七頁。〔訳文には、多少の訂正を加えた。〕

されるのだろうか。[47]

『正義論』の中でジョン・ロールズは、「正義にかなった貯蓄原理」を述べており、実際にそのような（未来の人の）権利があるということを暗黙の内に認めている。[48] たしかに、物質的遺産を残しておく私たちの正当な義務についてのロールズの説明は、私の提起している問題と二つの点で違っている。第一に、ロールズの議論は、各世代が未来（すなわち時間的に遠い将来）の人というよりもすぐ次の世代に対してどういう義務を負うかという形で述べられている。第二に、ロールズは、環境資源というよりも**生みだされた**生産要素——資本の蓄積——に焦点を当てている。にもかかわらず、こうした違いによって、未来の人の権利という前提がロールズの提案の基礎にあるという主張が覆ることはない。というのも、ロールズは「原初状態」の中に「家系」の代表を含めていて、その意図は、現在の人の許容可能な最低限の貯蓄水準を決定するのに、未来の人の利益が制約として一定の役割を果たすようにすることだからである。そして正義に適った貯蓄原理には、現在の生態系への憂慮に応えて、なんらかの保全された環境と蓄積された資本の世代間移転を要求する意図もあると考えて差し支えないだろう。結局のところ、環境の保全も資本の蓄積も、現在の人の消費水準を制限することになる、ある種の節約である。ロールズその他多くの人の見方では、こうした制限は、正義の要求として課すことができ、したがって未来の人には現在の人に対する道徳的権利があるということになる。[49]

さて、そのような権利がありえないことをかなり高飛車に示そうと思えば、そのような権利が結局、**相続**の

47　もちろん現在の人は、他の現在の人に環境を保全させる権利をもちうる——そのことは争点ではない。

48　ロールズ『正義論』三八一頁以下。Barry, *Theories of Justice*, 189-203 も参照。

49　Laslett and Fishkin (eds.), *Justice Between Age Groups and Generations* の中のいくつかの論文を参照。反対の見解については、Sagoff, *The Economy of the Earth* の特に 63-4 を参照。

権利に等しいということを指摘すれば足りる――相続の権利は、先に述べたように、正当な権限を獲得する四つの方法の中のどれでもないからである。[50] もう少し丁寧に言えば、未来の人が現在の人に対して権利をもつという考えは、遺贈が直面するのと同じ一般的な問題にぶつかる。それはすなわち、その考えに含まれるホーフェルドのいう法的地位すべてのありかを見い出すことができないということである。

権利があるとは、（相手に）それに対応する義務の順守を免除したり、要求・強制したりする権限があるということである。なるほど、そのような義務の順守に対して権利があるとしても、権利の保有者が、たとえば自分で必要な強制力を揮って、実際にそのような権限を行使できるということにはならない――その場合、権利の保有者は、そのような権限を他人（たとえば、国家）に与えて、他人にそのような権限を行使させることができる。しかし、確かに言えることとして、権利の保有者がそのような権限を行使したり、他人に行使させたりしても、不合理な点、論理的矛盾は何もない。そしてこの点に関して、おそらく次の点は強調しておくに値するだろう――すなわち、そのような権限は、権利を保有する本人だけが他人に与え、他人に行使させることができる。赤松君がAする義務を白川君が解除したり強制したりすることが、赤松君にAをさせる青山さんの権利に含まれた権限の行使であるためには、そうした権限を青山さんが白川君に与えたのでなければならない。もし白川君がそうした権限をもつことが青山さんからの授権を前提するので**なかった**ならば、他の誰でも同じように、そうした権限があって、Aする義務を赤松君に順守させるか解除するかを決められると主張するだろう。要するに、権利を守る権限があるとは、その権利の保有者であるか、またはその権利の保有者によって授権されているということなのである。

50　少し前の三九二～三九三頁および注34を参照。

こうした形式的な考察からかなり容易に、現在の人が未来の人に対してもつ道徳的義務は、権利に対応するような義務ではないということが言える。未来の人は、現在の人にそうした義務の順守を解除することも要求することも強制することもできない。そしてこれは、たんに物理的な能力不足、経験的な不可能性[51]ではない。未来の人は、現在の人に義務の順守を解除することも要求することも、現在の人の義務の不履行を妨げることも、義務の不履行に対して現在の人を処罰することも原理的にできない――なぜなら、仮定により、未来の人は現在の人と同時には存在しないからである。[52] そしてこの故にまた、未来の人が誰か現在の人にそうした権限を行使させることも論理的に不可能ということになる。したがって、そのような要求や強制は、未来の人の権利に含まれた権限の行使と見なすことができない。未来の人には、現在の人に対して何の権利もない、したがって現在の人に貯蓄をさせたり（未来の人のために）なにかを保全させたりする権利もないのである。

51　病気の人や寝ている人、相手から地理的に遠く離れた人の場合のように。
52　この議論を述べた私の論文を読んだ匿名査読者は、**時間旅行**は論理的というよりも技術的に不可能なので、未来の人がこうした権限を行使できないのは必然というよりも偶然にすぎないと反論した。もちろん、時間旅行という考えは、多くの一般書や映画の中で広く論じられているし、私はここでその考えに対して早計な判断をしようとは思わない。その考えに付きまとう**概念的**な問題もよく知られている――なかでもかなり手強い問題は、いつか存在することになるすべての人が文字通りの意味で同時代人になり、したがってお互いに関わり合うことができるようになるということである。それどころか、私の過去の自分と未来の自分が同時に存在することもできるようになる。そうすると結局、私の主張は、**もし**二人の人が時間を共有しないことがありうるとすれば、未来の人が現在の人に対してこうした権限を行使することはありえないというものになるだろう。ついでに言えば、過去の人も同様である。

（二）人と場所

簡単な権利侵害の例を述べよう。青山さんの家と赤松君の家は隣り同士で、青山さんは自分の家の庭で腰を下ろしている――そのとき赤松君が自分の家の庭から青山さんに銃を向けて発砲し、青山さんに怪我をさせた。二人の間には、この銃撃を許容するような契約の了解もなければ、先に青山さんが赤松君の権利を侵害したということもない。だから赤松君の行為は、青山さんの自己所有権の明白な侵害である。

次の例として、白川君の家も青山さんの家の（反対側の）隣にあって、白川君がやはり自分の家の庭で腰を下ろしているとき、赤松君が白川君に銃を向けて撃ったとしよう。そしてこの行為を許容するような契約の了解や過去の権利侵害も同じくないとしよう。赤松君の行為は、白川君の自己所有権の侵害ではないだろうか。白川君の家と青山さんの家の間の塀が、赤松君の家と青山さんの家の間の塀とは違って、**国境**であるとして、それがなにか重要な違いになるだろうか。明らかに否である。赤松君が外国人の白川君を撃ったのは、赤松君が同国人の青山さんを撃ったのと同じように、原初の権利の侵害である。他人の原初の権利およびそこから派生した権利を尊重する私たちの道徳的義務は、国境で突然、消えてなくなりはしない。[53] より一般的に、私たちの道徳的義務は、私たちがたまたま居あわせる地方や国といった司法管轄区の境界線で終わるものではない。

53　こうした義務が**すべての**派生的権利に――物権（rights *in rem*）にも債権（rights *in personam*）にも――及ぶということは、先に「対少数の（paucital）」権利と「対多数の（multital）」権利についての議論（第三章（八）節）の中で論じた。

道徳的義務の有効範囲は**全世界**なのである。

もちろん、私たちの道徳的義務のすべてが全世界的というわけではない。権利に対応するのでないような義務――正義以外の価値や規則によって求められる義務――の多くは、有効範囲がより限定的と見なしてよいだろう。このことは、自分自身に対する義務について、また親密な関係や友情や連帯や愛国と結びついた義務について明らかに当てはまる。善意の場合には、それほど当てはまらない――知らない人やよそ者（外国人）の必要性を仲間の必要性と同じように扱うべきだという強力な議論を立てることができる。[54] そして効用の最大化の場合には、もし仮に当てはまることがあるとしても、ほとんど当てはまらない。[55] これらすべての場合に、有効範囲が限定的か否かに関わりなく、道徳はしばしば、私たちに正当な権利がある場合でも、私たちが相手の人の義務を解除することを――すなわち、私たちが正当に所有する財やサービスを相手の人に提供したり、あるいは私たちが受け取るはずの財やサービスを相手の人が私たちに提供してくれなくても許してあげたりすることを――要求する。たしかに正義が辞書的に第一で、正義の義務が全世界的に有効だとしても、そのような義務を解除してあげることが禁止されるわけではない。禁止されるのは、正義の義務の解除がないときに、より限定的な義務を優先することである。赤松君が外国人の白川君を撃つのは、愛国や連帯の行為である

54　Singer, "Fammine, Affluence and Morality" を参照。

55　ただし、効用の最大化や善意の義務は、有効範囲が限定的なほうが、より効率的に果たされると信じる経験的根拠がある――少なくとも、こうした義務のそれぞれの有効範囲（集団）に、義務を果たす等しい能力が（一般的にはないのだけれども）ある限りにおいては。そのような根拠を効用の最大化や善意という原理と組み合わせれば、シジウィックが「中間公理」――派生原理ないしは経験則――と呼んだものが生まれ、こうした原理（義務）をまずは範囲限定的に遂行すべしということになる。重要な種類の善意は「公共財」だという議論については、A. Buchanan, *Ethics, Efficiency and the Market*, 71-4 および Hahn, "Benevolence" を参照。

かもしれない。しかし、それにもかかわらず不正な行為なのである。

たとえば、青山さんが白川君から自動車を買うとか、白川君をお茶に誘うとか、白川君を庭仕事に雇うとか、さらには期限を設けずに白川君に庭で野営をさせてあげるとしよう。青山さんの同国人である赤松君にも原初の権利があるけれども、赤松君には青山さんのこうした行為を妨げる権限が果たしてありうるだろうか――妨げるどころか、課金する権限さえもありえないだろう。青山さんが事前に許可していないのに、もし赤松君がこうしたことをすれば、青山さんの相手が白川君であるとしても、青山さんの権利を侵害することになるだろう――それは、青山さんの相手が同国人である場合に、もし赤松君がそのようなことをすれば、明らかに青山さんの権利を侵害することになるのと同じである。今度は代わって、白川君のほうが青山さんをお茶に誘ったり、庭仕事を頼んだり、庭で野営をさせてあげたりするとしよう――また、青山さんのほうでもこうした行為を差し控えるべき何のいわれもないとしよう。赤松君には、青山さんを国境の内側に留め置く原初の権限があるだろうか。明白に否である。[56]

それでは、もし青山さんが自分自身だけではなくて自分の土地も国境の内側から外に出そうとしたら、どうだろうか。つまり、青山さんが**分離独立**しようとしたら、どうだろうか。赤松君には、それを妨げる権限があ

56　ウォルツァーは、赤松君に青山さんを留め置く権限がないことに同意するが、白川君の入国を妨げる権限はあると主張する（『正義の領分』七三頁）。出国と入国が道徳的に非対称だという議論は、こうである――「入国移民を管理するこの権利は、出国移民を管理する権利を含む、あるいは伴うものではない。……入国制限は、お互いに係わり合い、また共同生活においても関与し合っている人々の自由と福祉を、そして政治と文化を擁護する助けとなる。しかし、出国移民の制限は、関与を強制に変える。」しかし、青山さんが白川君を泊めてあげるのを赤松君が妨げるとき、どうして関与が強制になっていないのか――理解が困難である。

るだろうか。ロックは、明らかに、そのような権限があると考えたようである。ロックは、正当な国家は個人の同意によって形成されると説明する――したがって国民国家の領土はその国家を共同で作ろうとする土地所有者たちの土地と正確に一致する――にもかかわらず、「国家が領土のいかなる部分の分割も許さない」というやり方を肯定するように思われる。[57]

かくして、土地所有者の権利に分離独立の権限が含まれることを否定するロックは（他の非常に多くの人たちと同じように）いわゆる「魔法の日付け論[58]」の不思議な魅力にとりつかれている。「魔法の日付け論」とは、こうである。魔法の日の前には、土地所有者は、他のあらゆる権利の保有者と同じように、自分たちの権利を自分たちが承認する機関によって共同で守るための長期または短期の契約に入る権限がある。しかし、魔法の日の後では、こうした権限は不可解にも切り捨てられ、すべてのそのような契約は永遠に拘束力をもつ、すなわち土地所有者によってもその権利の継承者によっても撤回できないものとな**ねばならない**。したがって、土地所有者にとって唯一可能な脱退方法は、自分自身と自分の**動**産だけを国家から外に出すことで、「自分の」不動産を外に出すことはできない。この理論では、他人と共に土地を合わせて国家を作るための条件と土地を分離するための条件は、根本的に道徳的に非対称なのである。

「魔法の日付け論」は、よく知られているように、不完全である。そもそも魔法の日が存在する理由も人類

57　ロック『市民政府論』一一七節。所有権についての長い議論（第五章）のいくつかの箇所においてと同様、ここでも、ロックがすでに述べた原理と関係した、なんらかの支配的な慣行について述べるとき、規範的な言葉遣いがかなり唐突に記述的な言葉遣いに移っている――そうした慣行はロックの原理に反しているが、にもかかわらずロックはそうした慣行を非難しないように見える。

58　この上手な命名は、ニコラス・タイドマンによるものである。

史の中でなぜ魔法の日が複数ありうるのかも説明しないし、魔法の日が正確にいつかを知る方法も述べていないからである。しかし、たとえそうした不足がなんらかの仕方で補われたとしても、明らかに、分離独立のそのような絶対的禁止を個人の権利から導き出すことはできない。もちろん、土地所有者たちは、もし望むなら、互いに分離独立しないという契約に同意して、そのような義務を負うことができる。そして、もしそうしたければ、自分の権利の譲り受け人（自分の土地の権利を売ったり与えたりする相手）に分離独立しない義務を負わせることもできる。[59] この関連で、一般に権利の保有者（Aさん）に、契約によってその権利の譲り受け人（Bさん）に、〈さらに次の譲り受け人（Cさん）に義務を負わせる〉という義務を負わせる道徳的権限があるかというのは、一つの非常に興味深い問題である——この問題を実際に古典的自由主義者は相当に議論した。[60] ひょっとしたら、そういう道徳的権限があるかもしれない。しかし、たとえそのような義務の継承が契約の条件として許されるとしても、依然としてそれらは、「魔法の日付け論」が述べるような強制的なものではない。だから青山さんは、そのような義務を負わない**可能性がある**。その場合、赤松君には、青山さんが自分の土地を（国家から）持ちだすのを妨げる権限はない。[61]

59 そうすることの代価として、おそらく、所有権に対するあらゆる制限の場合と同様に、土地の権利の価値が下がる。

60 実際のところ、国家の領土を保全し続けるためには、建国の土地所有者たちは**互いに**、〈後続の譲り受け人に、譲り受け人がいない土地の（おそらく共同の）所有権を引きうける義務を負わせる〉という義務を負う必要もあるだろう。

61 ブキャナンは、その著 *Secession* において、分離独立する権限を、個人というよりも**集団**の権利——すなわち個人の権利の集合には還元できないような権利——から導き出す。個人の権利に還元できないような集団の権利がはたして可能か、疑わしいということは、先の第六章（ハ）節で述べておいた。ブキャナンの詳細な議論そのものがすでに明らかにしてくれているように、そのような集団の権利からは、十中八九、個人の権利は言うまでもなく、他の集団の権利とも共存不可能な請求権が出てくるだろう。これは何も驚きではない——こうした請求権（たとえば領土に対す要するに、「魔法の日付け論」およびそれに対応して「魔法の扉論」とでも呼べるもの――扉から誰が入るかは管理することができるが、扉から誰が出ていくかは管理できないという理論――の道徳的非対称性は、正義となんの関係もない。原初の権利およびそこから派生する権利によって、私たちには、分離独立する権限があり、外国人と契約して彼らやその財産を輸入し（受け入れ）たり自分たち自身や自分たちの財産を輸出し（持ち出し）たりする権限がある。たしかに、社会的連帯や愛国心や親密な関係の要求は、こうした行為の一部または全部を禁止するかもしれない。[62] ひょっとしたら、青山さんは、もしこうした行為をするならば、自分の権利を非常に間違った仕方で行使しているのかもしれない。しかし青山さんは、自分の権利の範囲内で行為している。したがって、青山さんがそうするのをもし誰かが妨げるとすれば、それこそ不正なのである。

自己所有権およびそこから派生した権利について言えることは、明らかに、もう一つの原初の権利、つまり

る請求権）は指示対象的に特定できるけれども、請求権の主体（集団）を特定する基準には、「文化的帰属」の利益というような、あくまでも概念的な要素が含まれるからである。ブキャナンは、そのような「混合的な」（集団と個人）権利論が擁護可能かという自由主義的な疑念を静めるべく、「古典的な自由民主主義論には、少なくとも一つの根本的な集団権――すなわち**その**人びと（**the** people）が政治共同体を作る権利――が含まれている」（*Secession*, 77, 強調は引用者が追加）と主張する。しかし、ブキャナンの主張では定冠詞を使って「その人びと」と言われていて、議論が循環論になっている。政治共同体を作る権利は、古典的な自由民主主義論では通例、ただの**人びと**に帰されるのであって、**その**人びとに帰されるのではない――もちろん例外は、「その人びと」がすでに（そして論点先取的に）領土によって特定されている場合であり、その場合でも、政治共同体を作る権利がただ一つの包括的な政治共同体を作ることに限定されるかどうかは疑わしい。古典的自由主義を標準的に解釈する限り、人には他人を政治（あるいは他の）共同体に強制参加させる権限はない。

62　そういうことが、O'Neill, "Magic Associations and Imperfect People," 118-19 で示唆されている。

元々無主の物の平等な取り分に対する権利についても言える——今述べた自己所有権から派生した権利も、部分的にはこの平等な取り分に対する権利から派生している。[63] 自己所有権の場合と同様に、この平等な取り分の権利が要求する平等性も、全世界的であって、地域限定的ではない。赤松君には、この平等な取り分の権利に対応する義務が、青山さんに対してと同じく白川さんに対してもある。赤松君が元々無主の物の平等な取り分を青山さんその他すべての同国人に認めるだけでは、十分ではない——赤松君は、白川さんその他すべての人の平等な権原を、その人たちが地球上のどこにいるかに関係なく、尊重する必要がある。その人たちが国境の遥か彼方にいるということが事実であるとしても、その人たちを銃で撃つことが許されないのと同様に、その人たちからこの平等な権原を奪うことも許されないのである。

63 そのような元々無主の物の中で断然重要なのは、もちろん、土地である。しかし、この原初の（平等な取り分に対する）権利が土地所有権にどのように影響するのかという（次章で論じる）問題を、誰に土地財産の法的帰属を決定する権限があるのかという問題と区別することが重要である。

第八章　結　論――正しい再配分

権利とその共存可能性条件の本性からして、物に対する権原を獲得する方法は四つしかありえない――すなわち原始取得、生産、自発的な譲渡、賠償である。これらのうち、自発的な譲渡と賠償だけが単刀直入に**再配分的**、つまり所有権者の変更を伴うと言える。自発的な譲渡――典型的には贈与と交換――は、非強制的な再配分である。それは、譲渡に同意しているのでない限り、権原の保有者は、権原を相手に譲渡する義務がないという意味で、非強制的である。だから、そのような同意がない場合、譲渡を実行させる権限は誰にもない。そしてそのような同意がある場合、譲渡を実行させることは正しい。

他方、賠償は強制的な再配分であり、賠償を実行させる権限が誰かに正当にあるとしても、それは権原保有者の側での事前の同意を前提としない。実質において、権原保有者に当該の物に対する**正当な**権原はなく、受け取り手の側に正当な権原がある。賠償は、ごく大雑把に言って、権利の侵害によって押し付けられた不正な再配分を**元に戻す**再配分である――すなわち賠償は、正しい分配を回復するのである。[1] ある人が何か――他

1　しかしこれは、「ごく大雑把に言って」のことにすぎない――というのは、よく知られているように、権利の侵害は、

人に権原がある物――をその他人の許可なくして奪ったり使ったり、さらに一般的に手にしたりした場合、その人には賠償をする義務がある。

権原についてのこの説明からすると、賠償には二種類があるということになる。第一の種類の賠償の原因となるのは、特定の権原――すなわち特定の人の自己所有権や労働の成果に対する権利やそれらから生産行為や自発的な譲渡によって派生した（ないしは**派生したであろう**）権利――を侵害して不正な再配分を押し付ける行為である。[2] 特定の権原を侵害した特定の人は、権原を侵害された特定の人に対して、権原侵害の大きさに等しい賠償額を支払う義務を負う。そこからさらに、過去に不正が行われて賠償がされなかった場合、加害者の現在の継承者は被害者の現在の継承者に対して賠償する義務を負うということにもなる。[3]

（i）被害者がもはや存在せず、したがって賠償の受け取り手は、被害者がもし死んでいなかったならば指定したであろう生存者でしかありえないかもしれないし、（ii）侵害の度合いが余りにも重大なために完全な補償が不可能であるかもしれないからである（第六章（ロ）節の議論を参照）。

2　ある行為がある権利の行使から派生**したであろう**別の権利を侵害しているということは、要するに、その行為が**搾取**だということである（先の第五章（ニ）節を参照）。搾取された人（Aさん）とは、別の人（Bさん）が事前に権利を侵害されて、Aさんに出せる量を決定的に減らされたために――そうでなかった場合に比べて――（Aさん自身にとって）より不利な取り引きしか手に入れられなかった人のことである。よって、搾取した人が実際に行われた取り引きから得た利益の一部は、そうした不正な権利侵害に帰すことができ、したがって不正であり、そこから賠償の義務が生じる。権利を侵害した人が搾取した人と別人である場合に、この賠償義務の負担が二人の間でどのように分担されるべきかは、ここでは答えられないけれども、重要な問いである。

3　過去の不正行為の犠牲者の現在の継承者というのは、条件法的に次のように説明される――すなわち、実際には不正が賠償されず犠牲者が価値を奪われたのだけれども、もしそういうことがなかったならば、その（実際には奪われた）価値が犠牲者から次々と譲渡されていき、その結果、今現在よりよい状況にあったであろうすべての人である。このこれ以降、この第一の種類の賠償に言及するときには、「二者間賠償」という呼び名を使うことにする——

主題についての一部の文献は、そのような継承者に対する賠償義務は、犠牲者本人に対する（まったく支払われなかった）賠償義務よりも**小さく**ならざるを得ないという考えを述べがちである。そうした考えの動機としては、「未来の個人の逆説」に見られる個人の同一性の問題がある。この逆説は、次のような争うことのできない事実に基づくとされる——すなわち、そうした不正行為によって生み出された過去の状況がなかったならば、犠牲者の現在の継承者の多くは決して生まれていなかっただろうし、したがって、もし不正がなかったならば自分たちがよりよい状況にあっただろうと主張することができない、ということである。したがって、現在の賠償義務は、元々の犠牲者に対する（まったく支払われなかった）賠償義務よりも小さいという結論になるとされる——しかし、この結論にはもう一つまったく根拠のない前提があって、それは、犠牲者の現在の継承者が犠牲者の**子孫**に限られるというものである。かくしてたとえば、ジェームズ・フィシュキンは、*Justice, Equal Opportunity and the Family*, 101 において次のようなもっともな議論を述べている——「私の祖母は性差別を受けたかもしれず、その結果、祖母の子孫になんらかの不利益がもたらされたかもしれないけれども、もし性差別がなかったならば、明らかに祖母には別の子孫がいただろう。祖母が専業主婦ではなくて職業婦人の生き方を選んだと想定すれば、たしかに祖母が産んだ子供の数は実際に産んだ五人よりも少なかっただろうし、ひょっとしたら一人も産まなかったかもしれない……」この議論は、フィシュキンには祖母が被った不正に関して賠償を受ける権原がないということを示すかもしれないけれども、その賠償を請求できる現在の人が**誰もいない**ということは示していない。性差別によってフィシュキンの祖母はなんらかの価値を奪われた。もしフィシュキンの祖母がその損失を被らなかったならば、その（実際には奪われた）価値は、職業収入を手にした彼女に商品やサービスを売ったであろうさまざまな人たちや、彼女のさまざまな（血縁や非血縁の）相続人や受益者たちの手に移っていったであろう——そして結局は、その価値を実際に手にすることになった現在の人たちとは**別の**現在の人たちの手に移っていたであろう。この「別の現在の人たち」を経験的に確定することは困難かもしれない。しかし、だからといって、その人たちの存在を疑う理由にはならないし、したがってまた、価値を実際に手にすることになった人たちがこの「別の人たち」に対して賠償義務を負うことを否定する理由にもならない。不正は価値を再配分するのであって、破壊するのではない。

それに対して、この最後の章で議論したい、もう一つの種類の賠償は、「対多的賠償」と名づけることができる。というのは、先に挙げたさまざまな種類の特定の権原に加えて、私たちがすでに見たように、すべての人には**元々無主の物**──すなわち、原初的に無主の物（自然資源）および（放棄や人の死亡によって）無主になった物──に対する正当な原初の権利があるからである。たしかに、仮定からして、いかなる特定の人にも特定の無主物に対する原初の権原はない。にもかかわらず、すべての人に、無主物の平等な取り分に対する権原がある。したがって、平等な取り分よりもたくさん所有した人（言わば「取りすぎた人」）は、再配分をしている。平等な取り分よりも少ししか取らなかった人（言わば「取らなさすぎた人」）のいく人かまたは全員に不正な分配を押しつけているのである。[4] したがって、その人たちに対して、取りすぎた人は賠償義務を負う。

二者間賠償の原因となる権原侵害とは違って、ここでは、特定の取りすぎ行為が、特定の取らなさすぎた人の権利を侵害するのではない。[5] しかし、にもかかわらず、私たちは、すべての特定の取りすぎた人は、自分が取りすぎた量に等しい賠償義務を負うと考えることができる。したがって、取りすぎた人たちが負う賠償総額は、彼らが取りすぎた総量に等しい。この賠償総額を**基金**と見なして、取らなさすぎた人は基金に対して正当な請求権をもつと考えると、分かりよいだろう。

正確にどの取らなさすぎた人がいかなる請求権をもつのかは、分かることもあれば分からないこともある。まず第一に、五人の世界を考えてみよう──そこでは、元々無主の物は全部で三十単位あり、それらはすべて

---

4 取りすぎた人が、取らなさすぎた人の全員に不正な分配を押しつけているのか、それとも一部の人たちにだけかは、依然として（他人が所有できるよう）残された無主物の相対的な量による。もし何も残されていないならば、取らなさすぎた人の**全員**が権利を侵害されているのである。

5 ただし例外は、取りすぎた人が一人だけで、取らなさすぎた人も一人だけという限界事例の場合である。

表8.1

	元々無主の物の配分	取りすぎた（基金へ支払うべき）分	取らなさすぎた（基金から受けとるべき）分
赤松君	10	4	0
白川君	7	1	0
青山さん	6	0	0
黒田さん	5	0	1
桃井君	2	0	4
誰のものでもない	0	–	–
合計	30	5	5

所有されている（すなわち、「誰も所有していない」物は一つもない）としよう。したがって、元々無主の物の平等な取り分は六単位であり、赤松君と白川君が取りすぎで、黒田さんと桃井君が取らなさすぎで、青山さんはどちらでもないとしよう（**表8・1**）。この場合、私たちには、取らなさすぎた黒田さんと桃井君のそれぞれが基金に対してどれだけ請求できるかが分かる。

しかし次に、今とほとんど同じであるが、ただ赤松君が取りすぎた量がすこし少なく、所有されて**いない**物が残っている世界を考えてみよう（**表8・2**）。この第二の世界では、取らなさすぎた黒田さんが賠償基金に対して請求できるのは最大でも一単位であり、その場合、基金に残る三単位と所有されていない一単位とが桃井君に残される――このことは分かる。あるいは、桃井君が基金の四単位すべてを請求して、所有されていない一単位が黒田さんに残されるかもしれない。これら二通りのやり方のどちらでも、正義の要求は満たされる。一般に、こうしたかなり初歩的な説明によって明らかになるのは、取らなさすぎた人たちの権原（請求権）の総量が、（取りすぎた人たちから）基金に対して支払われるべき分量と未だ所有されていない分量の合計に等しいということである。

もう一つ、再配分にとってかなり重要な点がある。この数十年の

表 8.2

	元々無主の物の配分	取りすぎた（基金へ支払うべき）分	取らなさすぎた（基金から受けとるべき）分
赤松君	9	3	0
白川君	7	1	0
青山さん	6	0	0
黒田さん	5	0	?
桃井君	2	0	?
誰のものでもない	1	–	–
合計	30	4	4

間に、哲学的研究が、配分的正義の要求の国際的側面に関わるようになってきた。そうした配分的正義の要求の中には、第七章の最後の節で論じた問題——すなわち人や資本の国際的移動および分離独立——に関係するものがある。[6] また、ある国民が別の国民に対して負うとされる富の移転義務に焦点を当てるものもある。[7]

この富の移転義務に関して、ここでの議論との関係で、次のことを思い起こすことが重要である——すなわち、元々無主の物の平等な取り分に対する各人の原初の権利には、それに対応する義

6　先に挙げたウォルツァーやブキャナンの著作に加えて、Tagil, Gerner, Henrikson, Johansson, Oldberg and Salomon, *Studying Boundary Conflicts*, Brown and Shue (eds), *Boundaries*, Barry and Goodin (eds), *Free Movement* を参照。

7　この分野の重要な著作には、以下のものがある——Aiken and La Follette (eds), *World Hunger and Moral Obligation*, Schachter, *Sharing the World's Resources*, ベイツ『国際秩序と正義』、Shue, *Basic Rights*, セン『貧困と飢饉』、O'Neill, *Faces of Hunger*, Pogge, *Realizing Rawls*, Brown, *International Relations Theory*, および Pennock and Chapman (eds), *Nomos XXIV: Ethics, Economics and the Law* に所収の Barry, Nielsen, Franck, Richards の論文である。

務が他の**すべての**人にあるということである。つまり、第七章の終わりで論じたように、この原初の権利が要求する平等性は、射程が全世界的である。この原初の権利を「世界平均」に対する権利と呼ぶこともできるだろう。それは、元々無主の物**全部**の平等な取り分に対する、個人の権利である。ひょっとしたら、赤松君や白川君、黒田さんや桃井君はそれぞれ別の社会に属しているかもしれない、別々の国の市民であるかもしれない。したがって、賠償基金は、こうした原初の権利を保障する枠組みとして、**地球基金**である。

もう一点。地球基金の会計責任者は、次のことも考慮する必要がある。元々無主の物に分類される物品の中には、それぞれの国で**公共**ないしは**国有**の財産とされている物が含まれる。言い換えると、そうした財産の処分を管理する権限は公務員に与えられており、したがって公務員がそうした財産に対する権利の保有者である。[8]赤松君や白川君、黒田さんや桃井君は、たんに別々の国の市民であるだけではなくて、それぞれの国でそのような権利をもつ公務員であるかもしれない。かくして地球基金の会計担当者は、この事実を、取らなさすぎや取りすぎの計算の中に反映させる必要がある。[9]

地球基金のための課金の根拠は、すでに見たように、世界平均に対する各人の原初の権利に対応する、他のすべての人の義務である。しかし、こうした原初の権利の正確な内容、したがってまた地球基金のための課金を誰がどれだけを払うのかは、常に完全に分明とは限らない。不分明になる主な理由はほぼ明らかである。その主な理由は、次のように見ていくことができる。

8　第三章（イ）節を参照。

9　大雑把に言って、**国家が（国有財産について）査定された額を支払う必要がある**。Tideman, "Commons and Commonwealths" では、地球基金のような枠組みが、どのように様々な好ましい仕掛け——たとえば国家間の領土紛争の平和的解決を促す仕組み——を生み出すかの興味深い説明が述べられている。

いかなる自然資源にも未だ労働が加えられていない世界を想像してみよう――そこでは、自然資源は全部で十二エーカーの同質な土地だけであり、二人の人、赤松君と青山さんだけがいるとしよう。そうすると、世界平均に対する原初の権利によって、赤松君と青山さんのそれぞれには六エーカーに対する権原がある。

そこで、もし赤松君と青山さんのいずれかが土地に労働を加えるよりも前に、白川君が（本人には何の落度もなく）遅れて第三の人間として現れたとすれば、どうなるだろうか。無主の物に対する白川君の権利に関して、赤松君や青山さんの義務はどのようなものになるだろうか。単純な、それ故に私たちが採用する解決法は、赤松君と青山さんのぞれぞれが白川君に二エーカーを譲るべきだというものである――そうすると、三人はそれぞれ新しい世界平均である四エーカーに対する権原をもつことになる。そしてもし黒田さんがさらに少し遅れて現れたならば、世界平均（今度は三エーカーになる）に対する黒田さんの原初の権利を、赤松君と青山さんと白川君の三人は誠実に尊重し、それぞれが黒田さんに一エーカーを譲る。

しかし、もし黒田さんがそれよりもさらにもう少し遅れて現れたならば、どうなるだろうか。もし白川君が現れた後、黒田さんが現れるまでの間に、いくつかの重要なことが起こっていたら、どうなるだろうか。たとえば、赤松君はたんに二エーカーではなくて自分が最初にもっていた六エーカー全部を白川君に譲渡していて、その結果、白川君は全部で八エーカーをもっているとしよう。こうした状況では、黒田さんに三エーカーに対する権原があるということは、すでに述べた青山さんからの一エーカーの移転に加えて、白川君が二エーカーを譲るべきということになる。もちろん、もし赤松君が白川君に四エーカーを余分に自発的に譲渡したのが有償の譲渡であったならば、白川君は、自分が支払った額の四分の一を赤松君から回復する権原があると言えるだろう[10]——あるいは、赤松君は自分が受け取った額の四分の一を黒田さんに直接支払って、白川君が一エーカーだけを黒田さんに譲るようにしてもよいだろう。

白川君が現れた後、黒田さんが現れるまでの間の物事の展開としてもう一つの可能性は、青山さんが自分の土地に労働を加えて、四エーカーすべてを肥沃な田畑に変えてしまうというものである。そうした状況では、黒田さんに対する赤松君や白川君の義務は依然として土地の移転という形で果たせるけれども、青山さんの義務はそうではない。青山さんも、もし自分の労働をそれほど広い土地に加えていなかったならば、黒田さんに一エーカーの未開墾地を譲ることができていただろう——しかし実際にはそれができないので、青山さんが黒田さんに譲るべきなのは、一エーカーの未開墾地に**相当する**物である。それは、一エーカーの耕地の一部であるかもしれないし、なにか他の労働生産物であるかもしれないし、労働であるかもしれないし、お金であるかもしれないし、他の何かであるかもしれない。しかし、たとえそれが何であろうと、それの価値は、一エーカーの未開墾地の価値よりも以下であってはならない。

こうしたことを一般化すれば、他でもない、すべてが所有された世界では、元々無主の物の平等な部分に対する各人の原初の権利は、元々無主の物の総**価値**の平等な取り分に対する権利になるということである。[11]そ

10　それはちょうど、盗品を買った人が（i）盗品を正当な所有者に返す義務があり、（ii）盗品の売り手に対して返済請求権があるのと同じである。

11　「価値」ということで私が意味するのは、**経済的価値**、すなわち価格である。ここの議論を以前に述べた時には、私は、元々無主の物の平等な取り分に対する権利をこのように価値に基づいて解釈する方法を退けていた——それは、価格は分配に相対的なために（第五章（二）節を参照）、後から現れた人にとって不利になり、したがって、後から現れた人の権原を正しく計ることができないという仮定に基づいていた（Steiner, "Liberty and Equality," 563 およびある程度は "Capitalism, Justice and Equal Starts," 65-8 を参照）。しかし今の私は、この仮定には根拠がないと考えている。

れに対応して、もし誰かに元々無主の物に対する正当な権原があるならば、その人にはその（元々無主の）物の価値の平等な取り分をすべての人に支払う義務がある。元々無主の物の平等な取り分に対する原初の権利をこのように解釈することは、無主の物の各人の取り分（商）を計算するのに必要な除数（総人口）と被除数（無主の物の総価値）の決定に必ず付きまとってくる現実世界の二つの状況が動機となって促される。[12]

除数は、すべての人が正確に同時代に生きるわけではなく、また人数も知りえないという事実を考慮して決める必要がある。むしろ人間は、多くの世代が部分的に重なり合いながらどこまでも続いていく――すなわち、原初の権利を保有する人が、さまざまな時に現れ、亡くなっていくのである。人は大人の時期が自分と時間的に重なる人たちに対してのみ義務や権利があるので、同時代の人の中で先に現れる人はたしかに元々無主の物に対する権原を獲得できるけれども、そうして所有された物の一部に対して後で現れる人にも原初の権原がある。ひょっとしたら、そのように後で現れる同時代の人の総数を知ることができたならば、それに応じて人の原始取得を（平等な取り分の範囲内に）制限し、文字通り「十分なだけ同様な質の物」を他の人たちに残しておくことも原則的に可能であったろう。しかし実際には後で現れる同時代の人の総数は知りえないので、元々無主の物に対する原初の権利は――歴史的時間が経過するにつれて次第に――大勢として、原初の権利に相当する価値に対する賠償請求権という形になる。

同様に被除数も、元々無主の物とされるものがいくつかの重要な点で非常に可変的だという事実を考慮して決められる。たとえば、自然資源は、私たちの例の十二エーカーの同質の土地ほど都合よく均質なわけでも容易に分割できるわけでもない。さらに言えば、自然資源の価値が恒久不変なわけでもない。私たちの世界には、

12　私たちの世界において「必ず付きまとってくる」のであって、論理的に可能なすべての世界においてではない。

砂漠や海洋もあれば、熱帯や凍土帯もあれば、油田や断層もあれば、オゾン層に守られた地域もあればモンスーン地域もある。このように様々な場所があって、同じ一エーカーでも価値が違い得る。そしてこうした場所の価値は、その場所の最善の利用方法が変化するのに応じて変わり、さらに利用方法そのものが、技術や人々の嗜好が変わるのに応じて変化する。変わらないのは、いつでもすべての人にそうした自然資源の価値の平等な取り分に対する権利があるということである。

元々無主の物に何が含まれるかも、一定不変ではない。というのも、場所――地面やその上下といった空間的場所――は不滅であり、したがって元々無主の物に永久に含まれるけれども、他の物はそうでないからである。かくして場所に対する権原は土地賃借権になり、場所の所有者は、地球基金に対してその場所の賃借価値に等しい、つまり労働による付加価値を除いた場所そのものの賃借価値に等しい額を支払う義務がある。[13]今では、場所に対するさまざまな所有権や場所の価値の評価法、評価額の支払い方法に関して、かなり多くの文献――ヘンリー・ジョージの著作に強く影響されたものも含めて――が存在している。[14]

13　そうすると、この負担に対する補償ないしこの負担からの免除が、その場所の現在の所有者に、もしその人が自分で一生懸命労働した成果でその場所を――賃借収入権を含めて――購入した場合には、認められるべきだろうか。土地の国有化や賃借料課税を主張する人たち（初期のハーバート・スペンサーを含めて）は、しばしばこの問いを反対論者（後期のハーバート・スペンサーを含めて）から突き付けられた。その問いに対する答えは、二つの部分からなる。第一に、その問いは、労働による権原を承認し、現在通用している権利と両立しない権利を立てるすべての正義論が直面する類の問いである。そして第二に、現在の所有者には、補償を受ける権原が十分にあるかもしれないけれども、その場合、補償する義務を負うのは場所の売り手であって、地球基金では**ない**――売り手は、そもそも売る権原がない物を売ったのだからである（先の注10、および第三章（二）節の正当化論を参照）。

14　Gaffney (ed.) *Extractive Resources and Taxation*, Holland (ed.), *The Assessment of Land Value*, プレスト『都市の土地課税

最初からではないけれども、元々無主の物に含まれるものとしては、すでに見たように、死者の遺産がある。死者の遺産には、通常死者の財産と見なされるものだけではなくて、死者の遺体も含まれる――死者が自己所有権者であったということは、死者の身体も死者が所有していた物ということになるからである。[15] 死者の遺体には――とりわけ人間の身体組織に対する医学的・科学的需要が高いおかげで――経済的価値がある。したがってもし誰かが遺体に対する権原を得ようとすれば、然るべき金額を地球基金に対して支払う必要がある。[16]

論』、Lindholm and Lynn (eds), *Land Value Taxation*, Conrad and Gillis, "Progress and Poverty in Developing Countries: Rents and Resource Taxation" を参照。それほど馴染みのない種類の場所に対する法的権利については、De Vany, Eckert, Meyers, O'Hara, and Scott, *A Property System Approach to the Electromagnetic Spectrum*, Cheng, *The Law of International Air Transport*, Garcia-Amador, *The Exploitation and Conservation of the Resources of the Sea*, Reijnen, *Utilization of Outer Space and International Law* を参照。ただし、この主題に関する文献の中で、――Tideman, "Commons and Commonwealths" を顕著な例外として――こうした支払いによって生み出される基金を**全世界的な**ものと理解している文献はほとんどない。

15　Meyers, *The Human Body and the Law*, 101ff. によると、十九世紀以前のイギリス法では「死体には何の所有権もない、死骸は無主物と考えられていた。」Scott, *The Body as Property*, 6-8 も参照。より最近では、Harris, *The Value of Life*, 118-19 および (with Erin), "A Monopsonistic Market" において、死体を（国有化という形ではあるけれども）所有できるということが主張されている。

16　ノージック『生のなかの螺旋』では、ある人（Aさん）が自分で稼いだ物を遺贈することは、Aさんが相続人をどれだけ気遣っているかの表現となり、そのような表現には道徳的価値があるが、その相続財産を相続人がさらに（次の継承者に）遺贈することは――次の継承者に対するAさんの気遣いはそれほど強いわけではないので――もはや正当化されないという説得的な議論が述べられている。一体いかにして正義の要求は、地球基金からの（請求権）剥奪が他の道徳的価値の要求によって正当化されるのを許しうるのだろうか――それを理解するのは容易でないけれども、おそらく正義の要求がそのような継承者に相続財産の第一先買権を認めることはできるだろう。

最後に、先の議論で元々無主の物に分類された、明らかに別種の品目がある――しかしそれについて元々無主の物という観点からの議論は未だ期待されるほどにはされていない。[17] よって、私の議論は、はっきりしているけれども控えめでもある。その理由は、間もなく明らかになるだろう。

生殖細胞系の遺伝情報は、第七章で述べたように、自然資源である。その故に普遍的な自己所有権が逆説的ではない――そのように私は論じた。もちろん、そのような遺伝情報は私たち自身の種（人間）に限定されない。特に、野生植物の場合、遺伝情報の価値は通常、採収可能な鉱物資源の価値と同じように、それがある場所の価値の中に混合されている。[18] 自然に緑豊かな土地と、自然には緑がないけれども他の点では同様な土地とでは、課金が違ってくるだろう。自然に緑豊かな土地の中でも、植生が（人の労働なしに）三十世代続く土地と、同様な植生が三世代しか続かない土地とでは、課金が違ってくるだろう。

特定の場所にそれほど縛られていない生物種の場合、生殖細胞系の遺伝情報を右の仕方で評価することはできない。まったく飼育されない動物の場合は、この点で何ら新しい問題を提起しない――そういう動物は完全に自然資源であり、労働の産物ではないので、（そういう動物の）すべての付帯物も合算評価することができるからである。そこでたとえば、赤松君と青山さんだけの最初の世界に戻って、そこに雄羊二匹と雌羊二匹も

17　管見のおよぶ限り、*Ackerman, Social Justice in the Liberal State*, 115-20, 129-38 が、そのような議論に一番近い議論である。この問題に軽く触れている文献は非常に多く、ここで一々挙げることができない。

18　すなわち、遺伝情報の所有権はしばしば、場所の所有権の中に含まれ、したがって遺伝情報の価値は、場所の所有者が地球基金に対して支払うべき金額の中に反映される。生殖細胞系の遺伝情報を用いて何か、たとえばリンゴ・ジャムが**製造された**として、リンゴ・ジャムの所有者には地球基金に対する何の支払い義務もない――それは、大理石の彫刻を所有したからといって、地球基金に対して何の支払い義務もないのと同様である。

いるとしよう。[19] もし青山さんが所有した雄羊と雌羊は自然には子羊を産まず、赤松君が所有した雄羊と雌羊は自然に子羊を一匹産むならば、その場合、赤松君は青山さんに対して賠償支払いの義務がある。

もし青山さんがなんとか頑張って羊を殖やすことに成功したならば、どうなるだろうか。すなわち、羊はそのままに放っておかれたなら子羊を産まなかったはずなのに、青山さんが羊を上手に世話して、子羊一匹の出産に成功するのである。そうすると、赤松君と青山さんの自然資源の保有は然るべき等量となり、したがって赤松君の賠償義務はなくなるだろうか。そうではない。というのは、青山さんには、他のすべての人と同様に、自分の労働の成果に対する権原があるからである。赤松君の子羊は、青山さんの子羊とは違って、完全に自然資源である――すなわち、六匹の羊のうち、五匹だけが自然資源である。そして赤松君は五匹の内の三匹を所有しているので、青山さんに対して賠償の義務がある。

しかし、青山さんの子羊も、**完全に**労働の成果ではない。青山さんが羊を世話したというのは、子羊を得るために自分の労働と羊の生殖細胞系の遺伝情報とを用いたということである。もし羊がそのような遺伝情報をもたない不妊羊であったならば、青山さんがどれだけ労働をつぎ込んだとしても、子羊は産まれなかっただろう。したがってもし子羊が生まれなかったならば、青山さんの羊は、子羊が生まれた現実の場合よりも価値が低く、青山さんに対する赤松君の賠償義務もより大きかっただろう――すなわち、もし子羊が生まれなかったならば、赤松君はおそらく青山さんに羊一匹の半分（に相当する額）を支払う義務があっただろう。しかし現実には、青山さんに対する赤松君の賠償義務はそれほど大きくはない。その間の違い、つまり羊一匹の半分の価値と赤松君が青山さんに支払うべき賠償額との差が、青山さんが用いた生殖細胞系の遺伝情報の価値を表し

19　一定の状況でさまざまな植物や動物に価値があるように、羊にも価値があって無価値ではないと仮定する。

ている。それが、生殖細胞系の遺伝情報という自然資源の価値である。したがってその価値は、地球基金が青山さんに対する課金を計算する際に、算入される必要があるだろう――そのような計算は、白川君その他の人が後から現れたときに必要となるだろう。

さらにもう一つ考慮すべき点がある。生殖細胞系の遺伝情報は、同じ種の場合でも、用い易いかどうかという点だけではなくて、質においても、さまざまである。もし青山さんの子羊が自然に一年に上着一着分の羊毛を生み出すのに対して、赤松君の子羊は二着分の羊毛を生み出すならば、その場合、青山さんに対する赤松君の賠償義務はより大きくなる。青山さんの羊がもっている生殖細胞系の遺伝情報の価値が（赤松君の羊がもっている生殖細胞系の遺伝情報の価値よりも）低いのは、その羊が産む子羊の価値が低いからである。

私たちについては、どうなるか。大人の人間には、羊とは違って、自己所有権がある。しかしすでに見たように、私たちの自己所有権が逆説的ではないということは、私たちの両親の生殖細胞系の遺伝情報が自然資源――両親が私たちを産むために用いた自然資源――だということである。青山さんの子羊と同様に、また赤松君の子羊とは違って、カインは、部分的に人間の労働の産物である。かくしてアダムとエバは、部分的にカインを所有している。しかし完全にではない。青山さんの子羊の所有権と同様に、カインに対するアダムとエバの所有権は、制約付きの所有権であって、完全な自由主義的所有権ではない。アダムとエバの場合、その制約――それが私たちに逆説を逃れさせてくれる――は、二人の所有権が一時的であって、カインが大人になったときに終了するということである。

しかしながら、カインに対するアダムとエバの所有権には、右の議論によって示唆されるもう一つの制約がある。羊の生殖細胞系の遺伝情報と同様に、カインの妊娠に用いられた遺伝情報にも、一定の価値がある――

すなわち、その額をアダムとエバは地球基金に支払う義務がある。[20]その遺伝情報の価値がどれだけであるかは、他のあらゆる資本的資産の場合と同様に、それの利用価値によって完全に決まる。そして近頃では、遺伝情報を利用して実に多くの様々なことができる。たとえば、実験用の細胞や、無数の種類の遺伝子置き換え治療用の細胞を作ったりできる。[21]あるいは、より伝統的な仕方で、さまざまな身体細胞から成るカインの身体を産み出すこともできる。こうした利用価値の計算には、明らかに、別の産出物と結びついた様々な生産関数を組み入れた計算式が必要である。しかし直接的にか間接的に、この遺伝情報がなんらかの身体制作過程に投入される――生産要素になる――と考えてよいだろう。

そうすると、身体の価値とは何だろうか。すべての身体には、できることやできないこと、得意なことや得意でないことがある。そうした特性は、非常に価値あるものから非常に無価値なものまでさまざまである。そして両親の生殖細胞系の遺伝情報は、他の多くの要素と共に、そうした特性を生み出すのに貢献する。羊とは違って、私たちは遺伝的に、羊毛の上着を産出するようにはなっていない。しかし、私たちがパヴァロッティ〔41〕のように歌ったり、オリンピック記録を出したり、急勾配の学習曲線を維持したり、花粉にアレルギー反応し

20　カインに対するアダムとエバの所有権には、なぜこの第二の制約があるのか。これは、二重請求のようではないだろうか。私は、「そうではない」という答えが説得的だと思う。アダムとエバが支払うべき額は、この遺伝情報という資源の価値に等しい。あらゆる資産の場合と同様、この資源の価値は、他の変数とりわけカインに対する権原の有効期間が長くなるに応じて大きくなり、カインに対するアダムとエバの処分権を制限する権限がもしなにほどか他のすべての人にあれば、それに応じて減少する（第七章注25を参照）。よって、アダムとエバが支払うべき額は、カインに対する二人の所有権がもっと長かった場合（やカインに対する二人の処分権がもっと大きかった場合）よりも少ない。

21　こうした可能性が提起する道徳的問題についての詳細な哲学的議論として、Harris, *Wonderwoman and Superman* を参照。

たり、癌にかかったり、ある種の統合失調症になったり、他人から人種差別的あるいは性差別的な扱いを受けたりするようになっているのかどうか、またどの程度にそうなっているのかということは、少なくとも部分的には、私たちの身体の制作を司る両親の遺伝情報によって決定されている。[22]

もちろん、完全に決定されているわけではない。というのは、どの能力や無能力が実際に生まれるかは、あらゆる生産過程の場合と同様に、遺伝情報という生産要素の特徴だけではなくて、遺伝情報と作用し合う数多くの——妊娠中および出生後の——他の生産要素にも依存するからである。この生産過程におけるこうした要素それぞれの貢献を分析することは、私たちみなが漠然と行っているし、さまざまな分野で無数の研究者が専門的に行っている。今ここで言うべきことは、そのような遺伝情報が、それを用いて生み出される能力に一定の制限を課すということだけである——それはちょうど、橋梁の建設に用いられる鋼鉄の種類が、橋梁の荷重能力に一定の制限を課すのと同じである。そしておそらくこうした能力や無能力の価値は、人々が能力を獲得したり無能力を克服したりするために支払うだろうもの、ないしは他人を傷付けて能力を失わせたり障害を負わせたりした場合の賠償責任と相関関係がある。

こうして、すべての人に何らか一定水準の能力価値があると言うことができ、その能力価値を生み出すのに、両親の生殖細胞系の遺伝情報が、その人の遺伝的資質を決定するという形で貢献しているのである。もしカインの遺伝的資質を用いてある水準の能力価値を生み出すのに必要な費用が他の人、たとえばアベルの遺伝的資質を用いて同じことをする場合の費用よりも大きいならば、カインの遺伝的資質の価値はアベルの遺伝的資質の価値よりも低い。よって、もしカインの資質が実際にアベルの資質よりも劣るならば、アベルの所有権に対

22　ケブルス、フード編『ヒト遺伝子の聖杯』を参照。

する地球基金の課金は、カインの所有権の場合よりも重くなる。したがって、このことの一般的帰結は、より優れた遺伝的資質の子供を所有する親からそうでない親への、地球基金を通した富の再配分である。

地球基金が行うのは、**能力**水準がより高い子供を所有する親からそうでない親への再配分ではない。地球基金は、「才能共同化」[23]のための機関ではない。たしかに大人の才能を共同化するのではないし、子供の才能を共同化するのでもない。地球基金が共同化するのは、両親の生殖細胞系の遺伝情報（の価値）だけである。というのは、子供の能力や一般的に子供の身体的特徴は、労働の産物だからである――そしてその生産要素（生殖細胞系の遺伝情報など）は、両親が地球基金に対する賠償義務を支払った時点で、いわば完全に買収済み、支払い済みである。

右の私の議論が懸命に示そうとしてきたように、ここですべては、「自然」と見なされるものの抽出にかかっている。この点で、この一般的な分野で配分的正義について書かれてきた文献のほとんどが、私には次のように感じられる――すなわち、子供の能力水準と大人の能力水準の間だけではなくて、子供の能力水準の中で自然に帰すことのできる要素とそうでない要素の間でも区別を立てることが重要であることに十分に気付いていない。こうした文献のかなりのものが、能力差の問題を**遇運**（の帰結）の正しい分配という一見したところではより大きな問題の一部として扱っている。人の能力は遇運によって決まるのだろうか。人は遇運に値するのだろうか。そして遇運に値するにしても値しないにしても、正義は、遇運の帰結が遇運を得た人のものになることを要求するのだろうか（ノージックならばそう主張するだろう）、それとも遇運の帰結を共同化して平

23　この適切な表現は、Kronman, "Talent Pooling," 59 による。クロンマンはその内容を、「人の自然な能力や無能力は、すべての人が平等な取り分に与る共同基金（に属するもの）として扱われるべきだという考え」と説明している。

等化する（あるいは、ロールズならば主張するだろうように、平等よりも「格差原理」の要求が優越することになる限界点まで平等化する）ことを要求するのだろうか。

こうした議論のいくつかは、自然資源の平等分割という仮定から始まり、それは十分有望な始まりである。しかし、その後の、遇運の分配についての論述は、しばしば残念ながら、その仮定の意味するところ（それがどれだけ大きいか）を十分に理解していない。というのは、人に起こることは、通常、自分自身の行為と他人の行為と自然の営為という三つの要素に分けられるからである。これらの中で、第一の種類の要素すなわち自分自身の行為が自分に損害をもたらしたとしても、二者間賠償は（論理的に）生じ得ない――というのは、自分自身に対する権利はあり得ないからである。同じ理由で、自分で自分に損害をもたらす行為からは、対多的賠償も生じえない――というのは対多的賠償も、自分自身に対する権利、すなわち自分を自分自身の行為から守らなければならないと（おせっかいにも）要求する権利があることを前提しているからである。第二の種類の要素つまり他人の行為が私に損害をもたらした場合、**たしかに**賠償が正当である。しかし、その賠償は、同様の反権威主義的理由によって、正当に二者間の――損害をもたらした特定の他人が負う――賠償であって、対多的賠償ではない。[24]

そこで、次に第三の要素である。自然の営為のせいで人が損害を被るか（利益を得るか）どうかは、たいていの場合、その人の居場所によって決まる。そして自然の平等な分割は、それを考慮に入れる。かくしてバングラデシュの沿岸部にある土地は、たとえ同じ一エーカーであっても、アイオワの穀倉地帯や北極地方の凍土

24　他人の加害行為に対する強制的保険を擁護するおせっかいな理由は、おそらく、加害者が被害者に賠償できない可能性があることだろう。自分や他人によってもたらされる損害に対する**任意の**保険は、もちろん、別問題である。

帯やサウジ・アラビアの砂漠や東京の中心部にある土地と等しくはない。言うまでもなく、お金を投資して土地を購入しようとしている人は、このことがよく分かっている。たしかに、自分が購入している土地がどのような土地であるか（鉱床や蚊やウイルスや断層の存在や長期的な気候条件など）は購入時点では完全には分からないかもしれないし、その土地の価値が将来の科学的発見や社会的条件の変化によってどのような影響を受けるかも分からないかもしれない。したがって、そうした事柄は、本当に遇運の産物かもしれない。しかし、人が地球基金に対してその土地のその時々の価値に対する課金を支払い続ける限り、それ以上に所有者に対してそのような遇運がもたらす利益や損害を共同化するよう要求する正当な理由はないと思われる。

子供もその能力水準も、主として、遇運によってもたらされるのではない。エリック・ラコウスキの次の主張はたしかに正しい。

赤ん坊は、私たちにはどうしようもないコウノトリの気まぐれによってもたらされるのではない。赤ん坊が存在するにあたっては、特定の個人に責任がある。したがって、二人の人が子どもをもとうと思ったとか、不注意で子供ができてしまったとかの理由で、**すべての人**が自分の資源を新しく生まれる赤ん坊と分かち合うべきだ、しかも両親と同じ程度にそうすべきだと主張するのは正しくない。いったい何の権利があって、二人の人は――子供の誕生はただの不運というより自分たちの意図的な行動の結果であるにもかかわらず――他のすべての人に対して、（正しく配分されていた）資源の公正な取り分から一部を吐き出すよう強制できるのだろうか。[25]

---

25 Rakowski, *Equal Justice*, 153. 強姦や避妊の失敗による妊娠についてのラコウスキの言葉（154）も参照。その言葉に私

子供は、他でもない、両親が特別に親密な関係にある自然物から生み出された、労働の産物である。人が所有した自然の取り分の差は、地球基金によって、人への課金の差という形で共同化される――だから、子供を作るのに用いた自然的要素の差は、遺伝的資質が異なる子供の両親に対する課金の差という形で共同化される。両親は、この点で正当に平等化され、その後で子供の能力を育てる。だから、子供は、自分のお誕生会と同じように、自分の能力に**値し**ないけれども、子供の能力は、親にとっては功績である。

一般に、自然資源の所有に対する地球基金の課金は、ロナルド・ドゥウォーキンが「選択の運」（賭け事をする人や他にも危険なことをする人に訪れる遇運）と区別して「自然の運」と呼ぶものの共同化である――「選択の運」の帰結は、ほとんどの人が同意するように、それを共同化することが正義によって要求されない。[26] 自然資源を共同化しようとする理論は、このことを見逃した結果として、共存不可能な権利、たんに人の自己所有権や労働の成果に対する権利――こうした権利は、どのみちそのような理論においては、せいぜいのところ残りかすのような、非常に切り詰められた形でしか存在しない――だけではなくて、平等な自然資源への権利とも共存不可能な権利を生みだしがちである。

しかしながら、そうしたことすべてが言われたとしても、もう一つ言うべきことがある。不正への賠償が一般的に行われた世界――そこでは人々の財産保有が、過去または現在の二者間の権利侵害や搾取によっても、

26　ドゥウォーキン『平等とは何か』一〇五頁。
も大体において、つまり子供に権利があるという点を除いて賛成である――（私と違って）ラコウスキの場合、子供に権利があるという考えは究極的には、複数の道徳的権利が共存不可能でありうるという仮定によって支えられている（97, 336, 359 を参照）。

地球基金に支払うべき課金の不払いによっても汚されていない——においては、地球基金の働きのおかげで、結果的に子供の才能の共同化がもたらされると考える強い根拠がある。すなわち、子供の遺伝的差異と能力水準の差異の間に、非常に密接な相関関係があると期待できる。

なぜか。なぜならば、経験的推測として、もし仮にそのような賠償の再配分的効果が、現在は少数の手に集中している富の保有を広く拡散させず、所有権の不平等を相当に減らさなかったとすれば、むしろ驚きだろうからである。そしてこの富の保有の拡散の結果として、子供に一定水準の能力を生み出すための費用を含めて機会費用が下がる（大体において貧しい）人たちのほうが、機会費用が上がる（大体において裕福な）人たちよりもずっと多いと考えるのが穏当であろう。より多くの人にとって、子供の遺伝的資質と組み合わせるためにより多くの生産要素またはより良い生産要素を利用できるので、それだけ今よりも少ない犠牲で、より健康的な、より技能に優れた、より知識のある子供を育てることができるだろう。

一般的に、子供の能力水準の差は狭まるだろう。このことおよびこのことをもたらすより広範な経済的再配分の結果として、子供が大人としての人生——選択的生の時期——を始めるときの出発点の不平等が、相当に小さくなるだろう。このように賠償がされた世界は、「各人からはその選択に応じて、各人へは、〔他人から〕選択を受けるに応じて[27]」という原理を実質的に表現できると見込めるのではないだろうか。自然が人の人生に与える影響がすべての人（大人）にとって平等化されたので、後の人生の決定は本人の選択に任されるのである。

27　この原理の出典は、ノージック『アナーキー・国家・ユートピア』二七一頁である。

本書の執筆期間中に私は、しばしば、この賠償のされた世界を「資本主義的」と呼べばいいのか、それとも「社会主義的」と呼べばいいのか迷った。近年では、この問いは、かつてそう思われたほどには人の真剣な関心を惹きつけないのかもしれない。かなり純粋な資本主義の正当化であると一般に受け取られている著作の中で、ノージックは次のように述べている。

伝統的な社会主義者の立場では、労働者は自分の労働の生産物と全果実に対する資格〔権原〕をもっているとされる。彼らはそれを稼いだのであり、労働者が権原をもつものを彼らに与えないなら、その配分は不正であるとされる。このような権原は、何らかの過去の歴史に基づいている。……私の考えではこの社会主義者は、正当にも、稼ぎ（earning）、生産、権原（entitlement）、真価（desert）、等々の諸概念を固守している。[28]

そうすると、この社会主義者は、一体どうなったのだろうか。

ここは、露骨な暴力や政治的日和見主義のともすればおぞましい働きについては言うまでもなく、政治的理想――それは、同時代の（現実または想像上の）急迫した情勢や、道徳的行為の射程に関する（真または偽の）理論の要求に巻き込まれるのが常である――の錯綜した歴史を解きほぐすべき場所ではとうていないし、私にはその能力もない。にもかかわらず、次のことは言うに値する――すなわち、ほぼ一世紀前、アントン・メンガーの『労働産物全体に対する権利』の英訳に付した序言の中で、H・S・フォクスウェルは、このよう

28　ノージック『アナーキー・国家・ユートピア』二六二頁。

に社会主義者の説を歴史的に概観すれば、「二つの偉大な原理、つまり生存権と労働産物全体に対する権利とがお互いに競い合っているのが分かる。これら二つの主張が理論においても実践においても、精神においても結果においても不整合であることを、メンガーは明確に示している」と述べたのである。[29] その半世紀近く前に、(当時は) 急進的な個人主義者だったハーバート・スペンサーは、次のように述べていた。

こうした救貧法や共産主義者の理論——すなわち人の生存権や雇用が与えられる権利の主張——は誤りであるが、にもかかわらず真理と近い関係にある。そうした理論は、私たちのこの惑星に生まれた人は誰でも、そのことによってこの惑星になんらかの権益を有するのであって、二度と簡単に追い払われてはならない、その存在を財産のある人たちによって無視されてはならないという事実を表現しようとして、しそこなっているにすぎない。言い換えると、「すべての人間には地球を利用する平等な権利がある」という法則によって正当に表現される思想を表そうとしているのである。[30]

こうした考察から生まれる、これが未踏の道だという明確な感覚は、たとえヘンリー・ジョージの経歴および彼の思想の受容の浮き沈みをいくらか知ったとしても、ぼやけるわけではない。ジョージの思想がありきたりの「左右」対立図式の中で現在どこに位置するかが非常にはっきりしないということは、その対立図式が不十

29 Menger, *The Right to the Whole Produce of Labour*, xx。Trowbridge, *Bisocialism* も参照。
30 Spencer, *Social Statics*, 315. この立場をスペンサーが後に放棄すること、およびより一般的に急進的個人主義の十九世紀後半における変容については、Taylor, *Men Versus the State* の第七章を参照。

分であることを如実に物語っているにすぎない。[31]

だから私としては、本書で述べた正義論に適切に当てはまる（一般的な穴だらけの名称の中で、もしどれかが当てはまるとすれば）唯一の学説名は**自由主義**であり、さまざまな自由主義の中でも、自然権に根拠をおく古典的な**自由放任**主義であると結論したい。たしかに、本書の正義論は、初期の古典的自由主義者は言うまでもなく、近年の古典的自由主義者が構想したどんな正義論よりもはるかに広範な再配分、しかも地球規模の再配分を要求している。本書の正義論の論理は、近年の古典的自由主義者の著作の中に見られるのと同じ概念装置――同じ（選択説の）権利観、権利についての同じ歴史的権原理論、そしてほとんど同じ基本権――を用いている。主たる違いは、「自然」と見なされる物をより広く解釈する点と、道徳的権利を死者に帰すことができるという見解を断固として（選択説に基づいて）否定する点である。

古典的自由主義と同様に、本書の正義論は、特定の人生（「生き方」）観、つまり道徳的権利をいかに行使すべきかについての理論から導かれるのではない――だからといって、そうした理論を受け入れられないというのでもない。同様の理由で、また本書の正義論は正義の探求にすぎないという理由でも、本書の正義論の論理

31　ジョージのいくつかある伝記の中では、今でも Barker の *Henry George* が最も包括的なものである。ジョージの理論の先駆けとなった人たち、ならびにジョージの見解やそれと類似の見解を主張した人たちは、先の第七章注13で挙げておいた。ジョージ自身は、ニューヨーク市の市長選に、労働者の支援を受けた政党の候補として二度立候補し、世紀末イギリスの社会主義者の思想形成に大きな影響を与えた。ジョージの提言を積極的に擁護する者として、一方にジョン・デューイがいれば、他方で評論家のアルバート・ジェイ・ノックやフランク・コドロー（政治思想に対するコドローの主たる貢献は、*The Income Tax: Root of All Evil* という誇大な題名の著作である）のような福祉国家の大敵もいる。ジョージ主義運動の有為転変についての最近の優れた説明としては、Hellman, *Henry George: Reconsidered* を参照。

は、ここで述べられる権利がもたらすと考えられるさまざまな誘因構造について、またそうした権利がさまざまな社会的活動や個人的幸福にさまざまな次元でどのように影響するかについて、いかなる前提にも依存していない。こうした問題の多くは、さまざまな経済学の文献で広範に論じられている。

私は本書で、そうした権利がなぜ正しいかの理由を述べようと試みた。ただし、私たちがなぜ正しくあるべきかについては何の理由も述べていない。私にはそうした理由が見いだされるとも思われないからである。

文献表

1、本文中で言及されるもの（邦訳）

アリストテレス、『ニコマコス倫理学』朴一功訳、京都大学学術出版会、二〇〇二年。

バナード・ウィリアムズ、『生き方について哲学は何が言えるか』森際・下川訳、産業図書、一九九三年。

V・C・ウォルシュ、『現代ミクロ経済学入門』桐谷維訳、マグロウヒル好学社、一九七七年。

マイケル・ウォルツァー、『正義の領分――多元性と平等の擁護』山口晃訳、而立書房、一九九九年。

G・H・フォン・ウリクト、『規範と行動の論理学』稲田靜樹訳、東海大学出版会、二〇〇〇年。

トム・ウルフ、『虚栄の篝火』中野圭二訳、文藝春秋、一九九一年。

リチャード・A・エプステイン、『公用収用の理論――公法私法二分論の克服と統合』松浦好治監訳、木鐸社、二〇〇〇年。

大内兵衛・細川嘉六監訳、『マルクス＝エンゲルス全集　第1巻』、大月書店、一九五九年。

大槻春彦編、『ロック　ヒューム　世界の名著三二』、中央公論社、一九八〇年。

エミール・カウダー、『限界効用理論の歴史』斧田好雄訳、嵯峨野書院、一九七九年。

カント、『プロレゴーメナ　人倫の形而上学の基礎づけ』土岐・観山・野田訳、中公クラシックス、二〇〇五年。

――、『カント全集11　人倫の形而上学』樽井・池尾訳、岩波書店、二〇〇二年。

――、『カント全集20　講義録』御子柴・中島・湯浅訳、岩波書店、二〇〇二年。

ダニエル・J・ケブルス、リーロイ・フード編、『ヒト遺伝子の聖杯――ゲノム計画の政治学と社会学』石浦・丸山訳、アグネ承風社、一九九七年。

ハンス・ケルゼン、『法と国家の一般理論』尾吹善人訳、木鐸社、一九九一年。

G・A・コーエン、「自己所有権・世界所有権・平等」、コーエン2005の九五～一二九頁に所収。

――［2005］、『自己所有権・自由・平等』松井・中村訳、青木書店。

J-P・サルトル、『実存主義とは何か』伊吹武彦他訳、人文書院、一九九六年。

ヘンリー・シヂュウヰック、『倫理學説批判』（山邊・太田訳）、大日本圖書、一八九八年。国立国会図書館の近代デジタルライブラリー（http://kindai.ndl.go.jp）で公開されていて便利である。

ヘンリー・ジョージ、『進歩と貧困』山嵜義三郎訳、日本経済評論社、一九九一年。

ウィリアム・スタイロン、『ソフィーの選択　下』大浦暁生訳、新潮文庫、一九九一年。

ケネス・M・スタンプ、『アメリカ南部の奴隷制』疋田三良訳、彩流社、一九八八年。

斯邊瑣（スペンサー）、『社会平権論』松下剛訳、報告堂、一八八四年。

スペンサー、『社会平権論抄録』松下剛訳、ゆまに書房、二〇〇一年。

関嘉彦編、『ベンサム　J・S・ミル　世界の名著四九』、中央公論社、一九七九年。

アマルティア・セン、『不平等の再検討――潜在能力と自由』池本・野上・佐藤訳、岩波書店、一九九九年。

――、『貧困と飢饉』黒崎・山崎訳、岩波書店、二〇〇〇年。

ロナルド・ドゥウォーキン、『権利論』木下・小林・野坂訳、木鐸社、一九八六年。

――――、『平等とは何か』小林公他訳、木鐸社、二〇〇二年。

――――、『原理の問題』森村・鳥澤訳、岩波書店、二〇一二年。

ジェラール・ドブリュー、『価値の理論――経済均衡の公理的分析』丸山徹訳、東洋経済新報社、一九七七年。

ロバート・ノージック［1992］、『アナーキー・国家・ユートピア――国家の正当性とその限界』嶋津格訳、木鐸社。

――――［1993］、『生のなかの螺旋――自己と人生のダイアローグ』井上章子訳、青土社。

H・L・A・ハート、『法学・哲学論集』矢崎・松浦他訳、みすず書房、一九九〇年。

――――、『権利・功利・自由』小林・森村訳、木鐸社、二〇〇四年。

スティーブン・F・バーカー、『数学の哲学』赤摂也訳、培風館、一九六八年。

デレク・パーフィット、『理由と人格』森村進訳、勁草書房、一九九八年。

アイザィア・バーリン、『自由論』生松敬三他訳、みすず書房、二〇〇〇年。

マイケル・バカラック、『経済学のためのゲーム理論』鈴木・是枝訳、東洋経済新報社、一九八一年。

J・R・ヒックス、『価値と資本――経済理論の若干の基本原理に関する研究　上・下』安井・熊谷訳、岩波文庫、一九九五年。

デイヴィッド・ヒューム、『人間本性論　第三巻　道徳について』伊勢・石川・中釜訳、法政大学出版局、二〇一二年。

R・W・フォーゲル、S・L・エンガマン、『苦難のとき――アメリカ・ニグロ奴隷制の経済学』田口・榊原・渋谷訳、創文社、一九八一年。

J・フォン・ノイマン、O・モルゲンシュテルン、『ゲームの理論と経済行動　Ⅰ、Ⅱ、Ⅲ』銀林・橋本・宮本監訳、ちくま学芸文庫、二〇〇九年。

J・M・ブキャナン、『自由の限界――人間と制度の経済学』加藤寛監訳、秀潤社、一九七七年。

W・K・フランケナ、『倫理学　改訂版』杖下隆英訳、培風館、一九七五年。

A・R・プレスト、『都市の土地課税論』田中啓一監訳、住宅新報社、一九九五年。

R・M・ヘア、『自由と理性』山内友三郎訳、理想社、一九八二年。

――、『道徳の言語』小泉・大久保訳、一九八二年。

――、『道徳的に考えること――レベル・方法・要点』内井・山内監訳、一九九四年。

チャールズ・ベイツ、『国際秩序と正義』進藤榮一訳、岩波書店、一九八九年。

トマス・ペイン、『人間の権利』西川正身訳、岩波文庫、一九七一年。

ベンサム、『道徳および立法の諸原理序説』山下重一訳。関：六九～二一〇に所収。

カール・ヘンリク・ボーチ、『不確定性の経済学』福場・田畑訳、日本生産性本部、一九七三年。

ホッブズ、『リヴァイアサンI』永井・上田訳、中公クラシックス、二〇〇九年。

ホリス&ネル、『新古典派経済学批判』生越・斎藤・宮本訳、新評論、一九八一年。

アルフレッド・マーシャル、『経済学原理――序説　第八版　第一分冊』永沢越郎訳、岩波ブックサービスセンター、一九九一年。

マルクス、「出版の自由と州議会議事の公表とについての討論」村田陽一訳、大内・細川：三一～八九に所収。

エティエンヌ＝ジュール・マレ、『運動』横山正訳、リブロポート、一九八二年。

J・S・ミル、『論理学体系　論証と帰納――証明の原理と科学研究の方法とについて一貫した見解を述べる第六巻』大関将一訳、春秋社、一九五九年。

――、『ミル自伝』村井章子訳、みすず書房、二〇〇八年。

J・メイナード＝スミス、『生物学のすすめ』木村武二訳、紀伊國屋書店、一九九〇年。

ヘンリー・サムナー・メイン、『古代法――その初期社会史に対する関連およびその近代思想に対する関係』安西文夫訳、史學社、一九四八年。復刻版、信山社、一九九〇年。

パウル・メンツァー編、『カントの倫理学講義』小西・永野訳、三修社、一九六九年。

ジャック・モノー、『偶然と必然――現代生物学の思想的な問いかけ』渡辺・村上訳、みすず書房、一九七二年。

G・ライル、『心の概念』坂本・井上・服部訳、みすず書房、一九八七年。

ジョセフ・ラズ、『権威としての法　法理学論集』深田三徳訳、勁草書房、一九九四年。

ワルター・ラング（DVD）、『1ダースならやすくなる』二〇世紀フォックス・ホーム・エンターテイメント・ジャパン、二〇〇六年。

ジョン・ロールズ、『正義論　改訂版』川本・福間・神島訳、紀伊國屋書店、二〇一〇年。

ロック、『人間知性論』大槻春彦訳、大槻：六一～一八八に所収。

――、『統治論』宮川透訳、中公クラシックス、二〇〇七年。

ライオネル・ロビンズ、『経済学の本質と意義』辻六兵衛訳、東洋経済新報社、一九五七年。

J・ロビンソン、『経済成長論』山田克巳訳、東洋経済新報社、一九六三年。

2、英語文献（おもに本文中で言及されるもの）

Ackerman, Bruce. *Social Justice in the Liberal State*. New Haven: Yale University Press, 1980.
Aiken, William and La Follette, Hugh (eds.). *World Hunger and Moral Obligation*. Englewood Cliffs: Prentice Hall, 1977.
Alchian, Armen and Allen, William. *University Economics*. Belomt: Wadsworth, 1964.
Andelson, Robert (ed.). *Critics of Henry George*. London: Associated University Presses, 1979.

——— (ed.). *Commons without Tragedy*. London: Shepheard-Walwyn, 1991.

Anderson, B., Deane, D., Hammond, K., McClelland, G., and Shanteau, J. *Concepts in Judgement and Decision Research*. New York: Praeger, 1981.

Arneson, Richard. "Freedom and Desire." *Canadian Journal of Philosophy* 15 (1985): 425-48.

———. "Property Rights in Persons." *Social Philosophy and Policy* 9 (1992): 201-30.

Arrow, Kenneth. "Alternative Approaches to the Theory of Choice in Risk-Taking Situations." *Econometrica* 19 (1951): 404-37.

———. "Gifts and Exchanges." *Philosophy and Public Affairs* 1 (1972): 343-62.

Arthur, Wallace. *Theories of Life*. Harmondsworth: Penguin, 1987.

Ashworth, Andrew. *Principles of Criminal Law*. Oxford: Oxford University Press, 1991.

Atiyah, P. S. *Promises, Morals and Law*. Oxford: Oxford University Press, 1981.

Aune, Bruce. *Kant's Theory of Morals*. Princeton: Princeton University Press, 1979.

Aylmer, G. E. (ed.). *The Levellers in the English Revolution*. London: Thames and Hudson, 1975.

Bacharach, Michael and Hurley, Susan (eds.). *Foundations of Decision Theory*. Oxford: Blackwell, 1991.

Banerjee, D. "Choice and Order: Or First Things First." *Economica* 31 (1964): 158-67.

Barker, Charles. *Henry George*. New York: Oxford University Press, 1955.

Barry, Brian. *Theories of Justice*. Hemel Hempstead: Harvester Wheatsheaf, 1989.

——— and Goodin, Robert (eds.). *Free Movement*. Hemel Hempstead: Harvester Wheatsheaf, 1992.

Becker, Gary. "Crime and Punishment: An Economic Approach." *Journal of Political Economy* 76 (1968): 169-217.

Becker, Lawrence. *Property Rights*. London: Routledge & Kegan Paul, 1977.

——— and Kipnis, Kenneth (eds.). *Property: Cases, Concepts, Critiques*. Englewood Cliffs: Prentice Hall, 1984.

Beer, Max (ed.). *The Pioneers of Land Reform*. London: G. Bell & Sons, 1920.

Benn, S. I. and Weinstein, W. L. "Being Free to Act and Being a Free Man." *Mind* lxxx (1971): 194-211.

Bentham, Jeremy. "Anarchical Fallacies." In *The Works of Jeremy Bentham*, vol. II, ed. by John Bowring (Edinburgh: William Tait, 1843).

———. "Pannomial Fragments." In *The Works of Jeremy Bentham*, vol. III, ed. by John Bowring (Edinburgh: William Tait, 1843).

Boland, Lawrence. *The Principles of Economics: Some Lies My Teachers Told Me*. London: Routledge, 1992.

Brown, Christopher. *International Relations Theory*. Hemel Hempstead: Harvester Wheatsheaf, 1992.

Brown, Harold. "Incommensurability." *Inquiry* 26 (1983): 3-29.

Brown, Peter and Shue, Henry (eds.). *Boundaries*. Totowa: Rowman & Littlefield, 1981.

Buchanan, Allen. *Ethics, Efficiency and the Market*. Oxford: Oxford University Press, 1985.

Bush, Winston. "Individual Welfare in Anarchy." In Tullock (ed.): 5-18.

Carter, Ian. *A Measure of Freedom*. Oxford: Oxford University Press, 1999.

Castaneda, Hector-Neri. " 'Ought'" and 'Better'." *Analysis* 34 (1973): 50-5.

———. *The Structure of Morality*. Springfield: Charles Thomas, 1974.

Cheng, Bin. *The Law of International Air Transport*. London: Stevens & Sons, 1962.

Chipman, John. "The Foundations of Utility." *Econometrica* 28 (1960): 193-224.

———. "The Nature and Meaning of Equilibrium in Economic Theory." In Townsend (ed.): 341-71.

———. "On the Lexicographic Representation of Preference Orderings." In Chipman, Hurwicz, Richter and Sonnenschein (eds.): 276-88.

———, Hurwicz, L., Richter, M., and Sonnenschein, H. (eds.). *Preferences, Utility and Demand*. New York: Harcourt Brace

Jevanovich, 1971.

Chisholm, Roderick. "Practical Reasoning and the Logic of Requirement." In Korner (ed.): 1-17.

Chodorov, Frank. *The Income Tax: Root of All Evil*. New York: Devin-Adair, 1954.

Cohen, G. A. *History, Labour and Freedom*. Oxford: Oxford University Press, 1988.

Cohen, Joshua. "Economic Basis of Deliberative Democracy." *Social Philosophy and Policy* 6 (1989): 25-50.

Cohen, Morris. *Reason and Law*. New York: Collier, 1961.

——— and Nagel, Ernst. *Introduction to Logic and Scientific Method*. London: Routledge & Kegan Paul, 1966.

Conrad, Robert and Gillis, Malcolm. "Progress and Poverty in Developing Countries: Rents and Resource Taxation." In Lewis (ed.): 25-51.

David, P., Gutman, H., Sutch, R., Temin, P., and Wright, G. *Reckoning with Slavery*. New York: Oxford University Press, 1976.

Davidson, D., McKinsey, J., and Suppes, P. "Outlines of a Formal Theory of Value." *Philosophy of Science* 22 (1955): 140-60.

Day, J. P. "On Liberty and the Real Will." *Philosophy* xlv (1970): 177-92.

———. "Threats, Offers, Law, Opinion and Liberty." *American Philosophical Quarterly* 14 (1977): 257-72.

De Vany, A., Eckert, R., Meyers, C., O'Hara, D., and Scott, R. *A Property System Approach to the Electromagnetic Spectrum*. San Francisco: Cato Institute, 1980.

De Wijze, S., Kramer, M. H., and Carter, I. (eds.). *Hillel Steiner and the Anatomy of Justice: Themes and Challenges*. New York: Routledge, 2009.

Debreu, Gerard. "Representation of a Preference Ordering by a Numerical Function." In Thrall, Coombs and Davis (eds.): 159-65.

del Vecchio, Giorgio. *Justice*, ed. by A. H. Campbell. Edinburgh: Edinburgh University Press, 1952.

Dove, Patrick. *The Theory of Human Progression and Natural Probability of a Reign of Justice: The Science of Politics*, Part I. London: Johnston & Hunter, 1850.

———. *The Elements of Politics: The Science of Politics*, Part II. Edinburgh: Johnston & Hunter, 1854.

Dyke, C. *Philosophy of Economics*. Englewood Cliffs: Prentice Hall, 1981.

Edgeworth, Francis. *Mathematical Psychics*. London: C. Kegan Paul, 1881.

Edwards, Ward. "The Theory of Decision Making." In Edwards and Tversky (eds.): 13-64.

——— and Tversky, Amos (eds.). *Decision Making*. Harmondsworth: Penguin, 1967.

Eells, Ellery. *Rational Decision and Causality*. Cambridge: Cambridge University Press, 1982.

Ehrlich, Isaac. "Participation in Illegitimate Activities: A Theoretical and Empirical Investigation." *Journal of Political Economy* 81 (1973): 521-65.

Elster, Jon. *Ulysses and the Sirens*. Cambridge: Cambridge University Press, 1979.

Ely, Richard. *Property and Contract* vol. I. London: Kennikat, 1971.

Epstein, Richard. "Possession as the Root of Title." *Georgia Law Review* 13 (1979): 1221-43.

Escott, Paul. *Slavery Remembered*. Chapel Hill: University of North Carolina Press, 1979.

Feinberg, Joel. *Social Philosophy*. Englewood Cliffs: Prentice Hall, 1978.

Filmer, Robert. *Patriarcha and Other Writings*, ed. by Johann Sommerville. Cambridge: Cambridge University Press, 1991.

Fishkin, James. *Justice, Equal Opportunity and the Family*. New Haven: Yale University Press, 1983.

Fitzgerald, P. J. *Criminal Law and Punishment*. Oxford: Oxford University Press, 1962.

Flathman, Richard. *The Practice of Rights*. Cambridge: Cambridge University Press, 1976.

——— . *The Philosophy and Politics of Freedom*. Chicago: University of Chicago Press, 1987.

Fogel, Robert. *Without Consent or Contract*. New York: W. W. Norton, 1989.

Foner, Philip (ed.). *The Life and Major Writings of Thomas Paine*. Secaucus: Citadel, 1974.

Fuller, Lon. *Legal Fictions*. Stanford: Stanford University Press, 1967.

Fung, Yuan-Cheng. *Biomechanics*: *Motion, Flow, Stress and Growth*. New York: Springer Verlag, 1981.

Gaffney, Mason (ed.). *Extractive Resources and Taxation*. Madison: University of Wisconsin Press, 1967.

Garcia-Amador, Francisco. *The Exploitation and Conservation of the Resources of the Sea*. Leyden: Sythoff, 1963.

Geiger, George. *The Philosophy of Henry George*. New York: Macmillan, 1933.

George, Henry. *Social Problems*. London: Henry George Foundation, 1931.

Georgescu-Roegan, Nicholas. *Analytical Economics*. Cambridge, Mass.: Harvard University Press, 1967.

——— . "Measure, Quality and Optimum Scale." In Rao (ed.): 231-56.

Geras, Norman. " 'The Fruits of Labour': Private Property and Moral Equality." In Moran and Wright (eds.): 59-80.

Gewirth, Alan. *Reason and Morality*. Chicago: University of Chicago Press, 1978.

Gibbard, Alan. "Natural Property Rights." *Nous* 10 (1976): 77-86.

Goebel, Julius. *Felony and Misdemeanor*: *A Study in the History of Criminal Law*. Philadelphia: University of Pennsylvania Press, 1976.

Goldman, Alvin and Kim, Jaegwon (eds.). *Values and Morals*. Dordrecht: D. Reidel, 1978.

Gorr, Michael. *Coercion, Freedom and Exploitation*. New York: Peter Lang, 1989.

Gowans, Christopher (ed.). *Moral Dilemmas*. Oxford: Oxford University Press, 1987.

Graham, Keith. "Democracy, Paradox and the Real World." *Aristotelian Society Proceedings* lxxvi (1976): 227-45.

Gravelle, H. and Rees, R. *Microeconomics*. London: Longman, 1981.

Gray, John. "On Negative and Positive Liberty." *Political Studies* 28 (1980): 507-26.

Gray, John Chipman. *The Nature and Sources of the Law*. New York: Macmillan, 1921.

Green, T. H. *The Works of Thomas Hill Green*, vol. III, ed. by R. L. Nettleship. London: Longmans Green, 1906.

Gregor, Mary. *Laws of Freedom*. Oxford: Blackwell, 1963.

Griffin, James. *Well-Being*. Oxford: Oxford University Press, 1987.

Guest, A. G. (ed.). *Oxford Essays in Jurisprudence*, First Series. Oxford University Press, 1961.

Hacker, P. M. S. and Raz, J. (eds.). *Law, Morality and Society*. Oxford: Oxford University Press, 1977.

Hahn, Frank. "General Equilibrium Theory." *The Public Interest* Special Issue on the Crisis in Economic Theory (1980): 123-38.

———. "Benevolence." In Meeks (ed.): 7-11.

Hare, R. M. *Essays on the Moral Concepts*. London: Macmillan, 1972.

———. "Relevance." In Goldman and Kim (eds.): 73-90.

Hargreaves Heap, S., Hollis, M., Lyons, B., Sugden, R., and Weale, A. *The Theory of Choice*. Oxford: Blackwell, 1992.

Harris, John. *The Value of Life*. London: Routledge & Kegan Paul, 1985.

———. *Wonderwoman and Superman*. Oxford: Oxford University Press, 1992.

——— and Erin, Charles. "A Monopsonistic Market." In Robinson (ed.): 134-54.

Haslett, D. W. "Is Inheritance Justified?" *Philosophy and Public Affairs* 15 (1986): 122-55.

Hellman, Rhoda. *Henry George Reconsidered*. New York: Carlton Press, 1987.

Hicks, John. *A Revision of Demand Theory*. Oxford: Oxford University Press, 1959.

Hohfeld, Wesley. *Fundamental Legal Conceptions*, ed. by W. W. Cook. New Haven: Yale University Press, 1919.

Holland, Daniel (ed.). *The Assessment of Land Value*. Madison: University of Wisconsin Press, 1970.

Holland, T. E. *The Elements of Jurisprudence*, 10th edn. Oxford: Oxford University Press, 1906.

Holmes, Oliver Wendell. *The Common Law*, ed by M. D. Howe. London: Macmillan, 1968.

Honoré, A. M. "Ownership." In Guest (ed.): 104-47.

Ingram, Attracta. *A Political Theory of Rights*. Oxford: Oxford University Press, 1994.

Jacob, François. *The Logic of Life*. New York: Vintage Books, 1973.

Jeffrey, Richard. *The Logic of Decision*, 2nd edn. Chicago: University of Chicago Press, 1983.

Kagan, Shelly. *The Limits of Morality*. Oxford: Oxford University Press, 1989.

Kant, Immanuel. *The Metaphysical Principles of Virtue*, ed. by Warner Wick, Indianapolis: Bobbs-Merrill, 1964.

———. *The Metaphysical Elements of Justice*, transl. and ed. by John Ladd. Indianapolis: Bobbs-Merrill, 1965.

———. *The Metaphysics of Morals*, transl. and ed. by Mary Gregor. Cambridge: Cambridge University Press, 1991.

Kearns, Thomas. "Rights, Benefits and Normative Systems." *Archiv für Rechts- und Sozialphilosophie* lxi (1975): 465-84.

Kirzner, Israel. *The Economic Point of View*. Princeton: Van Nostrand, 1960.

Kocourek, Albert. *Jural Relations*, 2nd edn. Indianapolis: Bobbs-Merrill, 1928.

Korner, Stephan (ed.). *Practical Reason*. Oxford: Blackwell, 1974.

Kronman, Anthony. "Talent Pooling." In Pennock and Chapman (eds.) 1981: 58-79.

Laslett, Peter and Fishkin, James (eds.). *Justice Between Age Groups and Generations*. New Haven: Yale University Press, 1992.

——— and Runciman, W. G. (eds.). *Philosophy, Politics and Society*, Second Series. Oxford: Blackwell, 1967.

Lawson, F. H. *Introduction to the Law of Property*. Oxford: Oxford University Press, 1958.

Lewis, David. "Causal Decision Theory." *Australasian Journal of Philosophy* 58 (1981): 5-30.

Lewis, Stephen (ed.). *Henry George and Contemporary Economic Development*. Williamstown: Williams College monograph, 1985.

Lindahl, Lars. *Position and Change*. Dordrecht: D. Reidel, 1977.

Lindholm, Richard and Lynn, Arthur (eds.). *Land Value Taxation*. Madison: University of Wisconsin Press, 1982.

Lukes, Steven and Galnoor, Itzhak. *No Laughing Matter: A Collection of Political Jokes*. Harmondsworth: Penguin, 1987.

Lyons, David. "Rights, Claimants and Beneficiaries." *American Philosophical Quarterly* 6 (1969): 173-85.

MacCormick, D. N. "Rights in Legislation." In Hacker and Raz (eds.): 189-209.

Machan, Tibor (ed.). *The Libertarian Reader*. Totowa: Rowman & Littlefield, 1982.

Magner, Lois. *A History of the Life Sciences*. New York: Marcel Dekker, 1979.

Marshall, Geoffrey. "Rights, Options and Entitlements." In Simpson (ed.): 228-41

Mates, Benson. *The Philosophy of Leibniz: Metaphysics and Language*. Oxford: Oxford University Press, 1986.

May, Kenneth. "Transitivity, Utility and Aggregation in Preference theory. "*Econometrica* 22 (1954): 1-13.

Meeks, Gay (ed.). *Thoughtful Economic Man*. Cambridge: Cambridge University Press, 1991.

Menger, Anton. *The Right to the Whole Produce of Labour*, Intro. by H. S. Foxwell. London: Macmillan, 1899.

Meyers, David. *The Human Body and the Law*. Edinburgh: Edinburgh University Press, 1970.

Michalos, Alex. *Foundations of Decision-Making*. Otawa: Canadian Library of Philosophy, 1978.

Miller, David. *Philosophy and Ideology in Hume's Political Thought*. Oxford: Oxford University Press, 1981.

———. "Constraints on Freedom." *Ethics* 94 (1983): 66-86.

———. *Market, State and Community*. Oxford: Oxford University Press, 1989.

——— (ed.). *Liberty*. Oxford: Oxford University Press, 1991.

Miller, Fred. "The Natural Right to Private Property." In Machan (ed.): 275-87.

Moran, Michael and Wright, Maurice (eds.). *The Market and the State*. London: Macmillan, 1991.

Murphy, Jeffrie. *Kant: The Philosophy of Right*. London: Macmillan, 1970.

Narveson, Jan. *The Libertarian Idea*. Philadelphia: Temple University Press, 1988.

Nell, Onora (O'Neill). *Acting on Principle*. New York: Columbia University Press, 1975.

Nelson, Leonard. *Critique of Practical Reason*. Scarsdale: Leonard Nelson Foundation, 1970.

Newman, Peter. *The Theory of Exchange*. Englewood Cliffs: Prentice Hall, 1965.

——— and Read, Ronald. "Representation Problems for Preference Orderings." *Journal of Economic Behaviour* 1 (1961): 149-69.

Ogden, C. K. *Bentham's Theory of Fictions*. London: Kegan Paul, 1932.

Okin, Susan Moller. *Justice, Gender and the Family*. New York: Basic Books, 1989.

O'Neill, Onora. "The Most Extensive Liberty." *Aristotelian Society Proceedings* lxxx (1980): 45-59.

———. *Faces of Hunger*. London: George Allen & Unwin, 1986.

———. *Constructions of Reason*. Cambridge: Cambridge University Press, 1989.

———. "Magic Associations and Imperfect People." In Barry and Goodin (eds.): 115-24.

Overton, Richard. "An Arrow Against All Tyrants." In Aylmer (ed.): 68-9.

Paine, Thomas. "Agrarian Justice." In Beer (ed.): 181-206.

Pareto, Vilfredo. *Manual of Political Economy*, transl. byA. S. Schwier. London: Macmillan, 1972.

Paton, G. W. *A Text-book of Jurisprudence*. Oxford: Oxford University Press, 1972.

Pearce, David (ed.). *Dictionary of Modern Economics*. London: Maxmillan, 1983.

Pennock, Roland and Chapman, John (eds.). *Nomos XXIII: Human Rights*. New York: New York University Press, 1981.

——— . *Nomos XXIV: Ethics, Economics and the Law*. New York: New York University Press, 1982.

Pennycuick, C. J. *Newton Rules Biology*. Oxford: Oxford University Press, 1992.

Perelman, Chaim. *The Idea of Justice and the Problem of Argument*. London: Routledge & Kegan Paul, 1963.

Pettit, Philip. "Decision Theory and Folk Psychology." In Bacharach and Hurley (eds.): 147-75.

Phillips Griffiths, A. (ed.). *Of Liberty*. Cambridge: Cambridge University Press, 1983.

Pilon, Roger. "Property and Constitutional Principles." *Wall Street Journal* 28 February 1992.

Pitt, Joseph (ed.). *Philosophy in Economics*. Dordrecht: D. Reidel, 1981.

Pogge, Thomas. *Realizing Rawls*. Ithaca: Cornell University Press, 1989.

Pollock, Lansing. *The Freedom Principle*. Buffalo: Prometheus Books, 1981.

Quine, W. V. O. *Theories and Things*. Cambridge, Mass.: Harvard University Press, 1981.

Rakowski, Eric. *Equal Justice*. Oxford: Oxford University Press, 1991.

Rao, C. R. (ed.). *Essays on Econometrics and Planning*. Oxford: Oxford University Press, 1964.

Raz, Joseph. *The Authority of Law*. Oxford: Oxford University Press, 1979.

——— . "On the Nature of Rights." *Mind* xciii (1984): 194-214.

——— . *The Morality of Freedom*. Oxford: Oxford University Press, 1986.

Reeve, Andrew (ed.). *Modern Theories of Exploitation*. Los Angeles: Sage, 1987.

Reichenbach, Hans. *The Philosophy of Space and Time*. New York: Dover, 1958.

Reijnen, Gijsbertha. *Utilization of Outer Space and International Law*. Amsterdam: Elsevier, 1981.

Rennie, M. K. "On Hare's 'Better'." *Nous* 2 (1968): 75-9.

Robinson, Ian (ed.). *The Social Consequences of Life and Death under High Technology Medicine*. Manchester: Manchester University Press, 1994.

Rosenberg, Alexander. *Microeconomic Laws*. Pitttsburgh: University of Pittsburgh Press, 1976.

——— . *The Structure of Biological Science*. Cambridge: Cambridge University Press, 1985.

Ross, Alf. *On Law and Justice*. London: Stevens & Sons, 1958.

——— . *Directives and Norms*. London: Routledge & Kegan Paul, 1968.

Rottenberg, Simon (ed.). *The Economics of Crime and Punishment*. Washington D.C.: American Enterprise Institute, 1973.

Ryan, Alan. "Exploitation, Justice and the Rational Man." In Meeks (ed.): 29-49.

——— (ed.). *The Idea of Freedom*. Oxford: Oxford University Press, 1979.

Sagoff, Mark. *The Economy of the Earth*. Cambridge: Cambridge University Press, 1988.

Scanlon, Thomas. "Nozick on Rights, Liberty and Property." *Philosophy and Public Affairs* 6 (1976): 3-25.

Schabas, Margaret. *A World Ruled by Number*. Princeton: Princeton University Press, 1990.

Schachter, Osacr. *Sharing World's Resources*. New York: Columbia University Press, 1977.

Scheffler, Samuel (ed.). *Consequentialism and Its Critics*. Oxford: Oxford University press, 1988.

Scott, Russell. *The Body as Property*. London: Allen Lane, 1981.

Sen, Amartya. "Rights and Agency." *Philosophy and Public Affairs* 11 (1982): 3-39.

——— . "Welfare, Freedom and Social Choice: A Reply." *Recherches Economiques de Louvain* 56 (1990): 451-85.

——— and Williams, Bernard (eds.). *Utilitarianism and Beyond*. Cambridge: Cambridge University Press, 1982.

Shaw, Anne. *The Purpose and Practice of Motion Study*. Buxton: Columbine Press, 1968.

Shell, Susan. *The Rights of Reason*. Toronto: University of Toronto Press, 1980.

Sher, George. "Right Violations and Injustice." *Ethics* 94 (1984): 212-24.

Shue, Henry. *Basic Rights*. Princeton: Princeton University Press, 1980.

Silverstein, H. S. "A Correction to Smyth's 'Better'." *Analysis* 34 (1973): 55-6.

Simmonds, Nigel. "Epstein's Theory of Strict Tort Liability." *Cambridge Law Journal* 51 (1992): 113-37.

Simmons, Peter. *Choice and Demand*. London: Macmillan, 1974.

Simpson, A. W. B. (ed,). *Oxford Essays on Jurisprudence*, Second Series. Oxford: Oxford University Press, 1973.

Singer, Peter. "Famine, Affluence and Morality." *Philosophy and Public Affairs* 1 (1972): 229-43.

Sinnott-Armstrong, Walter. *Moral Dilemmas*. Oxford: Blackwell, 1988.

Skala, H. K. J. *Non-Archimedian Utility Theory*. Dordrecht: D. Reidel, 1975.

Smart, J. J. C. and Williams, Bernard. *Utilitarianism: For and Against*. Cambridge: Cambridge University Press, 1973.

Smyth, M. B. "The Prescriptivist Definition of 'Better'." *Analysis* 33 (1972): 4-9.

Spector, Horacio. *Autonomy and Rights*. Oxford: Oxford University Press, 1992.

Spence, Thomas. "The Real Rights of Man." In Beer (ed.): 5-16.

Spencer, Harbert. *Social Statics*, 1st edn. London: John Chapman, 1851.

Steiner, Hillel. "Natural Right to Equal Freedom." *Mind* lxxxiii (1974): 194-210.

———. "Individual Liberty." *Aristotelian Society Proceedings* lxxv (1975): 35-50. Reprinted in Miller (ed.): 123-40.

———. "Liberty and Equality." *Political Studies* xxix (1981): 555-69.

———. "How Free? Computing Personal Liberty." In Phillips Griffiths (ed.): 73-89.

———. "Exploitation: A Liberal Theory Amended, Defended and Extended." In Reeve (ed.): 132-48.

———. "Capitalism, Justice and Equal Starts." *Social Philosophy and Policy* 5 (1987): 49-71.

———. "Markets and Law: The Case of Environmental Conservation." In Moran and Wright (eds.): 43-58.

Stigler, George. "The Development of Utility Theory." *Journal of Political Economy* lviii (1950): 307-27, 373-96.

Stocker, Michael. *Plural and Conflicting Values*. Oxford: Oxford University Press, 1990.

Strasnick, Steven. "Neo-Utilitarian Ethics and the Ordinal Representation Assumption." In Pitt (ed.): 63-92.

Sullivan, Roger. *Immanuel Kant's Moral Theory*. Cambridge: Cambridge University Press, 1989.

Summers, Robert (ed.). *Essays in Legal Philosophy*. Oxford: Blackwell, 1970.

Sumner, L. W. *The Moral Foundation of Rights*. Oxford: Oxford University Press, 1987.

Tagil, S., Gerner, K., Henrikson, G., Johansson, R., Oldberg, I., and Salomon, K. *Studying Boundary Conflicts*. Lund: Scandinavian University Press, 1977.

Taylor, Charles. "What's Wrong with Negative Liverty." In Ryan: 175-93.

Taylor, Michael. *Community, Anarchy and Liberty*. Cambridge: Cambridge University Press, 1982.

Taylor, M. W. *Men Versus the State*. Oxford: Oxford University Press, 1992.

Tideman, Nicolaus. "Commons and Commonwealths." In Andelson (ed.), 1991: 109-29.

Thomson, Judith. "Preferential Hiring." *Philosophy and Public Affairs* 2 (1973): 364-84.

Thrall, R., Coombs, C., and Davis, R. (eds.). *Decision Processes*. New York: John Wiley, 1954.

Townsend, Harry (ed.). *Price Theory*. Harmondsworth: Penguin, 1980.

Trowbridge, Oliver. *Bisocialism*. New York: Moody, 1903.

Tuck, Richard. *Natural Rights Theories*. Cambridge: Cambridge University Press, 1979.

Tullock, Gordon (ed.). *Explorations in the Theory of Anarchy*. Blacksburg: Center for the Study of Public Choice, 1972.

Turner, J. W. C. *Kenny's Outlines of Criminal Law*, 19th edn. Cambridge: Cambridge University Press, 1966.

Urmson, J. O. "A Defence of Intuitionism." *Aristotelian Society Proceedings* lxxv (1975): 111-19.

Vallentyne, Peter and Steiner, Hillel (eds.). *The Origins of Left-Libertarianism: An Anthology of Historical Writings*. Basingstoke: Palgrave, 2000.

——— (eds.). *Left-Libertarianism and Its Critics: the Contemporary Debate*. Basingstoke: Palgrave, 2000.

von Stackelberg, Heinrich. *The Theory of Market Economy*, transl. by Alan Peacock. London: Willaim Hodge, 1952.

von Wright, G. H. *Norm and Action*. London: Routledge & Kegan Paul, 1963.

———. *The Logic of Preference*. Edinburgh: Edinburgh University Press, 1963.

Waldron, Jeremy. "A Right to Do Wrong." *Ethics* 92 (1981): 21-39.

———. *The Right to Private Property*. Oxford: Oxford University Press, 1988.

———. "Rights in Conflict." *Ethics* 99 (1989): 503-19.

———. *The Law*. London: Routledge, 1990.

Walker, David. *The Law of Contracts and Related Obligations in Scotland*. London: Butterworth, 1985.

Wallace, Alfred. *Land Nationalisation*. London: Swan Sonnenschein, 1892.

Walras, Leon. *Etudes d'Economie Sociale*. Lausanne: F. Rouge, 1896.

Walsh, Vivian and Gram, Harvey. *Classical and Neoclassical Theories of General Equilibrium*. Oxford: Oxford University Press, 1980.

Wellman, carl. *A Theory of Rights*. Totowa: Rowman & Allenheld, 1985.

Wertheimer, Alan. "Freedom, Morality, Plea-Bargaining and the Supreme Court." *Philosophy and the Public Affairs* 8 (1979): 203-34.

Wicksteed, Philip. *The Common Sense of Political Economy*. London: George Routledge & Sons, 1933.

Williams, Andrew. "Cohen on Locke, Land and Labour." *Political Studies* xl (1992): 51-66.

Williams, Bernard. *Problems of the Self*. Cambridge: Cambridge University Press, 1973.

———. *Moral Luck*. Cambridge: Cambridge University Press, 1981.

———. "Consequentialism and Integrity." In Scheffler (ed.): 20-50.

Williams, Glanville. *Salmond on Jurisprudence*, 11th edn. London: Sweet & Maxwell, 1957.

——. “The Concept of Legal Liberty.” In Summers (ed.): 121-45.
Williams, Howard. *Kant’s Political Philosophy*. Oxford: Blackwell, 1983.
Wollheim, Richard. “A Paradox in the Theory of Democracy.” In Laslett and Runciman (eds.): 71-87.
Zander, Michael. “How Bargains are Struck.” *The Guardian* 21 Nov. (1979): 15.

3、その他の邦語文献

浅野幸治、「ジョン・ロックの私有財産論――その批判的再構成の試み」、『豊田工業大学ディスカッションペーパー　第2号』（二〇〇六年三月）、一～九三頁。

――、「遺産相続権の道徳的正当性」、『豊田工業大学ディスカッションペーパー　第3号』（二〇〇九年五月）、一～六九頁。

――、「森村流相続権否定論の批判」、『豊田工業大学ディスカッションペーパー　第5号』（二〇一〇年四月）、一～二六頁。

――、「左派完全自由主義の正義論」、『豊田工業大学ディスカッションペーパー　第13号』（二〇一六年五月）、一～二〇頁。

有賀誠・伊藤恭彦・松井暁編、『ポスト・リベラリズムの対抗軸』、ナカニシヤ出版、二〇〇七年。

井上彰、「正義論としてのリバタリアニズム――ヒレル・スタイナーの権利論」、『法思想史学にとって近代とは何か　法哲学年報二〇〇七』、二三〇～二四〇。

――、「自己所有権と平等――左派リバタリアニズムの意義と限界」、『政府間ガバナンスの変容　年報政治学』第五九巻第二号（二〇〇八年）、二七六～二九五。

原田泰、『ベーシック・インカム——国家は貧困問題を解決できるか』、中公新書、二〇一五年。

ヴァン・パリース、『ベーシック・インカムの哲学——すべての人にリアルな自由を』後藤玲子・齊藤拓訳、勁草書房、二〇〇九年。

松井暁、「リバタリアニズムの左右対決——ノージックと左派リバタリアン」、有賀・伊藤・松井：二〇二一〜四二に所収。

森村進、『自由はどこまで可能か——リバタリアニズム入門』、講談社現代新書、二〇〇一年。

——編著、『リバタリアニズム読本』、勁草書房、二〇〇五年。

——編著、『リバタリアニズムの多面体』、勁草書房、二〇〇九年。

——、『リバタリアンはこう考える——法哲学論集』、信山社、二〇一三年。

山森亮、『ベーシック・インカム入門——無条件給付の基本所得を考える』、光文社新書、二〇〇九年。

訳者解説

本書は、Hillel Steiner の *An Essay on Rights* (Oxford: Blackwell, 1994) を訳したものである。

まず著者のヒレル・スタイナーとは何者か。一九四二年生まれのカナダ人である。トロントで育ち、トロント大学で経済学を学んだあと、公共政策を研究すべくイギリスのマンチェスター大学大学院政治学科に進学した。そこで「法の支配――市民社会における正義と自由に関する論考（The Rule of Law: An Argument concerning Justice and Liberty in Civil Society）」という博士論文を書いて、博士号を授与されている。そのころに関心がより哲学的な方面に移ったようである。

本書『権利論』を完成させる前にスタイナーが書いた初期の論文等は、以下の通りである。

一九七三年
「道徳的葛藤と指令主義（Moral Conflict and Prescriptivism）」（*Mind* 82: 586-91）

一九七四年
「平等な自由に対する自然権（The Natural Right to Equal Freedom）」（*Mind* 83: 194-210）

「正義の概念（The Concept of Justice）」（*Ratio* 16: 206-25）

一九七五年

「個人の自由（Individual Liberty）」（*Proceedings of the Aristotelian Society* 75: 33-50）

一九七七年

「生産手段に対する自然権（The Natural Right to the Means of Production）」（*Philosophical Quarterly* 27: 41-9）

「R・ノージック著『アナーキー・国家・ユートピア』の批評（A Cirtical Notice of *Anarchy, State and Utopia.* By Robert Nozick）」（*Mind* 86: 120-29）

「共存可能な権利の構造（The Structure of a Set of Compossible Rights）」（*Journal of Philosophy* 74: 767-75）

一九七八年

「社会契約は見えざる手によって署名されうるか（Can a Social Contract be Signed by an Invisible Hand?）」（Birnbaum, P. et al. eds. *Democracy, Consensus and Social Contract*. London: Sage Publications, 295-316）

一九八〇年

「奴隷制、社会主義、私有財産（Slavery, Socialism and Private Property）」（Pennock, J. & Chapman, J. eds. *Property*. New York: New York UP, 244-66）

一九八一年

「自由と平等（Liberty and Equality）」（*Political Studies* 29: 555-69）

一九八二年

「土地、自由、初期ハーバート・スペンサー（Land, Liberty, and the Early Herbert Spencer）」（*History of Political Thought* 3: 515-33）

一九八三年

「倫理学における理性と直観（Reason and Intuition in Ethics）」（*Ratio* 25: 59-68）

「どのくらい自由か。個人の自由を計算する（How Free? Computing Personal Liberty）」（Griffiths, A. P. ed. *Of Liberty*. Cambridge: Cambridge UP, 73-89）

「将来世代の権利（The Rights of Future Generations）」（MacLean, D. & Brown, P. G. eds. *Energy and the Future*. Totowa, NJ: Rowman and Littlefield, 151-65）

一九八四年

「自由主義の搾取理論（A Liberal Theory of Exploitation）」（*Ethics* 94: 225-41）

一九八六年

「カントのケルゼン主義（Kant's Kelsenianism）」（Tur, R. & Twining, W. eds. *Essays on Kelsen*. Oxford: Oxford UP, 65-75）

一九八七年

「資本主義、正義、平等な出発（Capitalism, Justice and Equal Starts）」（*Social Philosophy and Policy* 5.1: 49-71）

「搾取——自由主義の搾取理論を修正、擁護、拡張する（Exploitation: A Liberal Theory Amended, Defended and Extended）」（Reeve, A. ed. *Modern Theories of Exploitation*. London: Sage Publications, 132-48）

一九九〇年

「権利を元に戻す（Putting Rights in Their Place）」（*Recherches Économiques de Louvain* 56: 391-408）

一九九一年

「市場と法——環境保全の場合（Markets and Law: The Case of Environmental Conservation）」（Moran, M. & Wright,

M. eds. *The Market and the State*. London: Macmillan, 43-58）

一九九二年
「三つの正しい税（Three Just Taxes）」（van Parijs, P. ed. *Arguing for Basic Income*. London: Verso, 81-98）
「自分の労働の成果（The Fruits of One's Labour）」（Milligan, D. & Miller, W. eds. *Liberalism, Citizenship and Autonomy*. Aldershot: Avebury, 79-87）
「完全自由主義と人びとの国際的移住（Libertarianism and the Transnational Migration of People）」（Barry, B. & Goodin, R. eds. *Free Movement*. Hemel Hempstead: Harvester Wheatsheaf, 87-94）

一九九四年
「ボディービルダーの労働の成果（The Fruits of Body-Builders' Labour）」（Dyson, A. & Harris, J. eds. *Ethics and Biotechnology*. London: Routledge, 64-78）

こうした研究が、本書『権利論』に結実していると思われる。

さて、ようやく一九九四年に刊行された『権利論』は、イギリス政治学会からその年の最優秀著作賞（W. J. M. Mackenzie Book Prize）を贈られることになる。そしてスタイナーは、翌一九九五年にマンチェスター大学の政治学科教授に就任し、一九九九年には英国学士院の会員にも選ばれている。二〇〇九年からはマンチェスター大学の名誉教授である。

あらためて、スタイナーとは何者か。一言でいえば、政治哲学者ないし法哲学者である。では、その立場はどのようなものか。左派完全自由主義（left-libertarianism）である。左派完全自由主義とは何か。左派完全自由主義は、完全自由主義の一種である。完全自由主義は、自由主義の一種である。

ところで、現代において正義論を考えるとき、有望な考え方としては自由主義しかない。共同体主義や共和主義や多文化主義は有望ではないのか、と問われるかもしれない。しかし、共同体主義や共和主義や多文化主義は、自由主義を否定するというよりも、個人の自由をだいたいにおいて前提したうえで若干それを修正するという、自由主義の内部での話である。他方、社会主義やマルクス主義と呼ばれる見方は、実践的にはソ連をはじめとする共産主義政権の崩壊によって、理論的にはロバート・ノージックによる自己所有権の主張によって打ちのめされたと言ってよい（ノージック 1992：284, 289～90）[1]。自己所有権が社会主義にとっていかに破壊的かは、眼球くじの例を通してコーエンによってよく示されている（コーエン：99）。そうすると有望な選択肢としては自由主義しかない。

自由主義のなかで、優勢なのは自由平等主義である。この見方は、自由の原理と平等の原理という二つの原理から成る。共同体主義や共和主義や多文化主義も、自由主義になにか別の原理を導入することで成り立っている。その結果、こうした種類の自由主義は、自由の原理とそれとは違う別の原理とをどのように組み合わせるかという点が論者によりまちまちになり、恣意的という観を免れない。それに対して、理論的にすっきりしているのは、自由の原理一本やりで行こうとする完全自由主義である。これが、完全自由主義の一つの魅力である。

スタイナーの完全自由主義は、自然権に根拠をおく完全自由主義である。その点で、R・ノージックの完全自由主義と同じである。では、どのような自然権があるのかと言えば、二種類である。第一に、自己所有権である。これは、自分の身体の所有権者は自分自身であり、身体的存在としての人間は全面的にも部分的にも他

1　自己所有権については、コーエンによる説明も参照（コーエン：96）。

の誰の奴隷でもないということである。第二は、人間以外の自然資源に対する所有権である。ところで、ある人（Aさん）がある物（O）を所有しているとき、その所有権が道徳的に正当であるかどうかは、AさんがOを正当に獲得したかどうかに依存する。たとえば、Oを盗んだとか奪ったというのは、正当な獲得方法ではない。その場合、Aさんの所有権は、道徳的に正当ではない。反対に、Oを誰か（Bさん）から購入したとか譲り受けたというのは、正当な獲得方法である。ただし、その場合、Aさんの所有権が正当であると言えるためには、さらに、BさんがOを正当に所有していたということが前提である。もし仮にBさんがOを盗んだり奪ったりして所有していたのであれば、Bさんの所有権は道徳的に正当ではなく、したがってまたAさんの所有権も正当ではない。これを、一応、次のようにまとめることができるだろう。道徳的に正当な所有権は、道徳的に正当な所有権から道徳的に正当な方法によってしか生まれない。スタイナーの言い方では、所有権には来歴があるということである。つまり所有権の正しさは、これまでの歴史によって決まる。所有権の正しさについてのこのような考え方を、「歴史的権原理論」と呼ぶ。この歴史的権原理論を採る点でも、スタイナーの立場は、ノージックと同じである。

けれども、道徳的に正当な所有権は道徳的に正当な所有権に由来すると言っただけでは、歴史的権原理論は完結しない。どこかで、他人の正当な所有権に由来しない、所有権の最初の獲得がなければならない。これを原始取得と呼ぶ。この原始取得も、道徳的に正当なものでなければならない。ここまでをまとめれば、道徳的に正当な所有権は、正しい原始取得および正しい来歴によってのみ生まれるということである。では、人は、物を他人から有償または無償で譲渡してもらうのではなくて、自ら最初に獲得するのはどのようにしてなのか。どのようにして最初に物を獲得するのが、道徳的に正当な獲得方法なのか。これが原始取得の正義の問題である。この原始取得の正しさに関して、ノージックは、J・ロックと共に、ある物に最初に自分の労働を混入した人がその物に対する正当な所有権を獲得すると考えているようである。ロックに由来するこの見方を、労働所有権論と呼ぶ。

しかしスタイナーは、労働所有権論を採らない。詳しい理由は本書の本文で述べられているので繰り返さないけれども、スタイナーは、すべての人に自然資源の平等な取り分に対する権利があると考える――この権利を、すでに述べた自己所有権とあわせてスタイナーは、「原初の所有権」と呼ぶ。したがって、誰でも、自分の平等な取り分までは自然資源を獲得できるのである。言い換えると、自然資源の平等配分が、自然資源の初期配分の正義だと言ってもよい。今、話を簡単にするために、土地を例にとって考えよう。実際に、土地の上にあるものも土地の中にあるものも土地に付属すると考えられるので、土地が自然資源のほとんどすべてだと言ってもよい――例外は、海や川や湖のような水域およびどこの土地に属しているとも言えないような、行動範囲の広い動物とくに鳥類くらいのものである。さらに話を単純にするために、すべての土地が均質であると仮定しよう。そうすると、土地の面積がLであり、人口がPであれば、人が自然権として最初に正当に所有できる自然資源は、誰にとっても、L／Pである。所有権に関する限り、これが出発点である。そこから人は、自由に行為し、自由に選択し、さまざまな生産活動や経済活動を営んで生きていく。たとえば、自分の土地または土地の一部に自分の労働を加えてなにかを生みだしたり、自分の土地やその一部を誰かに有償または無償で譲渡したりするだろう。こうして生まれるのが、原初の所有権に対して、派生的な所有権である。その結果、数十年後に、人が亡くなるとき、富の配分はおそらく平等ではなくなっているだろう。そうした富の不平等配分は、各人の自由な選択の結果である限り、正しい。したがって、たとえば功利主義的な理由で富を再配分することは、不正である。

ところで、人が亡くなったあと、故人の遺産は、誰のものでもない自然資源になる、とスタイナーは考える。

相続は、財産の正当な獲得方法ではないし、遺贈は、所有権の一部ではないからである。もちろん、もし相続人がまだ自然資源に対する自分の平等な取り分を得ていなかったのであれば、その範囲内で遺産を獲得してもよいかもしれない。しかし、自分の平等な取り分を得ているのであれば、それ以上のものを獲得する権利はない。遺贈が所有権の一部ではないというのは、要するに所有権は生きている人に属し、死者に権利はないということである。そこで、第一世代の人びとが亡くなったとき、その人たちの遺産総額がＧＶであったとしよう。遺産の中には土地以外のものもあるだろうし、土地ももはや均質ではなくなっているだろうから、遺産の分量を面積で表すことはできない。価値で表す必要がある。だから、Value のＶであり、すべての人のすべての遺産なので、Gross のＧを前に付けて、ＧＶである。ＧＶは、価値の点で、Ｌに等しいかもしれないし、Ｌよりも大きいかもしれないし小さいかもしれないけれども、おそらくは大きいだろう。第一世代の人びとの労働の成果が蓄積されているだろうからである。そして、第二世代の人口がＰ′であるとすれば、第二世代の人びとにとって、各人への平等配分は、ＧＶ／Ｐ′になる。そこから、第二世代の人びとも、それぞれの人生を歩んでいく。そして数十年後に、その人たちが亡くなるとき、富の配分はおそらく平等ではなくなっているだろう。これは、平等な出発点と不平等な結果についての非常に単純な素描である。基本的な考え方を表していると言ってよいだろう。

　しかし、この素描は、実際に余りにも単純であって現実的ではない。というのは、人は同時に死ぬわけでもなければ、第二世代の人びとは第一世代の人びとが亡くなった後で生まれてくるわけでも、全員が同時に生まれてくるわけでもないからである。そこで話をもう少し現実的にしよう。第一世代の人たちが生きている間に、Ｐ＋１番目の人が生まれてきたとしよう。Ｐ＋１番目の人にも、自然資源の平等な取り分に対する権利がある。この平等な取り分は、どれだけだろうか。Ｌ／（Ｐ＋１）になる。ところが問題は、すべての土地はすでに配分済みであって、P＋1番目の人には何も残っていないことである。どうすればよいのか。考えられるのは、金銭による賠償である。今の場合、第一世代のP人は、それぞれがL／（P＋1）Pに等しい金額をP＋1番目の人に支払えばよいだろう。そうすると、P＋1番目の人は、L／（P＋1）という平等な取り分を金銭の形で受けとることになるし、第一世代のP人も、それぞれの取り分がL／（P＋1）になる。

金銭による賠償というこの方法には、便利な点がある。第一に、右での想定と違って現実には、すべての土地が均質なわけではない。実際に、よい土地もあれば、それほどよくない土地もあるだろう。第二に、すべての人が同じ面積の土地を得ているわけでもない。現実には、広い土地を所有している人もいれば、小さな土地しか所有していない人もいるだろうし、おそらくは土地をまったく得ていない人もいるだろう。もし第一世代のP人の中に土地をまったく得ていない人がいれば、やはりその人にも賠償をする必要があるだろう。第三に、P＋1番目の人が生まれてくる前に、すでに誰かが亡くなっているかもしれない。そうすると、その人の遺産は誰のものでもない自然資源になり、平等配分の対象になる。ところが、人の遺産の中には、これもすでに述べたように、土地以外のものもあるだろうし、土地も天然のままというよりも改良されて価値が高まっている可能性がある。このようにさまざまな種類の物の価値を、金銭は共通の尺度で表すことができる。

さて、少し右で述べた、第一世代のP人の中に土地をまったく得ていない人がいる可能性について、もう少し考えてみよう。その場合、どのようにして賠償を行うことができるか。この賠償を仲介する機関が、スタイナーが言うところの「地球基金」である。その賠償の仕組みは、こうである。まず、土地を所有している人は、所有している土地の代価を地球基金に支払う。そうすると、地球基金には、すべての土地の総価額が集まる。これは誰がどのような土地をどれだけ所有しているかに関わらない。この総価額に対して、すべての人は平等な取り分に対する権利がある。したがって、地球基金は、この総価額をすべての人に平等配分する。こうして、土地の不平等な配分（獲得）にもかかわらず、地球基金を通して、金銭的に自然資源の平等な配分が実現する。けれども、話はそれで終わらない。P＋1番目の人が生まれてくるからである。そのときの対処方法も、すでに述べた通りである。それでも、話は終わらない。人は次から次へと絶え間なく生まれてくるからである。よって、平等配分のやり直しが常に求められることになる。では、どうすればよいか。土地の所有権を時間的に分割することが考えられる。[2] 時間的に分割された土地所有権は、土地賃借権である。したがって、土地を獲得した人は、獲得した時点で地球基金に土地の代価を一括で支払うのではなくして、たとえば当該年度の土地の「賃借価値に等しい額」──要するに賃借料──を支払うのである。そうすると地球基金は、毎年、すべての土地所有者から総賃借料を徴収し、それと亡くなった人の総遺産を合わせた金額を、新たに生まれてきた人を含めてすべての人に平等配分することができるだろう。そうすると、すべての人は、自然資源の平等な取り分に対する権利を金銭の形で、毎年──あるいは毎月でもよい──受けとることになる。これは、結局のところ、すべての人に基本所得（Basic Income）を保障するということになる。[3]

以上見てきたように、スタイナーの立場が完全自由主義であるのは、自己所有権と物に対する所有権、および歴史的権原理論といった要素のゆえである。他方、スタイナーの立場が左派になるのは、自然資源に対す

2　これは、土地の購入代金を──例えば五〇年で──分割払いするというのとは異なる。

3　資源の平等配分をするのには、もう一つ基本資金（Basic Stake）というやり方もある。これは、人々に平等配分をそれぞれの人生の始めに一括払いで支払うものである。基本所得の場合でも基本資金の場合でも、地球基金に集まってくる配分すべき金額は同じである。その配分すべき金額を、基本所得の場合には、その時に生きているすべての人に平等配分する。他方、基本基金の場合には、その時に人生を始める人たちだけに平等配分する。スタイナーは、基本所得というやり方でも基本基金というやり方でも、どちらでも構わないと考えている。どちらが良いか決めかねているようである。

原初の権利を平等な取り分に対する権利と解し、それがすべての人に一定の富の平等配分を保障することになるからである。

もう一つ、スタイナーの立場に特異な点として、親には子供に対する所有権があるという考え方がある。こう言うと衝撃的に聞こえるかもしれないけれども、スタイナーが言いたい要点は、親には子供がどこに住み、何を食べ、どのような教育を受けるかを決定する権原も、子供が他人に損害を与えた場合に賠償をする責任もあるということのようである。この所有権は、完全な自由主義的所有権ではなくして、制約付きの所有権である。主たる制約は、期限付きということであって、子供が成人したあかつきには、親の所有権が切れる——子供は、親の所有権から離れて、独立の自己所有権者になるのである。言い換えると、未成年の子供は、権利の主体ではない。したがって、これまでの解説で私が使った「人が生まれる」というような表現は、人が成年に達するという意味だと理解してもらいたい。成年に達してはじめて、子供は自己所有権と自然資源の平等な取り分に対する権利とを獲得するのである。

ところでスタイナーによれば、子供の成長にとって必要な要素は、基本的に二種類である。一つは、遺伝情報であり、もう一つは親の労働である。言い換えると、子供は、生殖細胞系の遺伝情報に親が労働を加えることによって育ってくる。この遺伝情報は、親が作ったものではなくして、自然資源である。したがって、子供の遺伝情報も、平等配分の対象になる。ところが、子供の遺伝情報には、質的な差がある。子供は、生まれながら身体的、知的、芸術的資質に差があるということである。たとえば、ある子供は知的資質に恵まれていて、10の教育を施されただけで一定の知的能力を身につけるとしよう。他方で、別の子供は知的資質が乏しく、40の教育を施されてはじめて同程度の知的能力を身につけられるとしよう。そうした場合、平均以上に知的資質に恵まれた子供の親は、遺伝情報という自然資源を言わば取りすぎているので、平均以下にしか知的資質に恵まれていない子供の親に対して賠償をする義務がある、とスタイナーは主張する。今の例で言えば、10の教育と40の教育の平均は25の教育なので、知的資質に恵まれた子供の親は、知的資質に恵まれていない子供の親に対して15の教育費用を支払う義務があるということである。この賠償も、地球基金を通して行われる。

これら二通りの再配分――子供の遺伝情報の価値の差を平等化する再配分と一般的な自然資源の平等配分を保障する再配分――のおかげで、子供は、成年に達して自分の人生を始めるとき、現在と較べて、より平等な出発点を保障されるだろう、とスタイナーは考えている。子供の遺伝情報の差に関する賠償によって、能力の不平等は小さくなるだろうし、自然資源の平等配分を保障されることで、より平等な条件で大人の人生を始められるだろうからである。

かくして、スタイナーの立場の中で、完全自由主義が自由の価値を表し、左派の要素が平等の価値を表すと見ることができる。そうすると、スタイナーの左派完全自由主義というのは、より一般的な自由平等主義とどう違うのかという疑問が湧いてくるだろう。実際に、左派完全自由主義は自由平等主義の一種だと言うこともできる。けれども、やはり、一般的な自由平等主義とは少し違う。自由平等主義の代表は、たとえばJ・ロールズである。ロールズと較べると、第一にスタイナーは、出発点の平等をより強調する。たしかにロールズは、正義の第一原理で、すべての人に平等な自由を保障する。しかし、その自由は形式的な自由であって、経済的な裏付けがあるわけではない。また格差原理は、たしかに、最底辺にある人たちの状況が最もよくなることを目指している。しかし、それは、平等という理念に導かれたものではない。第二に、ロールズは依然として国民国家の枠組みに道徳的意義を認めているようである。しかしスタイナーは、完全自由主義者として、強制権力（政府）に対して基本的に反対であり、国家にさしたる意味を認めず、したがって国境にもさしたる意味を認めない。その意味で、スタイナーは大きな政府を支持しないだけではなくて、普遍（世界）主義的である。

その点は、「地球」基金という表現にも現れている。不正な原始取得に起因する賠償は、世界規模で行われなければならない、というわけである。

スタイナーの左派完全自由主義の理論的枠組みにおいては、純粋な消極的自由観および権利の選択説も重要である。けれども、それらは、それほど特異な見解ではないし、本文でも詳しく論じられているので、繰り返さない。ただ、「共存可能」という概念はスタイナーの理論の要にあり重要なので、一言述べておきたい。「共存可能」とは、ある出来事と別のある出来事が同時に起こりうるということである。言うまでもなく、行為は出来事である。スタイナーによれば、正義論は、行為が共存不可能にならないように、自由を配分する必要がある。ところが、積極的自由観を採るならば、行為が共存不可能になるのを避けられない――行為の共存可能性が保障されない。行為が共存不可能になるというのは、積極的自由観が矛盾しているとか不整合だということである。だから、積極的自由観は採ることができないのである。権利の利益説も同様である。もし権利を利益と理解したならば、ある人の権利である行為と別の人の権利である行為が共存可能であることが保障されない。利益と利益が衝突しない保障はないからである。だから、権利は利益ではなくて選択権（支配権）と理解する必要がある。

さて、一九九四年の本書『権利論』は、左派完全自由主義宣言であったと言ってよい。ではそれ以降、スタイナーがどのような研究を行っているかも、主な論文等によって一瞥しておこう。

一九九五年

「より価値の低い人――道徳的議論と『最終解決』」(Persons of Lesser Value: Moral Arguments and the "Final Solution")」(*Journal of Applied Philosophy* 12: 129-41)

「合理的な権利（Rational rights）」（*Analyse & Kritik* 17: 3-11）
「自由主義と国民主義（Liberalism and Nationalism）」（*Analyse & Kritik* 17: 12-20）

一九九六年
「免税地区（Duty-Free Zone）」（*Proceedings of the Aristotelian Society* 96: 231-44）
「領土の正義（Territorial Justice）」（Caney, S., George, D. & Jones, P. eds. *National Rights, International Obligations*. Boulder: Westview, 139-48）

一九九七年
「道徳、正義、国際貿易（Morality, Justice and International Trade）」（*Rechtsphilosophische Hefte* 7: 97-108）
「選択と状況（Choice and Circumstance）」（*Ratio* 19: 296-312）

一九九八年
「自由、権利、平等（Freedom, Rights and Equality）」（*International Journal of Philosophical Studies* 6: 128-37）
「現実の権利（Working Rights）」（Kramer, M. et. al. eds. *A Debate over Rights*. Oxford: Oxford UP, 233-301）

一九九九年
「許容性が晒しものにされる（Permissiveness Pilloried）」（*Journal of Political Philosophy* 7: 104-10）
「正しい課税と国際的再配分（Just Taxation and International Redistribution）」（*Nomos* 41: 171-91）
「銀の匙と金の遺伝子——才能差と配分的正義（Silver Spoons and Golden Genes: Talent Differentials and Distributive Justice）」（Burley, J. ed. *The Genetic Revolution and Human Rights*. Oxford, Oxford UP, 133-50）

二〇〇〇年
「カント、所有権、一般意思（Kant, Property and the General Will）」（Geras, N. & Wokler, R. eds. *The Enlighten-*

ment and Modernity. London: Macmillan, 66-79）
「公私の切り分け（The “Public-Private” Demarcation）」（Passerin d'Entrèves, M. & Vogel, U. eds. *Public and Private*. London: Routledge, 19-27）

二〇〇一年
「再配分の倫理（The Ethics of Redistribution）」（*Acta Philosophica Fennica* 68, 37-45）
「堅固な国境、補償、古典的自由主義（Hard Borders, Compensation and Classical Liberalism）」（Miller, D. & Hashmi, S. eds. *Boundaries and Justice*. Princeton: Princeton UP, 79-88）
「自由と二価（Freedom and Bivalence）」（Carter, I. & Ricciardi, M. eds. *Freedom, Power and Political Morality*. London: Palgrave, 57-68）

二〇〇二年
「どのように平等が重要なのか（How Equality Matters）」（*Social Philosophy and Policy* 19.1: 342-56）
「悪を測る目盛りを定める（Calibrating Evil）」（*The Monist* 85: 183-93）
「自己所有権、産むこと、生殖細胞系情報（Self-Owership, Begetting and Germline Information）」（Burley, J. & Harris, J. eds. *A Companion to Genethics*. Oxford: Blackwell, 317-24）

二〇〇三年
「平等、共約不可能性、権利（Equality, Incommensurability and Rights）」（Meyer, K. et. al. eds. *Rights, Culture and the Law*. Oxford: Oxford UP, 119-26）
「同国人優先と盗賊の正義（Compatriot Priority and Justice among Thieves）」（Reeve, A. & Williams, A. eds. *Real Libertarianism Assessed*. Basingstoke: Palgrave, 161-71）

二〇〇四年

「人体部分を売買する権利（The Right to Trade in Human Body Parts）」（Seglow, J. ed. *The Ethics of Altruism*. London: Frank Cass, 185-92）

二〇〇五年

「なぜ左派完全自由主義は、不整合でも不確定でも無意味でもないのか——フリードに答える（Why Left-Libertarianism Is Not Incoherent, Indeterminate, or Irrelevant: A Reply to Fried）」P・ヴァレンタインおよびM・オーツカと共著（*Philosophy and Public Affairs* 33: 201-15）

「領土の正義と地球規模の再配分（Territorial Justice and Global Redistribution）」（Brock, G. & Brighouse, H. eds. *The Political Philosophy of Cosmopolianism*. Cambridge: Cambridge UP, 28-38）

二〇〇六年

「自己所有権と徴兵（Self-Owership and Conscription）」（Sypnowich, C. ed. *The Egalitarian Conscience*. Oxford: Oxford UP, 88-101）

「道徳的権利（Moral Rights）」（Copp, D. ed. *Oxford Handbook of Ethical Theory*. Oxford: Oxford UP, 459-79）

二〇〇七年

「権利の理論——第三の道はあるか（Theories of Rights: Is There a Third Way?）」M・クレーマーと共著（*Oxford Journal of Legal Studies* 27: 281-310）

「依然として自然権はあるか（Are There *Still* any Natural Rights?）」（Kramer, M. et. al. eds. *The Legacy of H. L. A. Hart*. Oxford: Oxford UP, 239-50）

二〇〇九年
「左派完全自由主義と自然資源の所有権（Left Libertarianism and the Owership of Natural Resources）」（*Public Reason* 1: 1-8）
「完全自由主義の世代間正義論（Libertarian Theories of Intergenerational Justice）」P・ヴァレンタインと共著（Gosseries, A. & Meyer, L. eds. *Justice between Generations*. Oxford: Oxford P, 50-76）

二〇一〇年
「搾取には時間がかかる（Exploitation Takes Time）」（Vint, J. et. al. eds. *Economic Theory and Economic Thought*. London: Routledge, 20-29）

二〇一一年
「母なる自然の恵を分かち合う――クオンとミラーに答える（Sharing Mother Nature's Gifts: A Reply to Quong and Miller）」（*Journal of Poliitical Philosophy* 19: 110-23）
「地球基金――ケイサルに答える（The Global Fund: A Reply to Casal）」（*Journal of Moral Philosophy* 8: 328-34）

二〇一二年
「人権と価値の多様性（Human Rights and the Diversity of Value）」（*Critical Review of International Social and Political Philosophy* 15: 395-406）

二〇一三年
「一定方向に向けられた義務と不可譲の権利（Directed Duties and Inalienable Rights）」（*Ethics* 123: 230-44）
「自由主義、中立性、搾取（Liberalism, Neutrality and Exploitation）」（*Politics, Philosophy and Economics* 12: 335-44）

二〇一四年「貪欲と恐れ（Greed and Fear）」（*Politics, Philosophy and Economics* 13: 140-50）

このように見てくると、スタイナーが、遺伝的差異の問題や世界正義のような、本書第七章・第八章で触れられた問題群を中心に、自らの主張をさらに展開したり、左派完全自由主義の立場をあらためて擁護したりしているのがうかがえる。実際に、こうした問題群が、近年活発に議論されている分野である。そうした問題について理論的に首尾一貫した主張をできることが、スタイナーの左派完全自由主義の大きな魅力の一つである。

しかしながら、スタイナーの大胆な主張に対しては、疑念を感じられる読者もいるだろう――あまりにも非現実的ではないか、と。特に、地球基金や、遺伝的資質差の賠償という考えは、一体どのようにして実現しうるのだろうか。百年や二百年後のことならば、地球基金が実現する可能性もないとまでは言えない。しかし、五年や十年で実現する見込みはゼロであるし、二十年経っても実現するとはほとんど思われない。一体、遺伝的資質をいつ、どのような仕方で測るのだろうか。仮に遺伝的資質を知ることができたとしても、その価値を金銭的にどう評価できるのだろうか。子供の遺伝的資質の市場は成立していないし、遺伝的資質がどれだけの能力になるかについても不確定な要素が大きい。

しかし、世界正義という考えは、だいたいにおいて最初から、今すぐに実現するようなものではないだろう。むしろ、現状が正義からいかに離れているかを計り、進むべき方向性を示しているのである。十年か二十年かかって正義を部分的にでも実現できれば、上出来と言えるだろう。また、もし世界規模で実現するのが難しければ、実践的には、地球基金と同じ考え方をまず国内において実現してもよいだろう。遺伝的資質差の賠償という考えも、不利な遺伝的資質をもって生まれてきた子供への福祉支援をどう考えたらよいのかという問題に、一つの基本的な考え方を提示したものと見ることができる。すなわち、遺伝的資質の高い子供の親は、自然資源を取りすぎているので、遺伝的資質の低い子供の親（自然資源を取らなさすぎた人）に対して賠償するという考え方である。その狙いは、資源の初期配分の平等——人生の出発点の平等——を回復することにある。この再配分は賠償なので、厳格な正義の要求である。これは、単純にして斬新な見方であろう。ただ、たしかにこの考えは練り上げられてはいない。具体的な提案にまでは至っていない。けれども、スタイナーの議論の長所は、なによりも、私たちに考えることを強いるという点にある——『権利論』は、そういう挑発的な書物なのである。

最後に、翻訳について、一言。私が本書の翻訳を始めたのはたしか二〇一一年の夏頃だったと思う。翻訳を一応終えたのが、二〇一四年の十二月である。三年あまりかかったことになる。その後も訳文にできるだけ推敲を加えたつもりである。それでも、間違いがあったり、読みにくい箇所や分かりにくい箇所があるかもしれない。そのような場合には、ぜひお知らせください。幸甚に思います。

二〇一五年二月

浅野幸治

訳注

〔1〕第二次世界大戦中にナチス・ドイツが約六百万人のユダヤ人を虐殺した事件。

〔2〕麻薬の一種。

〔3〕maximin は、maximum（最大）と minimum（最小）から作られた造語で、最小のものを最大化するという意味である。ロールズが『正義論』の中でこの考え方を用いたことが有名である。

〔4〕leximin は、lexicographic maximin の短縮形で、最小最大化の規則（maximin）を、最小のものから辞書のような仕方で順々に適用していくという意味である。

〔5〕threat（脅迫）と offer（誘惑）から作られた混成語であり、スタイナーの発明である。

〔6〕ある種の動詞は、行為そのものに加えて、ある客観的な事態を含意する。そのような動詞が「達成語」と呼ばれる。たとえば、「説得する」という動詞には、相手が説得されるという含意がある。言い換えれば、相手が説得されなかったのならば、説得しようとした人は説得しようとしたにもかかわらず説得できなかったのである。他方、「論じる」には、そのような含意がない。

〔7〕麻薬の一種。

〔8〕「すべての行為は出来事である」と言われるとき、その「行為」には主語が含まれている。たとえば、「私が『リ

チャード3世』の公演を見に行くこと」が一つの行為である。他方、「ある人がある行為をする」と言われるとき、その「行為」には主語が含まれていない。「行為」という言葉の使い方にはそのような曖昧さがあって、いらだちを覚える人もいるかもしれない。しかし、「行為」という言葉はこのように若干異なる二つの使われ方をするということを覚えておけば、特に問題はないだろう。

〔9〕ものの名前の場合には、普通名詞と固有名詞という区別がある。たとえば、「人間」と「ソクラテス」であり、「犬」と「ポチ」である。ここで、ソクラテスは人間の一例であり、ソクラテスの他にプラトンやアリストテレスも人間である。その区別に対応するのが、行為の種類ないし一般的な行為（act-type）と具体的な行為（act-token）である。たとえば、「私が今夜、息子の高校の講堂で行われる『リチャード三世』の公演を見に行く」という具体的な行為は、「私が『リチャード三世』の公演を見に行く」という一般的な行為の一例であり、「私が『リチャード三世』の公演を見に行く」という記述が当てはまる具体的な行為は他にもあるだろう。

〔10〕行為の記述とは、ある行為がいかなる行為かを述べる説明である。このような記述は、詳しくすることも大ざっぱにすることもできる。より詳しく記述すれば、行為は具体性を増すし、より大ざっぱに記述すれば、行為はより抽象的になる。

〔11〕「指示対象的記述」は、extensional description を訳したもので、この場合、具体的な行為がどの行為かを述べる説明である。数行先の「概念的な記述」は、intensional description を訳したものである。extension/intension は、従来「外延／内包」と訳されてきた。しかし、「外延的記述」や「内包的記述」では何のことかさっぱり分からないだろう。そこで今回、extensional と intensional をそれぞれ「指示対象的」と「概念的」と訳してみた。intension とは、もともと「意味内容」というほどの意味である。けれども intensional description を「意味内容的な記述」と訳しても、やはり何のことかよく分からない。intensional の訳語としては「概念的」の他に「抽象的」「属性的」「一般的」なども考えられるだろう。これらの中では、「概念」が一番「意味内容」に近い。それで、

intensionalを今回、「概念的」と訳してみた。

〔12〕イアン・カーター（Ian Carter）の研究は、*A Measure of Freedom* として出版されている。

〔13〕第一に、価値を自由の計算に組み入れることが消去する区別は哲学的に好ましくないものではない、第二に、価値を自由の計算に組み入れることは整合性という哲学的に好ましいものを失うという意味で。

〔14〕ホッブズによれば、自然状態では、すべての人にあらゆることをする自由があって、行為へのいかなる制約もない。したがって、なんの権利も保護されない。

〔15〕claimは「権利」と、powerは「権能」と、immunityは「免除権」や「免責」や「不服従」と訳されることもある。

〔16〕原語は、liabilityである。

〔17〕Bentham, "Pannomial Fragments," in *The Works of Jeremy Bentham*, vol. 3: 218.

〔18〕これで、赤松君は、Aしない自由を失う、したがってAする義務を引き受ける。

〔19〕これは、Bしないという行為の義務票の1枚目なので、Bしないことをしない自由、すなわちBする自由を表す。したがって、この1枚目を渡すことで、赤松君は、Bする自由を失い、Bしない義務を引き受ける。

〔20〕赤松君にAをさせる権利。

〔21〕赤松君にAをさせない権利。

〔22〕すなわち、赤松君は、青山さんに対して、一九七五年二月二十六日午後四時に結婚式場Wに花を届ける義務がある。

〔23〕すなわち、赤松君は、白川君に対して、白川君の自動車を同君の求めに応じて同君に返す義務がある。

〔24〕ロックは、生命、自由、財産という三つの自然権を所有権という名のもとに一括している（『統治論』第九章一二三節）。

〔25〕十一の要素は、以下の通りである。

（1）占有権　排他的に対象を物理的に支配する権利。
（2）使用権　対象を自由に使用する権利。
（3）管理権　対象の使われ方を決定する権利。
（4）収益権　対象から果実や賃料や収益を得る権利。
（5）資本権　対象を譲渡したり破壊する権利。
（6）保障権　所有権が将来にわたって保障されていること。
（7）相続可能性　所有権を相続人が引き継ぐことができること。
（8）無期限性　所有権に時間的終わりがないこと。
（9）所有者責任　対象が人に危害を及ぼすのを防止する義務。
（10）支払い責任　債務の強制執行に応じて、対象を手放す義務。
（11）残基性　賃借権などの物件が消滅すると、所有者の権利がその分だけ復活すること。

〔26〕「権原」（entitlement）とは、権利（rights）の道徳的側面、権利の根拠たる資格をいう。また日本語ではこれとよく似た言葉になるけれども、権利の特定部分を特に「権限」（power）と呼ぶ。このような細かい区別をしないで大雑把にすませば、「権原」も「権限」も「権利」もすべて権利である。強いて言えば、「権原」というときには、権利の道徳的正当性が強調され、「権限」というときには、権利の特定機能に焦点が当てられている。

〔27〕「無主の物」とは分かりにくい日本語だけれども、所有者のいない物という意味である。

〔28〕本文中の表4・1にならって、第一の規則が四つの場合について、可能な対立状況を表にまとめれば、次のようになる。

第一水準　A or B, A or C, A or D, B or C, B or D, C or D

第二水準　A or B+C, A or B+D, A or C+D, B or A+C, B or A+D, B or C+D, C or A+B, C or A+D, C or

B+D, D or A+B, D or A+C, D or B+C

第三水準　A or B+C+D, B or A+C+D, C or A+B+D, D or A+B+C

第四水準　A+B or A+C, A+B or A+D, A+B or B+C, A+B or B+D, A+B or C+D, A+C or A+D, A+C or B+C, A+C or B+D, A+C or C+D, A+D or B+C, A+D or B+D, A+D or C+D, B+C or B+D, B+C or C+D, B+D or C+D

第五水準　A+B or A+C+D, A+B or B+C+D, A+C or A+B+D, A+C or B+C+D, A+D or A+B+C, A+D or B+C+D, B+C or A+B+D, B+C or A+C+D, B+D or A+B+C, B+D or A+C+D, C+D or A+B+C, C+D or A+B+D

第六水準　A+B+C or A+B+D, A+B+C or A+C+D, A+B+C or B+C+D, A+B+D or A+C+D, A+B+D or B+C+D, A+C+D or B+C+D

このように、第一水準に六種類、第二水準に十二種類、第三水準に四種類、第四水準に十五種類、第五水準に十二種類、第六水準に六種類で、合計五十五種類である。

このうち、四つの規則の間の強い順位づけ（A＞B＞C＞D）によって、第一水準の六つの対立状況にそれぞれA＞B、A＞C、A＞D、B＞C、B＞D、C＞Dという優先規則が与えられる。残りの四十九の対立状況のなかで、優先規則が推論可能でないのは、以下の十種類である。

A or B+C, A or B+D, A or C+D, B or C+D, A or B+C+D, A+D or B+C, A+B or A+C+D, A+B or B+C+D, A+C or B+C+D, A+D or B+C+D

他の三十九の対立状況は、優先規則が推論可能である。

〔29〕名探偵シャーロック・ホームズが助手のワトソンに言ったとされる言葉である。

〔30〕ICは、Indifference Curveの略であり、無差別曲線という意味である。

〔31〕完全性、推移性、凌駕、連続性の四公理である。
〔32〕邪魔するという行為にとっての障害である。
〔33〕従来の訳は、「定言命法」である。これが何かと言えば、なんらかの条件を前提として「〜すべし」と要求する命令とは違って、そのような条件・前提なしで「〜すべし」と要求する命令である。
〔34〕これの第二篇が『市民政府論』である。
〔35〕有名なのは、ノージックの次の一節である。「もし私が一缶のトマトジュースを所有していて、それを海に注ぎ、その分子が海全体に平均的に混ざるようにすれば、そのことによって私は、海を所有するに至るのか、それとも愚かにも自分のトマトジュースを浪費してしまったことになるのか」(『アナーキー・国家・ユートピア』二九三〜二九四頁)。ただし、引用に際して（　）の部分は省略した。
〔36〕実は *Spencer, Social Statics* には、松下剛による『社会平権論』という訳書があって、国立国会図書館の近代デジタルライブラリーで公開されている。ただし、これは明治十七年（一八八四年）に出たもので、当時は自由民権運動に大きな影響を与えたようであるが、今となっては読みやすくはない。なお、抄録ではあるが、これの復刻版が二〇〇一年にゆまに書房からも出されている。
〔37〕東イングランド・ノーフォーク地域にいたケルト人イケニ族の女王で、六〇年にローマ軍に対して反乱を起こしたことで知られる。
〔38〕クック郡は、アメリカ合衆国イリノイ州の北東部にある大きな郡で、シカゴもそこに含まれる。
〔39〕アメリカ合衆国でJ・N・T・マグーンが、J・T・トーレンス（故人）の遺言執行者であるイリノイ信託貯蓄銀行およびイリノイ州クック郡財務官を相手に起こした訴訟事件である。マグーンは、州の相続税法が連邦憲法修正第十四条に違反していると主張し、イリノイ信託貯蓄銀行が相続税を支払わないこと、およびクック郡財務官が相続税を徴収しないことを求めた。

〔40〕シェイクスピアの悲劇『リア王』の主人公。娘二人に国を譲った後で、二人に裏切られる。

〔41〕ルチアーノ・パヴァロッティ（一九三五年〜二〇〇七年）は、イタリアのオペラ歌手である。

人名索引

ナ　行

ハ　行

タ 行

事項索引

索　引

著者　ヒレル・スタイナー（Hillel Steiner）

1942年生まれ。カナダのトロントで育つ。トロント大学で経済学を学んだ後、イギリスのマンチェスター大学でPh. D.取得。1995年に母校の政治学科教授に就任、現在は同大学名誉教授。英国学士院会員。政治哲学、法哲学の分野で多数の業績があり、左派完全自由主義の見解を深化展開している。

訳者　浅野 幸治（あさの・こうじ）

1961年生まれ。東北大学文学部、同大学院文学研究科修士課程を経てテキサス大学でPh. D.取得。専攻哲学。現在、豊田工業大学准教授。訳書：マリーナ『古代ユダヤへのタイムトラベル』、バニエ『人間になる』（新教出版社）、ヘルヴィッグ『悩めるあなたのためのカトリック入門』（南窓社）ほか。

権利論

レフト・リバタリアニズム宣言

●

2016年　8月25日　第1版第1刷発行

著　者……ヒレル・スタイナー
訳　者…………………浅野幸治

発行者……小林　望
発行所……株式会社新教出版社
〒162-0814 東京都新宿区新小川町 9-1
電話（代表）03-3260-6148
振替 00180-1-9991

印刷・製本……モリモト印刷

ISBN 978-4-400-40740-9　C3012

M・ランドル
石谷／田口／寺島訳
市民的抵抗
非暴力行動の歴史・理論・展望
19世紀から現代に至る非暴力抵抗の思想と実践を歴史的に分析し、その現代的可能性を追求した労作。著者はイギリスの平和活動家
A5判　2700円

宮田光雄
権威と服従
近代日本におけるローマ書十三章
天皇制とキリスト教信仰との緊張関係、特に太平洋戦争下の協力と抵抗の諸相を聖書解釈史を通して描き出した、渾身の近代日本思想史論。
四六判　2600円

宮田光雄
十字架とハーケンクロイツ
ドイツ教会闘争の思想史的研究
40年にわたるナチズム研究の掉尾を飾る記念碑的労作。ナチ宗教政策や戦後罪責論争など教会闘争を多様な側面から照射する5本の論文。
A5判　7600円

宮田光雄
ボンヘッファーとその時代
神学的・政治学的考察
時代の文脈からテキストを精密に読み解く。また婚約者との往復書簡にみる愛の構造や、社会主義政権下での受容史などの分析も行う。
A5判　3800円

ベートゲ夫妻
宮田・山崎訳
ディートリヒ・ボンヘッファー
〈現代キリスト教の源泉〉
ヒトラーの暴虐に抗議しその暗殺計画に参加して遂に処刑された牧師・神学者ボンヘッファーの生涯と神学を、豊富な引用と写真で伝える。
四六判　2500円

新教出版社

表示は本体価格です